윤기정 전집

윤기정 전집

서경석 편

도서출판 역락

윤기정 전집을 펴내며

여기, 『윤기정 전집』을 펴낸다.

윤기정(1904-1955)은 1920-30년대 진보적 문학운동과정에서 핵심적인 역할을 했던 문예 운동가이자, 문학 비평가이며 소설가였고, 영화 제작자이자 영화비평가였다. 그는 1924년 이래 카프를 조직하고 운영했던 카프의 중심인물이다. 1924년 카프 최초 조직에 관여하였고 이후 카프 서기장을 지냈으며, 해방 후에는 다시 진보적 문학조직의 재건에 가담하는 등 그 경력으로 볼 때 윤기정은 조직 운동가로서의 면모를 강하게 지니고 있다. 그러나 이런 측면은 그간 윤기정이 문학사에서 뚜렷하게 조명 받지 못한 결정적 이유이기도 하다. 한설야는 일찍이 카프의 활동에 윤기정의 손길이 닿지 않은 곳이 없다면서 '매니저'란 윤기정의 별명에 대해 설명한 적이 있다. 비평사나 소설사의 범주를 넘어서 문학운동사적 관점에서 다시 문학사를 다시 쓰게 될 때 <운동으로서의 문학>의 중심인물이었던 윤기정의 활동은 비로소 빛이 날 터이다.

글로 자취가 남아 있지 않지만 진보적 문학운동에 끼친 그의 실제적인 공헌의 두께를 생각해보면, 그가 남긴 글들은 그의 어느 한 부분만

을 보여줌에 지나지 않는다. 그럼에도 소설, 비평을 비교적 지속적으로 집필하여 상당한 분량의 글을 남기고 있다. 그가 선명한 목소리를 내기는 영화비평 쪽이었는데 영화라는 장르가 대중과 가까이 갈 수 있고 특히 대중의 의식적 지향에 결정적인 영향을 미친다고 보았기 때문이다. 그만큼 실천적이었다.

이 책의 구성은 2부로 되어있다. 1부에는 그의 소설 작품들을, 2부는 그의 평론과 산문들을 모아 실었다. 목록에는 있지만 해독이 불가능하거나 구하지 못해 수록하지 못한 자료들이 여러 편 있다. 더구나 아직 세상에 알려지지 않고 자료더미 속에 파묻혀 있을 자료들은 더 많을 것이다. 이런 글들을 앞으로 더 찾아 완성된 전집을 만들어 내겠다는 다짐을 해본다.

이 책을 만드는 데는 역락출판사 이대현 사장의 도움이 컸다. 자료집이나 학술적인 서적이 요즈음 전혀 상업성이 없음에도 출간을 허락해주었을 뿐 아니라 북한에서 출간된 자료들을 구하기 위해 멀리 중국 출장을 마다하지 않았다. 또한 이 책을 출간하는 데 윤화진 선생의 배려가 없었다면 아마도 출간이 불가능했을 것이다. 감사의 말씀을 드린

다. 마지막으로 자료의 해독과 입력, 윤문 작업 등에 헌신해 준 젊은 연구자들, 김선규, 오채운, 양선정 등에게도 이 자리를 빌려 감사의 말을 전하고 싶다.

일제의 식민지 우민화 정책에 맞서 구광단(球狂團)이라는 조직을 만들어 민중 계도를 시도하다 일제 경찰에 검거된 1920년에 윤기정의 나이는 만 17세였다. 그 후 그는 식민지 지식인으로서의 문제의식을 잊은 적이 없으며 특히 일제말기에도 그것을 부정한 바 없다. 그럼에도 우리의 불행하고 왜곡된 역사는 그를 평가하는 데 여러 장애와 주저함의 원인이 되었다. <한민족 독립운동사> 자료집에 있던 그의 투옥 당시의 사진이 이제 밝은 지면에 새겨지지만, 이 책의 출간이 일제하를 살았던 저항적 지식인 윤기정을 다시 평가하는 계기가 되길 기대해본다.

2004년 2월
편자 씀

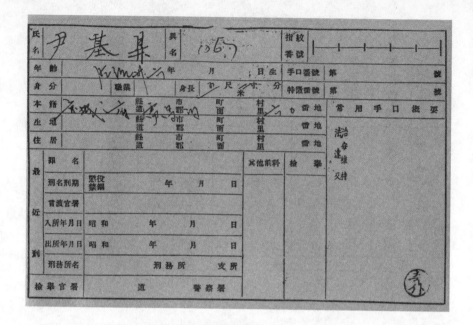

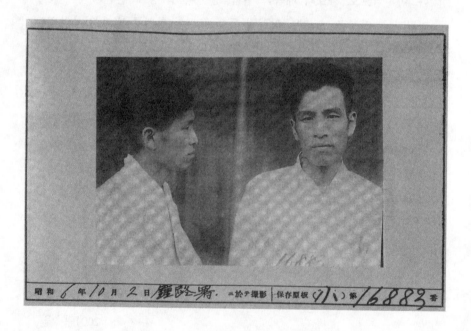

● 연령은 명치 36년 생 (1903년)으로, 주소는 경성지부 수창동(해방후 내수동으로 개칭) 60번지, 키는 5척 2촌으로 되어있다. 치안유지법 위반으로 소화 6년(1931) 10월 2일 종로경찰서에서 촬영했으며(이기영 등 카프 사건 관련자들은 모두 동일) 보존 원판 번호 16883으로 되어있다.(이기영은 16885), 〈한민족독립운동사 자료집〉 별집 5권, 국사편찬위원회간

* 윤기정선생이 1920년 구광단 사건에 연루되어 검거되었다는 기사 (동아일보 1920. 8. 29.)

윤 기 정 현 경 준

단 편 소 설 집

조선 작가 동맹 출판사

1957

* 1957년 작가동맹출판사에서 나온 공동소설집 표지

차 례

1 소설

▼ 미치는 사람 / 15

▼ 딴 길을 걷는 사람들 / 39

▼ 앞날을 위하여 / 52

▼ 봉변(逢變) / 62

▼ 의외 / 76

▼ 양회굴뚝 / 79

▼ 자화상 / 90

▼ 사생아(私生兒) / 101

▼ 적멸 / 118

▼ 차부 / 148

▼ 이십원 / 165

▼ 춘몽곡(春夢曲) / 176

▼ 거울을 꺼리는 사나이 / 201

▼ 어머니와 아들 / 224

▼ 공사장 / 237

▼ 아씨와 안잠이 / 266

▼ 천재(天災) / 284

▼ 리창섭 브리가다 / 324

2 평론·수필·좌담·기타

▼ 계급예술의 신전개를 읽고 / 351

▼ 상호비판과 이론확립 / 362

▼ 생활, 의식, 동지 / 376

▼ 최근 문예 잡감(기1) / 379

▼ 최근 문예 잡감(기2) / 389

▼ 최근 문예 잡감(기3) / 398

▼ 무산문학가의 창작적 태도 / 407

▼ 1927년 문단의 총결산 / 423

▼ 현단계 조선사람은 어떠한 문학을 요구하는가 / 443

▼ 실천적 행위 / 445

▼ 이론투쟁과 실천과정 / 447

▼ 이기영씨의 창작집 『민촌』을 읽고 / 454

▼ 문예시평 / 458

▼ 당면문제의 數三 / 467

▼ 영화시평 / 470

▼ 映畵時評 / 477

▼ 文壇時言 / 484

▼ 예술 활동의 제 문제 / 494

▼ 조선 문예이론은 어디로 귀결될까 / 507

▼ 조선영화의 제작경향-일반 제작에 고함 / 508

▼ 문예시평-5월 창작개평 / 521

▼ 각계척후(各界斥候) / 535

▼ 영화이론과 비평의 근본적 의의 / 536

▼ 창작가로서 김남천(金南天) 군의 인상 / 540

▼ 소화(昭和) 십일년도 조선문학의 동향(앙케이트) / 543

▼ 현대 작가 창작 고심 합담회 / 545

▼ 위대한 세계적 문호 / 562

▼ 예술운동의 신전개 / 564

▼ 민촌 형에게 / 571

• 작품목록 / 576

• 윤기정 생애 연보 / 578

1. 이 전집은 수집하여 판독 가능한 윤기정의 소설과 평론, 수필을 수록하였다.
2. 수록 순서는 발표순으로 했다.
3. 표기법은 원문의 의미를 손상하지 않는 범위 내에서 현대 표기법으로 고쳤다.
4. 표준어가 아닌 방언이나 속어는 원문의 분위기를 살리기 위해 그대로 썼다.
5. 대화나 직접 인용은 " "로, 책, 신문명 등은 『 』로, 단편소설이나 평론, 산문은 「 」로 표시했다.
6. ○○는 판독 불가능한 활자를 글자 수대로 표시한 것이며 ------이나 ×××는 발표 당시 검열 등을 이유로 삭제된 것을 표시한 것이다.
7. 발표 당시의 것을 수록 원본으로 삼았다.

윤기정 전집

미치는 사람 · · ·

딴 길을 걷는 사람들 · · ·

앞날을 위하여 · · ·

봉변(逢變) · · ·

의외 · · ·

양회굴뚝 · · ·

자화상 · · ·

사생아(私生兒) · · ·

적멸 · · ·

차부 · · ·

이십원 · · ·

춘몽곡(春夢曲) · · ·

거울을 꺼리는 사나이 · · ·

어머니와 아들 · · ·

공사장 · · ·

아씨와 안잠이 · · ·

천재(天災) · · ·

리창섭 브리가다 · · ·

미치는 사람

■ ● 1 ● ■

'아무리 속아 산다는 세상이기로 요같이 속이고 요같이 가증하게도 속아 산다는 말이냐?'

김철은 그래도 오늘 안으로 무엇을 찾을까하고 무슨 직업을 행여나 붙잡을까 하고 온종일 쏘다녔으나 역시 전일과 마찬가지로 빈주먹만 쥐고 자기 집 대문 안을 들어서며 무엇을 한껏 원망하는 듯이 힘있게 부르짖었다.

오늘 아침에도 집밖을 나올 때에는 온갖 희망을 한아름 안고서 나오기는 나왔으나 이제 와서는 모두다 절망의 구렁텅이로 보기 좋게 빠지고 말았다. 그래 말이 안나올 만치 기가 막힐 지경이다.

'오늘이 아니면 내일이야 설마 무슨 빛이 안 보일라고… 조그만 벌이라도 생길터이지.' 하고 서울바닥을 미친개 모양으로 허구헌날 쏘다녀 보았으나 오늘까지 밥벌이를 붙잡지 못하고 헛수고만 하였다. 가는 곳마다 모조리 거절을 당하였다.

신문배달부가 되겠다고 몇 군데나 찾아가서 몇 번이나 말해 보았으나 지금은 빈자리가 없다고 번번이 거절을 당하였다. 어떤 때는 영구한 직업이 아니라도 하루 벌어서 하루 먹겠다는 생각으로 개천 고치는데 가서 감독인 듯한 일본사람을 보고 자기도 좀 써달라고 간청하듯이 말해 본적이 있다. 그때에 일인은 한참 아래위를 훑어보더니만

"당신 같은 사람이 이런 일을 할 수 있겠소? 우리는 같은 삯을 주겠는데 당신 같이 약한 사람은 도저히 쓸 수 없으니까 아니 되겠소… 더구나 손에 못하나 아니 박힌 사람이…"

하고 대번에 거절을 당하고 말았다.

과연 그는 다른 사람한테 약한자로 아니 보일 수 없을 만치 되어있다. 잘 먹지를 못해 빼빼마르고 색에 골아서 얼굴빛이 죽은 사람같이 창백하였다. 그가 색에 골은 것도 무리는 아니다.

사람이 구차해서 점점 가난뱅이가 될수록 성욕은 모르는 사이에 더한층 날뛴다. 그것은 있는 놈들의 할 일 없어 주색에 빠지는 거 와는 전혀 다른 것이다. 김철이도 모든 것을 주리는 대신에 × 하나만은 배불릴 수 있었다. 화가 나서 돌아다니다가도 이 냉랭한 세상에서 받다보지 못하던 위안을 아내에게나 받아볼까 하고 그의 품안으로 기어든다.

어떤 때에는 아무 죄도 없이 고생살이를 하는 아내가 불쌍하고 측은해서도 자연히 가깝게 하고 만다. 며칠 전에도 냉방에서 자게 된 때가 있었다. 그때에 자기는 참다못해 아내의 손을 꽉 쥐며

"이 추운 날 냉방에서 어떻게 잔단 말이오?"

하고 동정하는 듯이 말했다. 그러나 한옆으로는 부끄러워 견딜 수가 없었다. 그러나 아내는 해죽이 웃으며 들릴락 말락하게

"둘이 꼭 끼고 자죠"

하고 머리를 푹 숙인 일이 있다. 이와 같이 김철은 ××생활에 사로 잡히고 만 것이다.

자기와 같은 없는 사람들에게는 아무런 동정 …릴 곳 만한 생활 ×
×××× ×× ××××× ××××××× ×××××× 살아있는 동안 자기의
아내조차 없고 보면 하루라고 살지 못할 것 같이 생각된다. 그래 삼십
이나 되어 낳은 어린 자식 보다가 아내를 더 한층 중히 여겨왔다. 그렇
다고 어린것한테 미래의 희망을 아니 붙인 것은 절대로 아니다.

살림살이가 구차해짐을 따라 그처럼 좋아하던 술조차 이즈막 와서는
여간 줄이지 않는다. 요 며칠 동안은 술 한 잔 입에 대지 못하였다. 술은
커녕 담배조차 굶었다. 이와 같은 모든 사정이 없는 자기로 하여금 무의
식중에 사람을 잘게 만든다. 아무리 큰 이상, 큰 포부를 가졌다 하더라도
생활이 절박하면 절박할수록 주위의 사정이 점점 적은 사람을 만든다.

오늘 아침에는 잡힐 것조차 없어서 솥에 쌀이 들어가지 못하였다.
어제 저녁에도 며칠을 두고 선술집에 들어가 술이나 먹을까? 담배나
살까? 하고 몇 번이나 망상거리던 돈 십전으로 호떡 두개를 사다가 하
나씩 먹고는 냉방에서 세 식구가 그대로 자고났다.

이태동안이나 두고 잡혀 먹어 왔으니 있던 물건이 화수분이 아닌 다
음에야 한이 있을 것이다. 그것도 팔기나 하였더라면 몇 달 동안은 있
던 물건으로 더 살아나갔을 것이다. '그러나 설마 잡힌 것을 잃어버리
도록 직업을 못 붙들라구. 어떻게든지 돈벌이를 하면 곧 찾지'하고 오
늘까지 잡혀 먹어왔다.

세상은 이와 같이 모든 일에 자기를 속여만 왔고 자기는 세상한테
오늘 내일하고 지금까지 속아만 살아왔다. 시원하고 넉넉한 세상이 자
기 앞에도 닥쳐올 듯 하지마는 아니 그것을 믿지마는 그동안에 살아갈
일이 걱정이다. 걱정이라느니 보다도 굶어죽고 얼어 죽지 않으면 안
될 지경이다. 이만치 그로서는 막다른 골목을 당도하였다.

아침밥도 안 먹고 안 먹은게 아니라 없어서 못 먹고 집을 나와 버렸다.

"오늘 안으로는 무엇이든지 낙착이 나겠지. 그 일도 있고 하니까."

이와 같이 입안으로 중얼거리며 길을 걸었다. 늦은 가을이 지나고 초겨울이 되어 땅위에는 누른 잎, 붉은 잎 낙엽이 뒹굴고 머리위로는 날카로운 바람이 쌕쌕하고 소리치며 지나간다.

풀이 하나도 없고 때가 낀 모시 홑두루마기를 아직까지 입고 머리에는 내버려도 집어가지 않을만한 허술한 모자를 쓰고, 발에는 몇 군데를 가죽으로 기웠는데도 그래도 한두 군데 찢어진 고무신을 신고 자기집 동구 밖을 지나 큰길로 나왔다. 이와 같이 남루한 의복을 입어 거지꼴을 하고 다니니까 그전에 알던 사람들도 다들 멀어졌다. 지금같이 하지 않고 돌아다닐 때에도 어려운 살림살이를 하여 나가는 줄 아는 사람이면 반드시 자기를 대하기 싫어하였다. 물론 어려우니까 돈 같은 것을 취해 달라면 성이 가실 테니까 보고도 못본 체 하는 것이 제일 상책이라고 외면을 하고 지나가는 것이 틀림없었다.

김철은 그런 모욕을 당하고 생각할 때마다 끝없이 분하였다. 다만 돈 한 가지로 해서 뭇사람들에게 천대를 받고 모욕을 당하는 생각에 몇 번이나 이를 갈아부쳤는지 모른다. 얼마전까지도 알만한 친구를 찾아가서 입에서 차마 안나오는 구구한 소리도 하여 보았다. 그럴 때마다 자기의 하는 일이 죽기보다도 싫었지마는 굶게 된 때에야 어찌할 수 없었다. 그나마 한두번은 얻어다 먹기도 하였고 취해오기도 하였지마는 한사람에게 세 번 이상만 가면 그때부터는 있고도 없다는 지 다들 따는 모양이었다.

그런 쓰라린 경험이 있은 뒤로는 굶으면 앉아 굶어죽겠다는 결심을 하였다. 그러나 명국의 집에 가서만은 밥도 얻어먹고 쌀되도 얻어왔다. 명국은 자기 혼자서 벌어가지고 여러 식구가 근근이 살아가는 터이지마는 김철이가 찾아가면 반드시 밥을 먹이고 어떤 때는 돈, 돈이 없으면 쌀이라도 준다. 그렇지만 이즈막에는 그를 자주 찾아가지 않았다.

그도 넉넉한 사람(넉넉한 사람이면 그럴리도 없겠지만)이면 모르거니와 한달에 불과 한 삼십원쯤 받아 가지고 여러 식구가 겨우 연명들만 해가는 터인데. 자기가 한끼를 배불리고 보면 그 이면에는 반드시 한 두사람이 배를 곯게 되리라고 생각하였기 때문에 그 집에 자주 가지 않는다.

그러나 명국은 똑같은 처지에서 우는 자기가 찾아갈 때마다 진심으로 맞아 들였다. 그리고 지금 명국이가 다니는 인쇄소에 자기를 집어 넣어 주려고 애를 무진 써왔다. 그렇지만 쉽사리 궐이 나지 않았다.

어떤 때는 있던 사람이 나가서 빈자리가 없지도 않았지마는 직공인 그의 몸으로서는 제일 첫째 권리에 눌려 어찌할 수 없을 때도 여러번 이었다.

"며칠전에 있던 사람 하나가 나가서 지금 운동중이니까 이번에는 꼭 될듯하네… 그러니 내일쯤 들려보게."

이런 말을 어제 아침에 명국이한테 들었다. 그래 김철은 자기 집을 나올 때에 오늘 해 안으로 그의 공장을 찾아가리라고 마음먹었다.

■● 2 ●■

"이번에도 또 실패일세… 공장장의 조카가 시골서 서울로 나왔다나. 그래 그 사람을 쓰게 되었어… 참 번번 그래서 미안하이."

"뭘 천만에… 자네야 미안할게 무엇인가."

입으로는 이와 같이 말하였으나 속으로는 얼마나 실망하였는지 모르겠다.

두 어깨가 힘없이 축 늘어졌다. 이 세상이 새삼스럽게 원망스러웠다.

'일을 하려도 나에게는 왜 일을 주지 않나? 오늘 당장이라도 나에게 일만 준다면 뼈가 부러지고 살이 녹아나더라도 열심으로 일을 할 터인데 왜 가는 곳마다 나에게는 깡그리 직업을 주지 않는가?' 하고 그 공장문을 나와 버렸다.

지나는 길에 마지막으로 ○○일보 판매부에 들렀다. 다른 신문 판매부에도 아까 다 들러 보았으나 전과 마찬가지로 궐이 안 났다고 한다. 그래 지금도 응당 안되려니 하면서도 요행수를 바라고 열기 싫은 문을 조금 주저주저 하다가 간신히 열었다.

"또 그 일로 오셨구료? 그런데 아직까지도 자리가 나지 않았소이다."

주임인 듯한 사람이 미리 알아차리고 먼저 말한다.

"네, 그럼 요담 또 오죠."

김철은 이미부터 짐작하였기 때문에 그리 실망도 하지 않고 돌쳐나왔다. 걸어가면서

"오늘도 또 헛걸음이겠구나!" 하고 한숨 한번을 내쉬었다. 이런 때를 당할 때마다 살아보겠다는 생각은 한층 더 강해진다.

어느 길모퉁이를 돌아서려니까 너비아니 굽는 냄새가 코를 찌른다. 얼마동안을 그 냄새가 자기의 오장 속으로 들어오는지, 자기의 몸 전체가 그 냄새 속으로 끌려 들어가는지 분별할 수 없었다. 발길이 저절로 냄새나는 곳까지 이르렀다.

선술집 안에는 사람들이 그득히 들어섰다. 술파는 계집의 요사스런 웃음소리와 술먹는 사람들의 질서 없이 떠드는 소리가 한데 어우러져 음악적으로 흘러나왔다.

유리창 안에 그득히 쌓인 여러 가지 안주가 눈에 보인다. 연기를 자

욱하게 피우며 부글부글 구워지는 너비아니, 생선, 그외 여러 가지 안주가 먹음직하게 눈에 띤다.

걷던 걸음을 딱 멈추고 서서 여러 가지 음식으로 두 눈이 쏠리고 말았다. 식욕이 불같이 일어나 걷잡을 수 없다. 번연히 돈이라고는 엽전 한푼도 없는 줄 알면서 어느틈엔지 손이 슬며시 주머니 귀퉁이로 갔다. 가기는 갔으나 어제까지 남아있던 돈 십전조차 없고 말았다.

이와 같이 어리석은 짓을 하는 동안에 발은 땅에 붙은 것 같이 떨어지지 않고 눈에 띄는 것만은 미칠 듯이 먹고 싶다. 어느 순간에는 무섭고 두려운 생각조차 해 보았다.

'저 유리창을 막 깨뜨린 후에 집어가지고 달아나? 그래 집에 가 앉아서 맛있게 먹을까? 집어가지는 않더라고 저것들을 막 집어 먹기나 할까? 안돼… 그러면 이와 같이 먹고 싶은 것을 어떻게 하나? 덮어놓고 쑥 들어가서 곱빼기로 한잔 먹은 뒤에 그전같이 석량이나 마른안주 (안해주려고) 같은 것을 받지 말고 뜨끈한 추어탕이나 한 그릇하고 너비아니 한점을 구워 먹을까? 그러자면 어디 돈이 있어야지…' 김철은 여기까지 생각하다가 하도 먹고 싶은데 끌려 술집 문앞으로 한걸음 다가서며 '에라 먹은 뒤에 누가 알든…' 하고 용기를 내다가 삽시간에 '아서라 참자… 돈 십전에 무전취식으로 경찰서 맛을 봐? 요까진 짓을 하고 감옥에 들어가 철창생활 한단말이냐? ×××× ×××××××× × ×지르지.'

이와 같은 생각이 술집으로 들어가려는 김철의 머릿속에 번개같이 떠올랐다. 그래 그만 단념하고 돌아서려 할 때에는 모든 것이 더 한층 먹고 싶었다. 그러나 돈이 없는 다음에야 아무리 먹고 싶어도 어찌할 수 없는 일이다.

다른 때에는 며칠씩 굶었어도 이처럼 먹고 싶지는 않았다. 오늘과 같이 술이 먹고 싶고, 밥이 먹고 싶고, 다른 모든 것이 이처럼 죽도록 먹고 싶었으면 지나간 날에 수없이 도적질이라도 하였을 터이다.

사실 도적질도 하고 싶고 다른 무슨 일을 ×××××× ×××× 없지는 않았지만 자기 한몸이 ×××들어가는 날이면 아내와 어린 자식이 어찌될까? 하는 생각에 몇 번이나 그런 마음을 먹었다가도 나중에는 단념하고야 말았다.

주린 사람이 먹을 것을 보고 이와 같이 죽도록 먹고 싶은 때에 다만 돈 한가지가 없어서 피가 펄펄 뛰는 젊은 놈이 두 눈깔로 뚫어지게 보고도 못 먹게 되는 것이 다만 사람이 못생긴데 있다거나 팔자를 그렇게 타고나서 굶주리고 헐벗은 것이 아니라고 그전부터 생각해 내려오는 것을 이때에 다시금 생각해 보았다. 과연 자기가 이처럼 배가 고프고 아내를 굶기는 죄가 자기에게 있는 것이 아니고 다른 곳에 있다는 것을 생각할 때마다 두주먹이 힘껏 쥐어지며 몸이 부르르 떨린다.

'일할 자리를 찾아다니나 ×××××××× ×××××××?' 하고 소리를 커다랗게 질러 이 세상에 대하여 물어보고 싶다.

김철은 죽기보다 싫은 발을 떼 술집 앞을 떠났다. 또 다시 모든 것이 걷잡을 수 없게 먹고만 싶다. 밥, 술, 담배 이외에도 이름도 모를 여러 가지 음식이 있으면 있는대로 얼마든지 먹고싶다. 얼마동안 걸어가다가 어스레한 길바닥을 더듬기 시작하였다. 담배를 며칠동안 굶었기 때문에 담배꽁초가 혹시 떨어지지나 않았나 하고 찾음이다. 얼마만에 조그마한 탄지 하나를 발견하였다. 그래 두어모금 빠니까 입이 뜨거워 그만 내버렸다.

모든 것이 걸어가면 걸어갈수록 여전히 먹고 싶다. 만약 오늘같이 먹고 싶고 먹을 것은 없다면 죽고 말일이지 살지는 못하리라고 생각했다. 그리고 몸서리를 쳤다. 이러다가 아마 굶어죽나 보다고 마음먹었기 때문이다.

'집안사람은 어떻게나 되었누? 지금까지 아무것도 먹지 못하고 있다면 들어가 무슨 얼굴로 대한담? 빈손으로 터덜거리고 들어만 가면 무엇하누? 도리어 안들어가는 편이 낫겠지… 에라 차라리 죽어서 이 허잘 것 없는 세상을 잊자. 배가 고프면서 살아 무엇하나. 이와 같이 먹고 싶어두 어딜가야 먹을 거라고는 털끝만치도 없는 놈이 더 살면 무엇하니?… 집이라고 찾아 들어가야 이처럼 배고픈 창자를, 허기진 속을 배불릴 수 있느냐? 뭘, 배고파하는 불쌍한 인생의 처참한 꼴 밖에는 아무것도 없을터이지… 그렇지마는 굶어가면서라도 더 굳세고 더 강하게 살아보자. ××× ×××× ×××××× ××××××××××× 그동안은 어떠한 어려운 일이 있더라도 그것을 힘있게 이기고 살아보자. 어느때든지 ×××××× ×××××× ××× ××××× ×××××××× 나로서는 그일을 앉아서만 기다릴 것이 아니라 하루바삐××××××××× × ×××××××××××× ×××××××× ×××××××××× ×××××××'

김철은 얼마동안 죽어 버리겠다고까지 절망하다가 무슨 새로운 희망을 붙든 것 같이 부르짖었다.

×××× ××××× ××××× ××××××××× ×××××다.

그동안 집에 있는 아내가 어찌나 되었누? 하는 궁금한 생각에 끌려 걷던 걸음을 좀 속히 걸었다. 어느덧 거리거리에 달린 전등에 불이 들어왔다. 먹고 싶은 생각이 조금씩 엷어지는 한옆에 '오늘도 또 속아 넘어가는구나!' 하고 일종의 알 수 없는 분노가 뜨겁게 마음 맨 밑바닥에서부터 철잡을 새 없이 북받쳐 올랐다. 이와 같은 생각이 자기 집 대문 안을 들어설 때에 더한층 강렬하게 움직여 아니 부르짖을 수 없었던 것이다.

■■ ● 3 ● ■■

굶어 늘어졌으려니한 아내가 오늘도 또 속고 들어오는 자기를 반갑게 나와 맞는다. 한옆으로는 마음이 놓이면서도 미안한 생각이 확하고 머리에 떠오른다. 온종일 터덜거리고 돌아다니다가 결국 빈손으로 돌아오고만 자기 자신이 끝없이 불쌍하기도 하고, 가엾기도 하고 빈충맞게 생긴 듯도 하다. 아내를 대하는 순간에 이제는 더 속아살 수 없다는 무엇을 반역하려는 강렬한 생각이 걷잡을 수 없이 치밀어 올랐다. 일을 저지르지 않으면 오직 죽음뿐이라고…

"머나 좀 먹었소?"

하고 아내의 두 손을 힘있게 꽉 쥐며 부드럽고도 정답게 물었다. 방안에서 나온 사람의 손이건만 죽은 사람의 손같이 싸늘하다. 아내는 좀 주저주저 하다가

"네… 아까 무엇 좀 먹었어요."

아내는 대답하는 품이 암만해도 진정같지 않다.

"그런데 무얼 좀 자셨어요?"

이번에는 아내가 묻는다.

"나 말이오? 나는 무엇을 좀 먹었지만 임자는 여지껏 아무것도 못 먹은 모양이구료?"

"왜 안먹기는요… 저도 먹었어요."

하고 아내는 종시 천연덕스럽게 먹었다고한다.

김철은 처음으로 아내를 속였다. 속이랴 속인 것은 절대로 아니다. 자기가 여지껏 아무것도 안 먹었다는 말을 하여 아내까지 괴롭게 하고는 싶지 않았다. 아내도 그런 생각이 들어서 자기를 속이는 것이라고 안타깝게 눈물겨운 생각을 하였다.

"어서 방으로 들어가시죠. 날도 퍽 찬데…"

며칠동안이나 불 못 땐 냉방이 바깥 보다 나을 것은 없지마는 바람을 막는데는 그래도 한데 보다 나으리라고 방문을 열었다. 바깥 보다 더욱 컴컴한 방안에서는 찬 기운이 휙 끼친다. 어린애가 어느 곳에 누워 있는지도 안 보인다.

"불이나 좀 켜지."

김철은 방안에 들어서며 이와 같이 말하였다. 뒤따라 들어오는 아내는 아무렇지도 않은 어조로

"석유도 없는가봐요. 몇 번이나 켜두 자꾸만 꺼질적에는요…"

이 소리를 들을 때에 온몸은 지르르하고 가슴은 미어지는 듯하다. 갑자기 이런 살림도 살림이라고 붙잡고 앉았는 아내가 한량없이 불쌍해 못 견디겠다. 구차해 갈수록 점점 유유하고 너그러워지는 아내가 사랑스럽기도 하고 한옆으로는 어리석어도 보인다. 어느 때에는 아내의 너그러운 마음씨가 자기의 무능함을 한껏 비웃는 듯하였다.

둘이 다 아니 먹고도 먹었다고 서로 속였기 때문에 먹어야겠다는 말은 또다시 입밖에 나오지 않았다. 세식구가 컴컴하고 쓸쓸한 냉방에 나란히 누웠다. 어린애는 몇 번이나 젖을 빨다말고 괜히 칭얼거린다.

"종일 굶은 오장에서 젖인들 시원스럽게 나오겠니?"

김철은 드러누우며 입안으로 중얼거렸다. 속이 비어서 그런지 죽어라 하고 아예 잠은 오지 않는다. 드러누운 지가 한참 되었으나 두 눈은 컴컴한 가운데서 무엇을 찾으려는 듯이 점점 말똥말똥하여지고 정신은 갈수록 새로워질 뿐이다.

어느 틈에 아내의 코고는 소리가 어렴풋이 들린다. 온종일 굶고 어린것한테 시달리기만한 몸이라 코고는 소리조차 피곤한 듯이 힘없게 들린다. 달이 뜨기 시작하는지 방안이 아까보다도 좀 환한 듯하다. 동

네집 시계가 열둘을 칠 때에는 방안이 아주 밝아졌다. 행길로 난 들창에 달이 비쳤다. 김철은 드러누운 채 들창을 한참 바라보다가 이상스러운 회포에 싸여 벌떡 일어나 앉았다. 지나간 날에 달을 쳐다보고 시를 짓던 생각이 머리속에 떠오른다. 소설을 쓰던 생각이 난다. 문학가가 되려고 열심히 책을 읽던 생각이 머리를 스치고 지나간다. 예술가로서 출세해 보려고 무한히 애쓰던 생각이 난다. 세월을 헛되이 보내지 않고 무엇이든 뜻있게 해보려고 머리를 무한히 썩이던 생각이 물레바퀴같이 휙휙 지나간다.

그러나 그것은 모두가 무참히 깨어진 과거의 기억뿐이다. 문학으로 출세하기 전에 가난이란 무서운 악마에게 사로잡히고 말았다. 이 세상에서는 아직 무명인 자기의 글을 알아주지 않았던 것이다. 지금도 그런 생각이 마음속에 사라지지 않았지마는 생활에 얽매여 무엇을 쓰려도 쓸 수 없고 쓴댔자 이 세상에서 무명인 자기의 글을 알아줄 이치가 없다. 그래 쓸 수도 없고 쓰지도 않는다. 사실 말하면 생활에 쪼들려 붓을 들 기분이 꿈에도 일어나지 않는다. 창에 비친 달빛은 세상모르고 잠자는 모자의 얼굴에까지 비쳤다. 그 두 생명이 어쩐 일인지 지나치게 아름답게 보인다. 그래 무의식중에 허리를 구부려 두 얼굴에다가 번갈아가며 입을 맞추었다. 허리가 아파 다시 드러누우려 할 때에 무엇을 좀 먹었으면… 하는 생각이 불시에 치밀어 올랐다. 뒤를 이어 모든 것이 아까 길에서 같이 먹고 싶어 죽겠다. 암만해도 허기증이 또 일어난 모양이다. 밥이라고는 그저께 저녁에 조금 먹고는 아니 먹어서 밥이 제일 먹고 싶다. 이러고는 살 수 없다는 생각이 신경을 날카롭게 찌른다. 무엇이든지 먹고는 싶다. 그러나 먹을 것은 없다. 전후좌우를 살펴보아도 먹을 거라고는 하나도 없다.

'내가 이렇게 막다른 골목을 당하였구나.' 하고 일어나려 하였으나 일어설 기운조차 없다. 그전에는 지금 보다 몇 끼를 더 굶었어도 이렇지는 않았다. 일어나려고 하였으나 마음대로 되지 않은 것을 생각하고 자기의 몸이 이만큼 파리해진 것을 깨닫고는 한편으로 슬펐다.

'이렇게 자고난대야 내일 아침거리나 있느냐? 쌀 한줌 없다. 공중에 나는 새, 땅에 기는 짐승들도 날이 밝으면 무엇이든지 먹을 것이다. 부잣집 마룻구멍에서 잠자는 개도 눈만 비비면 우리가 먹는 것보다는 더 좋은 먹을 것이 얼마든지 있다. 그러나 우리 세 식구에게는 아니 우리와 똑같은 처지에서 헤매는 사람들은 그 이튿날 아침거리를 걱정하게 된다. 그중에서도 나는 더구나 절박하지 않느냐? 오늘밤은 이와 같이 굶고들 자나 밝는 날에 먹을 것이 없다. 에라! ×××이다. 이제는 ××× 밖에 다른 도리가 없다. 빼앗다가 ××××하거든 ××××× ×××오자… 그래서 내일의 먹을 것을 만들어 놓고 무슨 일이든지 계획하고 직접 일을 하여야만 우리는 내일을 하루바삐 오게 할 수 있다. 이런 때에 ×××하는 것을 뉘라서 ×라고 하려느냐?'

김철은 이와 같이 힘있게 부르짖었다. 두 눈에 무엇을 결심한 듯한 긴장한 표정이 떠돌아 눈동자는 더욱 반짝거렸다.

그래 더 생각할 나위도 없이 두주먹을 단단히 쥐고 위엄 있게 일어섰다. 가만가만히 두어 걸음 떼어 놓았다. 문고리에 손이 닿을락 말락 할 때에 고개를 돌려 세상 모르고 잠자는 두 생명을 내려다보았다. 그 자리에 그대로 주저앉으며 '차마 못하겠다.' 하고 입안으로 중얼거렸다. 당장에 먹을 것이 없어 굶어죽게 된 자기가 왜 이리 약자의 짓을 하나하고 약한 마음을 스스로 꾸짖었다.

'아무리 먹을 것이 없더라도 차마 도적질만은 못하겠다. 도적질이 나빠서 안하는게 아니라 사랑하는 처자를 두고 차마 한 달 동안이라도 감옥에 들어가 철창생활은 굶어 죽을지언정 참말 못하겠다. 나 혼자

몸이면 무슨 일이든지 거리낌 없이 하겠다마는…' 하고 김철은 한참동
안 고개를 수그린 채 넋 잃은 사람모양으로 가만히 앉았다가 다시 입
을 열어 '자살이다. 지금 나로서 자살을 할 밖에는 다른 도리가 없다.
처자를 먹여 살리지 못하고 내 자신조차 이같이 배가 고프니 죽어 마
땅하지… 죽어서 모든 것을 잊어버리면 그만이다. 죽게스리 배고픈 것
도 아주 잊어버리고 아내 자식 그 외에 모든 것을 잊어버리면 그만이
다. 어서 죽어서 이 악착스런 세상을 하루라도 빨리 잊어버리자.… 그
놈들의 꼬락서니를 안 볼터이니 무엇보다도 좋다. 죽은 뒤에 누가 아
니, 죽는 날이면 세상도 없어지는 날이다. 지금 나로서는 자살을 할 밖
에 다른 도리는 조금도 없다. 내가 죽으면 저것들이 불쌍하다 뿐이
지… 애비와 남편을 잘못만나 내내 고생만 하다가 나중에는 그나마 잊
어버리고 이리저리 굴러다니며 빌어먹을 터이지… 그러다가 어느 구
렁텅이에서 죽어 까마귀떼의 밥이 되고 말 것이다. 그래도 모른다. 나
하나 세상에서 없어지면 뉘 알더냐? 어떻게 생각하면 지금 자살하는
편이 도리어 낫다면 낫겠지… 요놈의 세상에서 갖은 욕을 보며 살아가
다가 내내 살지도 못하고 그에 굶어죽거나 얼어 죽는 것 보다가 차라
리 지금 죽어 없어지는 편이 훨씬 낫겠지… 하루라도 모욕을 덜 당하
고 덜 학대를 받고 지금 당장에 죽는 것이 사내답겠다. 학대를 받고 모
욕을 당한다 하더라도 먹을것만 있으면 이 다음날을 믿고 하루하루를
더 살려고 기를 쓰겠지마는 당장에 먹을 것이 없지 않느냐? 에라, 오는
앞날을 누가 알더냐? 지금 당장에 자살이다. 자살!' 하고 부르짖으며
자는 사람이 깰까봐 염려하는 마음으로 조심성스럽게 방문을 바시시
연 뒤에 그만 바깥으로 나갔다.

■● 4 ●■

'새끼조차 없구나… 그것도 모조리 주어 때버린게지.' 하고 김철은 부엌에서 무엇을 찾다가 마당으로 나왔다. 마당으로 나와서도 무엇을 한참동안 찾았다. 내내 새끼는 눈에 띄지 않는다. 얼마동안 주저주저 하다가

'옳다. 빨랫줄이 있는 것을 그랬구나.' 하고 빨랫줄을 끊었다. 그것은 새끼보다도 튼튼한 삼줄이었다. 그래 그것을 손에 들고 한참동안 망설 였다. 뜰 한옆에 낙엽진 오동나무, 문고리, 부엌 한가운데 대들보, 이 여러 가지가 눈앞으로 휙휙 지나간다. 노끈을 한 팔에다 걸치고 힘없 이 걸어 다시 부엌 안으로 가만가만히 들어갔다. 줄 한가닥을 그리 높 지 않은 들보에 걸쳤다. 좀 약할까 보아서 다시 내려 세겹을 쳐가지고 먼저와 같이 걸쳐 놓았다. 그리고 펄썩 주저앉았다. 여섯 가닥으로 늘 어진 끈을 두 손으로 만지작만지작하며 한숨 한번을 길게 내쉬었다.

다시 일어서서 그 끈에다가 목을 매기 시작하였다. 숨이 좀 가쁜 듯 하다. 이대로 발을 오그리면 이삼분 안에 죽어서 뻣뻣한 송장이 되어 늘어질 것을 눈앞에 그려 보았다. 그러나 생에 대한 애착이라고는 털 끝만치도 나지 않는다. 이 세상에 대한 미련이라고는 조금도 없다. 지 긋지긋한 고생살이를 더 하지 않을 생각을 하고… 숨쉬는 것이 아까보 다도 더한층 가빠진다. 거친 숨소리가 역력히 귀속으로 들어온다.

바로 이때이다. 멀지 않은 곳에서 당장 죽으려고 흉악한 짓을 하는 줄도 모르고 곤히 잠들어 있는 아내의 얼굴이 보인다. 다음에는 벙글 벙글 웃는 아들놈의 얼굴이 나타난다. 삽시간에 자기가 죽으면 이 원 수를 누가 갚아주나? 하는 생각이 머리에 떠오른다.

'내가 이렇게 죽으면 세상 놈들은 그저 생활 곤란으로 자살하였다고

만 신문지로 돌려보낼 터이지… 생활곤란이 나면 벌써 죄가 이 세상에
있고 너희 놈들에게 있는 줄 모르고 모든 사람들이 그냥 넘긴다. 너희
들 때문에 죽고 마는 것을 자살하면 다구만?… 자살이 아니라 너희들
이 죽인 것이다.' 이와 같이 힘있게 부르짖고 나서는 두 눈을 크게 부
릅떴다. 단칸방에 추위를 못 견디어 사지를 옹송그리고 드러누운 모자
의 불쌍한 몸뚱이가 또다시 눈에 띄인다. '내가 죽은 뒤에 저것들이 장
차 어떻게나 되누?' 하는 생각이 머리속에 번쩍 떠오른다. 자기가 죽은
뒤 그들의 모양이 가지각색으로 변하여 쉬지 않고 마치 꿈속 모양으로
어른거린다. 제일 첫째 이 집에서 내어 쫓기는 모양… 쫓겨나가서는
어린 것을 업은 채 먹기는 이집 저집으로 돌아다니며 얻어먹고 잠은
어느 움구석, 또는 남의 집 처마 끝에서 달달 떨다가 그대로 자는 꼴이
보인다.

　'아, 거지가 되었구나!'

　김철은 이와 같이 부르짖으며 온몸을 부르르 떨었다. 그리고 머리를
몇 번이나 내흔들었다. 부질없는 환영을 지워버리려고…

　어느 선술집에서 술따르는 계집이 아까 거지의 얼굴과 같다. 술 먹
던 어떤 젊은 사람 하나가 낯익은 듯이 한참 들여다보더니만

　"너 어떻게 여기와 있게 되었니?"하고　물어본다.

　"거지보다 나을까 하고 왔더니만 뭇사람들에게 어떻게 시달리는지
도리어 쪽박 속의 주먹밥만 못해요."
하고 상을 찡그린다.

　"업고 다니던 어린 것은 어찌 되었니?"

　"말하면 기가 맥히죠.… 지난겨울에 얼어 죽었답니다."

　조금 전까지도 시시덕거리고 요사스럽게 웃던 얼굴에 눈물방울이
흘러내린다.이런 광경이 또한 김철의 눈앞에 어른거린다. 이번에는 가

슴이 뭉클해 견딜 수 없다.

어느 내외주점이 눈앞에 또 나타난다. 담배연기 자욱한 방안에 여러 음충맞은 사내들이 술상을 한가운데다 놓고 쭉 둘러앉아서 막 노닥거린다. 그들 중에는 분을 하얗게 뒤집어 쓴 술따르는 계집 두서넛도 휩쓸려 앉아있다. 아까 선술집에 있을 때 보다도 더 한층 파리해진 아내의 얼굴을 그 계집들 가운데서 찾아낼 수 있다. 벌써 요부가 다 되었다. 담배를 피우며 누구를 홀리려는 듯이 눈웃음을 친다.

"너 왜 이리 오게 되었니?"

하고 어느 해끄무레한 사내 하나가 정다운 듯이 물으니까

"그 말 다해 뭘하게… 헤헤 말하자면 누구한테 속아서 삼백원에 팔려왔다우."

하고 옆에 앉은 사람한테 툭 쓰러진다.

"그럼 내 300원 해줄게 나하고 같이 살래?"

"적이나 좋을까."

하고 요사스럽게 선웃음을 친다.

김철은 자기의 고개를 강하게 흔들었다. 줄이 오그라들어 목은 당긴다. 그래 손을 대어 조금 늦춰 놓고는 아내의 일을 다시금 생각하기 시작하였다.

이번에는 아귀같은 계집들이 원숭이와 같이 창살 틈으로 제각기 내어다보는 어느 유곽이다.

안 들어가겠다는 사나이 하나를 한사코 끌어들이려는 여자 하나가 있다. 한참동안 승강이하다가 아예 안 들어가는 남자를 보고 들릴락 말락 한 목소리로 애원하기를 시작한다.

"오늘밤도 벌써 열두시가 지났는데 여지껏 한사람도 치르지 못하였어요. 그러니 좋은 일 하는 셈치고 잠깐만 들어가 주세요. 오늘도 그냥

넘기면 주인한테 무수히 얻어맞는답니다."

"그런 것을 왜 이런 구렁이에 와있담."

하고 메다붙이듯이 퉁명스럽게 물어본다.

"누군 있고 싶어서 있나요. 오백원에 팔린 몸이 되었으니까 울며 겨자 먹기로 그날그날을 죽지 못해 살아가는 것이죠."

"무슨 까닭으로 몸이 오백원에 팔렸단 말이야?"

"어느 놈이 삼백원에 사다가 몇 달 데리고 살더니만 이백원을 이보고 이리로 팔았어요."

"삼백원에는 왜 팔렸었담?"

"그것도 내외주점 몸값이었더랍니다."

김철은 더 참을 수없어 두 주먹을 불끈 쥐고 몸서리를 쳐가며 굳세게 부르짖기를 시작하였다.

'안죽는다. 안죽어… 내가 내내 안죽는게 아니라 ××××××××안죽는단 말이다. ×××××××× ××××지만 죽을 수 없다. … 아니다. 나는 얼마동안 더 살아있어야 하겠다. 살아서는 ××× ××××××××마. 너희들 때문에 내가 오늘날까지 나하고 싶은대로 못하였다. 집안 식구 때문에 여러 사람들을 위하는, 반드시 해야만 할일을 감히 못했던 것이다. 내가 만약 죽어 없어지면 너희들이 왜 죽은지나 알 터이냐? 그리고 이 세상에서는 애비와 남편 없는 너희들이 산지사방으로 떠돌아다니는 것을 재미있게 보고 한 장난감같이 가지고 놀려고 할 뿐이다. 때로는 구박하며 못살게 굴 것이다. 너희들이 이런 학대를 받고 살아가는 것 보다가 차라리 내×××××이 낫지 않느냐? 나도 나하고 싶은대로 될 수 있겠고… 내가 지금 죽으려다가 죽지 않는 것은 생에 대한 애착이 있다거나 아직까지도 세상에 미련이 남아 있어서 그러는 것은 아니다. 절대로 그런 비루한 생각에 끌여 더 살기를 도모하는 것은 아니다. 내 앞에는 지금 나와 똑같은 사람들이 허덕이고 있다. 나는 그들을 위해 일하기 위하여 죽으려는 마음을 고쳐 먹는 것이다.' 하고 목에 걸렸던 여섯 겹의 삼줄을 풀었다.

'처자를 죽이는 놈이 이 하늘 밑에 또 있나?' 하고 못 죽이겠다는 생각이 들다가 다시 힘을 얻어 '아니다. 내가 그와 같은 이 세상에 없는 일을 감히 하느니만치 모든 일에 강해진다. 이전에 하지 못하던 일을 거리낌 없이 마음대로 할 수 있을 것이다. ×××이 다 뭐냐. 감옥철창이 다 뭐냐? 밥을 달라고 싸우는 정의의 다툼 앞에는 생명도 아무것도 없다. 이제부터는 여러 사람을 위하여 싸우는 몸이 되자.' 김철은 무슨 의미 있는 듯이 이와 같이 열렬하게 부르짖었다. 또 다시 두 주먹을 힘 있게 쥐며 '나는 밝는 날부터 이 세상과 굳세게 싸울 작정이다. 이것이 나의 할 바 옳은 일이다.' 하고 웅얼거린다. 그전부터 마음 속에 굽이쳐 흐르던 생각이 일시에 폭발하였다. 그리고 밝는 날부터는 이 땅덩어리 위에도 여러 사람이 기다리고 기다리던 정의의 준엄한 싸움이 반드시 벌어지고 말듯하다. 김철의 손에는 어느 결엔지 녹쓴 식칼 하나가 쥐어져있다. '죽이자! 지금부터 싸움이다. 오래 전부터 기다리고 기다리던 싸움이 지금부터 시작해 벌어진다. 이 보잘것없는 ××하나로 잠들었던 이 땅위에도 장엄한 싸움이 비롯한다. 죽이자! 먼저 처자를 죽이고 그 다음에는 처자를 죽이게 한 그놈들을 죽이기로 하자. 추위에 떠는 뭇 생명에게 아침햇발을 쏘여주기 위하여…' 김철은 이와 같이 기운차게 부르짖으며 한손에 식칼을 힘있게 쥔 채로 모자가 곤히 잠들어 있는 방안으로 들어섰다. '누구를 먼저 죽일까?' 하고 방안에 들어서면서 잠들어 있는 둘의 얼굴을 정신없이 내려다보았다. 칼을 든 손이 간기하는 어린애 손 모양으로 부르르 떨리기 시작하였다.

'이것들을 어떻게 죽이나?' 하고 두 눈을 딱 감았다. '머 망상거릴거야 있나… 그저 두 번만 내리치면 고만인걸.' 하고 마음을 단단히 먹은 뒤에 그들 앞으로 가까이 가 꿇어 앉았다. 아내의 목을 향하여 칼을 번쩍 들었다. 팔은 천근이나 매단 것 같이 무겁기가 비할 데 없다. 어느 겨를에 올라가기는 갔으나 잘 내려오지 않는다. 아내의 얼굴을 다시 한번 내려다보았다. 정면을 향하고는 차마 죽일 수 없다. 칼은 다시 무릎 위에 힘없이 놓이고 말았다.

'기왕 결정한 바를 왜 이리 주저하나? 망상거릴게 무엇이냐? … 내가 왜이리 약한가? 오늘날까지 내 자신이 강하지 못한 탓으로 요지경인데 생명을 결단하는 마당에서도 또 약해진단 말이냐? 아서라, 강한 사람이 되자.' 하고 이를 악물었다. 이번에는 어린애 목을 향하여 칼을 번쩍 들었다. 그러나 차마 그대로 내리치지 못하고 한참 동안을 우두커니 앉았다.

자기의 귀중한 생명을 당장 머리위에서 빼앗으려고 칼을 들었다 놓았다 하는데도 모자는 세상모르고 잠만 잔다. 칼은 또다시 무릎 위에 놓이고 말았다. 김철은 마지막으로 얼굴들이나 자세히 보고 죽이겠다고 둘의 얼굴을 뚫어지게 들여다보더니만 고개를 내두르며 '아, 차마 못 죽이겠다. 어떻게 잠들어 있는 이것들을 죽인단 말이냐. 못 죽이겠다. 못 죽여… 그러면 어떻게 할 것이냐? 차라리 내가 죽자. 내가 이 칼로 죽어 이 세상을 잊어버릴지언정 이 칼로 저것들을 차마 죽일 수 없다.' 하고 그들을 등지고 돌아앉았다. 칼을 들어 자기 목에 대었단 떼고 대었단 떼고 한다. '에라, 나 하나만 죽어버리면 고만인걸…'하고 칼 잡은 손에다가 모든 힘을 한데 모았다. 힘들여 쥔 칼! 그 칼에는 무엇이든지 베여질 듯하다. 칼에다 힘주고 나서는 '내가 지금 당장 죽는구나.' 하고 온몸을 자기도 모르게 부르르 떨었다. 삽시간에 '내가 죽으면 저것들이 어찌될까?' 하는 생각이 곤두박질쳐 머리에 떠오른다.

거지년… 얼어죽은 거리송장, 술파는 계집, 밀매음, 색주가, 갈보, 코 떨어진 담쟁이, 이 모든 것이 질서없이 줄대 지나간다.

'설마 그렇게야 될라구. 젖이 있으니까 유모 노릇이라도 할 터이지.' 이와 같이 중얼거리며 한옆으로는 적이 안심하였다. 어느 순간에 그런 생각은 또다시 돌이켜졌다. '유모! 유모라는 것은 젖을 있는 놈의 자식한테 돈을 받고, 먹을 것을 받고, 아침저녁으로 빨리는 것이 마치 없는 놈의 피를 빨리는 셈이나 마찬가지다. 더구나 자기 자식의 배를 곯려가면서 돈이나 먹을 것을 받지 않더라도 집 없는 아이를 위하여 젖 있는 사람으로서 나누어 먹이는 일은 오히려 낫다. 그렇지마는 돈에 팔려서 먹기 위해서 그들에게 젖을 준다는 것은 두 눈을 뜨고도 어찌할 수 없이 피를 빨리는 셈이 아니냐? 유모는 차라리 거지만도 못하다.' 하고 다시 돌아앉아서 모자를 바라보았다. '어찌할 수 없다. 죽이는 수밖에는 다른 도리가 없다. 나는 너희들을 죽이고 싶어서 죽이는 게 아니라 내 자신이 너희들을 죽이게까지 만드는 이 세상과 싸우기 위하여 사랑하는 아내를 죽이고 철모르는 어린 것까지 죽이는 비극을 내 손으로 만드는 것이다. 애비를 조금도 원망 말아. 남편을 원망하지 말아라. 원망하려거든 차라리 주리게 하고 헐벗게 하는 이치에 어그러져 있는 이 세상을 원망하여라. 나는 너희들을 죽이게 한 이 세상과 싸우다가 ××맞고 ××맞어 ×××이로 최후의 죽음을 마치련다.' 김철은 아까보다도 몇 배이상 기운이 나는 듯하였다. ×이려는 것을 어서 ×이고 날이 밝기전에 ××을 일으켜 오늘날까지 어둠 속에서만 살아온 자기 몸뚱아리 위에다 눈이 부신 햇발을 ××터에 씌워 보고 싶다. 우리의 태양을 안아보고 싶다. 처자를 죽이고 어두컴컴한 거리로부터 밝은 날의 태양을 안으려 위엄 있게 걸어나가는 자기 자신을 눈앞에 그려볼 수 있다. 밝아오는 동쪽하늘을 쳐다보며 번쩍 들어 '싸우자! 어두운 밤이 차차 걷혀가니 어서 투쟁을 시작하자… 오고야말 날은 반드시 올 것이다.' 이와 같이 산이 울리도록 씩씩하게 부르짖는 자기를 볼 수 있다. 김철은 여기까지 생각하고 끝없이 흥분되었다. 기운이 지쳐 정신이 아득아득하다. 기운이 없고 정신을 차릴 수 없는 것도 무리는 아니다. 몇 끼를 굶고서 죽기를 기쓴 사람이니 정신이 온전할 리 없다. 그래도. 한가지의 희망은 있다. 눈앞에 있는 두 생명을 ××× 옳은 ××을 시작할 기쁨의 희망이 있다. 자기가 한번 '××의 때가 왔다.' 하고 부르짖으면 온 세상이 흔들리고 이 땅덩어리가 뒤집힐 듯 싶다. 그래 이곳 저곳에서 '혁명이다!' '혁명이다!' 하고 뭇사람들이 노도같이 일어날 듯하다. 손에는 무엇인지 제각기 ××××고 갈팡질팡 쏘다니는 수많은 사람들이 눈앞에 끊이지 않고 어른거린다. 그들 중에는 자기도 있고 자기와 같이 배고픔에 울고 추위에 떨던 몇몇 친구들도 섞여있고 명국이도 있다. 생명을 ×××고 날뛰는 엄청나게 많은 사람들이다. 김철은 일어섰다. 일어서서는 두 식구를 노려보았다. 아주 결심하고 칼을 번쩍 들어 찍으려 할 때에 아내가 몸을 가벼이 흔든다. 그대로 내려찍어도 좋았으련마는 어쩐 일인지 질겁을 하며 놀랐다. 그리고 한걸음 뒤로 물러섰다. 아내는 여전히 자는 모양이다. 다시 칼을 들었다. 그러나 칼은 감히 아내의 목위에 내려지지 않았다. 김철은 이만치 약한 사람이다. '차마 죽일 수 없다. 오히려 내가 죽어 없어지는 편이 낫다. 나하나 죽으면 그만인걸 왜 이리 딴생각을 하나? 죄 없는 처자를 죽이는 놈은 이 세상 천지에 없다. 아무리 마음을 단단히 먹어도 내 손으로는 그와 같이 사랑하던 아내를 끝끝내 고생만 시키다가 차마 죽일 수 없다. 세상이란 다 무엇이냐?…' 하고 또 다시 돌아서서 칼에다 힘을 주고 목을 늘인 뒤에 칼을 겨누었다. 이 순간에 자기 아내가 잘 꾸며논 어느 부잣집 방에 앉아서 한번도 보지 못하던 아이에게 젖을 빨리고 있다.

머리를 흔들며 '안된다. 나만 죽어서는 안된다. 저 둘을 먼저 ×××이
고 나머지 찔러죽으면 고만이다. 지금까지의 문제는 다 해결되었다.'
김철은 여기까지 생각하고는 몸을 떨며 다시 아내에게로 향하였다.

이번에는 칼을 두 손으로 잡아 힘있게 머리 위까지 쳐들었다. 두 눈
을 딱 감은 채 내려치려 할 때에 아내는 두 눈을 부릅뜨고 쳐다본다.
벌써 착각이 생겼다. 사실 아내는 방금 옆에서 무슨 짓을 하려는지도
모르고 여전히 잠들어 있지마는 김철의 눈에는 그렇게 뵈었다.

김철은 몸서리치며 자기만 죽기로 단단한 결심을 하였다. 칼을 들어
자기의 목을 찌르려 할 때에 …거지가 떼를 지어 몰려온다. 배가 고프
니 밥을 달라고 울며 부르짖는다. 그들 틈에는 어린 것을 업은 자기 아
내도 섞여있다. …분바른 계집들이 수없이 다가들며 아우성을 친다. 날
놓아달라고 자기 앞으로 줄 대어 몰려온다. 그중에서도 아내의 죽어가
는 얼굴을 찾아낼 수 있다. 음충맞은 사나이들이 선웃음을 치며 뭇여
자들을 농락하는 꼴이 바로 눈앞에 나타났다. 그 가운데에는 자기 처
도 시달림을 받고 있다. 억지로 끌어다가 입을 맞추고 싫다는 것을 한
사하고 허리를 껴안으며 몸을 부르르 떤다. 당장에 마음에 없는 그 무
엇을 빼앗으려고 덤벼든다. 바로 이 마당이 마음에 아닌 정조를 여지
없이 짓밟히는 때이다. 김철은 칼을 번쩍 들어 모든 죄의 근원인 요놈
의 ×××찍는 듯이 계집을 욕보이는 한 놈을 보기 좋게 찍었다. 피를
주르르 흘리고 거꾸러진다. 김철은 이때에 승리하였다는 미소를 긴장
된 얼굴에 나타냈다. 그와 같이 놈을 죽인 뒤로는 그따위 놈들이 수없
이 음흉한 웃음을 웃어가며 앞으로 자꾸 달려든다. 방안은 그따위 인
간들로만 가득 찼다. 한옆에서는 아내도 그놈들에게 시달림을 받고 있
다. 김철은 한참동안 그놈들을 쫓아다니며 죽이려고 애썼다. 그러나 이
제는 한 놈도 죽지 않고 그 수효가 분바른 계집 수효만치 점점 늘뿐이

다. 그들 남녀는 별별 흉악한 짓이란 흉악한 짓을 모조리 하고 있다. 김철은 한참동안 칼을 손에 든 채 방안을 헤매다가 분이 치밀어 올라 기가 꽉 막혀 그대로 그 자리에 쓰러지고 말았다. 그의 아내는 무엇이 쿵하고 쓰러지는 바람에 그적에야 소스라쳐 놀라 벌떡 일어나보니 남편이 한손에 식칼을 쥔 채 기절하여 쓰러져 있음을 발견하였다. 마음 약한 자가 기절하여 넘어진 것을…

■● 6 ●■

그뒤에 김철은 아주 미치광이가 되고 말았다. 아니 그로서는 바른 말을 하고 돌아다니는지는 모르지마는 온 세상 사람들은 그를 단순하게 미친놈이라고 이름 지어 주었다. 그러나 미친 그의 말 가운데도 간혹 건져들을 말이 없지 않았다. 그는 명국의 집에 붙어 있으면서 서울 바닥을 밤낮으로 헤매며 미친 소리 삼아 '안들 싸우려느냐? 어서 싸우자' 하고 이태 동안을 돌아다녔으나, 그러나 이 땅덩어리 위에는 아직까지 ×흔적이 없고 ××××소리가 일어나지 않았다. 그렇다고 오고야 말날이 아니 오고 그만 둘리는 만무겠지마는… 다만 그동안에 변한 것이라고는 그의 아내만이 어린 것을 데리고 마음에는 없으나 오직 먹는 것 하나 때문에 다른 사내를 얻어가고 만 것 뿐이다.

1926 . 2 . 24작

『조선지광』, 1927년 6월-7월 발표

■● 1 ●■

밤이다.

준식은 달도 없는 밤길을 얼마동안 여러 가지 생각을 하며 걸어왔다. 지금까지 생각한 것을 한데 합쳐 본다면 오늘날까지 싸워오던 일을 결말짓는 것이다.

아버지와의 최후의 담판. 형님과의 최후의 결정. 아내와의 최후의 결정

이와 같은 최후의 결심이 순조롭게 해결되지 않는다면 결국은 출가를 할 밖에 다른 도리는 없다. 솟을 대문이 눈앞에 띈다. 희미하게…바라보기에도 으리으리한 커다란 문은 틀림없는 자기 집 대문이다.

옆에 집보다 우뚝 솟아있는 문이 마치 무슨 괴물 모양으로 눈앞에 가로 놓여있다. 그는 괴물처럼 보이는 자기 집 대문을 날카롭게 쏘아보며 한걸음 한걸음 가까이 걸어 들어갔다. 만여석 추수를 하는 자기 집이건만 밖에 전등 하나를 아니 달고 그나마 모으기에만 두 눈이 새빨간 아버지와 형의 모양이 눈앞에 어른거린다. 행랑방 들창으로 불빛

이 은은하게 흘러나온다. 불빛만 흘러나오는 것이 아니라 여러 사람들의 웅얼거리는 음성도 밖으로 스며 나온다.

"그런데 참 우리댁 작은 서방님이란 이는…"

이런 소리가 준식이 귀에 들어왔다. 음성이 틀림없는 행랑어멈의 소리다. 그 소리가 분명히 어멈의 말소리라면 지금 하려는 이야기가 자기에 관한 것이 틀림없으리라 생각하고는 일종 호기심에 끌려 행길로 난 들창 앞으로 가까이 다가섰다. 숨소리도 크게 내지 않고 그들의 하는 이야기를 엿듣기 시작하였다. 방안에는 이웃 사람들이 두서넛이나 와있는 모양이다.

"퍽 이상한 사람이야. 아마 실성을 했는지도 모르겠어."

"왜? 우리 보기에는 어디 실성을 했는지 모르겠어."

"겉으로 보기에는 퍽 얌전한 것 같지마는 이즈막 와서 한다는 소리가 미친 사람이 아니고는 못할 소리를 탕탕해서 요새 집안이 물 끓듯 야단법석들이라우."

"무슨 소리를 하길래?"

"하루는 사랑방에 저녁 군불을 때다가 방안에 별안간 떠드는 소리가 나기에 귀를 기울여 들으니까"

"이 집안 망할 자식아. 땅뙈기 좀 있는 것을 ××××, ××××× ×× ××××× 우리 집안 식구는 죄다 굶어죽으란 말이냐? 너부터라도… × ××××"

"영감님이 이렇게 펄펄 뛰며 야단야단 치시겠지. 뒤미처 작은 서방님의 차근차근한 말소리가 들리는데."

"아버님 그러면 — 중략 — 넉넉히 살아갈 수 있습니다. 우리 형제가 시골 가서 농사를 지어도 살아갈 수 있고 서울서 무슨 일을 하든지 굶어죽기까지는 아니 됩니다. —2행략—"

"뭣이 어쩌구 어째? —2행략—

"누가 밥 한끼라도 굶으면 이세상 놈들이 외편 눈이나 꿈쩍거릴 줄 아니? 그저 남의 걱정 말고 나 잘살 도리나 채려, 그런 미친 소린 하지 말고."

"그러면 못하시겠다는 말씀이십니까?"

"어떻게 하라는 말이냐? ×××× ××× ××××× ×××? 그런 소리 는 입에도 담지 말어라."

"정 그러시다면 제앞으로 돌아올 것을 미리 분재하여 주십쇼."

"내가 죽기 전에는 막무가내다"

"어느 때 주시든지 일반이 아닙니까?"

"왜 지금 달라니?"

"저하고 싶은대로 하게요."

"그러기 때문에 나죽기 전에는 그런 생각을 꿈에도 하지 말란 말이 다. 왜 분재해주면 다 나누어 주고 다른 사람들까지 못살게 굴고 싶어 서…"

"굶으면 거리에서 굶어 죽을지언정 다시는 이해를 끼치지 않을 것이 니 제 몫을 곧 내어 주십쇼."

"안된다, 안되어"

"아무 때 주시면 아니 주실 것입니까?"

"안될 말이다. 안될 말이야"

"이와 같이 두 분이 한참동안 주고받고 하더니만 작은 서방님이 화 를 벌컥 내며 안으로 들어가겠지 …그런 뒤로는 허구헌날 분재를 해달 라하니 못해주시겠다거니 하고 야단이라우.…"

그날 저녁에 일어난 일을 세세히 이야기하는 어멈의 말소리를 준식 이는 다 엿들었다. 그래 새로운 기운이 나는 듯하다.

"분재를 해주면 ×××××?"

이웃집 어멈이 이와 같이 물었다.

"암 그렇구말구. 지금 당장이라도 분재만 해주고 보면 내일이 멀다하고 다 나누어 줄 심사이니까 집안사람들이 야단법석이지. 그렇지 않겠소?"

행랑어멈의 말이 채 떨어지기도 전에 다른 사람들의 말소리가 줄대 나온다.

"무슨 마음으로 그럴까?"

"정말 실성을 했길래 그러는게지×××"

"미쳤길래 제 물건을 ××× ×××× ×××× 그러지 ×××."

잠깐동안 아무 말들이 없다.

준식이는 이 사이에 두서없는 생각을 계속하였다. '날더러 미쳤다구? 나의 하는 일을 실성한 사람이 하는 짓이라구? 지금 이 방안에 있는 사람만이 나를 가리켜 미친 사람이라구 하는게 아니라 제일 첫째 우리 집안 사람들, 그 다음에는 우리 집 식구와 똑같은 사람들, 그리고는 이 방에 있는 사람과 똑같은 이 세상 사람들이 있다. 그러면 나를 미친놈으로 여기지 않는 사람이 이 세상에 한사람도 없을 것이 아니냐? 모두가 나를 가리켜 미친 사람이라고 부를 것이 아니냐? 아니다. 나를 미친놈으로 여기는 사람들이 있느니만치 미친놈으로 여기지 않는 사람들도 그만큼 있는 것이다. 그들은 나의 하는 일을 미친 짓으로 보기는커녕 ×××× ××××.' 준식은 의미 있는 웃음을 얼굴에 띠며 들창 앞에서 발을 옮겨놓았다.

―1행략―

'나의 하는 일을 미쳤다고 보는 사람들!'

이와 같이 입안으로 중얼거렸다.

─ 2행략 ─

　준식은 이와 같이 가볍게 부르짖으며 대문 안으로 들어섰다. '이 집에 발을 들여 놓는 것도 오늘이 마지막인지도 모른다. 아니 마지막일 것이다. 나와 딴 생각을 하고 살아가는 사람들이 나의 요구를 들어줄리 없다. 자식을 내어쫓고 의절을 할지라도 나의 말을 들어줄리 없다. 형이 아우와 대면을 아니 할지언정 딴 세상에서 히덕거리는 형이란 사람이 나의 편을 들어줄리 없다. 그전과 마찬가지로 반대할 것이다. 그렇다고 그만둘 것이냐? 아니다. 마지막으로 한번만 더 싸워보자. 그래 승리하면 다행이요 그만한 이익이지마는, 만약에 실패한다면 결국은 출가다. 이 집 밥을 더 얻어먹지 않고 이 밤으로 이 집을 떠나가는 것이다. 아내는? 아내와도 담판이다. 고생을 하더라도 나와 같이 돌아다니지 않는다면 이혼! 그 다음에는 부자인 자기 본가로 보내버리는 것뿐이다. 그는 이혼을 하고 자기의 집으로 갈지언정 나를 쫓아 나오지 않을 것이다. 아무튼지 순서대로 담판하여 보자. 어떻게 결말이 나나…' 준식은 먼저 사랑으로 들어가기를 결정하고 사랑 쪽으로 향하였다.

■● 2 ●■

　준식은 가만가만히 사랑 마당을 지나서 마당 앞까지 이르렀다. 방안에는 아버지와 형이 앉아서 무엇인지 꾸불거리고 하는 것이 그림자로 쌍창에 어른거린다. 이따금씩 주판 놓는 소리도 들리고 무어라고 웅얼거리는 그리 분명치 못한 두 사람의 말소리도 들려 나온다. '아마 무슨 셈을 보나보다.' 하고 준식은 마당 끝에가 사뿐히 걸터앉으며 귀를 기울였다.

"요새 같이 벼금이 오를 줄 알았다면 먼저 것도 그대로 둘 걸 그랬다."

이것은 아버지의 좀 분해하는 듯한 음성이다.

"죄다 방하지 않은 것이 다행이죠… 그리고 그때는 좀 헐하게 받고도 팔아야만 나머지 땅값을 치르게 되지 않았어요?"

이것은 형의 말소리다.

"딴은 그렇기도 해. 요사이에 더 받으니까 마찬가지지. 그렇지 않으냐?"

"그러게 말씀이야요. 작년 시세에 비해서 한 섬에 삼원씩 더 받는 셈이 아닙니까?"

"그렇지 그래. 그러기에 땅 가지고 있는 것이 무엇보다도 보배란 말야. 허허허."

준식은 자기 아버지 너털웃음에 적이 불쾌하였다. 쌀값이 나날이 올라가니까 아버지와 형은 어지간히 좋은 모양이다. 지금 방안에 앉아있는 두 사람만 좋다하는게 아니라 그곳에 쌀을 길길이 쌓아둔 사람들은 다같이 기뻐할 것이다. 준식은 두 주먹을 힘있게 쥐었다.

"아버님, 인천 것은 내일이나 모래쯤 죄다 방하죠?"

형은 그중 많이 쌓아둔 인천 것을 방하자고 아버지에게 묻는다.

"인천 것만은 그만두어라."

"왜요?"

"자꾸 올라가는 시세이니까 좀더 두었다가 팔면은 좋지 않겠니?"

"그렇기도 하지만요. 다시 떨어지면 어떻게 합니까?"

"난 모르겠다. 네 마음대로 해라. 참 오늘 벼판 돈이 얼마라구 했지?"

"일만 사천 칠백원이에요. 그래 일만 사천원만 은행에 맡기고 칠백
원은 남겼어요."

"그것은 왜 남겼냐?"

"구실돈도 내려 보내야겠고 옷감도 좀 끊으려구 그랬에요."

"그러면 지금 은행에는 얼마나 있니?"

"어디 치부책을 좀 보아야 하겠습니다."

잠깐 동안 방안이 고요해졌다. 다만 주판소리만 대격거리고 날 뿐이
다.

"도합이 육만 팔천 이백 이십 사원 오십 이전이야요."

"그래도 팔만원이 못돼? 아무튼지 인천거나 팔어야 두군데 땅값을
다 치르겠구나?"

"아마 그렇게 될까봅니다."

준식은 일어나며 '얼마나 잘들 사나보자.' 하고 쌍창 미닫이를 좀 거
칠게 열었다. 아버지와 형은 일시에 깜짝 놀라며 준식이의 얼굴을 얼
빠진 사람들처럼 물끄러미 쳐다본다.

"이자식아, 니가 정말 실성을 했니? 환장을 했니? 사람의 자식이 자
취가 있게 다녀야지. 그래 사람을 이렇게도 놀래야 옳겠니?"

하고 몸을 부르르 떨며 준식을 노려본다. 형도 못마땅한 듯이 입맛을
연해 다신다.

"놀래셨어요? 놀래셨다면 대단 잘못했습니다."

준식은 이와 같이 말대꾸를 하며 방안으로 들어와 앉았다. 방안은
얼마동안 침묵이 계속되어 있었다.

"아버님, 더 좀 생각해 보셨에요?"

준식이가 먼저 입을 열었다.

"무슨 생각을 해봤느냐고 묻는 말이냐?"

준식의 아버지는 또 그 말을 꺼내는구나 하고 얼굴을 약간 찡그린다.

"오늘 저녁에는 길게 말씀드리지 않겠습니다. 다만 저의 요구를 들어 주시겠다든지 못 들어 주시겠다든지 딱 갈러 말씀해 주십시오."

준식의 태도와 말씨는 전에 보지 못하던 이상한 눈치였다. 아버지와 형도 이점을 발견하고 무슨 좋지 못한 일이나 일어나지 않을까 하는 생각에 걸려 다소 불안해하는 모양이다. 그의 아버지는 조금 주저주저 하다가 겨우 입을 열어

"나는 너의 심사를 암만 알려두 알수가 없다. 다른 사람들은 눈만 비비면 잘살려구 버둥거리는데 너는 어째서 무어로 생겨먹은 물건이 길래 오는 복을 박차버린단 말이냐?… 네형과 애비는 밤낮으로 어떻게 하면 남보다 더 잘살아 볼까 하고 눈이 벌건데 너는 어째서 형이나 애비의 뜻을 못 알아주고 도리어 집안을 망쳐 놓겠다고 하니? 미치지 않고서야 그럴수가 있단 말이냐? 내가 이렇게 지랄발광을 하고 모아 놓는대야 죽으면 하나 하나 가지고 가니? 남을 주고가니?… 모두가 너희 형제의 것이 되고 말 것을 왜 딴생각을 하느냐 말이다."

"그러기에 미리 분재를 하여 달라는 것이 아닙니까? 아무 때 돌아와도 제 모가치는 있을 것이 아니야요?"

"그래 네 소원대로 지금 분재를 하여주면 어떻게 할 작정이냐?"

"어떻게 하든지 그것은 상관마시고 제 말대로 하여 주십쇼."

"그렇게 해주면 그것을 가지고 늘여가며 얌전히 살림을 하겠니?"

"××× ×××× ××× ××××."

"×× ××××× ×××××? 안될 말이다. 절대로 너의 요구는 들어줄 수가 없다."

"정말 못 들어 주시겠어요?"

"안된다. 안돼. 피땀을 흘려가며 모은 생각을 하면 아까워서라도 못하겠다. 너는 어째서 제 모가치를 아까운 줄 모르느냐?"

"네, 아버님이 피땀을 흘려가며 모으셨어요? 그러니까 아까운 생각도 나시겠죠. 그러면 형님의 생각은 어떠십니까?"

준식은 지금까지 잠잠히 앉았는 형님에게로 얼굴을 돌렸다.

"나는 성한 사람이니까! 그런 어리석은 생각을 해서 세상 사람들한테 놀림감이 되고 싶지는 않으니까…"

"형님이야 장하십니다. 그러니까 형님은 아버님과 같이 ××××××
×××××× 재산을 조금이라도 축내는 것이 아깝다는 말씀이십니까?"

"나는 성한 사람이니까 아까운줄 알고 너는 정신에 이상이 생겼으니까 아까운줄 모를 터이지."

이렇게 형제가 주고받고 하는 것을 듣고 앉았던 아버지는 벌떡 일어나 안으로 들어가며

"네 말은 암만해도 들어 줄 수 없으니 마음을 달리 먹어라. 거기에 대해서는 이후에 더 말하고 싶지 않다."

"저도 오늘이 마지막입니다."

준식은 이와 같이 좀 씩씩하게 말대꾸를 하였다.

'출가다. 이 밤으로 이 집을 떠나 나가 넓은 세상으로 내 마음껏 돌아다녀 보자. 이 밤으로 이 집을 떠나 나가 넓은 세상으로 내 마음껏 살아갈 수 있는 새로운 살림살이를 시작해 보자. 나의 몸을 바쳐 남을 위하여 죽는 날까지 일하여 보자.' 그는 여기까지 생각하고 앉았다가 다시 형을 건너다보며 입을 열었다.

"형님!"

"왜 또 그래!"

"저는 오늘밤 안으로 이 집을 하직하고 아주 나가기로 결심하였습니

다.”

그의 말소리는 위엄이 있는 듯 하면서도 약간 떨려 나왔다. 그의 형도 이말에는 적이 놀라는 기색이다.

“무엇이 어쩌구 어째? 이집을 하직하다니… 그러면 부모 형제를 배반하고 집밖을 나간단 말이지?”

“네. 아주 굳은 결심이올시다.”

“그런 철딱서니 없는 소리하지 말고 마음을 가라앉혀라. 네가 지금 집 밖으로 나가기만 하면 고생뿐이다.”

“마음이 편하구 하는 일이 옳다구만 하면 어떠한 고생이라도 달게 받을 작정이올시다. 또한 내가 지금 이 집을 떠나나간다고 이후에 다시 들어 올리는 물론 없겠지마는 재산에 대해서도 일절 권리를 다 버리겠다는 것을 이 자리에서 맹세합니다. 그러니 아버님한테도 그렇게 여쭈어줄 일을 형님께 부탁합니다.”

“애 그럴 일이 아니라 좀 참았다가 아버님이 돌아가신 뒤에 네 맘대로 하려무나.”

“그때까지 이 집에 들어 엎드려서 기다리라구요? 안될 말입니다.”

“…”

준식은 앉았던 자리에서 머뭇거리지도 아니하고 벌떡 일어나 바깥으로 나왔다. 이때에 방안에서는

“애 그렇게 경거망동을 하지 말고 깊이 생각해서 마음을 고쳐먹어라.”

밖에서는

“날더러 깊이 생각하라지 말고 형님이나 깊이 생각해서 ×××× ×× ××.”

“예이, 그런 미친 소리는 두번도 하지 말아라.”

"어디 형님은 미치지 않은 소리를 며칠이나 하고 들어 앉으셨나 두고 봅시다."

준식은 아내와 마지막 담판을 하려고 안으로 활발스럽게 기어 들어가고, 그의 형은 방안에 질서 없이 벌려있는 주판과 치부책을 열심히 정리하고 있다.

■■ ● 3 ● ■■

준식은 앞마당을 지나 자기의 방이 있는 뒷채로 쏜살같이 걸어갔다. 사면이 어두컴컴하다. 다만 자기 방에서 희미한 광선이 뒷마당을 비출 뿐이다. 방문을 열었다. 방안에는 아내 홀로 앉았다가 벌떡 일어나 미소를 띠며 반가이 맞아들인다. 준식은 모자만 벗고 두루마기는 입은 채 그대로 한구석에 기대앉았다.

"왜 두루마기는 아니 벗으시우?"

"곧 나갈 사람이 두루마기는 벗어 무엇 하겠소."

준식의 태도는 얼마간 긴장되었고 말소리는 약간 침통한 어조다. 아내의 기색도 갑자기 변하여 졌다. 또한 의심쩍은 눈초리로 준식을 바라본다.

"오래잖아 자정을 치겠는데 또 어디를 나가시려우? 볼일 보실것이 있거든 밝는 날 내일 보시도록 하고 오늘일랑 일찍 주무세요."

"나는 이 밤으로 이집을 아주 나가는 사람이오."

아내는 이 소리를 듣고 깜짝 놀란다.

"벌써부터 단행하려던 것을 오늘에야 그대로 해볼 작정이오."

"공연히 그런 쓸데없는 말을 또 끄집어 내시는구료. 지금 나가시면 어디로 가실 생각이시우?"

"이 넓은 세상에 갈때야 많지요. 또한 처처이 나를 기다리고 있으니까! ×××××××× ×××× ××××× ××××××××× ×××××."

"그래 정말 이집을 떠나 나갈 결심이시우?"

"그렇소. 모든 것을 내어 버리고 집을 떠나 나가기로 굳은 결심을 하였소. 그리고 내가 지금 이곳에 들어 온 것은 이집을 떠나 나간다는 말을 알려주기 위하여 들어 온 것이 아니라 그전에도 여러번 말한 것과 같이 나와 같이 나갈 수 없느냐고 물어보러 들어온 것이요. ××× ×××× ××××××× ×××××××?"

"…"

아내는 고개를 수그린채 아무 대답이 없다.

"왜 대답이 없소? 내가 오늘 이 집에 들어 온 것은 모든 것을 양단간에 결말짓기 위하여 들어 온 것이니 한말로 대답하여 주시오."

"나는 죽으면 죽었지 당신을 따라다니며 고생살이는 하기 싫소."

아내는 이와 같이 말끝을 흐리마리하며, 두 눈에는 눈물이 핑 돈다.

"고생살이를 하겠으니까 나를 따라갈 수 없다? 그러면 임자는 어느때까지든지 있는 놈의 아내로서 잘 먹고 잘 입으며 마음껏 호강살이만 해보겠다는 말이지? 임자 혼자만…"

"사람 쳐놓고 그런 생각은 다 하겠지요. 이 세상에 어느 나라 사람을 물론하고…"

"그러니까 말이요. 이 세상 사람이 ×××× ×××× ××× ××× ×× ×××××."

"왜 당신은 자기를 위할 줄 모르고 그런 쓸데없는 ××× ××××× ××××× ××××××."

그의 아내는 이런 말을 하고 준식의 얼굴을 의미 있는 듯이 물끄러

미 쳐다본다. 준식은 무엇을 결심한 듯한 어조로

"잘 알아들었소. ―중략― 더 말하지 않소. 다만 그대와 나와는 영영 갈라질 밖에 다른 도리는 조금도 없으니까 오늘이 마지막 대면이니 그리 알고 서로 단념합시다."

"그러면 저를 내어버리겠단 말씀이요?"

"나를 따라오지 않는 사람이면 자연히 떨어지고 말겠지. 그리고 내가 없는 이집에도 남아있을 면목이 없겠지…"

"어디로 가란 말이야요?"

"생각대로 하구료. 자유의 몸이 되는 이상에는 잘 사는 당신 본가에 가 호강살이를 마음대로 하든지… 또한 평생을 두고 호강을 시켜줄 부자 남편을 얻어 가든지 마음대로, 뜻대로 하우."

"그렇게는 할 수 없에요."

"그러면 나를 따라 나갑시다."

"그것은 더구나 못하겠소."

―15행략―

"나는 당신의 하는 일을 어디까지 반대해요. 왜 잘 살아갈 수 있는 길을 버리고 못 살길을 찾어 들어갈 일이 무엇이요?"

(이하 6페이지 삭제 - 편자)

1927. 9. 1

『조선지광』, 1927년 9월 발표.

앞날을 위하여

■● 1 ●■

 천구백 이십 칠년 ○월 ○○일 밤이다!
 북쪽에서 떠난 기차는 남쪽을 향하고 줄달음친다. 한여름 동안 시골 서울로 돌아다니며 자기가 반드시 해야만 할일을 위하여 고달픈 몸을 쉬지도 않고 여러 가지 방식으로 굳세히 싸우다가 개학할 날이 훨씬 지났음으로 다시 조선 땅을 등지고 동경으로 향하는 영호도 이밤 조선의 한복판을 뚫고 지나가는 기차에 자기 한 몸을 내어 맡겼다. '독행! 이번에는 동경까지 독행이냐? 나올 때는 동행이 너무 많아서 걱정이더니……'
 이런 생각이 머리에 떠오를 때마다 서울에 남아있는 동지들의 얼굴이 더한층 그립다. 몇 시간 전 경성역에서 의미있게 작별한 여러 동지들의 얼굴이 휙 지나간다. 기차가 떠나기 조금 전 박군의 하던 말이 지금 당장에 또다시 옆에서 일러주는 것 같이 생각된다. 손이 아프도록 쥐인 악수! 열정의 떠는 듯한 음성! 찔림을 받을 만한 내용의 말! 그때에 영호는 너무나 감격에 넘쳐 두 눈에 눈물이 핑 돌았다. 그리고 그러한 동지를 자기가 갖게 된 것을 무한히 기뻐 아니할 수 없었다.

"여보게 영호군! 지금 자네의 가는 곳이 동경이니만치 사명이 중대하니…가장 유리한 싸움터란 말일세. 일본 어느 동지는 하루 24시간을 모조리 계급전을 위하여 자기 한 몸뚱아리를 바치겠다고 하지 않았나? 우리도 그만한 각오는 가지고 있어야 하지 않은가? 영호군! 우리는 더한층 남 다른 처지에 있으니까… 믿네. 영호군 나는 그대가 씩씩하게 싸워줄 것을 믿는단 말이야. 어련할 것은 아니지만."

박군의 이와 같은 의미심장한 말이 떨어지자마자 기차는 움직이기 시작하였다. 어떠한 동지는 소리를 질렀다. 어떠한 동지는 모자를 벗어서 정신없이 휘두른다. 어떠한 동지는 손수건을 힘있게 흔들어 준다. 한Ep의 동지들은 진행하는 기차를 얼마동안 쫓아오면서

"건투!"

"건투!"

"영호군! 건투를 비네"

"동지의 건투를 비네"

이와 같이 고함쳐 부르짖었다. 이때에 영호는 박군과 같은 수많은 동지를 갖게 된 것을 더한층 기뻐하면서도 한 옆으로는 책임이 강하지 않은 것도 아니었다.

이런 생각을 하는 동안에 '독행'이라는 생각은 잊어버렸다.

■■ 2 ●■

어둠을 뚫고 진행하는 기차는 그예 어둠을 정복하고 말았다. 먼동이 트기를 시작하자 기차는 더한층 줄달음질 치는 것 같다. 일초라도 더 속히 태양을 맞이하기 위하여 앞으로 앞으로 돌진하는 기차나 어둠 속

에서만 살아온 사람들이 우리의 태양을 안아 보려고 차나가는 것이나 한가지라고 기차안에서 밝아오는 창밖을 내다보고 있는 영호는 빙그레 웃으며 생각하였다. 시뻘건 태양은 동편 하늘을 물들여가며 수평선 위로 차츰차츰 떠오른다. 영호는 태양을 바라보며 힘있게 부르짖는다.

"착취의 날! 압박의 날! 저주의 날은 또 왔구나 그러나 우리에게는 투쟁의 날이 또 온 것이다."

영호는 기차에서 내려 연락선으로 옮아탔다. 한 귀퉁이에 자리를 정하고 막 앉으려고 할때 저편에서

"얘…조선의 루나찰스키! 김영호군!" 하고 소리를 지르며 걸어오는 한 젊은 사람이 있다. 영호는 약간 놀래하며 그를 바라보았다. 그 사람은 별사람이 아니라 동경에서 사귄 동지 정일이었다. 그는 동경에 있어서 당당한 투사이다. 성격이 쾌활하고 사람으로서 흠이 없이 좋기 때문에 누구에게나 호감을 준다.

"난 누구라고 어서 이리와 같이 앉으세…"

"고맙네"

"그런데 같은 차를 타고 오면서도 못 만났네 그려"

"웬걸 나는 어제 내려 와가지고 부산에 볼일이 있어가지고 오늘 타게 된 것이야."

"내 어쩐지…그렇지 않아도 혹시 아는 사람이나 있을까하고 차칸마다 자세히 살펴보았으나 아는 사람이라고는 한 사람도 없어서 내내 독행을 하였지"

"뭘 나도 독행을 하였는데"

둘의 이야기는 잠깐 동안 끊겼다.

"영호군 그래 문예 강연 성적이 어떠하였나?"

"물론 가는 곳마다 성황이었지…그러나 얼마만한 효과가 났는지는 나로서도 모르겠어"

"그런데 자네는 고향에 가서 얼마만한 조직을 하고 어떻게 투쟁을 하였나?"

"투쟁! 조직! 말하지 말게나 나 한 몸에 따라 다니는 놈이 두 셋씩이야…참 기막히데 작년보다도 몇 배 이상이야. 하는거라고는 신간회 지부 조직하는 데 좀 참여하였지. 그리고 동척이민반대대회를 오군(五郡) 연합으로 개최하려다가 중지를 당하고만 것뿐이야"

이때 배는 움직이기 시작하였다. 두 젊은 사람은 말없는 가운데 서로 힘있게 악수하면서 굳세게 차고 나갈 것을, 목숨이 살아있는 날까지 맹세하였다.

■● 3 ●■

영호와 정일 두 사람은 배에서 내려 다시 기차를 탔다. 한번 쉬고 세번 쉬고 …… 열번 쉬고 스무번 쉬고 하는 동안에 싸움터 동경 땅은 점점 가까워온다. 기차가 대판역에 와 닿았을 때 정일은 영호를 보고 이와 같이 말하였다.

"영호군 좀 미안하네만은 나는 여기서 내려 한 이틀쯤 묵어가야만 하겠네"、

"왜?"

"볼일이 좀 있어서…"

"예이 이사람 볼일은 무슨 볼일"

"정말이네 이사람"

"아마 연인이 이곳에 있는게지. 암 연인을 만나 보는 것도 볼일은
볼일이니까"

"사실도 몰라가지고 그렇게 빈정거릴 일이 아니야…대관절 자네 대
판 구경하였나!"

"아니, 그렇게 지나다녀도 한번 내려본 적이 없어"

"그러면 이번에 나와 같이 내려서 구경이나 하고 또다시 동행이나
하지 않으려나"

"자네 말대로 하는 것이 좋기는 하지마는 연인과 연인이 만나 재밌
게 노는 것을 방해한다면 미안해서…"

"차차 내 사정 이야기를 할 것이니 어서 같이 내리세"

"이번 행사에 두 사람에게 미움 받는군…"

하고 영호는 정일이 뒤를 따라 정거장 밖으로 나왔다. 아무말 없이 걸
어 나온 정일군이 양복 속주머니에서 무엇인지 훌척훌척하더니 뜯어
본 편지 봉투 한장을 내어 보인다. 편지한 사람을 보니 '대판 ○○제사
공장내' 영호의 머릿속에서는 아래와 같은 생각이 번뜻하고 떠오른다.

"옳지 그러면 연애의 상대자가 여직공이로구나"

영호는 다음 줄을 다시 훑어보았다

'정자로부터'

정자라고 했을 적에는 일녀(日女)인가보다. 또 몰라 조선여자가 일본
이름을 지어가지고 쓰는지도… 여기까지 생각하다가

"여보게 정일군 자네 대판 몇 번이나 들렀었나?"

"나는 이번이 처음이야"

"정말?"

"그럼 정말이지"

"그러면 이 여자를 다른 곳에 있을 때 사귀었던가?"

"이 여자가 누구인줄 알고 그래…"

"누군 누구야 연인이지"

"허허……. 내 누이동생이야"

"뭐?"

영호는 의외인데 놀라지 않을 수 없었다.

"영호군 내 사실 이야기를 자세히 할 테니 좀 들어주게… 내가 동경으로 건너 온지 다섯 해만에 비로소 올해에 집이라고 찾아 들어가니 살림살이는 엉망이고 누이동생은 작년 봄에 대판으로 건너가서 자주 편지가 있더니 벌써 석달 동안이나 두고 편지가 뚝 끊겨서 죽었는지? 살았는지 모르겠다고 늙은 부모는 울며불며 야단이시겠지. 그래 내가 이번 지나는 길에 먼저 있던 공장에 그대로 있는지 없는지 알아보마고 그러고 집을 떠나 나와서…"

"나는 그런 줄도 모르고 꼭 속았지"

"어쨌든지 이 공장으로 찾아 가보세"

두 사람은 서투른 발씨로 전차집 앞까지 왔다.

■■ 4 ■■

공장으로 찾아 가기는 갔으나 정의 누이동생을 만나지 못하였다. 감독의 말을 들으면 석달 전에 이 공장에서 나가가지고 이곳에서 좀 떨어져 있는 시골 가서 살림을 하고 있다는 말을 풍문에 들었다고 한다. 그래 그 주소를 어렴풋이 들어가지고 두 사람은 그리고 향하였다. 해가 아주 늦어서야 목적지에 이르렀다. 아주 조선 농촌이나 다름없는 시골이다. 찾으려는 집은 내일 찾기로 하고 먼저 밥집을 찾아서 들어갔다. 이날이 마침 이곳 촌민대회였다. 두 사람도 저녁을 먹은 뒤에 이 모임에 참여하였다. 모인 사람은 이 삼 천명이 넘도록 대성황이었다.

어언간 대회는 시작되었다. 한사람이 나서더니만

"여러분 오늘밤에 우리가 촌민대회를 연 까닭은 우리 동네나 이웃동네나 가속도로 인구가 늘기 때문에 작년이나 올 같은 풍년에도 굶는 사람이 많습니다. 다시말하면 이 근처가 해마다 구차해 도태해 가니까 그 대책을 강구해서 이 문제를 해결하지 않으면 아니 되겠습니다 그래서 오늘밤에 촌민대회를 열고 여러 고명한 분을 청하여 어떻게 해야만 좋을 것을 들어서 우리 촌민의 사활문제를 해결하고자 합니다"

손뼉을 귀가 떠나가도록 친다. 옳다고 소리 지르는 사람도 있다. 먼저 사람이 내려간지 일분이 채 못 되어서 신사풍인 한사람이 점잖게 걸어 나와서 여러 사람을 향하고 날아갈 듯이 예를 한다. 여러 사람은 또다시 손뼉을 친다.

"여러분! 이 사람은 대판에서 철공장을 경영하는 송목무태랑(松木戊太郞)이올시다. 나는 어려서 부모가 다 죽었습니다. 그래 갈 때 올 때 없는 고아가 되어 어쩔 줄을 모르다 어떻게어떻게 굴러서 조선 땅으로 가게 되었습니다. 처음에는 과자 장사도 하고 장난감 장사도 하다가 차차 돈이 모이기에 못(釘)장사를 하였지요. 그래 한 십 년 동안 총독부 은행…등등이 적극적으로 도와주기 때문에 철물상으로 칠 팔십 만원 가량을 모아가지고 오 년 전에 대판으로 다시 건너와서 철공장을 내어 제조품을 지금도 자꾸 조선으로 들여보냅니다. 그러니 여러분도 이곳에서 좀 궁색하거든 두말말고 조선으로만 건너가시오. 장사를 해도 조선 땅에 가야 손쉽게 돈을 잡고 월급생활을 하더라도 조선 땅에 가야만 ○내가며 넉넉하게 살 수 있습니다. 일본사람 쳐놓고는 조선과 장사해서 돈 못 모은 사람이 한사람도 없습니다. 아직까지 조선 가서 장사하다가 망했다는 사람은 한사람이라도 듣도 보도 못하였습니다. 또한 순사가 되어서도 월급 육 칠 십원 받기는 쉬운 일입니다. 게다가 조선말이나 약간 하면 이 삼 십원씩은 월급이외에 더 받으니 잘만하면 월수입 백원은 걱정 없습니다. 어디 순사만 그런가요. 관리쳐 놓고 누구나 조선말만 하면 이 삼 십원, 고등관이면 사 오 십원씩도 받는답니다. 그러니 구차한 일본사람 쳐놓고 조선으로 가지 않는 것이 도리어 가석(可惜)한 일이요. 나는 마지막으로 여러분께 부탁할 것은 내가 지금 한 말을 널리 선전해서 우리 어려운 동포들을 하루바삐 구차한 구덩이에서 건져냅시다."

영호와 정일이는 기가 막히면서도 귀를 기울이고 들을 말이었다.

어느덧 또다른 사람이 말을 시작하였다.

"나는 조선총독부에 있다가 올 봄에 내무성으로 옮겨온 봉장정일(鳳場正一)이라는 사람이올시다. 이번에 지방마다 돌아다니며 조선이민 모집을 합니다…"

이때에 영호의 머릿속에 아래와 같은 신문기사가 갑자기 떠오른다.

<조류(潮流)같은 일본이민, 칠만호 또 이주설. 백의(白衣)의 농민은 갈 곳이 어디냐?>

○월 5일 오전 9시 동경 수락정 전중수상 궁랑(宮郞)에 열린 인구식량문제 조사회 간사회 석상에서 각 식민지측의 간사로부터 각기 그 곳 사정을 보고하였는데 조선측으로의 ○○농무과장으로부터는

"조선 땅에 일본 내지 이민은 속속히 보낼 필요가 있다. 그것은 현재의 산척지는 약 이십만 정보임으로 약 칠만호의 이민은 넉넉히 시킬 수 있는 까닭이다." 영호는 몸서리를 치며 '벌써 실지로 착수를 하였구나…'하고 웅얼거렸다. 또 언제인가 아래와 같은 신문기사를 본 생각이 번개 같이 떠오른다.

"백의인! 이중○○으로 착취와 압박을 당하는 백의민족!! 금춘 이래로 서북 간도 이주자(유랑인)가 3만 여명이나 된다더라"

쫓겨 가는 놈, 내몰고 고기 않는 놈. 이 모두가 몇 놈의 장난인 것을 잘 알고 있다.

두 젊은 사람은 이곳에 더 머물러 있을 수 없게 되었다. 그래 불쾌한 이 자리를 떠나나와 정한 숙소로 향했다. 그들은 말 없는 가운데 재각기 무슨 생각을 깊이 하며 가만가만히 걸어 들어간다. 숙소로 돌아와서는 잠 한잠 자지 못하고 그대로 밝혔다. 아침도 먹는 둥 마는 둥하고 찾아야할 집을 찾아 나섰다.

세 시간 후에 찾으려는 집을 찾았다. 그러나 만날 사람은 만나지 못하였다. 그 근처 사람에게 들으면 한 달쯤 살다가 어디로 갔는지 모른다고도 하고 누구의 말을 들으면 며칠 있다가 어느 유곽으로 간다고 하고 하룻밤 사이에 사라졌다기도 한다. 그래 두 사람은 허방만 하고 다시 대판역으로 발을 옮겼다.

■■ 5 ■■

두 젊은이는 동경으로 돌아온 지 채 한 달도 못되어 두 번이나 감속을 당하였다. 한번은 <조선총독정치폭압반대동맹연설회>시에 연사가 되었다는 까닭이요 또 한번은 <진재(震災)동포추도회> 때문에 예비검속(팔십 여명 중)을 당하였다는 말을 조선 있는 동지들에게 알려 주었다. 그래 조선 있는 동지들에게서는 아래와 같은 의미의 서신이 영호에게 도착되었다.

"김영호군! 동지의 건투를 빈다. 끝끝내 굴하지 말고 싸워나가자! 그러면 오고야말 날은 반드시 오고야말 터이지…누구가 이 의연한 사실을 부정하겠는가. 동지여! 우리의 날이 오는 때까지 굳세게 싸워다우!! 이곳은 조직도…"

이러한 글을 영호 자신이 대할 때마다 용기는 일층 더 났다. 그래 때때로 아래와 같이 부르짖었다.

"나의 생활은 오직 투쟁의 역사를 쌓을 뿐이다."

『예술운동』, 1927년 11월

봉변(逢變)

성칠은 술이 거나하게 취해가지고 사람이 드문드문 다니는 서울의 밤거리를 혼자서 걸어가고 있었다.

그는 어느 요리집에서 여러 친구들과 해가 있어서부터 먹고 마시기를 시작한 것이 자정이 넘어 새로 한시가 바라볼 때까지 진탕만탕 정신없이 먹고 놀다가 지금 첩의 집을 찾아가는 길이다.

'빌어먹을 자식들 인력거는 무슨 인력거야? 이렇게 걸어가도 잘만 가 지는데' 발이 허청에 놓이는 것같이 조금 비틀거리며 분명치 못한 혀 꼬부라진 소리로 중얼거렸다. 아까 요리집 대문간을 나올 때에 여러 친구들이 인력거를 타자고 하는 것을 기생들만 태우게 하고 그들은 그대로 돌려보냈다. 인색하기 짝이 없고 돈만 아는 성칠의 본색을 이런데서 알아볼 수 있다. 어째서 그들과 어울려먹기는 먹었지만 요리집을 등지고 나올 때에는 어지간히 후회를 하였다. 그래 인력거를 타면 한 두 사람도 아니요 여럿이니까 돈이 어지간히 들것을 생각하고 자기부터 걸어가기로 작정한 것이다.

"고년, 소리도 잘 하더라"

"고년, 어여쁘기도 하더라"

그는 아까 요리집에서 지난 일을 낱낱이 머리에 그려보며 생각나는 대로 입버릇같이 웅얼거렸다. 그의 머릿속은 갈피를 잡을 수 없이 복잡해졌다. 요리집에서 일어난 일, 어제 낮에 일어난 일, 이모든 것이 머릿속에서 미친 듯이 곤두박질 치고 있다. 처음에는 밤에 지난 모든 그림자와 말소리와 노랫소리가 똑똑히 나타나고 들리고 하더니 나중에는 낮에 지난 일이 더욱 똑똑하게 그의 정신을 지배하고 있게 되었다. 그는 이따금씩 의미있는 듯한 미소를 띄우며 낮에 자기가 저지른 일을 낱낱이 순서 있게 생각하기를 시작하였다.

어느 때인지도 모르고 곤히 자는데 첩이 무슨 잠을 이렇게 자느냐고 흔드는 바람에 깜짝 놀라 두 눈을 번쩍 떴다. 첩은 생글생글 웃으며 얼굴을 갸웃이 내리 굽어보고 있다.

"무슨 잠을 이렇게 주무시우? 지금이 어느 땐데"

하고 첩은 드러누운 사나이의 얼굴을 어루만지며 갖은 애교를 다 부린다.

"이건 왜이래? 남 잠도 못 자게 곤해죽겠는데"

성칠은 귀찮은 듯이 좀 벗겨진 듯한 이불을 쓸어올리며 다시 눈을 감으려 하였다. 첩은 감는 눈을 손가락으로 비집으며 방싯방싯 입을 열었다.

"이건 부러 그러시우 오정친지가 상년 그러기에요. 어서 일어나 세수하시고 약주라도 한잔 잡수세요. 참 기가 맥여죽겠네. 무슨 잠을 여지껏 잔담"

"누가 잠잔다구 뭐라나? 나는 암만 자도 괜찮아 잠자다가 굶겨 죽일까봐 걱정 퍽 하는구먼. 나는 잠을 잘수록 돈벌이가 되는 것이야"

"그것은 어째서 그렇단 말이요?"

"저런 못난 것 보아. 여태까지 같이 살아도 내라는 사람을, 아니 이

양반을 누구인지 모르는구먼…”

“모르긴 왜 몰라”

“안다면 말해봐. 정말 아나 모르나”

“삼십 넘도록 고생을 모르는 사람이지 뭘”

“암 그렇지. 이렇게 누워먹는 사람인데. 또?”

“부모의 많은 재산을 물려가지고 돈을 물 쓰듯 하며 갖은 향락을 마음대로 다 해보는 팔자좋은 사람이지 뭐…”

“그러면 부모 때문에 호화로운 살림살이를 하고 온갖 호강을 다한단 말이지?”

“암 그렇구 말구.”

하고 첩은 깔깔 웃었다. 성칠이도 빙그레 웃으며 일어나 앉았다.

“그래, 지금은 내가 뭘 하는 사람인데?”

하고 여기저기 흩어져 있는 옷을 주섬주섬 거둬 입기 시작했다.

“뭘 하긴 뭘 하는 사람이란 말이요. 밤에는 술 먹으러 다니고 낮에는 이렇게 늦도록 잠자는 사람이지”

“고거 참 큰일나겠네. 그래 내가 아무것도 아니한단 말이야? 내 지금 이야기 할테니 자세히 들어보란 말이지……내라는 사람은 밤낮으로 훌륭한 벌이를 하는 사람이란 말이야”

“내 참 우스워 죽겠네. 밤낮 잠만 자고 놀고 먹기만 하면서도 벌이를 한다구요?”

“그렇지 않고 뭐야? 시골 논 있는데 마다 장릿변을 놓고 서울서는 내돈을 쓴 사람이 마흔이 넘었단 말이야. 그러니 밤낮으로 쉬지 않고 느는 것이 돈 변리 밖에는 또 어디있어. 이러니 저러니해도 지금 세상에는 빚놀이 밖에는 없어. 멀튼튼하기란 땅집고 헤엄치기지”

성칠은 한참 연설이나 하는 듯이 주절거리며 자기 위에는 이 세상에 아무도 없다는 듯이 깔딱댄다. 한참동안은 흥청흥청하는 기분에 싸여 이 세상 모든 물건이 하나도 빼놓지 않고 자기를 위하여 있는 것같이 생각 든다. 눈에 띄는 것, 귀에 들리는 것이 모조리 자기를 기쁘게 하기 위하여 있는 것이라고 마음먹게 하였다. 마치 느긋하고 끈적끈적한 남이 맛보지 못하는 온갖 행복을 자기 혼자서만 느끼는 것 같다. 지금 같아서는 생전 슬픔이나 불행이 닥쳐올 것 같지 않다. 자기에게 딸린 사람 외에는 모두 사람 같아 보이지를 않는다. 돈만 주면 개, 돼지같이 부려먹어도 그들은 그저 굽실거리는 것을 눈앞에 그려보며 자기의 돈 많은 것을 자랑하는 듯이 기뻐하였다.

"돈만 가지면 무엇이든지 할 수 있다. 돈주면 귀신도 사귄다는데"

이것은 그에게 유일한 신념이요 여지껏 살아오는데 다시 없는 철학이다.

"어서 세숫물을 가져와"

하고 성칠은 거드름을 부린다.

"바깥도 그리 춥지 않은데 나가 씻구료"

"잔말말구 어서 이리 들여와"

"참 팔자는 좋소. 이 더운 날 방안에서 세수하구"

"웬 잔소리야……어멈, 세숫물 이리 떠 들여오게"

"네"

하고 행랑어멈이 부엌에서 무엇을 하다가 대답하는 모양이다. 대답은 어멈이 했으나 물담은 대야를 들고 들어오기는 한 사십 넘짓한 이 집에 찻집 겸 침모로 있는 여인네였다. 그는 그리 밉지 않게 생긴 숭글숭글한 부인이다. 그리 잘생겼다고 할 만치 미인은 못되지만은 어디인지 사람을 끄는 힘이 넘쳐흐른다.

성칠은 세수를 석삼년이나 하고 나서 밥 먹기를 시작하였다. 술을 마셔가며 밥 먹는 동안이 한시간이나 넘었다. 그는 밥을 먹으며 생각하던 일을 그대로 해보려구 첩에게 거짓말할 것을 궁리하고 있었다. 거짓말을 꾸미는 동안에 쉬지 않고 물대야를 들고 들어오던 그의 모양이 어른어른 나타난다. 자기 앞에 앉아서 갖은 아양을 다 부리는 첩과 마루에서 어른거리며 무슨 일인지 하는 찻집과 비교하여 보았다. 나이 어린 첩은 간드러지고 낙낙한데 비해서 그는 점잖고 웅심 깊은 맛이 있는 것이 어쩐지 마음을 간지리고 자기의 몸뚱아리를 부드럽게 안아줄 듯시피 생각든다. 어쩐 일인지 오늘에 한해서는 그에게로 마음이 걷잡을 수 없이 자꾸자꾸 끌린다. 그래 참다 참다 못하여 첩에게까지 거짓말을 꾸며서라도 자기의 미친 듯이 날뛰는 마음을 진정시키려구 하였다.

"참 이봐 내 잊었구먼…"

하고 좀 어색한 듯이 말을 꺼냈다. 밥상을 한 옆에 밀어놓고 걸레를 집으러 윗목으로 가던 첩을 고개를 살짝 돌리며 사나이의 말을 자세히 들으려는 듯하다.

"뭘 말이요?"

"다른게 아니라 오늘 큰집에 좀 가봐…"

"왜 뭣 하러?"

"어제나 오늘쯤 꼭 한번 다녀가라는 것을 내 잊어서"

"누가 그러드란 말이요?

"내 큰마누란가 누군가 그러지"

과연 며칠 전에 자기가 본집에 갔을 때에 큰마누라가 사는 집은 요새 한번도 안 오니 어쩐 일이요 하고 자기에게 물어본 일이 있었다. 그래 지금 그 말을 핑계 삼아서 묘하게 거짓말을 하였다.

그가 대낮에 일어나서 하는 일이라고는 대개 이런 일에 마음을 졸이고 머리를 쓴다. 온종일 술, 계집, 돈, 이런 생각을 빼놓고는 아무것도 없다. 그중에도 돈이 제일이다. 누군 사글세를 석달 동안이나 안 냈으니까 오늘은 가서 꼭 내쫓아야겠다. 누구한테는 돈변리를 받아야겠다. 누구 집은 경매에 붙여야겠다. 이런 생각이 온종일을 두고 머리를 지배하고 있다. 첩은 그의 말에 속아서 남편과 같이 집밖을 나왔다. 나오기는 같이 나와 가지고 첩은 큰집가는 길로 보낸 뒤에 성칠은 반대방향으로 얼마를 걸어갔다. 그는 걷던 걸음을 돌이켰다. 그래 오던 길로 다시 걸어오며 갖은 생각을 다 해 보았다. 집안에 홀로 남아있는 숭글숭글하게 생긴 찻집의 얼굴이 눈앞에서 왔다 갔다 한다. 어서 가서 그를 껴안고 싶다. 이런 생각을 할 때마다 어쩐 일인지 가슴이 울렁거린다. 집 대문을 바라볼 때에는 울렁증이 한층 더하였다. 대문 안을 들어서니까 행랑방문을 풀석 열고 행랑어멈이 얼굴을 쑥 내민다. '그는 금세 나가더니 왜 또 들어오누' 하는 듯한 이상한 눈초리로 자기의 얼굴을 바라보다가 열었던 방문을 도로 닫는다. 성칠은 중문 안으로 들어서서 마당을 지나 마루위로 올라섰다. 자기가 찾는 사람은 건넛방에 있는 모양이었다. 그는 건넛방 문을 다짜고짜 열었다. 방 한구석에 앉았는 수수하게 차린 여인은 깜짝 놀라 눈이 둥그레졌다. 그는 방안으로 들어서서 무서워 벌벌 떠는 듯한 여인네 앞으로 가까이 갔다. 여인은 아무 말 없이 앉았던 자리로부터 가벼이 일어났다. 성칠은 일어선 그의 치맛자락을 부르르 떨리는 손으로 꼭 잡았다. 그 여인은 성칠의 손을 뿌리치며 거친 목소리로 말을 꺼냈다.

"점잖으신 양반이 이게 무슨 짓이에요. 바깥에 사람도 있고 한데. 그리고 아씨가 오시든지하면 그게 무슨 모양입니까"
하고 바깥으로 나가려 하였다.

"아무일 없소이다. 뭐 잠깐 동안만…"

하고 그 여인을 끌어다 안았다. 얼마동안은 방안이 고요해졌다. 다만
두 가는 숨소리만이 방안에서 높고 낮았을 뿐이다. 한 십분이 지난 뒤
에 성칠은 건넛방에서 안방으로 건너왔다. 안방에 건너와 드러누운지
얼마 만에 또 한가지 생각이 머리에 떠오르게 되었다. 이번에는 행랑
어멈이었다. 아까 들어 올 때에 방문을 열고 내어다보던 모양이 어쩐
일인지 이상하게도 자기의 마음을 끈다. 얼굴빛이 좀 거무스름하기는
하지만은 그래도 어디인지 아기자기하게 어여쁜 곳이 있었다. 행랑어
멈에게는 그전부터 마음이 끌리게 되어 기회만 있으면 거의 만족을 채
워 보려고 하던 차에 대문간에서 자기를 바라보던 얼굴이 어쩐 일인지
더한층 자기의 마음을 미칠 듯이 끄는 것이다. 드러누워 그를 생각하
느라고 한 삼십분 동안이나 마음이 어지간히 괴로웠다. 오늘에 한해서
는 어쩐 일인지 다른 날보다 더한층 미친 듯이 성욕이 날뛴다. 나중에
는 참다못하여 또 한가지 계책을 생각하게 되었다. 이번에는 침모를
어디로 내어보내고 무슨 일을 꾸며 보려고 생각함이다. 그래 건넛방에
들어 앉았는 그마저 큰집으로 보내고 말았다.

"어서 가서 빨리 좀 오라구 하시우. 내가 급히 할 말이 있다구 곧 좀
오라구 하여주시오"

이런 말을 해서 찻집마저 이 집에서 내어 쫓고 말았다. 이 집에는
이제 두 사람밖에 남지 않았다. 안에는 부리는 사람과 첩을 내어 쫓은
돈많은 성칠이가 있고 바깥방에는 뇌동하는 사내를 일터로 내어보내
고 홀로 앉았는 한 이십 넘짓한 행낭어멈이 있을 뿐이다. 성칠은 그를
내어 보내놓고 곧 뒤미처 대문간으로 나왔다. 나와서는 두말없이 대문
을 닫아 걸었다.

"대낮에 대문은 왜 거세요?"
하고 방문을 열며 주인의 상기된 듯한 얼굴을 이상한 눈동자로 쳐다

보고있다. 주인은 대답할 생각도 하지 않고 행랑방으로 뛰어 들어가며

"얘 사람 살려라 너 때문에 똑 죽겠다. 벌써부터 한번……"

하던 말을 다 끝도 내지 않고 그에게로 달려들었다. 그는 살짝 몸을 피하며

"이거 왜 이러세요?"

하고 가벼이 중얼거렸다.

"이거 왜이러다니? 넌 모르니……그러지말고 이리 오너라"

하고 그를 끌어 당겼다. 그리고 껴안았다. 그는 그리 성도 내지 않고 드러 누운채 생글 웃었다. 그러나 그의 생각은 따로 있었고 성칠은 가슴에 파묻혔던 것을 그대로 풀 수 있었다. 그래 만족한 웃음을 웃으며 끝없이 기뻐하였다. 더구나 오늘에 한해 모든 것이 순조롭게 마음 먹은대로 뜻한대로 생각한대로 되는 것을 머릿속에 그려보고 무한히 즐거워하였다. 모든 일이 오늘 일같이 되었으면 하고 마음으로 축원하였다.

행랑방문을 나올 때에 '오늘 참 운수 좋다. 마음 먹은대로 되는구나' 하고 입안 말로 중얼댔다.

이런 모든 생각이 술취한 성칠의 머릿속으로 물레바퀴같이 획획 지나간다. 어느틈에 자기집 대문 앞까지 이르렀다. 행낭어멈이 잠 취한 눈으로 문 열어줄 일을 생각하고 또 한번 기쁜 듯한 웃음을 웃었다. 이렇게 술이 취하여 대문을 열라고 하면 언제든지 행낭어멈이 나와 열었다. 그때에 실눈을 하고 대문 옆에 박혀 섰던 그의 얼굴이 지금 또 나타난다.

'오늘은 내가 입을 맞추리라.'

이런 생각을 하며 행복이나 느끼는 듯이 빙그레 웃었다. 온 세상이 자기 하나만 위하여 있는 것 같은 생각이 마음 한옆에서 또 일어나기

시작하였다. 이런 생각은 하루 열두시로 일어나는 그의 버릇이다.

"문열어라"

성칠은 문을 흔들며 나직한 목소리로 불렀다. 두 번째 부르고 세 번째 부르려 할 때에 대문 안에서 행낭 방문을 여는 소리가 가벼이 흘러나온다.

"무슨 잠을 그렇게 자…두번씩이나 불러도 모르고"

이와 같이 혼잣말처럼 입안으로 웅얼거렸다. 안에서는 들었는지 못들었는지 아무소리가 없다. 다만 비짱여는 소리가 꿈속같이 들릴 뿐이다. 문만 열면 고년이 서 있으렸다 하고 또 한번 웃었다. 옆으로 비켜서는 그의 얼굴이 또 아른하고 나타난다. 비짱열고 고리 벗기는 동안이 몇 해나 되는 듯이 왜그렇게 지리한지 모르겠다. 긴긴밤을 날로 새는 듯싶다. 그리고 그의 얼굴이 어서 보고 싶어 죽겠다. 어느 틈에 대문이 열린다. 대문 옆에는 좀 컴컴해 자세히 보이지는 않지만은 분명히 어멈이 서 있었다. 대문 안으로 발을 들여 놓자마자 어멈의 얼굴을 어루만졌다. 그래도 아무 말 없이 서서 있을 뿐이다. 이번에는 더 가까이 다가서며 입을 맞추려하였다. 바로 이때이다. 한뺨을 불이 나도록 철썩 부친다. 성칠은 이제야 정신이 번쩍 났다. 그리고 자기가 잘못 본 줄 알았다.

"이놈이 환장을 했나 정말. 아마 눈깔에 뵈는게 없나보다."

이 소리는 분명히 행낭아범소리였다. 성칠은 깜짝 놀라며 아까 낮에 지난 일을 알았으면 어떻게 하나 하고 몸을 부르르 떨었다. 아범은 성칠의 멱살을 잔뜩 잡으며

"이놈! 낮에 그따위 짓을 하고도 무엇이 나빠서 또 이런 짓을 하니. 그렇지 않아도 지금까지 한잠도 안자며 너 들어오기를 기다렸다. 그래 남의 계집을 마음대로 가지고 놀았어? 비록 없어서 남의 집 행낭살이

를 하지마는 계집까지 빼앗길 사람은 이 세상에 생겨나지도 않았다. 그래, 네 집에서 행낭살이하는 행낭어멈이 아니고 기생이나 색주간줄 알았드냐? 너같은 놈은 법을 알아야해. 세상 형편이 어떻게 돌아가는 줄도 모르고 천둥 벌거숭이같이 막 날뛰는구나. 그저 네 앞에 굽실거리며 이래두 네 저래두 네 하니까 죽여두 살인도 없을성 싶으냐? 똑 한가지가 없어서 네 앞에서 굽실거리니까 아무렇게나 해도 괜찮을 줄 알고 나중에는 남의 계집까지 빼앗고 말았구나. 어디 견뎌보아라.”

아범은 성칠의 멱살을 잡은채 한참동안 분이 치받쳐서 목이 미여가며 부르짖었다. 아범의 얼굴은 상기가 되어 얼굴은 물론이고 눈알까지 시뻘겋다. 멱살 잡힌 성칠은 얼굴이 새파랗게 질려가지고 아무 말도 못하며 끌면 끌리고 밀치면 뒤로 물러났다. 이런 일을 생전 처음 당하느니만큼 분하고 치가 떨리지만은 자기가 워낙 잘못한 일이니까 어찌할 수 없음을 잘 알았다. 이 당장에 죽으라면 정말 죽지는 않지만은 하늘 꼭대기까지 노한 그를 위해서는 죽는 시늉이라도 해야만 될 형세였다. 그만치 성칠은 속이 상하고 정신이 아득아득하여졌다. 어제까지 나으리 나으리하고 쩔쩔 기던 놈이 지금 이 당장에 자기의 멱살을 움켜쥐고 개 꾸짖 듯 호령을 똑똑히 하는 것이 암만해도 생시 같지 않고 무서운 꿈을 꾸는 듯하다. 그러나 꿈은 아니다. 틀림없는 생시인데 자기가 개같이 알고 소같이 부리던 놈에게 이런 생전 처음 당하는 모욕을 여지없이 당하는구나 하고 조금 분한 생각이 들었다. 설령 자기가 잘못했다손 치더라도 이렇게까지 심하게 자기를 다루고 과도하게 욕뵈는 것이 분하다 못해 나중에는 죽여 없앨 듯이 괘씸하다. 그래 산산이 흩어진 정신을 가다듬어 한데 모으고 맥이 풀어질대로 풀어졌으니 이를 악물고 전에 내어보지 못하던 힘 있는 용기를 내어 부르르 떨리는 입술을 간신히 떼었다.

"내가 좀 잘못했기로서니 이렇게까지 할게 무어있나. 그러지 말구 이것을 놓게"

"뭐 어쩌구 어째?…"

아범의 부르짖는 말소리는 한층 더 날카로워졌다.

"그래, 너도 잘못한 줄은 아니?"

"나라고 잘못한 줄 모르겠나. 그렇다고 이렇게까지 심하게 할게 뭐 있나. 내 다 잘못한 노릇이니 이번 한번만 용서하고 이것을 놓아주게."

이렇게 애원하다시피 그에게 빌었다. 아범은 코웃음을 치며

"흥 무슨 어리석은 소리를 하느냐 말이다. 그래 일을 저질러 놓고도 잘못했다면 그만 일이 무사할 줄만 알았더냐?"

"그러면 어떻게 할 셈이냐?"

하고 조금 반항하는 기세를 나타내었다. 성칠이도 더 참을 수 없다는 듯이 어디까지 발악을 해보려구 생각하였다. 지금 당해서는 나중 일이 어찌될지도 헤아리지 않고 다만 아랫사람에게 욕을 보며 분함을 당하는 것이 마음에 충동을 강하게 일으켰다. 오늘날까지 가져오던 우월감이 일시에 깨어지고 마는 것을 생각하고는 참았던 감정이 일시에 폭발할 듯하다.

"어떻게 할 셈이냐고?……"

아범은 그의 말을 비웃는 듯이 되받아 물었다.

"너를 이 당장에 경찰서로 끌고 가련다."

"경찰서?"

그는 이와 같이 부르짖듯이 묻고는 몸을 가벼이 떨었다.

"그래 너같은 개, 돼지만도 못한 더러운 놈은 경찰서나 감옥 맛을 보아야 한단 말이다. 그래 남의 계집을 제 계집같이 상관하고도 무사할 줄만 알았던 것이 어리석다. 어서 나서라 얻어맞지 말고"

하고 성칠은 잡아 끌었다. 성칠은 죽을 힘을 다해가지고 뻗대었다.

이러는 사이에 주인아씨가 중문간에 나타났다.

"이거 웬일인가?"

아범은 그에게 말대꾸도 아니 하고 성칠의 뺨 한번을 보기 좋게 철썩 붙이며

"그래, 이놈 아니 가고 이렇게 앙탈만 할 터이냐?"

주인아씨는 이 광경을 보고는 몸서리를 쳤다. 그리고 분이 복받쳐 치밀어 오른다. 눈에서는 현기가 난다.

"자네 미쳤나? 왜이래"

하고 중문 문지방을 넘어 대문 안으로 나섰다. 아범은 잡았던 먹살을 슬며시 놓으며,

"뭐 어쩌구 어째? 어디 다시 한번 말해 보아라. 꽃 향내 나는 걸…"

"별안간에 실성을 했나. 두 눈에 쌍거풀이 씌었나. 그래, 눈깔이 삐어서"

하고 날카롭게 소리를 꽥 질렀다. 아범은 그에게로 달려들어 머리채를 잡으려다가 그만두고

"너는 명색이 뭐냐? 기껏해야 이놈의 첩년이로구나. 그래 있는 놈의 첩년이라고 이렇게 막 반말이냐" 내 어제까지는 네 집에서 얻어 먹기 위해 그런 아니꼬운 소리를 들었다마는 이제는 더 듣고 이 집에 엎드려 있을 줄 아니. 나도 내일부터 사글세 집세라도 하나 얻어가지고 살림살이를 가면 남한테 하대 받지 않고 사람답게 살 수 있단 말이다"

하고 아범은 팔을 부쳐걸었다. 굵직한 팔뚝에는 시퍼런 힘줄이 울퉁불퉁 섰다. 힘세고 씩씩한 팔뚝이다.

"누가 그렇게 살지 말라구 말리나. 마음대로 살아보지. 그런데 무슨 일이야?"

"그래도 또 반말이냐?……아주 나같이 해라를 해라. 반말은 듣기가 지긋하다."

"그렇게 하대가 듣기 싫거든 하루바삐 부자가 되려무나."

하고 성칠의 첩은 반말을 해라로 고쳤다.

"뭐 어쩌구 어째? 누구는 잘 살구 싶지 않아서 잘살지 않는 줄 아니" 다 팔자소관이지…"

하고 부처걸은 팔을 힘있게 휘두르며

"돈은 있다가도 없고, 없다가도 있지만은 이 든든한 팔뚝은 언제든지 있다. 이것만 있으면 나는 어느 때든지 벌어먹고 살 수가 있지만은 너희가 가지고 있는 돈은 내일이라도 없어지고 말면 굶어죽을 수밖에 다른 도리는 없지 않느냐? 지금 당장에 잘 산다구 없는 사람을 너무나 없이 여기지 말아라. 나는 내일이라도 아니 이 당장에라도 나가서 이 팔로 벌어먹을 수 있다."

이러는 사이에 성칠은 안으로 뛰어 들어갔다. 아범은 그의 뒤를 따라 들어갔다. 마당은 마루 끝에 켜놓은 등불에 반사되어 환하게 밝다.

성칠은 마당 한가운데서 아범 손에 또 붙들렸다.

"이놈, 죄진 놈이 달아나면 어디로 가니 더 경치지 말고 나 가자는 대로 가자. 그래 못가겠니?"

"못 가겠으니 어떻게 할테냐" 하고 싶은 대로 해보아라. 너한테 죽기밖에 더 하겠니"

"애, 요놈 보아라. 이렇게 억지를 쓰면 모든 일을 모면할 줄 아니? 요 한매에 때려 죽여 없앨 놈 같으니…"

"어디 죽여보아라"

하고 성칠은 아범 앞으로 탁 달려들었다. 그의 머리가 아범가슴에 부딪쳤다. 아범은 그의 빰을 수없이 갈겼다. 성칠이도 달려들어 발길로 차고 때리기를 시작하였다. 한참동안 한데 어우러져서 후닥닥거렸다. 그의 첩은 싸우는 좌우 옆으로 쌀쌀거리고 돌아다니며 무슨 일로 이러느냐고 애가 말랐다. 그들은 싸우니 대답할 사이가 없었다. 아범은 몇 번이나 그에게 물렸다. 물릴 때마다 '아야야' 소리를 질렀다. 성칠은 그의 힘있는 팔뚝으로 얻어맞을 때마다 킥킥 소리를 쳤다.

싸우는 바람에 마당 한구석으로 몰려갔다. 그곳에는 장작이 쌓여 있었다. 아범은 그 가운데서 장작 한 개비를 뽑아 들었다. 그것으로 머리를 한번 후려 갈겼다. 성칠은 그 자리에 그대로 주저앉았다. 아범은 고양이가 쥐 물려 달려들 듯이 성칠에게로 달려들어 뺨 한번을 힘있게 후려 갈겼다. 그의 코에서 새빨간 선지피가 주르르 흘렀다. 그 피가 마당을 물들이기 시작하였다. 아범은 전쟁 나갔던 병정이 승전고를 울리고 개선가를 부르며 의기양양하게 걸어가듯이 마당을 걸어 나와 바깥으로 나왔다. 그는 확실히 승리하였다는 무한한 기쁨이 마음 한구석에서 용솟음쳐 넘쳐흐르고 있었다.

이 집에 찻집겸 침모로 있는 부인은 마루 한 귀퉁에 서서 이 모든 광경을 낱낱이 보고 있었다. 그의 마음 속에는 갈피 잡을 수 없는 기쁨이 하나 가득 차있다. 먹고 살기 위해서 몸까지 더럽힌 생각을 하고 분함에 못 이겨 한잠도 자지 못하다가 그런 재미있는 일을 눈앞에서 당당보고는 무한히 기뻐한 것이다.

1926년 6월 22일

『生의 聲』, 1928년 3월

의혹

어느 해 이른 봄날 저녁때이다.

나는 동지 C군을 만나보려고 K동을 향하여 무심히 걸어가고 있었다. 나는 길을 걸으면 간혹 고개를 수그리고 걷는 버릇이 있다. 그래 이날도 한참동안 고개를 수그린채 걸어가다가 다시 숙였던 머리를 든 때에 나는 이상한 것을 발견하게 되었다. 내가 이상한 것을 발견하였다는 것은 별다른 것이 아니라 어느 집 대문 안에서 비척거리고 나오는 한사람의 거지이다. 나의 눈 속으로 들어온 그의 모양은 이루 형언할 수 없을 만치 남루한 의복, 말이 의복이지 갈갈이 찢겨 있어서 군데군데 살이 나온다. 추악한 얼굴이다. 지나간 겨울동안에 한번도 세수를 아니한 듯한 새까만 얼굴이지만은 어디서인지 많이 본 듯한 낯익은 얼굴임이 틀리지 않는다. 더구나 약간 얽은 것이 나의 옛 기억을 새롭게 하여주었다. 그는 틀림없이 석복이 아버지였다. 그도 십년 전에 보던 나를 알아 차렸는지 외면을 한다. 나는 그의 앞으로 가까이 가서

"이게 웬일이슈"

하고 입을 열었다. 여기까지 이르게 되니 그도 하는 수 없이 나의 얼굴을 좀 부끄러운 듯이 쳐다본다.

그는 지금으로부터 꼭 십년 전에 우리 집 건너편 쪽에서 살았다. 그의 직업은 인쇄소 직공이요 식구는 일곱 식구였다. 늙은 어머니 한분과 아내와 열두 살을 맨 위로 남녀자식이 넷이나 되었다. 그의 나이는 근 사십이나 되었으나 기골이 장대한 까닭인지 남이 따르지 못하는 기운이 있다. 이러함에 불구하고 지금 거지가 되어 문전걸식을 한다는 것은 참말 의외다.

"대관절 왜 이 모양이 되셨수?"

하고 두 번째 물었다.

"말 말우…공장에서 어뜻겨가지고는 다른 벌이를 붙들려가 벌이는 종시 못 붙잡고 병만 붙들었다우. 그래 이 지경이 되었으면서도 얼른 죽지도 않고"

"어린것들은 어떻게 되었소?"

"더러는 죽고 더러는 남 주었다우. 그리고 어머니는 사년 전에, 석복 애미는 제작년 겨울에 모두가 ××려 죽고 ××죽다시피 되었다우"

나는 거지되는 경로를 처음 알게 된 것도 아니다마는 나의 앞길, 이와 ××××에 있는 ××사람들의 앞길을 이 당장에 생각해 볼 때 얼음물이나 온몸에 퍼붓는 듯이 저절로 몸서리가 처진다. 나는 나의 가진 바 얼마되지 않는 총재산을 털어서 한때의 밥이라도 사먹으라고 주었다. 그는 어느새 골목으로 들어선다. 나는 그의 그림자가 사라질 때까지 뒷모양을 정신없이 바라보고 서서 있었다.

나는 다시 걸어가면서 여러 가지 생각을 걷잡을 새 없이 하게 되었다. 그는 젊어서 뼈가 부러지도록 일하였다. 그러나 병들고 늙어 갈 때에는 거지의 몸이 되고야 말았다. 이것이 일한 대가였던가? 부모와 처자는 ××죽이고 ×××××× 산 자식은 팔아먹게 되는 것이 우리가 살아가는 ×××라고 생각할 때에 나의 ××× 나도 모르게 저절로 쥐어진다.

"×××××은 오죽×××××"

나는 이와 같이 입안으로 아니 부르짖을 수 없었다.

그날 밤 안으로 나는 L, K, C, H, P 등 여러 동지를 만나 저녁때 만난 그의 이야기를 하고는 ××××××××××하였다.

양회굴뚝

■ ■ ● 1 ● ■ ■

≪동아제사공장≫마당 한가운데 하늘을 뚫을 듯이 괴물처럼 높다랗게 솟아있는 양회굴뚝에서는 연 사흘째 연기가 나지 않았다. 하루도 쉬지 않고 열두시간 이상씩을 시커먼 연기를 토하던 이 굴뚝이 편안히 쉬고 있다는 것은 참 이상한 일이다.

"뛰― 소리가 안 나서 때를 몰라 안됐군."

"철매가 날아오지 않아서 살겠는데."

"쉬 끝장이 나지 않으면 밥거리가 걱정이야."

이 제사공장 근처에 살고 있는 사람들의 이야기다.

■ ■ ● 2 ● ■ ■

오정 부는 소리가 멀리서 어렴풋이 들린다. 그러나 이 공장의 싸이렌은 울지 않는다.

　카이제루 수염을 뻗친 얼굴이 우락부락하고도 시커멓게 생긴 키다리 공장 감독이 기숙사 근처에 나타났다. 가뜩이나 험상궂은 상판대기에다 식혜 먹은 고양이 상을 하고….

　"감독이 또 온다."

　여직공 하나가 이와 같이 속삭였다. 다른 여공들도 그쪽을 바라보았다.

　"다들 식당으로 모여라."

　감독의 거칠고도 탁한 커다란 목소리가 불안에 싸인 기숙사 방마다 퍼졌다.

　"빨리빨리 나오너라!"

　감독은 또 한번 재촉하였다. 여공들은 네다섯씩 떼를 지어 식당으로 몰려가고 있다.

　식당은 벌써 앉을 자리가 없이 삼백명 여공으로 꽉 찼다. 어쩐 일인지 밥과 반찬이 다른 때보다 투철히 낫다. 잡곡이 섞이지 않은 순전한 쌀밥과 반찬이 네 가지씩이나 되는데도 생선 토막까지 있는 것을 보면 기숙사가 생긴 이후로 처음 되는 일이다.

　밥을 반쯤이나 먹었을 때 식당 서쪽 문으로 사장이 들어와 조금 높은 곳에 가 올라선다. 그 뒤로는 부사장, 지배인, 공장장, 직공감독, 사무원들이 조심성스럽게 따라 들어왔다. 밥먹던 여공들의 눈초리는 일제히 그들에게로 쏠렸다. 사장은 잠깐동안 무엇을 생각하는 듯 하더니 얼굴에 약간 웃음을 띠면서 무거운 입을 열었다.

　"여러분! 미안하지만 한 오분 동안만 나의 말을 들어 주시오. 우리 공장에서 이처럼 불상사가 일어날 줄은 꿈에도 생각지 못하였소이다. 무엇이 부족하고, 무엇이 못마땅해서 며칠씩 일을 안 하느냐 말이요. 이처럼 맛있는 음식을 주고 편안히 잠잘 자리를 주고 하루 몇 시간씩 글을 가르치고 그리고도 다달이 돈을 모아 시골집에 보내지 않소. 이 세상 사람들이 낙원 낙원하고 낙원을 찾으려고 애쓰지마는 우리 공장이야 말로 과연 낙원이란 말이요. 깊이 생각해 보시오. 먹는게 걱정이 되나 입는게 걱정이 되나 잘데가 걱정이 되나. 그리고도 돈을 모으게 되니 여러분이야말로 참으로 복을 많이 타고난 분들이라고 아니할 수 없소이다. 일전에 일하는 시간을 두 시간씩 늘이고 그전에 주던 일급에서 사분의 일을 깎는다고 공포한 것은 금년 들어서부터 돈이 귀해지고 매사 물건이 잘 팔리지 않으니까 우리 공장에서도 어찌할 수 없이 그렇게 작정한 것이나 다시 돈이 흔해지고 모든 물건이 잘 팔리게만 된다면 다시 그전대로 만들어질 것을 왜 쓸데없이 이러니 저러니들 하고 승강이를 하느냐 말이요.

또 집에서 다니는 분으로 말하더라도 그렇지… 우리 중역회에서 처음 생각하기는 일백여든명 중에서 반 이상을 덜려고 하였지마는 그래도 인정에 그렇지 않아서 시간은 마찬가지로 두 시간씩 늘이고 일급만은 일원이면 삼십전씩을 깎기로 한 것인데 그들이 오히려 고맙게 생각지 않고 어쩌니저쩌니들 하고 들어오지들 않으니 괘씸하지 않소… 우리 공장에서는 그런 의리를 모르는 사람들은 다시 한사람이라도 일을 시키지 않을 작정이오. 그러니 여러분들도 공연히 뻗대다가 후회들하지 말고 지금부터라도, 아니 점심 먹고 조금 쉰 뒤에 그전과 같이 일을 시작하여 주기를 바라는 바이요."

사장은 말을 마치자마자 밖으로 나갔다. 그의 뒤를 따라 들어오던 때나 마찬가지로 다들 나갔다. 이 구석 저 구석에서는 웅얼대고 수군거리고 입을 비쭉거리고 밥을 다시 먹고, 이와 같이 제각기 다른 행동을 갖는다. 그러나 마음만은 조금도 흐트러지지 않았다.

"우리들 하는 일이 그렇게 편한 줄 아나베… 오뉴월 염천에 끓는 물을 앞에 끼고 앉아서 손을 잠가 보라지. 하루도 못 배길걸…”

“하루는커녕 단 한시간이라도 견뎌보래라.”

“그러게 이곳이 살기 좋은 낙원이라지 흥!”

“말 마라, 부모 봉양하려고 청춘을 썩히는 낙원이란다. 뭘 아니…”

“후회? 내쫓기기밖에 더하겠니? 내쫓기면 다른 공장으로 가지. 그것
도 안되면 집으로 내려가서 그리운 부모를 만나고 보고 싶던 동생들을
안아보자!”

“시간은 한시간을 늘여도 안 되고, 삯전은 한푼도 내려도 일을 할
수 없다.”

“하루에 열세시간 열네시간씩이 부족해서…”

“부족하게 더 늘이지. 우리들의 몸뚱이가 강철로 된 줄 아나봐.”

여공들의 입에서 이런 소리가 쉴 새 없이 터져 나온다.

삼백명 여공의 마음은 지금 와서 누구나 그 매듭을 용이하게 풀 수
없이 되었다.

“이번 작정된대로 일을 하면 나는 한달 먹는 밥값밖에 안되는 걸 어
떻게 해… 옷은 뭘로 해입고, 석달 넉달만에라도 얼마씩 집에 보내던
돈은 어디서 나서 보내나.”

“그러게 말이다.”

“그렇기 때문에 일을 안 하는 게 아니냐. 그리고 집에서 다니던 동
무들이 다와서 일하기 전에는 이 안의 우리들은 일하지 않는다고 그러
지 않았니?”

바로 이때다. 험상궂은 키다리 감독이 식당 안에 다시 나타났다.

“떠들지 말어! 그래 아까 사장께서 말씀하신대로 밥 먹고 조금 쉬어
서는 다들 일 할터이지… 왜 대답들이 없어? 한시간이라도 일을 하지
않으면 너희들에게 손해야!”

여공들은 죽은 듯이 앉아 있을 뿐이다.

감독은 좀 화가 난 목소리로

"왜 대답이 없느냐 말이야?"

"감독, 어떻게 일을 하란 말입니까?"

한구석에서 조금 떨리는 듯한 앳된 목소리가 터져 나왔다.

"어떻게 일을 하다니? 오 알았다. 알았어. 그것은 한번 결정한 것이니까 다시는 고칠 수 없는 일이야."

감독의 말이 떨어지자마자 여공들은 일제히 일어나서 아무 말 없이 식당 밖으로 나가려 한다.

이 때에 감독은 두 눈을 부릅뜨고 소리를 벼락같이 지른다.

"일하지 않는 사람은 오늘 저녁부터 목을 자른다. 그러니 생각대로 하여라!"

■● 3 ●■

사흘이 지나고 나흘째 되던 날도 공장 굴뚝에서는 연기가 나지 않았다.

오늘도 이른 아침때부터 높이 솟은 굴뚝만 쳐다 보고 있는 사람이 이 동리만 하더라도 한 두 사람이 아니다. 그들의 마음은 어제 보다도 더욱 초조해질 뿐이다. 가무는 날 농부가 하늘만 쳐다 보듯이 굴뚝에서 연기가 나기를 마음 졸이며 기다리는 사람들은 자기의 딸이, 자기의 누이동생이, 고치와 싸우는 어린 여공이다. 그들이 일을 그치고 며칠을 쉬게 될 때에 넉넉지 못한 살림살이를 하는 집과 집에는 불안이 떠돌기 시작하였다.

이제와서는 집에서 다니는 여공들이 일을 더하고 삯전은 적게 받겠다고 하더라도 공장에서는 일을 시키지 않기로 작정한 것을 다 알게 되었다. 그렇기 때문에 더구나 기숙사에 있는 여공들이 일을 하고 안하는게 궁금증을 일으키는 것이다.

세시 가량이나 되어서 명숙이 집에는 경순이와 혜경이가 찾아왔다.

"명숙아, 무슨 소식 좀 들었니?"

"우리들을 어떤 일이 있든지 다시 써주지 않는다는 것은 알고 갔지…"

"그래, 그 소리는 어제 들었어… 그런데 기숙사 안의 소식을 들었느냐 말이야."

"어제 저녁부터 밥을 주지 않는다더라. 어쩌면 그러니 사람들이…"

"밥을 주지 않으면…"

"그러니까 굶어죽지 않으려면 일을 하란 말이지 뭐냐."

그들은 마루에 걸터 앉아서 공장 전경을 내려다보며 조금 상기된 얼굴로 이야기를 주고받고 한다.

"혜경아 이번 일이 쉽사리 끝날 것 같지는 않은 데 집안일이 참 걱정이다. 어떻게 했으면 좋겠니?"

"너만 집안이 걱정되겠니. 나도 그렇고, 경순이도 그렇고 아니 우리 몇몇만 곤란한게 아니라 이번 일을 당한 이백명 가까운 동무들이 다 똑같을 것이 아니냐? 생각하면 참 기가 막힐 일이다."

"기다려보자. 기숙사에 있는 그들이 어떻게나 하고 굴뚝에서 연기가 나게 하나. 끝장을 보자. 그네들이 지면서라도 눈물을 머금고 일을 하게 될지… 그렇지 않고 끝까지 버티다가 나중에 이기고 날지… 모두가 기다려 볼 일이 아니겠니. 그리고 우리들을 저버리고 안 저버리는 것도 그때에야 알 일이다."

"저버릴 때 저버리더라도 우리들은 끝까지 그들을 믿어야만 한다. 꼭 믿어야 한다."

"그들은 우리들 이백명의 살림살이를 우리들보다 더 잘 안다. 구차한 사람들이 구차한 사람을 알아 주는거야. 뭐 아니…"

"그렇기 때문에 끝까지 믿자는 말이다. 이번 일에는 그들이 꼭 이기고 우리들이 이기고 만다. 두고 봐라."

셋의 얼굴은 긴장될 때로 긴장되었다. 경숙이가 이제야 생각난 듯이 "그래 다섯시야. 우리가 길에서 세시 채 못되는 것을 보고 왔으니까" "참, 다섯시에 모이기로 하였다지!"

"아마 네시는 되었을걸… 지금쯤 떠나야 대갈텐데. 명숙아, 어서 같이 가자."

"애들아. 참 미안해서 똑 죽겠다."

"무엇이 그렇게 미안하냐?"

"점심 대접도 못하고…"

"우리 요새 어디 점심 먹드냐? 별소리 말구 어서 가보자… 흥, 벌이는 못하고 먹는거는 다 찾아먹어."

세 처녀는 명숙이 집 대문 밖을 나와서 씩씩한 걸음으로 목적지를 향하고 걸어들 가고 있다.

■ ● 4 ● ■

달조차 없는 그믐밤이다. 자정이 지난지도 이미 오래인 때라 이제는 사람의 자취가 아주 끊어졌다.

조심성스런 발소리…

한 개의 그림자가 가시철망 가까이 이르렀다. 그 그림자는 확실히 사람이다. 머리를 땋아 늘인 여성이다.

그중 쉬운 곳을 골라서 철망을 넘기 시작한다. 등 뒤에는 그리 나무가 많지 못한 산 앞에는 공장 전체의 뒷모양, 그중에도 건조실과 기관실이 희미한 전등불에 비쳐 마치 안개 속에 파묻힌 것 같이 어렴풋이 보인다. 한길이나 되는 가시 철망을 무사히 넘었을 때 저쪽에서 어느 때든지 징만 박힌 신발을 신는 순시의 구둣발 소리가 들린다. 소스라쳐 놀랐다. 머리끝이 쭈뼛하고 가슴이 두근거린다. 다시 돌쳐서서 철망을 넘으려고 손과 발을 빠르게 철망에다 대었다.

'아니다. 한번 넘어 오기가 어려운 것을 내가 왜 이러나?'

이런 생각이 머리에 번쩍 떠올라 다시 돌쳐서서 잠깐 몸 숨길 곳을 살펴보았다. 조금 등성이진 곳을 찾아가서 몸을 착 붙이고 엎드렸다. 손을 가슴에다가 대어 보니 새가슴같이 발딱발딱하고 숨이 몰아쉬어진다. 이때가 바로 순시의 발소리가 가장 가깝게 들린 때이다.

다시 일어서서 숨을 휘하고 내쉴 때는 벌써 순시의 자취가 아주 사라졌을 때이다.

목욕하는 곳을 지나고 굴뚝을 지나서 기숙사 가까이 이르렀다. 방방이 불은 꺼져있다.

'똑 똑…'

뒤뜰 창을 가만히 두드렸다. 아무 소리가 없다.

"다들 자니?"

나직한 소리로 물었다. 방안에서 부스럭 하더니

"안잔다. 누구냐?"

"나는 경순이다."

"경순이? 몇호실이냐?"

"아현 사는 경순이야."

"앞으로 와서 들어오너라. 우리들은 다 안자고 있다."

컴컴한 방 안에는 한사람 늘어 꼭 열 사람이 되었다.

"경순아, 너 어떻게 들어왔니?"

"철망 넘어 들어왔단다. 막 철망을 넘고 나니까 순시가 오겠지."

"들키기만 하면 큰일 난다. 그렇지 않아도 이놈의 소문이 밖에 나갈까봐서 우리들까지 저의 집엘 가지 못하게 한단다. 그러니 네가 들어온 것을 알아봐라."

"그런 줄도 알지만은 꼭 너희들을 만나야 하겠으니까… 참 불을 좀 켜라."

"기름을 준 지가 이틀이 되었단다."

"기름조차 안 내주다니, 쌀도 안주면서…"

"쌀은 오늘아침까지 꿔줘서 해먹었지마는 낮부터는 우리들이 굶을 작정하고 있단다."

"그렇게 꿔줘서 빼앗고 줘도 ×××하서 어떻게 하니…"

"아니다. 우리들은 결심하였다. 이번 일이 끝나기 전까지는… 그래 저희들도 겁이 나는지 오늘 저녁에 모여서 의논들을 한다더라."

경순이는 감격에 넘쳐 가슴이 뭉클함을 느꼈다. 그리고 눈물이 날만치 고마웠다.

"얘들아! 나는 이것을 너희들에게 전하러 왔다."

경순이는 자기 품속에 간직했던 봉투 한 장을 꺼내어 맡기고 일어섰다.

"경순아, 조심해서 잘 나가거라."

"염려 말아. 잘들 도와다구… 부탁이다. 여러 동무의 부탁이다."

이러한 말을 남기고 그는 무사히 가시 철망을 다시 넘었다.

봉투 한장을 받은 이 방안의 아홉명은 궁금하기 짝이 없다. 참다못해 하나가 입을 열었다.

"어느 방에 초가 있을까?"

"이틀 동안에 다 켜버렸겠지. 남았을라구, 얘."

"앉아서 말만 하면 소용 있니? 내 나가서 구해보마."

그중에 나이 많이 먹은 계순이가 초를 얻으러 밖으로 나갔다. 여덟 명은 그가 돌아오기를 기다리고 있다.

얼마 후에 한치도 못되는 초 한토막과 성냥을 얻어 가지고 돌아왔다. 한사람 손에서는 봉투가 찢기고 그 속에서 종이 한 장이 나왔다. 그리고 또 한사람의 손에서는 촛불이 켜졌다.

기숙사에 계신 여러분 형님께 삼가 올립니다.

모든 것을 생각하시고 ××××라고 얼마나 고생들을 하십니까? 형님들의 모양을 눈앞에 그려볼 때에 가슴이 미어지고 주먹이 힘있게 쥐어질 뿐입니다.

여러분 형님께서 지금 밖에서 헤매고 있는 거의 이백명이나 가까이 되는 우리들을 내내 저바… (이하 5행략)

■■ 5 ■■

기숙사에 있는 삼백명 여공의 한데 합친 힘은 무섭고도 컸다. 삼백명 중에 이백오십명 이상이 숙련직공인데는 회사로서도 어찌할 수 없었던지 마침내 ××××로 돌아가고 말았다. 그중에도 ××××한 것이 더한층 힘을 얻게 된 것이다.

닷새 만에 처음으로 괴물 같은 양회굴뚝에서는 시커먼 연기가 다투어가며 퍽퍽 쏟아진다.

싸이렌이 운다.

며칠 안 듣다 들어서 그런지 그전보다 더한층 강하게 귀를 찌른다.

이리하여 오백명의 여공들은 웃는 낯으로 다시 고치와 싸우며 실을 뽑게 되었다.

1930. 6. 2

『조선지광』, 1930년 6월 발표. 본문은 단편소설집 『석공조합대표』(1991) 수록본

자화상

■●1●■

내가 그림을 시작한지 그럭저럭 십년이란 세월이 흘러가매 없는 살림을 억지로 쥐어짜 그린 그림이라 그다지 적지는 않았다. 그래 수 삼년 전부터 나의 미술생활을 이해하는 친한 친구간에 몇번이나 나를 위하여 나의 개인전람회를 암암리에 계획하는 것을 눈치 챌 적마다 나는 한사코 그들을 말렸다.

세상에 내놓기는 아직 미숙하다는 것이 언제든 유일의 구실이었다. 허면 그들은 '어느 때가 와야 익숙해지느냐'고 반문한다.

'이만하면 하는 자신이 있기 전에는' 하고 나는 빙그레 웃는다. 그러면 그들도 하는 수없이 계획했던 것을 중지해 버리고 만다. 그리고 나면 반드시 선전에 출품하기를 권하였다. 나는 그것조차 즐기지 않았다. 그리하여 여러 친구들이 나를 가리켜 괴벽한 성질을 가진 사람이라고 만나서나 또는 뒷공론을 하는 줄 나도 잘 알고 있었지마는 사실 그들은 내 그림을 어떻게 보고 어떻게 생각해 그러는지는 몰라도 나 자신으로는 여러 사람 눈앞에 내놓을 시기가 아직 아니라고 굳은 신념을 가졌기 때문이었다.

이래 내려오다가 처음으로 정물 한장을 선전에 내어 논 것이 특선이 되었고 특선 중에도 평판이 가장 좋았기 때문에 만나는 친구한테마다 치하를 받았었고 또 어떤 친구한테는

"이제도 미숙인가? 그래도 자신이 없나?"

하고 정에 겨운 빈정거림을 받았다.

그들 사이에는 또 개인전람회 이야기가 이번에는 아주 구체적으로 도는 모양이었다. 그들의 서두는 품이 규모가 크게, 꽤 굉장히 벌릴 모양이었다. 나로서는 이번이야말로 말릴 수는 없었지마는 그리 왁자지껄 떠들고 싶지는 않았다. 그리하여 그들과 여러차례 다툰 끝에 서울 어느 조그마하고 얌전한 찻집에서 일주일동안만 열기로 작정되었다. 그 찻집주인으로 말하면 미술뿐만이 아니라 음악 또는 문학에도 이해를 가지고 있는 사람이다. 그전에는 한때 희곡도 썼고 시도 썼다고 한다. 그와 내가 사귀기도 그 찻집이었지만 사람된 품이 지나칠만치 드문 호인이라 사귄지 불과 이년동안에 무척 친한 사이가 되었다.

■● 2 ●■

나의 개인전람회를 개최한 사흘째 되던 날 저녁때이다. 찻집 주인은 나의 화실(화실이래야 가는 오리목에다 서푼널로 돌려막고 솜씨없이 짠 유리창을 간간히 박고 누비생철로 지붕을 덮은, 바람만 좀 세게 불어도 흔들거리는 빈약한 곳)을 방문하였다. 나는 반가이 그를 맞아들였다. 그는 나의 얼굴을 대하던 맡에 의미 모를 웃음을 연해 웃는다.

"오늘 뭐 좋은 일 있나?"

하도 이상해서 나는 이렇게 물었다.

"나는 좋은 일 없어. 자네한테 있지."

그는 여전히 웃으며 말한다.

"백원짜리 한 장 팔렸나?"

"나도 낼부터 찻집 그만두고 그림 그리겠네."

"그리고 싶으면 그리게나 그려. 그런데 어째서 그래?"

"참 자네 자화상 안 팔려나?"

"그것은 별안간 왜 물어 안 팔려고 사십여점 중에서 그거 하나만 값을 안 멘게 아닌가. 왜 누가 사자나?"

이렇게 묻고 나서는 잠깐 생각해 보았다. 세상 사람이란 누구나 이상한 것을 좋아하고 신기한 것을 쫓고 남이 말하면 굳이 하고 싶은 생각을 갖는 것이 좀 비뚤어진 듯도 하지마는 한 옆으로는 사람의 상정인 듯도 싶다. 하필 안 판다는 것을, 그 안 판다는 것이 이상스러 굳이 사겠다고 하는 것도 아마 사람의 상정인가보다.

"그것만은 그릴 적부터 안 팔기로 작정하였지만 지금도 그렇고 앞으로도 변함없이 그럴걸세."

"자네의 결심이 그렇다면 어쩔 수 없는 일이지만 사려는 사람이 하도 열심이기에 한번 의견을 물어본걸세. 나도 자네가 안 팔려기에 값을 안 맨것인 줄 짐작했으면서도 하도 간청하기에, 또 저편이 여자인데도 마음이 안끌린게 아냐…"

나는 여자라는 말에 가슴이 선뜩했다. 어떤 여자길래 다른 그림 다 제쳐 놓고 하필 내 자화상을 사자는가 하고 이상스럽게 여기지 않을 수 없다.

내가 무엇을 좀 생각하고 있는 듯한 기색을 본 그는 내가 먹은 마음을 돌리지나 않을까 하고 말을 꺼내는지는 몰라도 그의 어조는 확실히 나의 굳은 결심을 듣고 대꾸할적 보다는 좀 신이 난 듯하다.

"팔고 안 파는건 별문제로 하고 그여자 하는 짓이 하도 이상하니 내 자세한 이야기를 합세… 바로 어제 오후 두시가 지나 세시가 채 못되었을 때 쯤해서 보지 못하던 얌전하게 차린 여자 혼자 들어와 한편 구석에 가 앉으며 홍차 한잔을 청하더니만 다시 일어서 벽에 걸린 그림을 차례차례 열심히 보아가다가 자네 자화상 앞에 이르러는 한참동안 딱 서서 그 그림을 뚫어질 듯이 유심히 바라보는 품이, 내가 억측이었는지는 몰라도 그의 표정이 어쩐지 감개무량해 하는 듯하게 보이데. 그 포즈라든지 그 눈동자, 그 표정은 화가가 아닌 나라도 곧 그 여자를 그리고 싶은 충동을 받았네. 처음 들어올 적부터 미인이라고 속으로 생각 하였지만 그리고 섰는 동안에 그의 균형을 잃어버리지 않은 몸맵시, 갸름한 판에 콧날이 오똑 서고 두 눈에 영채가 도는데다가 살결이 곱고도 흰 얼굴에 나도 모르게 한참동안 취하였네. 사실 드문 미인이데. 그 여자는 퍽 오래 그 앞을 떠나지 못하다가 무슨 생각을 하였는지 다른 그림은 더 볼 생각도 하지 않고 홱 돌아서더니 좀 빠른 걸음으로 그만 나가버리지 않겠는가…"

"아니 청해논 차도 안마시고"

나는 이렇게 물었다.

"그런 의외행동에 나도 놀랬지만 다른 손님들도 저으기 이상한 기색으로 서로들 한참 수군거리데. 그래 나는 오늘 자네가 오면 그 이야기를 하고 한턱 받아먹으려고 마음먹었지만 종시 자네는 오지 않고 어제 그때쯤 해 그 여자가 또 문에 나타나지 않던가? 나는 내 눈을 의심하였네. 여우나 허깨비한테 홀린 듯한 생각이 나서 눈을 똑바로 뜨고 정신을 바짝 차리고 섰으려니까 그 여자가 가까이 와서, '어젠 미안했습니다. 좀 흥분해요. 어제 찻값이 얼마죠?' 하며 손가방에서 자그마한 지갑을 꺼내더니만 일원 한장을 내어 놓기에 나는 잡숫지 않은 것을 뭘." 하고 굳이 사양했더니 '오늘은 꼭 먹고 갈테니 고히 한잔과 케익- 을' 청하데. 그리고는 또 자네 자화상만을 유심히 바라보고 있더니 차와 케익을 갖다놓니까 나를 그리 않으라고 하더니만 저그림은 어째서 값을 안 맺느냐는 말로부터 살 수 없느냐는 말을 끄집어내 가지고 나중에는 얼마가 되든지 꼭 사달라는 부탁을 받고서 손님이 좀 뜸하기에 아이놈만 맡기고 온판일세."

그는 이렇게 말하는 동안에 나의 얼굴을 몇번인지 의미있게 쳐다보는 품이 그전에 무슨 로맨스가 있거든 숨기지 말고 말해주게 하는 기색이었다. 허나 나는 사실 나의 그림을 그처럼 열심히 사겠다고 할 여자는 한사람도 없다. 로맨스라고는 첫사랑을 속삭일 제 뿐이었는데 그것도 얼마 안가 실연의 상처를 되직하게 맛본 나로서는 그 뒤부터 여자를 가까이 하기를 즐겨하지 않아 이렇다 할 로맨스도 사실 없다. 있다면 나를 배반하고 간 첫 연인인 영애뿐인데 그가 이제와서 나의 그림을 사려고 할 리가 없다.

우리들 셋의 사이를 갈라논 사람도 영애다. 친구라기에는 너무나 친했던 셋의 사이를, 하나는 원수로, 또 하나인 자기 오빠와는 사이가 어근 버근하다가 아주 떨어지게 만든 것도 그 여자였다.

영애의 오빠와 영애의 첫 남편 되었던 경호와 영애의 첫 연인이었던 나와는 중학교 동창이었다. 물보 셀 틈 없는 셋의 두텁던 우정은 영애가 나를 배반하고 돈 있는 경호한테로 가던 날부터 여지없이 깨어지고 말았다.

그 뒤 나는 그렇게 생각 않지마는 영애의 오빠인 영식은 나를 만나기 싫어하였다. 간혹 길가에서 만나더라도 겸연쩍어하는 기색으로 긴 이야기를 피하였다. 하루는 병원에서 나를 찾는 사람이 있다기에 가보

니까 폐병으로 다 죽어가는 영식이가 내손을 잡고

"모두가 미안하이. 누이하나 잘못 둔 죄로 그렇게 친하던 우리들의 사이가 원수같이, 또는 아주 남처럼 되다니… 내 누이는 허영만 알고 예술은 모르는, 말만 사람이지 돌맹이나 목깨비 같은 물건일세. 나는 그렇게 된 이후 한시 한때라도 자네에게 대하여 진심으로 미안한 생각이 떠나본 적은 없네. 나의 생명이 이제 얼마 남지 않았네. 내가 지금 원통한 것은 내가 가진바 예술적 천분을 다 발휘하지 못하고 이대로 죽는 것을 한하네. 한 개의 소설다운 소설을 써보지 못하고 죽지나 않을까 하고 수년 전부터 애써왔네. 지금 생각하면 그렇게 애쓴 것이 죽음을 더 속히 하는 원인이 아니었던가 하면서도 몇개의 작품을 발표하게 된 것을 생각하면 당장 죽는대도 도리어 기쁜 생각이 드네. 자네도 물론 미술가로서 일생을 마칠 줄 믿기 때문에 내가 죽으려함에 당하여 한가지 기쁜 소식을 전하려고 자네를 찾은 것일세. 허물하지 않고 와준거 대단 고마우이. 조금 전에 처음으로 찾아온 누이를 곧 쫓아버렸네. 그동안에도 한번 안 만났네. 참 기쁜 소식 한가지 전한다고 그랬지? 부귀를 자랑하고 돈 쓰는 것으로 뽐내던 경호는 미두에 망하고 아편으로 해서 일전에 죽었네. 허나 자네의 예술은 날로 성장하지 않나. 나도 자네의 예술생활에 박자를 맞춰 위대한 예술, 큰 걸작을 쓰고야 말겠다는 예술적 야심을 한때도 버리지 않고 지내왔지만 그 뜻을 이루기전에 나는 먼저 죽고마네. 원통하이. 분하이…"

영식은 여기까지 이르러 말라서 보기 흉하게 여윈 두 볼에는 눈물이 주르르 흘렀다. 그날 밤으로 영식이는 자기의 천분을 끝끝내 발휘하지 못하는 것을 유한으로 품고 또 예술을 이해하지 못하는 자기 누이를 원망하면서 죽고 말았다. 그 뒤에 영애는 남의 첩으로 들어갔다는 소문을 들었다. 그러한 영애가 나의 그림, 더구나 나의 초상을 사려 들리

없다.

"또 오거든 안판다고 하더라고 그러게."

"그는 그럼세마는 한번 오게. 전람회 안 할적 보다 더 발이 뜨니 웬 셈인가?"

"쉬 한번 나감세마는 자주 가기는 싫으이."

"그림은 안팔더라도 그 여인을 한번 만나보고 싶지 않은가?"

"우연히 만나면 만나도 일부러 기회를 만들어 만나고 싶지는 않으 이."

"자네 같은 소리도 하네. 자 또 만나세."

그가 돌아간 뒤 나는 저녁밥을 먹고 거리로 나왔다. 하나 찻집은 들리지 않았다.

■●● 2 ●■

오늘은 어제보다 좀 이르게 찻집주인이 또 찾아왔다. 나는 물론 어제 이야기의 연장인 것을 직감하였다. 나의 예상은 틀리지 않았다.

"여보게, 오늘 그 여자가 또 와서 어떻게 됐느냐고 묻기에 안 판다 고 하더라니까 약간 실망하는 기색이 보이더니 여기 그 중 값 많이 맨 것보다도 이백원 더해 오백원이라도 낼테니 한번 더 가 교섭해 달라고 애걸하다시피 하는 것을 그대로 못한다기가 박절한 듯해서 주소를 가르쳐 드릴테니 직접 가서 말해보라고 하니까 잠간 머뭇머뭇하더니 '그렇게는 할 수 없어요.' 하고 약간 얼굴을 붉히겠지. 어제부터 자네가 무엇을 감추는 줄 알았지만, 말 않은 걸 구태여 묻기가 싫어서 안 물었지만 그렇게 되고 보니까 필유곡절한 일이라 생각하매 그 숨은 비밀을 알고 싶데나그려. 그래 한가지 계교를 냈지. 될지 안 될지는 장담 못해도 한번 가서 오백원에 교섭은 해볼테니 그와 대면할 수 없는 이유를 말해 달라고 하지 않았나. 그랬더니 그는 한참동안 망상거리다가 어쩔 수 없다는 듯이 '당신만 아시고 말하지 않으신다면' 하고 다지겠지. 그래 나는 속으로 딴 배포를 차리면서 입으로만 "네" 그러지 않았겠나.… 이 사람아, 이만하면 생각이 있겠지. 더 시치미를 떼지 말게."

"이 사람아, 뭐 말이야?"

나는 사실 그의 말 의미를 잘 이해하기 어려웠다.

"아주 죄다 말해야만 항복하겠나?"

"그래 그 여자가 뭐라던가?"

"자네야말로 질기둥처럼 퍽 질깃질깃하이.… 이것은 내가 안하겠다고 약속한 말인데 하는 수없이 하는 거니까 그 여자한테 대해서는 죄가 안되네."

"잔소리 그만하고 그 여자하던 말이나 어서 하게."

"첫 연인이라고 하대. 이래도 시치미를 떼나?"

나는 사실 의외에 놀랐다. 그리고 그가 또 찾아 온 것이 분했다. 그래 좀 노한 말소리로

"그런 부질없는 교섭, 또 오지 말게. 내가 한번 결심한 것을 오백원은커녕 오천원, 오만원인들 먼저 뜻을 굽힐상 싶은가?"

"아니 이사람, 그렇게 노할게 아니라 냉정히 생각해 보게. 내가 오늘 온 것은 그림 사고파는 교섭이 아니라 자네가 나한테 오늘날까지 속여온 첫사랑 로맨스를 듣고자 함일세. 우리들 사이에 그것도 듣고자 함일세. 우리들 사이에 그것도 듣고 싶어하는 것이 잘못인가?"

"아니, 자네 말도 그럴듯하이. 그 이야기는 차차 서서히 하기로 하고

도대체 그 여자가 내 초상화를 사려고 하는 까닭이 어디 있을까?"

"자네에게 그래도 미련이 있는게지."

"미련? 미련이 있다면 그런 구실을 삼아서라도 나를 찾아올 것일세. 허나 이것은 내 미술생활을 모욕하는 심사에서 나온 가증한 짓일세. 네놈의 그림을 돈만 있으면 이렇게 살 수 있다. 네 그림이 소용돼 사는 게 아니라 돈의 힘으로 네 정력, 네 소위 예술을 거리낌없이 사가지고 내 마음대로 찢으려면 찢고 불사르려면 불사르도록 할 수 있다는 것을 나에게 보여주려는 것일세. 그렇게 하는데는 다른 그림보다도 내 초상화가 더 필요하지 않은가?"

나는 흥분되어 부르짖듯이 말했다. 그는 즉시 돌아갔다. 나는 생각하면 생각할수록 모욕을 당한 듯 해 분하다. 그 여자는 틀림없는 영애다. 그가 사실 영애라면 다소 안온해진 내 마음을 어째서 또 흔들어 놓나? 나는 아무리 호의로 해석 하려해도 그가 내 그림을 사려고 하는 심사를 알수 없다. 영애는 죽은 자기 오빠의 말마따나 허영의 뭉치요, 예술을 모르는 사람이다. 그런데 그에게 어째서 내 미술품이 필요하냐. 그리고 하필 내 초상화가 필요하냐? 돈을 아끼지 않고 내 초상화를 애써 구하려는 심사는 암만 생각해도 모를 일이다.

■■ 4 ■■

그 이튿날 찻집 주인은 또 찾아왔다. 그의 말을 들으면 그 여자가 와서 천원까지 초상화의 값을 붙여도 자기의 힘으로는 안 될테니 직접 만나서 담판해 보라고 하니까 '마음은 간절해도 면목이 없어 못 가겠다'고 하면서 그 중 비싸게 맨 그림 한장을 사가지고 갔다고 하며 내 손에 백원짜리 석장을 쥐어주고 갔다. 나는 그 돈을 쥔 채 고개를 숙이고 한참동안 생각하였다.

"맘은 간절해도 면목이 없어 못 만나겠다." 고 하더란 영애의 말이 진심에서 나온 말이라면 내 초상화를 그처럼 사고 싶어한 것도 날 본 듯이 걸어 놓고 보려는, 안타까운 심정에서 나온 짓이 아닐까 하고 생각해 보았다.

■ ● 2 ● ■

오늘은 전람회를 마치는 날이다.

찻집 주인은 새벽같이 해쓱한 얼굴을 해가지고 달려 들었다.

"이렇게 일찍이 웬일인가?"

하고 내가 묻는 말에 그는 좀 가쁜 숨을 몰아쉬며

"웬일이 다 뭔가? 자네 대하기가 미안하이. 어떻다고 말했으면 좋을지 모르겠네."

"이사람아, 왜 그러나?"

"그 자화상이 말일세."

"그래."

"간밤에 어느 놈이 들어와 가져갔네 그려"

"아니 또 다른건?"

"그것만 없어졌으니까 이상하지. 뭐 묻지 않아도 그 여인이 시킨짓이지. 그래 자네하고 의논하고 곧 도난계를 하려네."

나는 한참동안 묵묵히 서서 곰곰 생각해 보았다. 나는 그 여인, 나의 첫 연인인 영애의 짓이라고 짐작했다. 짐작만이 아니라 확실하다고 단언을 내렸다.

"여보게, 도난계할거 없네. 나를 욕뵈려면 벌써 불 아궁이나 똥둑간에 처박아 버리고 말았겠지만 그렇지 않고 내가 그를 몹시 미워하고 원망하다가도 간혹 즐겁던 첫사랑의 행복스럽던 시절을 생각하듯이 그도 나와 같은 마음이 어느 한 귀퉁이에 남아있다면 사람으로서 그 귀한 마음을 내 하잘 것 없는 예술로나마 갚는다는 의미로 내 초상화를 그 여자 몸뚱이에다 아니라 마음에 선사하려네."

그는 저으기이 안심한 듯이 돌아갔다. 나는 붓을 들어 어제부터 그리기 시작한 캔버스 위에다 대기 시작하였다.

『조선문학』속간. 1936년 8월 발표.

사생아(私生兒)

　　"어머니, 저어 정옥이는 가방매고 학교에 가"

　　아침밥을 먹고 좀 가뻐서 방바닥에 그대로 드러 누워 있던 경애의 가슴은 이 소리에 바늘로나 찔리는 것처럼 뜨끔하였다.

　　'저게 머 내자식인가 아무 때든 제 애비가 찾아가면 고만일걸' 하고 아주 정떨어지는 생각을 하다가도, 아무리 외할머니가 흠살굽게하고 엄뚜드린다 하더라도 외삼촌의 변변치않은 벌이로 겨우겨우 입에 풀칠만 하다시피 살아가는 외가라 밥먹을 때면 눈칫밥을 먹이는 것 같고 조금만 시침한 소리를 들어도 눈총을 받는 것 같아 아무튼 제 간줄기에서 딸려진 자식이라 가슴이 뭉클하고 두눈에서 더운 눈물이 핑 돈다. 그럴적마다 시골 제 애비한테로 당장 내리쫓고 싶은 생각이 불현듯 났다. 허나 몇 번 편지로 데려 내려가라고 하여도 지금 같이 사는 새로 얻은 여자가 뭐라고 했는지 더 좀 맡아두라고 하면서 종시 안 데려갈 뿐만 아니라 혜숙이년조차 한사하고 외할머니를 떨어지지 않으려고 하며 어머니 역시 외손녀에게 애미 이상으로 정을 쏟아 사부주가 드러맞어 오늘날까지 미적미적거려 내려온 것이다.

　　한달동안을 두고서 학교논란을 신이기듯 논이기듯 하다가 건넛집,

혜숙이의 동무요 같은 동갑인 정옥이만이 학교에 들어가게 되고 혜숙이는 민적이 없어서 그만 미끄러져 버리고 말았다. 그래 개학날인 오늘에 정옥이가 호기있게 우쭐거리며 학교에 가는 꼴을 혜숙이가 바깥에 놀러 나갔다가 부러운 듯이 한참동안 넋잃고 바라보다 말고 안으로 뛰어들어와 무슨 신기한 것이나 발견한 듯이 또는 하소연 하는 듯이 어머니를 불러 정옥이가 학교 가는 것을 말한 것이다.

드러누웠던 경애는 일어나 앉으며 방문둑겁다지에 기대 선 혜숙이를 바라보았다. 제또래를 둘셋씩 윽박지르는 왈패요 부끄럼과는 아주 담을 쌓고 누구 앞에서나 깔딱대고 수선만 피는 말괄량이로 소문난 혜숙이지만 지금만은 평상시와 걸맞지 않게 새치무례한 그 모양이라든가 얼굴에는 밖에서부터 부러워하던 기색이 아직까지 가시지 않은 것을 본 경애의 가슴은 전기나 통한 듯이 찌르르하게 쓰라렸다. 그 모양이 측은하고 가엾어 보였다.

"이제 너도 학교 보내주마"

"뭘, 거짓말…난, 다 안다"

"알기는 뭘 다 알어"

"할머니가, 너는 민적이 없어서 학교 못 들어…"

"예이 요년! 꼴베기 싫다. 어서 나가 놀아라."

경애가 이렇게 소리를 버럭 지르는 바람에 가뜩이나 서먹서먹하게 서서 풀없이 하던 말을 다 마치지도 못하고 무안당한 사람처럼 슬며시 돌아서서 방문 밖으로 나가는 뒷모양을 물끄러미 바라보던 그는 억제할 수 없는 더운 눈물이 앞을 가려 그만 고개를 돌이켰다.

경애는 참으로 진정할 수 없는 자기의 가슴을 두 손으로 지그시 누르고 있다가 자기 자신도 모르는 사이에 이따금씩 꿈틀거리는 만삭된 배위로 슬며시 손이 내려가 옷 위로 통통한 배를 어루만지니 기막힌 생각이 더한층 복받쳐 올라 방 한구석에 볼품없이 쌓아 논 이불귀퉁이에 픽 쓰러져 얼굴을 폭 파묻고 흑흑 느껴가며 울기를 시작하였다.

어린 것 하나도 부모를 잘못 만나 남과 같이 먹이지도 못하고, 입히지도 못하는 것도 원통하고 원통한데 더구나 가르칠 시기에 가르치지 못하고 배울때 배워주지 못하고 그만 때를 놓쳐 눈뜬 장님을 만들고마는 비극을 눈앞에 뻔히 보면서 빚어내고 있는것도 사람으로서 그 태도 뜻 있는 부모로서 차마 못 볼 노릇인데 지금 이 뱃속에 들어 앉은 새로운 생명 조차 불운한 혜숙이와 마찬가지로 똑같은 경우를 만들성 싶으니 차라리 두생명이 함께, 아니 자기만 죽는대도 뱃속의 것은 저절로 힘 안들고 죽을 것이니까 당장 죽어 없어져 버리고 싶은 생각이 불현듯난다.

경애는 구차한 집안에 태어나서 자시로 가난한 살림살이에 찌들고 게다가 첫 번 만난 남편과 처음부터 서로 성미가 맞지 않아 겉으로 남 보기에는 정답고 구순한듯해도 실상은 밑으로 흐르는 알력이있어 그게 큰 원인이 되어 결국 헤어지고 말았지만 그와 살림이라고 할 때도 비할 때 없는 갖은 고생을 다 하였고 지금 같이 사는 둘째 번 남편과도 단칸방을 얻어 가지고 망측하게 살림이라고 버린거 조차 지탱할 수 없어 혼자 아이날 수 없다는 핑계로 자기 혼자만 오라범집에 더부치기로 와 있는 신세지만 지금처럼 죽고싶은 생각은 한번도 해본 적이 없을 뿐 아니라 이처럼 쉽게 울어본 적도 일찍이 없었다.

비록 개인 생활로는 궁하나 오직 강하고 씩씩하게 조금도 지지 않고 희망에 살면서 남을 위하여 사회를 위하여 명랑한 명일을 위하여 맘과 몸을 정성껏 받쳐 온 것의 보수라고는, 애당초부터 보수같은 것을 바라고 한 노릇은 아니지만, 지금와서 자기 자신을 돌이켜보매 애쓴 보람이란 오직 그들의 아내가 구식이라는 이유, 또는 이상이 안 맞는다는 조건으로 민적도 가르지 않고 엉거주춤한 채 그대로 헤어져있는 사나이와 단지 이상이 같고 사회적으로 하려는 일과 하는 일이 같음으로 그것을 더 크게 생각하였기 때문에 개인 문제를 그리 대수롭지않게 여기고, 두 번 다 예식도 하지 않고, 민적도 따지지 않고, 어린걸 낳아 사생자 그대로 어물어물 그저 살아본 것이 결국 애비다른 민적상에 오르지 못하는 사생아를 이미 하나, 그리고 머지 않아 또하나를 만들어내는 기막힌 기계. '눈물겨운 비극을 빚어내는 애미로서 자식에게 대하여 차마 못할 노릇을 시키는 망쇠년이 되고 말았구나' 하고 마음먹으매 이 사실은 가난보다도 더 앞으로 죽음보다도 더 쓰라리다 서자로라도 입적을 시켜가지고 데려다가 공부를 시키도록 만들었으면 좋으련마는 무슨 심사인지 그는 그렇게 하기를 즐기지 않았다. 그리하여 지금 생각하고보니 '자기는 오직 과도기의 한낫 희생밖에 더 안된 가엾은 여성이 되고 말았구나' 하는 안타까운 심회에 못이겨 더한층 소리를 높여 울었다.

한시 한때를 쉬지 않고 애를 부득부득쓰며 고생살이를 고생으로 여기지 않고 가난과 싸우면서 그래도 여러사람을 위하여 무엇을 해보겠다고 하루를 살아도 뜻있게 살아보겠다고 악파듯 갈팡질팡 헤매던 여자의 몸으로서 힘에 벅찬 과거를 더듬어 올라가보니 지금의 자기 처지와 환경이 새삼스럽게 더욱 외로운 듯 하고 쓸쓸해져 마음이 점점 부지할 수 없게 군성거려지며 천갈래 만갈래 생각이 어수선하게 꼬리를 물고 머리에 떠오른다.

서로 동지라고 부르던 여러 사내 동무들은 모조리 자기의 주위를 떠나고 말았다. 그와 한번 갈린 뒤로, 사실 그와 내가 헤어지고 만 것은 누구나 뜻밖으로 생각하였을 것이고, 속모르는 사람은 병들어 죽게된 더구나 갈 곳도 변변치않은 불쌍한 남편을 배반하였다고 천하에 죽일

년이라고 욕할 것은 정한 노릇이다. 더구나 동지애로 만나 갖은 고생을 다 겪어가며, 참 그때를 돌이켜보면 눈물겨운 일이 한두가지가 아니었으니 쌀이없으면 나무가 없고, 나무가 없으면 쌀이없으며 반찬이라고는 상위에 두가지를 올려놔 보기가 드물고 밖에 나갈래야 입을 옷이 없어 한달이고 두달이고 간에 죽치고 들어 앉아서도 본래 한낱, 시시거리는 소리한번 들어보지 못하던 여러 동무들이라 아주 갈리고 말았다는 소문을 간접으로 듣거나 자기한테 직접 듣고는 모두가 뜻밖으로 알았을 것이다.

그리하여 어떤 동무는 길에서 보아도 외면을 하고 누구는 편지로 욕을 써 보내기도 하고 누구는 자기를 모델삼아 소설로 여우같은 년이라 하였고, 누구는 서방에 미쳐서 보고, 약해진 남편을 박차 버렸다고 소문을 내기도 하였다. 나는 그때에 남편이 병들었다고 그를 내댓든가? 아니다. 병들기전에 갈리기로 작정되어 그로 말미암아 더 컸을는지는 모르지만! 그러나 자기는 오늘날까지 아무러한 변명이고 간에 하려고 애쓰지 않았다. 한편으로는 그러한 비난을 받는 것이 당연하다고 생각하였기 때문이고, 또 한가지는 우리들 사이를 잘 알아 갈리지 아니치 못할 부득이한 사정과 서로 양해하고 헤어지게까지 이르는 경우를 아는 사람은 잘 이해할 것이고 또 누구보다도 당자가 더 잘 알것이니까 구태여 누구에게 대해서나 변명하려 하지 않았다.

단지 섭섭한 것은 그처럼 친하던 여러동무들이 이제는 아주 딴사람 같이, 심하면 원수와 같이 영영 멀어지고 만것이다. 어째서 깊은 사정은 자세 알아보려고 하지도 않고 한쪽으로만 몰아쳐 죽을 년이니 망할 년이니 음란한 년이니하고 비난만하는 까닭이 어디있는지 모르겠다.

이것도 아마 남자는 상처를 할라치면 사흘이 멀다하고 후취 고르기에 골몰하는 대신 여자만은 과부로 일생을 살아야 옳은 일이고 뒷 공론이 없는거나 마찬가지가 아닌가? 또는 여자 말은 단 한번이라도 다른 남자와 관계하면 죄가 되어도 남자가 탁 터놓고 첩을 둘 셋씩 두는 것은 예사요. 하룻밤에 몇 여자와 오입을 하여도 무방한 것같이 그들도 이런 생각이 들어, 그리고 여자라고 한손 치우쳐 가지고 자기만을 마음대로 찢고 까부르는게 아닌가?

자기만은 발려내고 저쪽으로만 달려가는 이유가 어디있는지 암만 알려도 도제 알 수 없다. 그로 말하더라도 자기와 헤어진지 얼마 안 되어서 버젓하게 다른 여자와 관계를 맺고 있지 않는가? 선후를 말할 게 아니지만 자기보다도 먼저 그렇게 되지 않았는가? 그럼에도 불구하고 뭇 사람이 자기만을 나쁘다고 거들떠 보지도 않고 뒷공론을 맘대로하며 있는 말 없는 말을 늘이고 보태서 흉한 소문만 내며 심지어 음란한 잡년으로 돌려 세상에 거처를 못하게 만드는 심사를 암만 애써 알려고 해도 모르겠다.

아무리, 남의 흉이 좋아라면 신이나 보기를 일삼고, 남의 말하기를 알뜰이 좋아하는 세상이지마는 이번 일은 과시 야속하고 억울하였다.

자기가 만약 돈있는 사람과 관계를 해가지고 살림을 벌였더라면 이번에는 나 아는 사람이란 사람은 모조리 타락한 년이니 허영에 뜬 여자니 돈없는 사내를 박차고 봉을 물었느니 그렇게 고생을 하더니 이제는 호강을 좀 해보려구 장쾌서방을 얻었느니하고 갖은 잔소리를 지금보다 몇배 이상으로 찌지고 발리고 빈정거리고 욕하고 심지어 비단옷을 입고 길거리 가는 자기를 만나면 동물이라고 온몸에다 서슴지 않고 끼얹었었을 것이다.

사실 그러한 유혹이 아주 없지도 않았다. 한때는 그런 일이 있기 때문에 여러 동무들 사이라든지 또는 헤어지기로 작정한 뒷일이지만 갈라고만 그에게까지 의심을 산적도 있었고, 자기 자신도 한때는 솔깃해

하여 고생살이에 진절머리나서 이럴까 저럴까하고 망상거려 본적도
사실 없지 않았다. 허나 그때는 세상의 여론이 어려운것 보다도 자기
의 양심이 허락지 않았다. 그렇지만 몇몇 동무는 그와 헤어질 무리에
내가 돈있는 그이에게로 가려는 마음을 먹고 그와 아주 헤어지려는 심
산이라고 믿은 사람도 없지는 않았다. 영영 갈리고만 그로서도 그처럼
생각했을런지 모른다. 대개는 그렇게 생각들 하였을 것이다.

　지금 생각하면 오히려 그렇게 했던 편이 내 자신을 위하여서는 좋은
일이오 영리한 짓이 되었을른지도 모른다.

　먼저 살림살이와 똑같은 길을 되풀이 하듯이 밟아온 궁한생활! 예전
처럼 입고 나갈 옷 한가지가 변변치 않아서 한동안씩 죽치고 들어 앉
았는 가엾은 신세라든지, 당삭이 닥쳐와도 포대기 한입, 살낏한낫, 기
조기하나 장만하지 못하였을 뿐 아니라 해산제구는 물론이요 미역 한
오라기 준비해 놓지 못한 이 궁상을 생각할 적마다 무능한 남편이 원
망스럽기도 하다. 일주일 전부터 돈 십원 구하러 다녀도 어제까지 빈
손 쥐고 풀없이 돌아오는 남편이 사실 가엾기도 하고 밉살머리스럽기
도 하였다. 새삼스럽게 돈의 필요를 절실히 느끼게되어 아차 실수하였
구나 돈 있는 그 사람과 결혼을 했으면 이런 고생을 또 안할걸! 아무
리 훌륭한 생각을 품어 남을 위하여 일하고 사회를 위하여 몸을 바치
려고하나 당장 먹지않고, 입지않고, 또한 살아가는데 반드시 알아야만
할 것은 쓰지 못하고서 어떻게 살림을 지탱해 나갈 재주가 있느냐? 하
지만 자기로서 돈있는 사람을 얻으면 허영에 들뜬 년이라고 침뱉을 것
이요, 비록 가난하나 서로서로 이해가 있고 그래도 뜻있게 살아보겠다
고 살림살이를 벌이면 안으로는 궁기가 끼어 고생을 떡 떼먹듯하고 밖
으로는 그년이 서방에 기사가 나서 폐인같은 병든 남편을 떼처버리고
되는대로 날탕패 서방을 맞았다고 변보듯 흉보듯 떠들어대니 도대체

어떻하란 말인지? 도제 갈피를 잡을 수 없는 것이 요지막 자기의 심경이었다.

또 한가지 야속하고도 섭섭한 것은 먼저 남편과 자기의 둘 사이를 누구보다도 자세히 잘 아는 계성씨가 정초에 자기 어머니께 세배차 삼년만에 비로소 처음 찾아온 때 자기를 보더니 그의 태도와 말씨가 아무리해도 서먹서먹한 품이 그 전과 판이하게 달라 이상한 눈치를 보이면서도 종시 지금 남편과 자기의 사이를 모르는척하고 내색도 내지 않았다. 자기와 단둘이만 앉아서도 다른 이야기만 하였지 지금 남편에 대한 말은 한마디도 끄집어내지 않았다.

이년만에 거기서 나와 며칠 안되었지만 발이 너른 그로서는 자기들의 나이를 그처럼 전혀 모를리 없건만 어쩐 일인지 끝끝내 화제에 올리지 않는다. 사실 그때 자기로서는 지금 우리들의 사이를 자초지종 낱낱이 이야기하고 싶었다. 먼저 남편과 서로 갈려야만 될 경우에까지 이른 부득이한 사정을 알알이 샅샅이 아는 그에게 지금 새로 얻은 남편의 이야기를, 그와 어찌되어서 서로 살게까지 되었다는 말을 자세히 하고 싶었으나 그는 우리들이 지금 살림하고 있는 줄을 번연히 아는 듯하면 서로 끝끝내 그 말만은 입밖에 내지 않고 그대로 돌아가 버렸다.

그 뒤에는 길거리에서도 한번 만나보지 못하였다. 물론 어머니댁에도 그후에는 다시 찾아오지 않았다고 한다.

자기를 오해하고 여러 가지로 도와주어 사실 친오빠 이상으로 또는 신뢰할 만한 동지로 굳게 믿던 계성씨조차 자기를 오해하고 다른 사람과 마찬가지로 내버리는구나 싶어 야속한 마음이 들었다. 자기를 다른 사람들처럼 욕하고 비방하고 헐뜯지는 않을 터이지만 자기를 자주 만나지 않는 것만은 여간 섭섭하게 여겨지지 않는다.

그러던 차에 바로 요 며칠 전 계성씨한테서 편지 한장이 왔다. 물론 어머니집으로 온 것이다.

엎드려 이 생각 저 생각하면서 느껴가며 울고있던 경애는 불현듯 그 편지가 다시 보고 싶어 어느 책 틈에 끼워 있던 것을 찾아 내려고 머리를 들며 앉은 채 미적미적 책놓인 앞으로 가서 있음직한 책갈피를 뒤적인지 얼마 만에 그 편지를 찾아내 가지고 먼저 앉았던 자리로 다시 돌아와 읽기를 시작했다.

너무나 적조하였습니다. 어머님과 오빠 두분 다 안녕하십니?까 풍편에 들자니 또 어머니댁에 가 계시다고요. 그리고 입고 나갈 치마하나 저고리 한입 변변히 없어서 오래 외출도 못 하셨다구요. 언뜻 생각하니 박해군과 살던 그 시절을 또 되풀이하시는 거 같애 그때 지내시던 일이 눈앞에 환하게 살아납니다. 그때도 장하셨지만은 지금도 역시 장하십니다. 이 말을 절대로 빈정대는 허튼 소리로 오해 하지 마십시오. 내가 오래간만에 경애씨에게 편지를 쓰게된 것은 꼭 한가지의 부탁이 있는 까닭입니다. 명심해 들어주십시오.

박해군과 살던 때보다 몇 곱절 고생살이를 하더라도 유봉군과는 또 헤지지 마십시요. 끝끝내 갈리지 마시오.

그 이유는 이러합니다.

내가 그안에 있을때 일이다. 경애씨와 유봉군이 같이 산다는 것을 처음 알게 될 때 경애씨가 실수 하였다고 생각하였습니다. 유봉군으로 말하면 이혼도 할 수 없는, 하려 들지도 않는 등처가였고, 게다가 나 알기만도 두 번씩이나 어떤 여자와 살림을 하다가 어느 편에 잘못이 있었는지 깨끗하게 갈리고 만 그가, 어느 때까지 경애씨의 사랑만이 물리지 않고 싫증나지 않으리라고 누가 보증하겠습니까. 그래서 실수 하였다고 생각하였던 것입니다. 그뒤 거기를 나와서 몇몇 사람한테 들은 말인데 경애씨가 뭘 보고 유봉군같은 인간을 택했을까? 어디로 보더라도 박해군만 못하지 않은가. 재주로나 사회적 명성으로나 박해군을 따를 수 있나… 이렇게 저울질하기도 하고 또 누구의 말은 '머지 않아 갈릴 것일세 유군이 본시 계집에 있어서 오래 살려는 성질이 아니며 설령 이번만은 오래살려는 마음이 있더라도 가난이 훼방 칠 것일세' 이런말을 들을 때 내자신도 어느 편이고 일리가 있다고 생각하였습니다. 어떠한 트러블과 알력으로 헤어진다손 치더라도 경애씨가 앞으로 영원히 독신생활을 하지 않는 이상 세 번째나 사내를 공공연하게 걸어드렸다면 나부터라도 음분한 여자로 생각해 평소에 존경하던 마음이 없어질 것이며, 세상사람들은 반드시 갈보와 같다느니 노나지 같다느니 밀매음과 마찬가지니하고 멸시하며 욕하고 흉보면서도 그들은 서로서로 은근히 경애씨를 호리려고 유혹의 손을 펼른지도 모릅니다. 두렵지 않습니까? 무섭지 않습니까? 만약 경애씨 편에서 유봉군을 박차는 날이면 이번에는 틀림없이 궁한 살림과 그처럼 씩씩하게 싸우다가 아무리 강한척해도 약한여자라 여지없이 가난에 패북한걸로 밖에 더 알려지지 않습니다. 그렇게 된다면 애당초에 먼저번 경험도 있고 하니 유봉군같은 구차한 사람을 구할게 아니라 이렇게 말하면 성격상 결함으로 맘이 맞지 않아 참고 견디다가 헤어진 줄을 번연히 알면서 남을 놀리느라고 일부러 그런다고 하실는지 모르지만 크면은 베천하는 부호, 그렇지 않다면 적어도 의식주에 그리 궁색지 않은 사람을 구하여 몸을 맡길것이지 이상이니 주의니하고 껄떡대다가 개인생활에 있어서 가뜩 잘못해 여자로서 자칫하면 저지르기 쉬운 몸까지 망치고 마는 정말 남한테 손가락질을 받으며 타락의 길을 걷게 된다면 전후를 한번 깊이 생각해볼 일이 아닌가 합니다. 만일 그렇게 사람으로서 아주 타락해 버리고 만다면 차라리 개인 생활이나 유족하게 호강스럽게 하다가 일생을 마치는 편이 훨씬 낫지 않습니까. 허나 경애씨는 물론 이 길을 취하지 않으실 줄 믿습니다. 그래서 애초에도 돈 없는 유봉군을 취한 줄 나로서 짐작하는 바이니 유군이 사실 세상에서 아는바와 같이 하잘 것 없는 변변치못한 사람이요 무능력자라고 손가락질을 하더라도 둘 사이만이 서로 지혜를 주고받고, 공부하고 연구하고 또는 가난과 싸우면서 참, 경애씨는 몇차례나 직업 부인이 되었던 경험이 있지 않습니까…. 그러니 두사람이 아무 짓을 해서라도 다만 뜻있게 살기 위하여 하나가 죽기 전에는 행여 끝끝내 헤어지지 마십시오. 부탁입니다.

편지를 단숨에 내리읽고난 경애는 저번 처음 읽을 때에는 모두가 옳다고 생각하였지만 지금와서 다시 읽어보니 헤어지지 말고 끝끝내 살라는 구절이 몹시 온당치 않았다. 허나 마지막 <하나가 죽기 전에는> 한 구절만은 퍽 맘에 들었다. 쉽게 죽으라든가, 자결하라는 의미는 아니었지만….

전에는 또다시, 자기가 오래살면 살수록 교육 못 시킬 성한 불구자를 하나씩 더 늘릴 뿐이 아닌가하고 생각해보니 자지러지게 몸서리가 처진다. 그렇다고 편지말 맞다나 지금 남편을 또 버리고 다른 사내를 차마 또다시 얻을 수 없는 노릇이다. 그래 손에 들었던 편지를 꾸깃꾸깃해 손아귀에 넣고서 무엇을 결심한 듯이 윗니로 아랫입술을 지그시 악물어 편지든 채 주먹을 힘있게 쥔다.

마침 이때에 마당에서는 어머니와 오라범댁 목소리가 난다. 우물로 김치거리를 씻으러 나갔던 그들이 이제야 돌아온 모양이다.

그 뒤 사흘만에 경애는 아들을 낳았다. 그리하여 어린애도 별 이상 없이 날로 충실하고 산모도 약한품 봐서는 퍽 건강한 편이다. 젖도 나올만치 나왔다. 아이 아버지는 물론이고 첫 번으로 외손자를 본 어머니와 오라범 내외도 다들 좋아하는 모양이다. 혜숙이년도 얼굴에 갓난 애 귀애하는 기색이 떠나지 않았다. 그러나 경애만은 조금도 기쁘거나 좋은 줄 몰랐다. 아들이라는 사실이 그로 하여금 더 한층 마음을 괴롭히고 그늘지게 하고 초조하게 만들뿐이었다.

이따금씩 며칠전 혜숙이가 학교에 못 가 하소연하던 말 소리가 귀에 징한 듯하고, 어미핀잔에 멀쓱해서 풀없이 쫓겨나가던 그 가여운 뒷모양이 당장 보는것처럼 눈앞에 선하게 떠오른다.

그럴적마다 반드시 핏덩이 어린 것을 물끄러미 내려다보며 가벼운 한숨을 길게 내쉬지 아니치 못하였다. 그리고는 괴로웠다. 가슴이 아팠다. 끝없이 우울해졌다.

속모르는 집안 식구들은 단지 산후에 몸이 불편해서 기색이 좋지 못한가 보다고 생각할 뿐이었다. 날이 지나감에 따라 어린 것이 커갈수록 경애의 숨은 고민도 남몰래 커갔다.

두이렌가 지나고 삼칠일이 머지 않은 어느 날 밤이다.

경애는 모진 맘이 들었다가 무엇에 놀란 것처럼 소스라쳐 버렸다. 불현듯 이미 결심한 바를 당장 실행하고 싶은 강렬한 충동이 억제할 수 없이 복받쳐 오른다.

내가 죽으면 애미없는 이 핏덩이가 뭐되니 하고 안타까운 생각이 들자 죽고 싶은 마음이 좀 잦아지는 것 같다. 다음 순간!

'뱃속에 끼고 죽인 것 보다는 낫지.'

이렇게 입안으로 가만히 중얼거리며 벌떡 일어났었다. 윗목에서는 그의 어머니가 혜숙이를 끼고서 세상모르고 코를 드르릉 드르릉 곤다. 쌕쌕하고 가벼운 숨을 내쉬며 곤히 자는 혜숙이를 바라다 볼 때 불시에 측은한 생각이 걷잡을 수 없이 치밀어 오르면서 두 눈에는 더운 눈물이 핑돈다.

'몹쓸 애미도 많다.'

자기도 모르게 저절로 이런 말이 입밖에 나왔다. 그리고는 가벼운 한숨을 좀 길게 내쉬었다. 경애의 눈은 다시 어린애에게로 돌려졌다. 죄없는 어린 생명이 자기 죽은 뒤에 즉시 죽지 않고 내내 산다면 갖은 고생을 다 하겠구나 하는 생각에 기가 막혔다. 가슴이 뭉클해지고 현기증이 나타난다. 그래 두손으로 두 눈을 가리고서 잠깐 진정한 뒤에 머리맡에 놓인 만연필과 편지를 집어 들었다. 벽에 기대앉아 한쪽 다리를 무릎 위에다 올려서 꺾고 왼손에는 편지를 낳다. 그리고 바른손에 든 만연필을 편지지 위로 올렸다. 그는 이리하여 지금 유서를 쓰려는 심산이었다.

넋 잃은 사람처럼 한참동안 멀거니 앉아서 무엇을 생각하는 듯 하다가 마침내 한자도 쓰지 못하고 그대로 만연필을 방바닥에 놓는다.

그가 처음 생각하기는 세사람에게 한 장씩 쓰려고 마음먹었다. 한 장은 지금 남편에게 그리고 또 한 장은 먼저 남편에게 다음 한 장은 계성씨에게……이렇게 생각했다가 속이 떨려 안 써질 뿐 아니라 죽은 뒤에 세상이 뭐라든, 또는 제 자식들을 어쩌든 뉘 아니 하는 마음이 들어 유서쓰려는 것을 그만두기로 작정하였다. 그리하여 편지지마저 내려놓고서 잠든 어린것의 얼굴을 또다시 유심히 들여다 보았다. 때마침 싱긋싱긋 웃으며 배냇짓을 한다. 지금의 그 웃음은 경애에게 있어서는 칼날이었다. 가뜩이나 미어지는 듯한 그의 가슴을 더 괴롭게 만드느라고 사정없이 에이는 듯한 날카로운 비수와 마찬가지였다. 경애는 강잉히 쓰라린 가슴을 억제하면서 깨지도 않고 포근히 잘자는 어린애 입에다 젖꼭지를 틀어 넣었다. 마지막으로 젖 한모금이라도 먹여 보겠다는 애미로서의 안타까운 생각에….

경애는 다시 일어나서 혜숙이 옆으로 가까이 가 앉았다. 이 날 이때까지 고생만 시키던 변변치않은 애미지만 당장 무슨짓을 하려는지? 전혀 알지 못하고 세상모르며 잠만자는 딸년이 무척 측은하였다. 눈칫밥을 먹여가며 옷 한자기를 남과 같이 해 입히지 못하고 외가에서 잔뼈가 굵어진 혜숙이를 내려다 볼 때 경애의 가슴은 저리고 앞이 터지는 것 같다. 눈물 방울이 이내 양쪽 볼 위로 주르르 흘러 옷깃에 떨어진다. 그는 손등으로 두눈을 비빈 뒤에 허리를 약간 굽혀 혜숙이 이마 위에다 해쓱한 그의 입술을 좀 떨리는 그대로 가만히 갖다댔다.

금시로 눈물이 또 쏟아질 것 같아 자는 얼굴에 눈물 방울이 떨어지면 누가 보기 급하게 고개를 들었다.

이번에는 손으로 도화빗같이 발그스름 꽂힌 혜숙이의 한쪽 볼을 살짝살짝 문질러 보았다. 그는 그때 만치 자식에게 대하여 그윽한 애정을 느껴본 적은 일찍이 없었다. 어머니로서의 자식에게 대한 지극한 애정은 그의 죽을 결심을 약간 무디게 만드는 것 같은 느낌을 잠깐 맛보았다. 허나 그의 한번 굳은 결심은 용이하게 풀어질 줄을 몰랐다.

경애는 벌떡 일어섰다. 서서는 자기 어머니를 내려다보며 이내 걱정만 시키다가 마지막에는 어머니 앞에 자결하는 망난이같은 불효의 딸년을 용서해 달라는 듯이 두손을 마주잡고 합장배례나 하는 것처럼 공손히 그리고 정성껏 묵례를 하였다. 그리고나서는 두 어린 것을 번갈아 내려다 보았다. 그의 두눈에는 또다시 눈물이 스물거려 앞을 가린다.

경애는 방문을 열려고 문끈을 잡고서도 또다시 고개를 돌이켜 곤히 자는 두 생명을 정이겨운 안타까운 눈초리로 차례차례 둘러보았다. 경애는 자기도 모르게 몸서리를 쳤다. 소름이 쭉끼친다. 이것은 죽음의 공포를 느낌이었다. 이때에 더구나 자기를 붙들기만 하면 아무리 철썩

같은 결심을 하였더라도 안 죽을성 싶었다. (사실 요때만 피하면 그로
하여금 자살을 내내 면하였을른지도 모르는 것이다.) 그런 생각이 들자
어머니가 깨지 않고 그대로 자기만 하고 있는 것이 무척 야속하였다.
원망스러웠다. 경애는 한동안 주저주저 하다가 방문을 살그머니 열고
서 마루로 나가 방문을 다시 닫으려다가 방안에 누워있는 어머니의 얼
굴로부터 혜숙이의 얼굴! 그리고 아랫목에 동그마니 혼자누운 어린 것
의 꼴을 차례로 쏘아 보았다. 자기의 숨소리가 자기 귀에도 역력히 흥
분된 모양이다.

그는 눈물이 어리어 더 들여다 볼 수 없다. 그래 이를 악물고 방문
을 소리없이 살며시 열고서 마루 끝으로 사뿐사뿐 걸어왔었다.

경애는 며칠 전부터 유념해 두었던 양잿물 담긴 탕께를 마룻구녕 한
편 구석에서 손쉽게 집어 들었다. 그리하여 그는 마루 끝에 걸터앉아
서 이것저것 생각할 나위도 없이 덩이가 풀어져 물이다 된 것을 그대
로 들이 마시고 말았다. 그 양잿물은 아이 낳던 전날 빨래를 하려고 그
의 어머니가 혜숙이를 시켜 사온 것인데 아이를 낳기 때문에 오늘까지
빨래를 못해 그 양잿물이 그대로 있는 것이다. 그것도 사위한테서 십
전을 얻어 사온 것이었다. 얼마 지나지 않아서 경애는 외마디 소리를
버럭 지르고 마루 위에 쿵소리를 내며 나가 자빠졌다. 이 바람에 꿈속
에서 헤매이고 있던 집안 식구들은 모조리 놀라 깨었다. 그래서 제일
먼저 그의 어머니가 뛰어 나왔고 뒤미처 건너방에서 그의 오빠와 오라
범댁이 눈이 휘둥그레 뛰어나왔다. 혜숙이도 어쩐 영문인지 모르고 할
머니를 부르며 마루로 나왔다. 오직 핏덩이만이 깨지 않고 여전히 자
고 있을 뿐이다. 밖으로 나온 그들은 마루 끝에 놓인 탕께를 보고 경애
가 양잿물을 먹었다는 것을 직감하였다. 경애는 벌써 혀가 오그라져
말을 못하고 먹은 양잿물이 속으로 퍼져 곤두박질을 치기 시작하였다.

그의 어머니는

"이게 웬일이냐! 이게 웬일이냐!"

할 뿐이었다.

그의 오빠는 부지를 못해 몸을 비비꼬는 경애의 머리를 들고 어머니와 오라범댁은 한다리씩 들어서 건넛방으로 들여다 눕혔다. 그래도 조심성스러워 그들은 어린애 있는 방을 피한 것이다.

경애는 여전히 펄펄뛰며 두 주먹으로 쾅쾅소리가 나도록 가슴을 두드린다. 어머니는 며느리를 시켜 비눗물을 풀어오라고 재촉하고, 아들에게는 어서 빨리 의사를 좀 청해 오라고 일렀다. 그들이 다 나간 뒤에 자기만은 안절부절 못하고 온방안을 미친 사람처럼 날뛰며 헤매는 딸의 손을 잡고서 같이 따라다니며,

"이게 웬일이냐! 이게 웬일이란 말이냐!"

할 뿐이다. 이 광경을 한구석에 서서 바라보는 혜숙이는 다만 엄마와 할머니를 번갈아 부르며 무지듯키 울고만 있을 뿐이다.

얼마동안에 둘이서 입을 벌리고 비눗물을 퍼 넣었다. 뒤미처 검붉은 피를 토하기 시작하였다. 그리고 더욱더욱 차마 보고 들을 수 없는 고민을 계속하였다. 조금 지나니 기운이 지쳐서 아까처럼 펄펄 뛰지는 못하고 그대로 축늘어져 오직 사람으로서 차마 들을 수 없는 신음하는 소리만이 차차 높아갈 뿐이다. 피는 여전히 계속해 토하고 있다.

얼마간 지나고 의사가 왔다.

이미 쏟아는 피와 진구좇는 것을 엉거주춤하고 서서 내려다 보고는 너무많이 먹어서 손댈 길이 없으며, 매우 구하기 어렵다는 말을 연해 하면서 대강대강 의사의 본분을 다하는 척만 하고 그만 돌아가고 말았다.

경애가 양잿물을 먹은지 이틀만에 스물 다섯을 일기로 그의 몸은 이상을 이루기 전에 다만 공부 못 시킬 눈뜬 장님인 사생아를 둘씩이나 남겨 놓고, 혀가 오그라져 아무에게도 유언한마디 못하고서 그만 원통히 죽고 말았다.

이리하여 그는 과도기에 완전히 희생되고만 것이다. 지루한 과도기를 하루라도 속하게 막아 보려고 자기 자신이 남자만 못지않게 애쓰며 날뛰다가….

1936. 6. 9
『사해공론』. 1936년 9월

■ ● 1 ● ■

"선생님! 오늘은 토요일이니까 병원엘 일찍 갔다와야겠는데 어쩌나 그동안 심심하셔서… 내 얼핏 다녀올게 혼자 공상이나 하시고 눠 계세요, 네."

명숙이가 이렇게 말하면서 영철이 머리맡에 놓인 아침에 한금밖에 아니 남았던 물약을 마저 먹어 빈병이 된 걸 집어가지고 밖으로 나가 버렸다.

영철이는 명숙이가 하루 건너 여기서 오리나 되는 병원으로 약을 가지러 가는 때면 아닌 게 아니라 주위가 갑자기 쓸쓸해져서 견딜 수 없었다. 진종일 꼬박이 누워 있어야 찾아 오는 사람이라곤 하나도 없다. 오직 명숙이 하나만이 자기 옆에서 모든 시중을 들어 줄 뿐이니 병으로 앓는 것보다도 사람의 소리, 사람의 모습이 무한히 그리워 그것이 더 한층, 병들어 누워 약해진 자기의 마음을 속속들이 아프고 저리게 한 적이 많았다.

오늘도 명숙이가 나간 다음 죽은 듯이 고요해진 텅 빈 방안에 홀로 누워 두눈을 떴다 감았다 하면서 그의 돌아오기를 기다리기가 과시 안타깝고 지루하였다. 가만히 드러누운 채 곁눈질로 방안을 둘러보니 문틈으로 스며들어오는 햇살이 그나마 눈부시게 하며 발 앞은 네모진 책상 위에 나란히 놓인 두 개의 채색칠한 사기 화병에는 일전에 명숙이가 병원에 갔다가 돌아오는 길에 꺾어온 진달래와 개나리꽃이 섞여서 꽂혀 있는데 약간 시들기도 하였고 더러는 낙화가 져 하얗게 빨아 덮은 책상보가 색실로 수놓은 것 같이 보인다.

모란봉을 바라보고 떼를 지어 올라가는 꽃놀이꾼들의 흥에 겨워 웅얼대고 지껄이는 남녀의 음성이며 또는 발자국 소리가 길에서 이따금씩 일어나 귀를 스치고 지나가면 뒤미처 좀 조용해진 듯 하자마자 겨우내 꽝꽝 얼어붙었던 대동강의 얼음이 봄을 맞아 녹고 풀려서 이제는 바위 언저리와 돌부리에 그루박 지르듯이 부딪치는 크고 작은 파도 소리가 제법 요란스럽게 들려온다.

병은 덮나든 말든 당장 밖으로 뛰어나가 산으로, 들로 치달아 내리달아 두 활개를 쩍 벌리고 마음껏 힘껏 달리고도 싶고 맨 밑바닥까지 거울 속처럼 환히 들여다 보이는 맑고 맑은 강물에 뛰어들어 팔과 다리에 맥이 풀리고 기운이 지쳐서 허덕거릴 때까지 헤엄치고도 싶다.

허나 마음 내키는 대로 해서는 하루의 생명도 더 부지해 나갈 수 없는 자기의 몸뚱아리인 것을 돌이켜보매 눈물겹게도 짐작하게 되매 갑작스레 짜증이 난다. 몸부림이라도 치고 싶다.

봄을 맞이한 우주에 가득 찬 뭇생명이 죽으려다 소생하여 그 기쁨을 못 이겨 마음껏 날뛰는 듯한데 자기 혼자만이 움막 같은 음침한 단칸방 한 구석에 죽치고 누워서 오직 죽을 날짜만 기다리고 있는 듯한 것이 한량없이 애닯고도 서글퍼서 소리쳐 엉엉 울고 싶은 생각이 복받친다.

그러나 이제는 눈물조차 말라 붙었는지 수월히 눈물도 안나고 다만 두 눈이 보숭보숭해질 뿐이다.

'아무튼지 살아나자! 그래 어서 그전에 하던 일보다 몇 곱절 더 잘해서 보는 사람으로 하여금 눈부시도록 하고 싶다.'

마음속으론 이렇게 생각하고 귀로는 밖에서 때 만난 대자연이 꿈틀거리고 사람들이 움직이는 소리를 마치 꿈 속에서나 듣는 것처럼 어렴풋이 들으며 두 눈을 멀뚱멀뚱 뜨고서 천장만 멍하니 치여다보고 있노라니 지나간 날의 모든 기억이 두서없이 툭툭 튀어 나오기도 하고 뭇 추억이 꼬리를 물고 잇대 일어나 나중에는 갈피를 잡을 수 없을만치 머릿속에서 뒤재주치기도 한다. 또는 엊그제 지난 일처럼 뚜렷뚜렷하게 눈앞에 어른거리기도 한다. 더구나 병든 후에 동무들을 다 빼앗기고만 일이며 그 중에도 서울서 이리로 내려온 뒤에 일어난 거의 1년 동안의 여러 가지 일이 머리에 똑똑히 떠오른다.

■● 2 ●■

경성역을 떠나 봉천으로 가는 급행열차 속 어느 삼등실 안이다. 한쪽의자에는 영철이가 독차지해 가지고 가로누워있고 바로 맞은 편 의자에는 형식이가 걸터 앉아서 창밖을 내다보기도 하고 혹은 드러누워 있는 영철의 핏기가 하나도 없는 해쓱한 얼굴을 물끄러미 내려다보기도 한다.

더위가 한고비 넘어서서 열어 논 창문으로 서늘한 바람이 솔솔 들어오기는 하나 그래도 차안은 훗훗한 기운이 떠돌아 무더운 품이 좀체로 가실 것 같지 않다.

이런데도 영철이는 담요를 한 자락 깔고 또 한 자락은 덮고 누웠기 때문에 앉을 자리가 붐벼서 띄엄띄엄 서서 가는 사람이 꽤 많은데도 누구 한사람 두 눈이 푹 꺼지고 뼈만 앙상하게 남아 병색이 얼굴에 박힌 영철이를 잡아 일으키려들지 않았다.

밤차도 아닌데 혼자서만 드러누워 있는 것이 서서 가는 여러 사람들한테 여간 미안한 일이 아니었지만 지금 자기로서는 어쩔 수 없는 사정이었다.

"참말로 미안한데 섰던 사람들한테… 병이 들면 염치부터 없는 놈이 되는게야."

하고 영철이가 저으기 불안한 기색으로 나직이 말하니 창밖을 내다보고 있던 형식은 고개를 돌이켜 그의 얼굴을 물끄러미 내려다보며 말대꾸를 한다.

"별소리를 다 하는군. 그래 지금 자네로서 미안이구 염치구 그런걸 가릴 형편이 되나?"

"몸뚱아리야 병들었지만 맘이야 어디 가나… 조금만 웬만하면 일어나 앉겠는데."

"그런 쓸데없는 객쩍은 소리 그만두고 가만히 드러누워있게 이사람아!"

형식이는 이렇게 핀잔주듯 말하고서 다시 창밖을 내다 보고있다.

형식이 바로 옆에 앉았는 사람도 가로 누워있는 자기를 유심히 바라보며 저으기 동정하는 기색이 그의 얼굴에 역력히 나타나 있다.

'내가 왜 이렇게 가엾고도 불쌍한 인간이 되고 말았나? 이 모양으로 앓기만 하다가 여생을 마치면 어쩌나?' 하고 속마음으로 생각해보매 가슴이 뭉클해지고 약간 몸서리가 쳐진다.

"이토록 앓다가 낫는다면 그야말로 기적이야… 아하! 이러다 죽으면 어떻하나?"

하고 가벼운 한숨을 좀 길게 내쉬었다.

병들어 죽게 된 몸을 이끌고 이렇게 친구를 찾아 간댔자 그에게 일 일이 신세만 질 뿐이요 귀찮음만 끼칠 것을 번연히 알면서 그가 몇 차례를 편지로 정양도 할겸 내려오라는 말에 좇아서 염치 불구하고 지금 그리로 내려가는 것이 여간 꺼림칙하고 불안한 생각이 드는게 아니지만 한편으로는 서울을 한시라도 떠나게 된 것이 무슨 무거운 짐이나 잔뜩 졌다가 벗어 논 것처럼 서운하면서도 마음이 거뜬하고 후련해져서 와글와글 들끓는 뭇사람들의 소리라든지 덜컥거리며 구르는 기차 바퀴소리라든지 또는 차가 정거장에 닿아 머무르고 떠날 적마다 몹시 덜그럭거려 온몸이 유난히 흔들려도 그다지 괴로운 줄을 모르고 다만 마음 상쾌하게 누워있었다.

차가 한창 살 닿듯 달아날 적에 흔들리는 것은 오히려 느긋한 쾌감을 주는 듯하다. 그래서 잠이나 청하는 사람 모양으로 두 눈을 스르르 감고 있으니 머릿속이 갈수록 맑아지는 것 같다.

무슨 사건으로 해서 시골로 거지반 다 잡혀 내려가 자기가 경성역을 떠날 때 그곳까지 배웅 나온 동무라고는 불과 몇 명이 못 됐다.

그래 그런지 그들의 얼굴이 더욱 유난히 정답고도 인상 깊게 획획 지나간다. 그 중에도 집에서부터 따라나온, 어떠한 일이 있든 골내는 법이 없는 너무 지나치게 호인인 작은 처남의 그 숭굴숭굴하게 생긴 얼굴이 더한층 뚜렷이 나타난다.

차간까지 자기의 몸을 부축해 가지고 형식이가 미리 들어와 잡아는 자리에 조심성스럽게 눕히고나서 그의 두 손으로 자기의 한손을 힘있게 꽉 쥐며 좀 무거운 말씨로

"부디 조섭 잘해가지고 곧 병을 놓도록 하우. 그리고 서울오거든 명

숙이도 있고 하니 집에 자주 들우. 아주 발을 끊지 말구…."

이렇게 말하는 작은 처남의 눈에는 눈물이 어렸다.

자기도 어쩐지 모르게 눈물이 글썽글썽해서 그만 앞을 가리고 만다. 그래 그의 말대꾸는 하지도 못하고 다만 손을 꼭 쥐고 있었을 뿐이었다.

오 륙 년 동안이나 살아온 자기 집이나 마찬가지였던 그곳을 영원히 떠나 나올 제 '다시는 이집에 발을 안들여 놓겠다.' 고 굳은 결심을 한 자기였으니 그가 아무리 그처럼 말한다고 자기가 먹은 마음을 속여서라도 "암 들리구말구" 할 수도 없는 노릇이었고 또는 그렇다고 딱 잘라서 "못 들리겠네" 라든가 "안 들리겠네" 하고 자기의 결심한 바를 나타내려도 여태껏 오륙년 동안 신세만 지고 그리고 자기에게 대하여 끔찍하게 굴던 정리로 보든지 또는 당장에 진정으로 정답게 말하는 데는 차마 그 말이 입밖에 나오지 않았다.

그래서 아무 말도 못하고 다만 그의 손을 힘껏 쥐었을 뿐이다.

'불 없는 화로요, 딸 없는 사위랬는데 차라리 죽어 없어졌으면 어쩔는지 몰라도 죽은게 아니고 사정 파의로 갈라서게 된 이상 장인 장모를 찾을 필요도 없겠고 또는 당장 갈 데가 마땅치 않아서 그 집에 머물러 있는 동안 자기의 꼴이 보기 싫어 도제 집엘 들어오지 않고 일정한 곳도 없이 떠돌아 다니던 아내였으니 내 뭣하러 그 집을 다시 찾아갈까? 숙이만은, 병든 자기 몸조차 주체할 수 없는 딱한 사정이므로 어쩔 수 없는 노릇인데다가 더구나 어린게 외할머니를 떨어지지 않고 외할머니 역시 숙이를 떼기 싫어해서 마침내 그대로 맡기고 나왔지만 마음에는 여간 꺼림칙하지 않다.'

남들은 생기 있게 차간을 왔다갔다도 하고 또는 소리쳐 웃어가며 원기 있게 이야기들을 하는데 삼십도 못된 젊으나 젊은 놈의 몸으로 죽은 사람처럼 풀기 하나 없이 혼자만 가만히 누워있는 자기 신세를 생각하매 어처구니가 없다.

'어쩌다 내가 이처럼 됐나?' 하고 입안으로 웅얼거리고 나니 자기도 모르는 사이에 눈물이 핑돈다.

약간 애달파진 심정을 억제하고서 요지막 지내온 자기 자신을 돌이켜 보았다. 여지껏 반생을 살아오는 동안에 서울을 떠나기 전 두달 동안처럼 죽음과 삶의 중간에서 헤매인적도 없었으며 또는 몸의 아픔과 마음의 괴로움을 그처럼 맛본 적도 없었다.

그러나 그뿐이랴. 매일같이 만나던 여러 동무들이 일제히 자기와 떨어져 시골로 내려가던 날부터 갑자기 주위가 한량없이 쓸쓸해졌다. 그래서 날을 거듭할수록 그처럼 끝없는 외로움을 느껴본 적도 일생을 통하여 처음되는 일이었다.

병 도가를 맡았거나 병 무역을 했는지 그전보다 자주 일으키는 위경련의 발작, 만성 맹장염의 재발, 게다가 각혈까지 하게 된 폐병… 이렇게 여러 가지 병세가 퍽 위중하게 번갈아가며 생명을 뺏을 듯 하였다.

그런데 오 륙 년 같이 살던 어린것까지 있던 사랑하던 아내와 헤어지기를 아주 작정하고 나니 아무리 마음을 강하게 먹자면서도 도제 서운하고 허전허전해 견딜 수 없으며 또는 미련이 아예 가시질 않아 맞아 맞아 하고 이를 깨물어도 문득문득 그를 생각하게 되어 여간 마음을 괴롭힌게 아니었다.

허나 아내는 어느 일가집에 가 있다고 하면서 종시 집에 돌아오지 않았다. 그가 집에 돌아오지 않는 것은 자기더러 어서 어디로든지 나가 버리라는거나 마찬가지였다. 그래 하루라도 더 머물러 있기가 바늘방석에나 앉은 것처럼 무한히 괴로웠으나 그렇다고 다른 데로 갈 데도 마땅치 않고 또는 병세가 좀체로 고개를 수그리지 않아 차일피일 하다가 그래도 아주 쾌하지 못한 몸을 간신히 이끌고 이제야 바늘방석에 드러누운 듯하던 그 집을 떠나 나오고 만 것이다. 그래서 한편으로는 서울을 떠나는 것이 섭섭하면서도 또 한편으로는 여간 시원하게 생각 키는 게 아니다.

영철은 올 봄에도 이 차를 타고 평양에 간 일이 있었다. 그때에는 바로 지금 맞은편에 앉아있는 형식군의 아내가 죽었다는 뜻밖의 전보를 받고서 부리나케 내려갔던 것이다.

갑작스레 그때 생각이 머리에 떠올라 멀거니 창밖을 내다보고 앉았던 형식이가 어쩐지 쓸쓸해 보이며, 그의 기색이 어딘지 모르게 죽은 아내를 생각하고 있는 것처럼 보인다.

"여보게 뭘 그렇게 생각해?"

영철은 드러누운 채 이렇게 물었다.

"생각은 무슨 생각!…"

형식은 얼굴에 약간 미소를 띠우며 말대꾸를 한다.

"영애씨 생각을 하고 있었지 뭐야."

"그까짓 죽은걸 생각해 뭘하게. 벌써 다 잊어버렸네… 아마 자네야말로 또 혜순씨를 생각했던 게지."

"아냐."

"뭘 아냐. 자네가 그러니까 남도 그런 줄 알고 그러지 뭐야."

"정말 아니래두 그래."

"이 사람아. 단념하게, 단념해. 아주 남된 이상에야 생각한들 무슨 소용있나. 몸만 축나지… 미련이 남아 있을수록 맘만 상하네."

잠깐 동안 둘이 다 잠잠히 있었다. 제각기 무슨 생각을 하는 모양이다.

"형식이, 참 자네는 어떻게 생각하나? 죽어서 아주 없어져 버리는 편이 더 쓰라릴까? 그렇지 않고 생이별하는 것이 더 쓰라릴까? 어느 편이 더하다고 생각하나?"

"그것은 앞앞이 당한 자기 일이 더하지 뭐… 자네는 자네가 당한 일이 더하고 나는 내가 당한 일이 더하지 별수 없어… 이거야말로 뭐니 뭐니해두 속일 수 없고 숨길 수 없는 사람의 맘이야."

"아니 그거야 물론 그럴테지. 하지만 자네가 맛본 쓰라림과 내가 당한 쓰라림의 그 정도를 제삼자가 헤아려본다면 어느 편이 더할듯하냐 말이야?"

"죽는 경우로 말하면 그 당장에는 슬프기도 하고 안타까웁다가도 속 삭히면 차차 잊어버려지네. 이 세상에서 아주 없어졌거니 하고 단념하게 되니까 말이야. 이것은 내 경험에 의해서 말일세. 하지만 자네처럼 생이별을 하게 된 경우에는 차차 날이 갈수록 더 생각나서 용이히 잊어지지 않을는지도 모르지? 그것도 새로운 애인이 생기기전까지 말이야."

하고 형식은 의미 모를 웃음을 빙그레 웃는다. 영철이도 따라 웃으면서,

"이 앞으로 내게는 연애고 결혼이고 간에 절대로 있을 수 없네. 폐병쟁이한테 달려들 여자도 없겠고 설령 있다손 치더래도 내 자신이 피할 작정일세. 그처럼 믿었던 혜순이가 무슨 트집을 잡아서라도 그예 가버리고 말았는데. 더구나 이해가 있다는 그로서도 말이야… 한데 어떤 여자가 나와 일생을 같이할 성 싶은가? 뻔한 일이지. 갈릴 적마다 쓰라린 경험만 하나씩 더할 뿐이야 뭐."

"어디 두고보세. 자네 말대로 되나 안 되나."

형식은 이렇게 말하고 나서 창밖을 또다시 내다보고 있다.

차는 여전히 바퀴소리만을 덜커덕거리면서 전속력을 내며 달리고

있다.

영철이 머릿속에는 유치장 안에 옹기종기 웅크리고 앉아있는 여러 동무들의 모습이 번갈아가며 떠오른다. 해쓱한 얼굴! 땀이 배고 때가 끼어 허술해진 옷을 입고 앉아들 있는 모양! 머리가 자랄 대로 자라 보기흉한 그들!

별안간 마음이 퍽 우울해진다. 가슴이 뭉클하다 못해 나중엔 아프다.

자기도 병들어 눕지만 않았다면 지금쯤은 어느 감방 안에 들어 앉았으려니 하고 생각하매 차라리 그들처럼 그렇게 된 편이 훨씬 나으리라고 마음먹어진다. 어쩐지 그들에게 대하여 참으로 미안한 생각이 들어 부지할 수 없을 만치 여간 괴로운게 아니다.

'잘들이나 있나? 몸들이나 성한가? 찌는 듯한 더위를 그 안에서 지새느라고 얼마나 고생들을 하고있나. 더구나 여기보다 더 더운 남쪽고장에서 어떻게들 지내나?'

그들의 안부가 이처럼 염려도 되고 그리고 또는 사건이 어떻게나 되나? 뭐 쉬들 돌아오게 될테지… 또 몰라 몇은 더 고생하게 될지도… 설마 그렇게야 될라구.

이렇게 사건의 낙착이 장차 어찌나 될까? 하는 초조한 생각과 걷잡을 수 없는 조바심이 연달아 일어난다. 모두가 궁금해 죽겠다.

나도 당연히 그들과 함께 고생을 해야만 할 것인데. 아니 자기로 말하면 오히려 그들보다 더 한층 고생을 해야만 마땅할텐데 하고 마음먹으매 살이 떨리고 가슴이 저리도록 비길데 없이 괴로워 참으로 견딜수 없다.

"여보게 형식이!"

하고 약간 떨려 나오는 목소리로 불렀다.

"왜 그래? 뭐 먹고 싶은가?"

"아냐. 시골 내려가 있는 그들을 생각하니까 가슴이 아파 견딜수 없네그려. 흥! 어서 하루바삐 죽든지. 그렇지 않으면 얼핏 나아서 그들과 함께 유치장 신세를 져야 마음만은 편할거 같으이."

"그건 그럴걸세. 나로서도 지금 군의 괴로운 심정만은 잘 알고있네… 참 잘들이나 있는지?"

일상 활발하던 그 얼굴에도 구름이 끼는 듯 우울한 기색이 떠돈다. 그의 마음속에도 보이지 않는 불쾌한 그늘이 소리 없이 꾸물거리는 모양이다.

영철은 자기의 심란해진 정서와 괴롭고 불안한 기분을 억지로라도 진정하려는 듯이 두 눈을 슬며시 감는다.

차는 어느 역에 와 닿았는지 딱 섰다. 와르르와르르하고 사람들이 떼를 지어 내리는 소리! 우당퉁탕하고 오르는 소리! 객차안과 창밖에서 무슨 소린지 하나 알아들을 수 없게 제각기 떠드는 소리… 이 모든 소리가 한데 어우러져 한참동안 야단법석들이다.

"어딘가?"

"사리원이야."

"벌써? 거운 다왔구만 그래?"

두 사람은 이렇게 주고받았다.

정거했던 기차가 처음에 가만가만히 움직이기를 시작하더니만 차차 있는 속력을 다 내는 것처럼 몹시 빠르게 목적지를 향하여 앞으로 앞으로 쉴 새 없이 달리고만 있다.

■● 3 ●■

평양역에 내린 둘은 마중 나온 두 사람과 함께 자동차를 타고서 그 길로 중앙병원이라는 그리 크지 않은 곳으로 가서 즉시 입원하게 되었다. 그것도 물론 이리 내려와서 정양이나 하라고 몇 번 편지한 병호의 주선이요 그의 호의였다.

형식은 그날밤을 병원에서 영철이와 함께 자고서 그 이튿날로 여기서도 백리가 넘는 자기 집으로 내려갔다. 그 후로는 병호만이 사흘에 한번이나 나흘에 한번씩, 그것도 아주 잠깐동안 들러갈 뿐이었다.

이처럼 사람들이 그리운 채 며칠을 병원에서 혼자 지냈다.

하루는 간호부가 갖다 주는 신문을 받아보니 서울에 몇몇 남아있던 동무들마저 시골로 잡혀 내려갔다는 기사가 실려 있었다. 이 기사를 읽고 난 영철의 머리는 갑자기 긴장되고도 혼란해지면서 가슴이 울렁거린다.

'사건이 확대되는구나. 이래서는 좀체로 끝이 안 날게 아닌가? 그리고 그예 일을 당하고들 마나보다.' 이렇게 속으로 생각하고 보니 그들에게 대한 미안지심이 새삼스럽게 더 한층 복받쳐 오른다.

손에 쥐어져있는 신문을 옆에다 팽개치면서 '예이, 오늘밤이라도 죽어서 모든 것을 잊어버렸으면 참 좋겠다.' 하고 부르짖듯이 웅얼거렸다. 사실 어쩔지 자기 자신으로도 모를만치 괴로워 못 견디겠다. 곤두박질이라도 치고 싶고 바깥으로 막 뛰어나가고 싶은 생각도 불일 듯 일어나 미칠 것 같다.

조금 지난 뒤 마치 얼빠진 사람처럼 맞은편 벽만 멍하니 바라보고 앉았으려니까 딸각하고 문 여는 소리가 난다. 얼핏 문있는 쪽을 바라보니 간호부가 조심성스럽게 들어온다. 그래 침대 앞으로 가까이 오더

니 겨드랑이에 끼웠던 체온기를 꺼내보더니만 퍽 놀라는 기색으로

"아니 웬일이세요? 아까보다 열이 퍽 많이 올랐으니… 뭣에 흥분하셨나요?"

저기 근심스러운 빛이라든지 부드럽고도 정다운 말씨는 완전히 직업 심리를 떠나서 한 개의 거짓없는 인간으로 병든 자기를 가엾게 생각하고서 진정으로 대해주는 것 같았다.

"그렇게 열이 대단히 올랐어요?"

"네 이것 좀 보세요. 삼십팔도가 넘지 않았나… 아까보다 거운 일도 반이나 더 올라갔는데요."

하면서 체온기를 눈앞에 가까이 갖다댄다.

"참 그렇군요. 무슨 생각을 하다가 좀 흥분했더니만…"

"네, 어쩐지… 그처럼 흥분해서는 안돼요. 병이 얼핏 나시려면 절대 안정이 필요하니까요. 여러가지 객쩍은 생각으로 머리를 너무 쓰신다거나 공연히 맘을 상하셔서는 병에 대단 해롭습니다. 앞으로는 주의하셔야 해요, 네."

이렇게 주의하라고 간곡히 주의를 시키면서 생그레 웃고는 밖으로 나가 버린다. 간호부가 사라진 뒤에 텅 빈 병실 안은 다시 고요해졌다. 하얗게 새로 회칠을 한 천장 한가운데 오두마니 매달려있는 전등불만이 오직 홀로 누워있는 자기의 고적을 섣불리 위로나 해주려는 듯 할 뿐이다.

이따금씩 유리창 밖에서 곱고도 가늘게 은은히 들려오는 베짱이와 귀뚜라미의 구슬프게 우는 소리가 초가을밤 쓸쓸한 기분을 한층 더 자아낼 뿐이다.

'아하 구슬픈 밤이다. 끝없이 처량한 밤이다. 벌레소리를 들으니 더욱 쓸쓸하구나…' 입 밖으로 소리날 만치 웅얼거렸다.

반듯이 누웠다가 몸을 뒤쳐 모로 누우면서 눈을 꼭 감고 잠을 청했다. 갈수록 주위가 허전허전해 아예 잠은 오지 않고 간혹 무서운 생각조차 든다. 진정으로 사람이 그립고 뭇동무들이 간절히 생각난다. 헤어진 아내가 그립기도 하고 그전에 알던 여자며 또는 이름도 모르고 낯도 모를 지목할 수 없는 여러 여성들이 눈앞에 어른거려 정신을 현황케 한다. 수많은 여자들이 자기의 외로움을 위로해 주려고 가까이 가까이 몰려오는 것 같기도 하다. 여러 동무들의 얼굴이 뚜렷뚜렷하게 나타난다. 그럴수록 더욱더욱 쓸쓸한 생각만 들뿐이다.

'유치장! 그래도 그 안엔 사람들이나 있지. 이렇게 혼자 있는 것보다는 차라리 유치장 신세를 지는 편이 훨씬 낫지 않을까?' 하고 마음먹어도 보았다.

이렇게 고생고생 하다가 어느 틈엔지 어렴풋이 잠이 들었다.

얼마 못가서 뭣에 놀란 사람처럼 소스라쳐 깨어 눈을 번쩍 떠보니 싸늘한 바람만 떠도는 텅빈 병실 안이 아까보다도 더한층 적적하고 허순허순해 금방 소리쳐 울마치 못 견디겠다. 그래 벌떡 일어나 앉았다. 닫은 유리창문이 가볍게 흔들리는 소리가 난다. 그럴 적마다 좀 싸늘한 바람이 뺨을 소리 없이 스치고 지나간다.

'오늘밤도 이 모양으로 또 밝히나부다.' 하고 생각하매 갑자기 몸서리가 쳐진다. 다시 드러누워서 빨리 잠들어보려고 무한히 애를 썼다. 애를 쓰면 쓸수록 잠은 멀리멀리 달아나버리고 만다.

이처럼 잠이 안 와 때때 고생고생 하기는 비단 오늘밤뿐이 아니라 이리온 뒤로 며칠에 한번씩은 반드시 잠 못 이루어 여간 애태운 것이 아니었다.

■● 4 ●■

어느 날 오전이다.

영철은 변소엘 가려고 침대 위에 일어나 앉았다.

유리창 밖을 내다보니 누렇게 단풍들었던 나뭇잎새가 바람에 날려 공중으로 떠올라 가기도 하고 또는 바람결을 쫓아 이리저리 나부끼다가 땅으로 곤두박질해 떨어지기도 한다. '가을도 어느덧 다 지나갔구나.' 하고 입안으로 웅얼거리며 침대 아래로 내려섰다. 다른 날보다 유난히 마음이 상쾌하다.

실내화를 끌고서 밖으로 나가 제법 긴 복도를 천천히 걸어 변소 있는 쪽으로 갔다.

처음 입원할 적보다 병세는 적이 덜하여졌다. 그래도 하루에 한 두 차례씩 피를 뱉긴 하지만 맹장염은 주사와 찜질로 이제는 아주 아무렇지도 않게 되었고 위경련도 입원한지 며칠 안돼서 단 한번밖에 발작하지 않았다.

며칠 전에 병호가 찾아와서 대동문밖 부벽루 올라가는 길모퉁이 바로 강기슭에 새로 진 자그마한 집 한 채를 얻어 놓았다고 말하더니 어제는 와서 살림할 채비까지 약간 준비도 해 놓았고 시중들 사람도 하나 구했으니 내일 퇴원하는 게 어떻겠느냐고 물었다. 영철은 퇴원이라는 그 말이 어찌나 반가운지… 그리고 어떻게 기쁘고도 좋은지 펄펄 뛸 것 같았다. 그리하여 오늘 오전 중에 퇴원하기로 결정하고 헤어졌다. 변소엘 다녀서 다시 돌아와 보니 그동안에 병호와 또 다른 동무 하나가 와 있다.

"오늘 퇴원한다지? 병이 그만해서 퇴원하게 되니 무엇보다 고마우이."

한 동무가 진심으로 이렇게 말하면서 자기의 손을 잡아 흔든다.

"자네들이 염려해준 덕분이지. 더구나 병호군의 힘이 아니면 꼭 죽었지 별수 있나."

영철은 이렇게 말하면서 자기 바로 옆에 놓인 교의에 걸터 앉은 병호를 진정으로 고마운 듯이 감격한 눈초리로 바라보았다.

"별소리를 다하는군 그래. 병이 나려게 낫지 내힘이 무슨 내힘이야. 객쩍은 소리 말구 어서 퇴원할 준비나 하세."

하고 병호는 앉았던 의자에서 벌떡 일어나더니만 추릴 건 추리고 버릴 건 버리고 한데 모을 건 모으기 시작하였다.

"여보게 그만두게. 내 함세."

하고 영철은 불안한 듯이 말하였다.

"자네야말로 옷이나 갈아 입고서 가만히 앉았게."

병호는 이렇게 말하면서 하던 일을 여전히 부지런하게 한다. 또 한 동무는 병호와 함께 퇴원 할 준비를 했다. 병호는 대강 걷어쳐 놓고나서 밖으로 나갔다가 한참만에 돌아왔다. 아마 회계를 막음하고 돌아온 모양이다.

병실 안에 있던 세 사람은 병원 복도를 지나 현관까지 나와서는 제각기 신발장에서 신을 찾아 신고 대문밖에 기다리고 서있는 자동차에 올라들 탔다.

영철은 차안에 비스듬히 기대앉아서 유리창 밖을 내다보았다. 병원 전체가 눈 속으로 들이비친다. 벽돌로 지은 이층 집이 자기가 지금까지 생각해 내려오던 바와같이 무덤 속처럼 쓸쓸한 집은 아니었다. 자기가 몇 달 동안을 거처하던 이층 동쪽 모퉁이 병실 유리창에는 햇발이 비쳐 눈이 부시다. 밖에서 보기엔 그다지 음산하고 쓸쓸한 곳 같지는 않게 생각된다. 지금까지 지긋지긋하게 생각해 내려오던 곳이지만

마침내 떠나게 되고 보니까 싫으면서도 정이 들었던지 마음 한구석에
서운한 생각이 슬며시 일어난다.

자동차가 움직이기 시작 하더니만 큰길을 쏜살같이 빠르게 달린다.
길 좌우를 내다보니 오래간만에 세상구경을 해 그런지 모두가 퍽 이
상스럽다. 사람들도 이상스럽고 자전거, 자동차, 전차, 소, 말, 가게…
모조리 눈 거슬리게 보일 뿐이다.

어느덧 대동문을 지나서 바른편에 유유히 흐르고 있는 대동강을 끼
고 한참 올라갔다. 별안간 차가 우뚝 서자 세 사람은 일제히 내렸다.
바로 강 언덕 위에 외따로 집 한 채가 오두마니 있는 앞이었다. 생철로
덮은 일각대문을 지나 안으로 들어와 보니 서울집 본새처럼 지어논 방
한칸, 마루 한칸, 부엌 한칸… 이렇게 매 한칸 집인데 방과 마루의 뒷
창이 강쪽으로 향하여 났다. 방에 앉았거나 마루에 앉아서 창문만 열
어 놀라치면 바로 눈앞에서 대동강 맑은 물이 가로질러 흐르는게 보이
며 쉴 새 없이 들리는 그윽하고도 한가한 물결 소리조차 혹은 높았다
혹은 낮았다하면서 귀를 스친다.

영철은 마루와 방안을 거닐면서 연해 '정양하기엔 훌륭한 곳인걸…
참 좋은 곳이야.' 하고 어지간히 마음에 드는 듯이 연해 기뻐한다. 그
리 넓지 않은 마당에서 한 오십 넘짓해 보이는 여인네 하나가 개숫물
통같은 것을 들고서 왔다 갔다 한다. 물어볼 것도 없이 이 앞으로 밥도
지어주고 빨래도 해주고 시중도 들어줄 사람이거니 하고 짐작하였다.

■■ 5 ●■

석 달 동안이나 병원에 있다가 강기슭 외따로 있는 이 집으로 옮아

오게 된 이후 날이 갈수록 고적하고 쓸쓸하기도 여전하며 사람들이 그
립기도 병원에 있을 적이나 매 한가지였다. 이 집에서 그리 멀지 않게
떨어져 산다는 시중드는 여인은 저녁밥만 해치우면 그의 집으로 자러
갔다. 그래 밤이 되면 바람소리와 물소리만이 오직 혼자 누워 뒹굴고
있는 자기를 벗해줄 뿐이다. 낮에는 그래도 밥해주는 사람이 있어 덜
적적하고 덜 심심하지만 밤이 되면 홀로 있기가 과연 쓰라린 일이었
다. 아직도 피를 뱉는 남들이 꺼리는 병인지라 어쩌다가 이곳에는 많
지도 못한 동무들이 간혹 한둘 찾아 왔다가도 자기 곁을 가까이 하기
를 꺼리는 듯하면서 곧 가버리곤 하였다. 이런 형편이니 밤이 돼야 혼
자 있을 수밖에 별다른 도리가 없었다. 정밤중이 되어 잠은 오지않고
혼자서 죽은 듯이 가만히 누웠으려면 덧문을 후려 갈기는 모진 바람소
리에 몸이 으쓱해서 어깨를 소승기면서 소스라쳐 놀라기도 하고 이따
금씩 문풍지가 바르르 떠는 서슬에 머리끝이 쭈뼛해지며 간담이 서늘
해지기도 한두번이 아니었다. 이러고 날라치면 신경이 바늘 끝처럼 날
카로워진다. 금시로 눈물이 쏵쏟아질 것 같기도 하고 소리를 버럭 지
르면서 밖으로 뛰어나갈 듯도 하다. 허나 이를 악물고 울음과 무서움
을 참기도 여러차례 하였다.

무덤 속처럼 고요하고 쓸쓸하기 짝이 없던 병원을 진절머리 내다가
간신히 면하고 나니 병원보다 별로 신통치 않다. 아니 오히려 더하면
더한 이곳에서 그날그날을 맞고 보내는 것은 생명이 붙어있는 자기로
서 참으로 못견딜 노릇이다. 그러나 갈 곳이 없는 몸이라 눈물을 머금고
이 집에 있을 수밖에 없다. 서울로 올라간댔자 반겨 맞아줄 이 하나 없
고 하룻밤이나마 고달픈 몸을 편안히 재워줄 집조차 없으니 당분간은
죽든 살든 이 집에 머물러 있을 수밖에 없는 딱한 사정이었다.

편지라도 자주 왔으면 그래도 적이 위안이 되련만 잘해야 한달에 한

두장 받아보거나 말거나 하는 형편인데 하루는 동경가 있는 잘 알지도 못할 어느 여성한테서 편지 한 장이 왔다. 겉봉을 보니 꽤 익숙히 듣던 이름이요 또는 자기가 동경있을 때 어느 모임에서 한두번 만나본 기억까지 어렴풋이 나기는 나나 서로 편지할 정도의 친분은 못된다.

'이 여자가 어떻게 내가 여기 있는 줄 알고 편지를 했을까?' 하고 이상히 생각하면서 아무튼지 자기에게 온 것이 분명하므로 봉투를 뜯기 시작하였다. 이집 주소를 한자 틀리지 않고 똑똑히 아는 것은 과히 수수께끼 같은 이상한 일이 아닐 수 없다.

그래서 호기심이 복받쳐 세 겹으로 접은 편지를 재빠르게 펴가지고 읽어 내려갔다.

　　김선생님! 서신으로 처음 인사드립니다.
　　이렇게 아닌 밤중에 홍두깨 내밀 듯 불쑥 서신 올리는 것을 꾸지람 마시고 너그러이 용서해 주시기를 바랍니다. 객지에서 병마와 싸우시느라고 얼마나 고생으로 지내십니까?
　　선생님의 자세한 소식은 준영씨한테 들어서 잘 알고 있습니다. 일상 혼자서 고적하게 지내신다는 것과 이즈막에는 경제상으로도 퍽 곤란하시다는 말을 전하시면서 절더러 될 수 있는 한도에서 경제적으로 얼마간이라도 보낼 수 없겠느냐는 문의를 일전에 서신으로 받았습니다. 그리고 사정이 허락할 수만 있다면 아무도 없이 고적하게 홀로 병들어 누운 가여운 동무 하나를 위하여 선생님 계신 곳까지 가서 단 며칠동안이라도 간호해 드릴 성의가 없겠느냐고 하시며 선생님이 계신 주소까지 적어 보내신걸 보면 반은 의논겸 반을 그렇게 하라고 명령하시듯 말씀하신게 분명하였습니다.
　　선생님! 저는 이런 의미의 편지를 받고서 한참동안 넋 잃은 사람처럼 멀거니 앉아가지고 여기에 대하여 곰곰 생각해 보았습니다.
　　제 힘자라는 데까지 경제적으로 도와 드린다는 것은 별로 문제 아

니지만 인사조차 드렸는지 안 드렸는지 모르는 탐탁치 못한 성긴 사
이요, 게다가 그분과 갈린지 불과 얼마 안 되는 때라 남들이 알더라도
어떻게 생각할지 모르니 그곳까지 가서 간호해 드린다는 것은 퍽 어
려운 일이라고 마음먹으며 망설이고 망설이다가 다시 깊이 생각해보
니 병은 위중하신데다가 동무들은 모조리 그 지경이 되고 혜순씨와는
남되다 싶이 아주 헤어지시고 말아 끝없이 외롭게 되시고 마음 붙일
곳, 의지할 때 하나 없는 선생님의 처지를 그 안에 계신 준영씨로도
선생님을 아끼시고 진정으로 걱정하셔 자기가 역경에 있는 몸으로 한
달에 단 한번밖에 편지쓸 자유가 없는 그분으로서 참 귀중한 서신을
제가 받게 된 걸 생각하니 갑자기 눈물이 날만치 감격함을 느끼는 동
시에 불시로 마음을 돌려먹게 되었습니다.

　잡담제어하고 선생님이 계신 곳으로 달려가 단 하루라도 말벗을 해
가며 시중들어 드리고 싶은 마음이 간절히 일어났습니다.

　선생님! 제가 가도 관계치 않겠습니까? 선생님께서 오라고만 하시면
즉시 이곳을 떠나겠습니다. 만약 제가 가서 선생님께 혹시 상치되는
일이나 꺼리는 일이 있다면 거리낌 없이 말씀해 주세요. 그러면 저는
가지 않고 매삭 제 힘이 닿는대로 약소한 돈이나마 얼마씩 보내드리
겠습니다.

　아무쪼록 속히 반신주시기를 고대하면서 그동안 선생님의 병환이
더 쾌차하시기를 진심으로 빌고 있겠습니다.

동경서 은숙 올림

　편지를 한숨에 다 내리 읽고나니 마음은 든든해지고 후련하면서도
머릿속은 복잡해지기 시작하였다. 자기의 몸이 역경에 있으면서도 동
무를 그처럼 간절히 생각해 주는 준영이의 두터운 우정이 눈물겹게 고
마웠다. 그리고 잘 알지도 못하는 여자한테서 그만치 호의를 표시하는
걸 자기로서 받게 되는 것은 분수에 넘치는 일이라고 생각하매 한편으

로는 감사하면서도 또 한편으로는 미안쩍어 진다. 허나 지금 자기의
처지로서는 이것저것 가릴 때가 아니라고 좀 염치 불구하고 하는 심사
를 가지고서 즉시 답장을 썼다.

■■ ● 6 ● ■■

그 뒤 일주일이 채 못돼서 동경 있는 은숙이가 아무 통지도 없이 영
철이 있는 집에 그의 자취를 나타냈다.

밥해주는 여인은 뭘 사러 어디로 나갔는지 집에 없고 영철이만 미닫
이를 닫은 채 방안에 누워 손에다간 책을 펴들고 읽다가 잠이 어렴풋
이 들라 말라 하는 판에 마당에서,

"김선생님 계세요?"

하는 쾌활하고도 명랑한 젊은 여성의 부드러운 음성이 들린다.

"네, 누구세요?"

하고 영철은 자리에서 좀 둔하게 일어나가지고 방문 앞으로 가는 동안
에

'통치도 없이 동경서 그분이 나오나보다.' 하는 생각이 들매 영철의
가슴은 공연히 두근거려지며 누구냐고 한 자기의 말소리가 좀 어색하
고도 약간 떨려나온 것을 자기 귀로도 역력히 들을 수 있었다.

미닫이를 열고 마루로 나가면서 마당 아래를 내려다보니 첫 겨울날
로는 유난히 뜨거운 볕이 마당으로 하나 가득 찼는데 거기에 퍽 화려
하게 차린 양장미인 하나가 옆구리엔 윤이 번질거리는 손가방을 끼고
서 있다. 단발을 한 새까만 머리 아래론 유난히 하얀 얼굴! 좀 갸름
한 판에 오똑선 콧날! 눈으로 사람을 쏘아보는 품이 매섭고 날카로운

듯 하면서도 어딘지 단정해 보이는 고운 눈짓! 입술연지를 두껍게 칠한 탓인지 선지 빛처럼 정열에 타는 듯한 새빨간 입술! 두볼도 화장한 덕분인지 상기나 된 사람처럼 도화빛같이 불그스름함을 역력히 찾아볼 수 있다. 그리고 목고개가 상큼하게 편데다가 호리호리하게 날씬한 키에 더구나 최신식 외투를 몸에 꼭 맞게 해 입어 어울림이 지나치도록 몸맵시가 나보인다.

방에서 생각하고 나올 적에는 동경서 은숙이가 통지를 한댔자 정거장까지 마중 나올 사람도 없을 듯하니까 그대로 엽서 한장 없이 온 게로구나 하였는데 나와 보니 그 차림차림이라든가 또는 얼굴모습이 동경서 한번인가 두 번인가 만나봐 자기 기억에 남아있는 은숙이 같지도 않아 지금까지 자기가 상상하며 머릿속에 그리고 있던 그와는 너무나 거리가 멀다.

벌써 육칠년이나 지나간 노릇이니까 잊어버려 그런지는 몰라도 그의 얼굴 윤곽이라든가 모양을 아무리 보아도 일전에 뜻하지 아니한 편지를 하고 찾아 오겠노라고 한 그이 같지는 않다. 그리고 너무 지나치게 화려히 꾸민것만 보더라도 자기로서 찾아오기를 은근히 기다리던 그 여성 같지는 않게 생각된다. 그래 잠깐 머뭇머뭇하다가

"어디 누구를 찾아 오셨나요?"

하고 물어 보았다. 마당 한가운데 우두커니 섰던 그 여자는 얼굴에 약간 미소를 띠고 마루 앞으로 가까이 걸어오면서

"원 선생님두 저를 몰라보세요? 저는 첫대 알아봤는데. 일전 편지로 실례한 조은숙이야요."

"네, 그러세요. 동경 있을 때 한두번 뵙기는 했지만 하두 오래돼 그런지 아주 몰라 뵙겠는걸요. 어서 이리로 올라오시죠. 지금 오시는 길입니까?"

"네, 이번 특급차로 와가지고 막 내려 들어오는 길이야요."

"그런데 참 아무 통지도 없이 오세요?"

"통지하면 나오실 텝니까? 못 나오실 바에야…"

"제가 못 나가면 다른 사람이라도…"

"아니에요. 이렇게 불시에 침입하는 게 좋지 않아요?"

"하지만 저로서는 대단 미안한데요. 어서 올라오시죠."

"자동차 안에다 짐을 두고 들어 왔으니까 나가서 들여 오라구 이르구요."

은숙은 손에 들었던 핸드백을 마루 끝에 놓고 돌아서 굽 높은 구두를 제겨 딛는 듯이 사뿐사뿐 걸어 대문쪽으로 사라진다.

"미안하지만 안으로 좀 들여다 주셔야겠는데 어떡하나… 안엔 아무도 없고 병자 하나만 있어 그래요."

"네 괜찮습니다. 제가 들여가죠."

이런 말소리가 그리 똑똑지 않게 들리더니만 자동차 운전수가 앞을 서서 바른손엔 퍽 큰 트렁크 하나와 왼손에는 중치 트렁크 하나를 좀 힘겨운 듯이 들고 들어온다. 바로 그 뒤에는 은숙이가 자그마한 트렁크 한 개를 들고서 운전수를 따라 들어온다. 서슬 있는 값진 가죽가방 세개와 윤이 자르르 흐르는 여자의 하이카라 핸드백이 마루 위에 가게나 벌인 것처럼 쭉 벌려 놓여 그것 만으로도 조금 전까지 찬 바람만이 소리쳐 뒹굴고 있어 음산하기 짝이 없이 살풍경같던 이 집의 공기를 뒤바꿔 놓기에 넉넉하였다.

이리하여 은숙이가 온 그 이튿날부터 그가 손수 밥을 짓고 설거지를 하고 피뱉은 타구를 가셔오고 또는 병원에 약을 가지러 다녔고 가게에 가서 모든 흥정을 해왔다. 이렇게 은숙이 자신이 모든 걸 손수 하는 것이 재미가 나고 흥에 겨운 모양이다.

그래 얼마동안 시중 들던 그 여인은 오지 않게 되어 한 여자의 그림 자가 사라지고 다른 한 여자가 그 대신 자기 옆에서 넘놀기는 마찬가 지였지만 어쩐 일인지 영철의 감정은 날이 갈수록 부드러워졌고 마음 의 고적을 덜 느끼게 되었다.

겨울은 날로 깊어가지만 이 집과 영철의 마음에는 화창한 봄날이 찾 아와서 아늑하고도 탐탁한 기분과 상쾌한 정서가 쉴 새 없이 떠도는 듯해 숨길 수 없는 기쁨이 용솟음친다. 그래 느긋한 행복을 끊임없이 흐트려 놓은 것 같고 또는 죽음의 구렁텅이에서 숨 가쁜 듯이 허덕거 리며 헤매이다가 삶의 희망을 바라보고 아니 벌써 그 희망 가운데서 노니는 듯도 싶다. 그래서 무한히 기쁜 마음이 때때 복받쳐 오른다.

'병을 아주 놓고서 살아만 난다면 죽게 되었다가 거듭난 값이 있도 록 조선의 문화를 위하여 그전보다 몇 배 이상 노력을 아끼지 않으리 라'고 영철은 굳게 마음먹기도 하였다. 그렇게 하는 것이 자기가 처음 뜻한 본의고 그리고 마땅한 일이며 또는 다시 살아난 값이 있게 될 것 이라고 생각하매 어서 하루바삐 나아 성한 사람이 되고 싶었다. 죽을 날만 기다리게된 병든 몸으로서 헛되이 살고 싶은 강열한 마음에 끌려 몹시 초조해졌다. 이래서는 병에 해로우려니 하면서도 걷잡을 수 없이 조바심하기를 마지 않았다.

이렇게 지내는 동안에 그의 병은 더할락 덜할락 하면서 몹쓸 추위와 싸우던 때는 어느덧 지나가고 안온한 봄이 산에도 찾아왔고 들에도 찾 아왔고 강에도 찾아왔고 강기슭에도 외따로 있는 이집에도 찾아오게 된 것이다.

■●■ 7 ●■

방안에 홀로 누워 지나간 날의 기억을 토막토막 머리속에 그려가며 있으려니까 밖에서 인기척이 난다. 아마 병원에 갔던 은숙이가 돌아온 모양이다.

자기가 자는 줄 안 모양인지 발소리도 내지 않고 마루 위로 사뿐 올라 오더니만 미닫이를 가만히 연다. 그의 한손에는 일상 하는 버릇으로 손수건에다 약봉지와 물약이 담긴 병을 한데 싸서 들었고, 또 한손엔 막 피려고 드는 약간 불그스름한 빛을 띤 벚꽃이 한 묶음 쥐여져있다.

"난 주무신다구… 이 꽃 좀 보세요. 벌써 봉오리가 다 벌어지지 않았나…"

은숙은 꽃다발을 자기 눈앞에 가까이 갖다댄다.

"참 그렇구료. 어느덧 봄도 한창인 모양이죠? 벚꽃이 이처럼 오늘낼간 만발하게 됐으니. 어쩐지 밖에 사람 다니는 소리가 전에 없이 요란스럽고 지런지런하더라요."

하고 좀 힘드는 듯이 자리에서 슬며시 일어나 앉았다.

"부벽루 쪽에서부터 울밀대 올라가는 길에는 사람이 허옇게 널렸어요. 그리고는 꾸역꾸역 자꾸만 올라가느니 올라가던걸요. 끊일 새 없이 무척 많이 올라가요. 아마 꽃구경도 요때가 한창인 듯 싶습니다."

은숙은 이렇게 말하면서 자기가 가지고 온 약들을 영철이 머리맡에다 갖다놓고 벚꽃은 책상 앞으로 가지고 가더니만 먼저 꽂혀있던 꽃들을 두 병에서 다 뽑더니 병 두개를 다 가지고 밖으로 나갔다.

마당에다 물 쏟는 소리가 들리더니만 조금 있다가 맑은 물을 새로 담아가지고 다시 방안으로 들어와서 먼저 꽂혀있던 꽃 중에서 이미 시

들어 볼품없이 된 것과 꽃이 떨어져 가장귀만이 성기게된 것을 골라내
놓고 좀 싱싱한 것만 추려서 병 하나에다가 한데 모은 다음 또 한 개
에다가는 새로 꺾어온 벚꽃을 꽂아서 책상 한가운데다 놓는다. 그리고
나서는 흘깃 돌아다보고 해죽이 웃으면서

"어때요? 선생님. 이만하면 조그만 화류는 되죠? 네 그렇죠? 선생
님."

하고 영철이 앞으로 가까이 다가앉는다.

"참 훌륭한데요. 꽃 꺾으신다구 수고 하셨겠습니다그려."

"아이 누가 꺾어왔나요."

"그럼요?"

"남이 꺾어 가는 걸 달래 왔어요."

하고 고개를 수그린다.

언제든지 그렇지만 자기의 각혈하는것 같은 것은 조금도 거리끼지
않고 아주 문제도 삼지 않는 모양이며 털끝만치도 마음에 꺼림칙해하
지 않는 것 같다. 그리고 이렇게 화창한 봄날 밖엘 나가지 못하고 방구
석에만 들어 엎드려 있는 병든 자기를 위하여 방안에서나마 꽃을 보라
고 애써 남에게 얻어서까지 정성을 다하는 그의 맘씨! 그처럼 안타깝
게 마음을 다하는 그의 행동에는 눈물날만치 고마운 생각과 진정으로
감사함을 느끼지 않을 수 없다.

"은숙씨의 모든 은혜를 어떻하나…"

"또 그런 말씀을 하시네. 은혜가 무슨 은혜라구… 정 그러시면 난
싫어요. 오늘이라두 난 갈테야요."

하고 성을 발끈 낸다. 일상 활발하던 그의 기색이 별안간 시치무레해
진다.

"은숙씨, 노하셨나요? 노하셨다면 다시는 그런 소리 안 하겠습니다.

하지만 저로서 어떻게 신세만 지고 있다는 그 생각만이야 한시라도 머리에 떠날 리가 있겠습니까.”

“그런 객쩍은 생각마시고 어서 병환이나 속히 나실 도리를 하셔요. 선생님! 저는 이렇게 생각합니다. 남을 위하여 사회를 위하여 몸을 전수히 바쳐가며 일하다가 하루아침에 우연히 병들어 외로이 누운, 아무도 돌보는 이 없는 동무를 간호하고 위로한다든가 또는 제힘 미치는 한에서 물질로 도와드린다는 사실이 뭣이 은헵니까? 그리고 신세될게 어디 있습니까?”

“……”

영철은 뭐라고 대답해야 좋을지 몰라서 잠깐 망설이며 잠잠히 앉아 있었다. 은숙은 먼저 보다도 더욱 힘있고 침착한 어조로

“하루라도 빨리 쾌차하셔서 그전 하시던 일을 다시 계속 하시는 것이 지금 조그마한 도움을 베풀어 드리는 갚음이 되겠지요. 제가 동경 있을 때 병호씨한테서 온 선생님께 대하여 그처럼 정에 겨운 편지를 받고 처음으로 선생님의 의로운 처지와 딱한 사정을 비로소 알게 된 때 저의 가슴은 납덩어리나 내리 누르는 듯이 뭉클하고 찡하였습니다. 자기 몸을 돌보시지 않고 남을 위하여 사회를 위하여 길이길이 내려갈 문화를 위하여 몸과 정신을 오로지 바치고 있는 이 시대의 젊은 사람들의 신상에는 어째서 이처럼 가여움만 따라다니나? 왜 불행하기만 한가? 내 몸을 돌아보시지 않고 하루를 살아도 뜻있고 값있게 살려는 그들이 호화롭고 행복 되지는 못할망정 왜 초라하기만 하고 궁색하기만 하고 가난하기만 하고 그리고 가지가지로 불행한 일만 맛보게 되는가? 하고 생각하매 어디까지 도와 드려야겠다고 마음먹으며 두 주먹은 힘있게 쥐어지고 눈에는 더운 눈물이 저도 모르는 사이에 핑돌았습니다. 그래서 은연중 식으려던 저의 가슴의 젊은 피가 다시 불타기 시작하였

습니다. 여기에 용기를 얻어가지고 선생님께 그런 대담한 편지도 하게
되었고 또는 선생님의 답장을 받자마자 잠시도 머무르지 않고 동경을
떠나서 이리로 선생님을 찾아온 것입니다. 이만하면 저의 심정을 이해
하실테죠, 선생님!"
하고 영철의 얼굴을 쳐다본다. 그의 얼굴엔 적이 긴장된 빛이 떠돌았
다.

"네, 잘 알았습니다. 저도 병든 이후 오늘날까지 아주 정신을 잊어버
리고 죽게스리 앓던 때는 몰라도 그렇지 않고 제정신이 들어있을 때엔
'어서 나아서 그전보다 몇배 더 일해 보겠다' 하는 생각을 안가져본 날
이 별로 없었습니다. 그래서 병이 더 더치는 듯하면 '내가 이제는 죽는
구나, 이 앞으로 할일이 많은데.' 하고 마음먹으매 그것은 죽음보다 더
아프고 병의 괴로움보다 더 쓰라린 듯한 심회를 간절히 느꼈습니다.
사실 슬픈 일이었습니다. 이래 내려온 제가 지금 은숙씨 하시는 말씀
을 들으니 저의 마음은 더욱 굳세어진 듯하고 제가 앞으로 걸어 나갈
길을 참으로 이해하여주는 믿음성 있고 힘 있는 길동무를 얻은 것 같
아 여지껏 해내려온 결심을 더 굳게 만들어주었습니다. 새로운 용기가
납니다. 은숙씨! 앞으로 죽지만 않고 살아만 난다면야. 아니 꼭 살아납
니다. 그래서 조선의 문화를 북돋고, 키우고, 발전시키기 위하여 머리
를 쓰고 붓대를 놀리겠습니다."

영철이는 퍽 흥분되었다.

은숙은 고개를 숙이고 앉아서 영철의 하는 말을 다 듣고 나더니 좀
더 앞으로 가까이 다가앉으며 그의 앙상하게 말라빠진 가냘픈 손을 꽉
쥐고

"네, 꼭 그렇게 해주세요. 저의 소망이 있다면 오직 그것 뿐입니다.
오늘 의사의 말도 어제 진찰해 본 결과가 매우 좋다구 하던데요. 꽃필

머리만 각별 주의해서 아무 이상없이 무사히 넘기시기만 한다면 아주 병을 놓칠 수 있겠다고 해요. 제가 봐서도 이즈음은 경과가 퍽 좋은 것 같애요."

사실 영철이자신이 생각해 보아도 요즈음처럼 경과가 양호해진 것은 참으로 기적이라고 아니할 수 없다.

"제 맘으로도 차차 나가는거 같애요. 오늘은 더구나 전에 없이 기분이 퍽 좋은데요. 아마 사흘쟁가 나흘째 피를 안뱉죠?"

"아이! 도섭스러라. 다시는 그런 말씀 아예 마세요"

하고 눈을 흘긴다.

"그런 소리하면 못 쓰는 법인가요?"

하고 영철은 빙그레 웃었다.

"병자 듣는데나 또는 병자가 그런 말을 하면 안된대요"

"입밖에 내지 않고 맘속으로 생각만 하고 있는것도 안되나요? 그래도 못쓰는 법입니까?"

"왜 이리 빈정거리세요. 네 그건 관계 없을 듯 합니다. 아이 참, 이야기하느라고 까맣게 잊었네. 어서 약을 잡숫고 나셔서 점심을 하셔야죠."

하고 책상 한 귀퉁이에 놓인 유리 주전자를 밖으로 나간다.

은숙은 영철이가 약을 먹을 적마다 한번도 잊어버리지 않고 반드시 물을 새로 갈아 떠왔다. 그래 지금도 새 물을 뜨러 밖으로 나간 것이다.

영철은 아까 은숙이가 머리맡에 논 약봉지를 집어서 헤쳐가지고 가루약 한봉을 날손에 꺼내들었다. 그리고 멍하니 앉아 모든 일에 주의와 정성을 다하고 또는 정답고 친절하기 비할 때 없는 은숙이를 뼈에 사무치고 마음속에 깊이 스미도록 감사히 생각하면서

'아! 진실로 나의 생명의 은인이다. 이 신세를 나로서 어떻게 잊어버

리겠는가. 살아나자! 아무튼지 어서 살아나자! 그래서 내가 바라고, 은숙씨가 바라는 바와같이 어서 하루바삐 완인이 되어 내가 반드시 해야만 할 일을 속히 해보고 싶다.' 입안으로 이렇게 가벼이 부르짖었다.

그 소리는 자기가 듣기에도 힘과 열이 있었다. 영철은 삶의 희망을 붙안고 눈을 크게 떠서 책상 위에 가지런히 놓인 두 개의 화병과 거기에 꽂힌 울긋불긋한 색색이 꽃을 뚫어질 듯이 쏘아보며 앉아 있다.

1936. 8
『조선문학』속간. 1936년 10월

채부

■■ 1 ■■

갓난이 아버지는 해 저물 무렵에야 점심겸 저녁겸 얼러서 막걸리 한 사발에다 국 한 그릇을 받아먹은 것이 시장해 그랬던지 머리가 띵하고 눈이 개개풀리기 시작해 전신이 착 까부러지고 꼬박꼬박 졸려옴을 견디다 못해서 한칸이라고 해도 넓은 반 칸통밖에 안되는 움파리같은 벽문방 한 귀퉁이에 쓰러져 세상모르고 새우등 잠을 자다가

"인력거!"

하고 부르는 바람에 곤하게 들었던 잠을 소스라쳐 깨었다. 허나 자기 차례는 아니라고 스스로 짐작하였다. 곁에 누웠던 춘보는 눈을 손등으로 비비며 잠이 덜 깬 목소리로

"네!"

하고 방문을 왈칵 열며 밖으로 나갔다.

갓난아버지도 겉묻어 일어나 눈을 손등으로 비비고 한편 구석 벽에 오도카니 걸려있는 군데군데 찌그러지고 녹이 슬고 벗겨지고 게다가 장침 끝이 부러져 어느게 단침인지 장침인지 얼핏 알아볼 수 없는 먼

지가 뽀얗게 앉은 사발시계를 쳐다보았다. 침 한 개는 한시를 가리키고 또 한 개는 열두시를 가리키고 있다. 자정인지 새로 한시인지 얼핏 알아맞힐 수는 없어도 자정이 지난 것만은 틀림없다고 짐작하면서 속으로 '아차, 늦었구나.' 하면서 벌떡 일어나 선반에 얹힌 등을 집어 내렸다. 방문 옆에는 만춘이가 코를 드르릉드르릉 골며 동여가도 모르게 썩 잘 자고 있었다.

춘보 바로 다음 차례가 만춘이니까 그들과 자기만 남겨놓고 다른 네 사람은 의례히 버릇이 되다시피한 밥벌이를 나간 것이다.

밖에서는 삯을 다투느라고 옥신각신한다. 꽤 한참 웅얼거렸는데도 그저 타는 기색이 없을 제는 이틀 만에 하나 걸린 손님이 재수 없는 김에 더 재수 없이 무척 인색한 사람이라고 생각한 갓난이 아버지는 좀 부아가 끓었다. 그래 한 손에 쥔 등을 더 힘있게 쥐며 방문을 내밀려 할 때 손도 채 대기 전에 저절로 왈칵 열렸다. 깜짝 놀라 눈을 크게 뜨고 밖을 내다보니 춘보가 우뚝 섰다.

"생전벌이는 못해먹어도 그 값에는 안가요. 내 원 재수가 없으려니까."

춘보는 어지간히 속이 상한 듯이 좀 거친 목소리로 이렇게 메다붙이듯 하고는 방안으로 들어온다.

갓난이 아버지는 그대로 잠자코 나가려다가 이런 고비에 아무 말도 안하면 서운해 할까봐

"어딜 가는데 얼마라게 그래?"

"제길할거. 속상 하네 속상해. 내 원 재수 없는 놈은 자빠져도 코가 깨진다더니 별게 다 걸려. 여기서 계동막바지까지 이십 전에 가잔다네. 그것도 과하다구 그래… 흥 39년 만에 하나 걸리는 게 요따위야." 하고 담배연기에 글어서 시커멓게 된 신문지로 바른 벽을 등지고 기대

앉는다.

"그만두게. 곧 일원짜리 벌이가 걸릴는지 누가 아나."

갓난아버지는 이렇게 배속 유한 소리를 하고 밖으로 나왔다. 방 안에서는 여전히 혼자 투덜투덜한다. 춘보로서는 화도 남직하다. 바로 자기 다음 차례니까 어제 아침에 자기가 삼십전 받은 그것도 나흘만에 돌아온 벌이로 나갔다가 들어온 이후 지금같이 삯을 다투다가 그저 간 손님조차 한 사람도 없었다. 어젯밤에도 춘보와 만춘이만은 그나마 차례를 바라고 밥벌이도 나가지 못하였다. 실상은 나갔던 사람들도 너나 할 것 없이 허탕을 치고 돌아오기는 했지만….

갓난아버지는 오늘밤도 어찌될 줄 모르는 뜬벌이를 믿고서 허리를 굽혀 인력거 앞채를 잡고 그다지 신나지 않게 일어섰다.

■ ● ■ 2 ● ■ ●

'오늘이야 설마…'

이런 소리를 몇 번인지 입속으로 되풀이 하면서 힘없이 빈 인력거를 끌고 좁은 골목을 아로새겨 어슬렁어슬렁 걸어 나오던 갓난아버지는 첫 여름이지만 밤이 이슥해지니까 그런지 술이 깨느라고 그런지 약간 선선해짐을 느껴 어깨를 소승기며 온몸을 움칫하였다. 좀 추운 기운에 곁묻어 허기증도 연달아난다. 허나 주머니 속에 돈이라고는 일전 한푼 없다. 아까 담뿍 오전 남았던 거로 막걸리 한잔을 먹었기 때문에….

큰길을 막 나서려니까 전차 하나가 동대문 쪽을 향하고 좀 빠르게 내려가는 것을 본 그는 아까 방안에서 본 시계가 한시가 아니라 열두시 막 지난 줄을 알 수 있었다. 넓은 길바닥을 나서보니 다른 날보다 유난히 거리가 휘황한 듯하다. 전등불이 어제보다도 더 많이 는 것처럼 무척 밝아 보인다. 마침 자동차 한 대가 무슨 괴물처럼 두 눈을 부라리며 먼지를 날리고 이 세상에는 저밖에 없다는 듯이 호기 있게 지나간다. 그 뒤미처 연달아 둘 셋이 또 지나간다. 이번에는 반대편 쪽으로 기세있게 커다란 소리조차 지르며 둘씩이나 줄 대 지나간다.

그는 한참동안 얼빠진 사람처럼 멀거니 선채 오고가는 괴물들을 시기하는 눈초리로 쏘아보았다. 그의 눈에는 자동차가 자기네 살림살이를 날로 못살게 구는 수수께끼같은 괴물로 밖에는 더 달리 보이지 않는다. 그래 살기 띤 눈초리로 그 괴물들을 쏘아 보다가 대세를 짐작할 수 없다는 듯이 좀 실망하는 낯으로 다시 어슬렁어슬렁 빈 인력거를 끌면서 종로로 향하여 내려갔다.

청년회관 앞에서 내려가려니까 붉은 불을 단 전차가 웅장한 소리를 내며 전속력을 다하여 쏜살같이 지나간다.

'옳지, 이제는 우리 세상이다.'

막차가 내려가는 것을 본 그는 입 안으로 가만히 부르짖었다.

허나 한낱 불안은 마음 한 귀퉁이에서 고개를 든다. 괴물들은 쉴새 없이 그 전보다도 더 많이 왔다 갔다 한다.

그는 슬슬 걸으면서 머리를 들어 이리저리 둘러보니 자기와 같은 밥벌이꾼들은 그럼직한 곳이란 곳은 벌써 모조리 진을치고 서서들 있다. 으리으리하게 우뚝우뚝 솟은 양옥집, 거기다가 밝은 빛이 나다 못해 새파란 색이 나는 전등으로 꾸미고 또는 빨갛고 푸른빛 나는 실 같은 불이 얼기설기 얽혀 있고 오색이 영롱한 불이 번갈아가며 꺼졌다 켜졌다하는 그 밑에 옹기종기 서서있는 인력거들은 마치 주춧돌 아래로 지나가는 개미처럼밖에 안 보인다.

때마침 반취나 된듯한 조선옷 입은이 하나가 약간 비틀거리며 마주

올라온다. 갓난아버지는 입을 열어 "타고 갑쇼." 하고 말을 건네려다가 저편에서 머뭇머뭇하는 것을 눈치 챈 그는 여기서 먼저 말 내는 것이 그리 이롭지 못할 줄 알고 그 사람의 거동만 은근히 살폈다.

그 사람은 잠깐 우뚝 섰다가 무슨생각이 들었는지 그대로 지나쳐 간다. 이렇게 된바에야 이쪽에서도 말 건넬 시기를 놓치고 말았다. 그래 하는 수 없이 다시 어슬렁어슬렁 탑골공원 앞을 바라보고 내려 가려니까 건너편 야시들도 벌써 걷어치우기 시작하였다.

이번에는 어지간히 취한 듯한 양복쟁이 혼자서 넓은 길이 좁다고 비틀거리며 올라온다. 그는 우뚝 서서 양복쟁이가 가깝게 오기를 기다려 좀 재바르게,

"타고 가시죠. 대단 취하신 모양인데요."

하고 허리를 굽혀 앞채를 땅에다 내려놓으려 할 때

"아따 니가 술 사주었니?"

하는 바람에 '이키, 또 틀렸구나.'

이렇게 속으로 생각하고 굽혔던 허리를 다시 펴면서

"대단 취하신 모양이니까 실수하실까봐 타고 가시자는 거죠."

사실 말하는 소리 들어 봐서는 그다지 취하지 않은 모양 같다.

"권에 비지떡이라구 그럼 어디 타볼까. 참 삯을 정해야지. 저—현저정까지 얼마줘?"

"처분해 주시죠."

"안돼 안돼. 가서 딴소리 하는걸."

"삼십전만 줍쇼."

"응 삼십전? 언문만 하지."

"언문이라뇨?"

그는 몰라서 되채 물은 게 아니다.

"이거 어디 백성야. 그래 언문도 몰라. 그러면 반이란 말도 못 알아 먹겠구면, 십오전이란 말이야. 이 사람아."

"망령이시죠. 그돈 받고야 가겠습니까. 십리나 되는 데를!"

"그 사람 미쳤군. 젊은 사람이 망령이야. 안가면 그만둬라. 이렇게 인족거로 걸어가지… 술은 한숨인가 눈물이런가"

양복쟁이는 목청을 높여 노래를 빼며 뒤도 안 돌아다 보고 여전히 갈지자 걸음으로 걸어간다. 갓난 아버지는 하도 어이가 없어서 그의 부러 비틀거리는 듯한 뒷모양을 물끄러미 바라보다가 쓰디쓴 웃음을 한번 싱긋 웃었다.

■ ● 3 ● ■

아무리 큰 길이라고 하더라도 차차 사람의 발자국 소리가 성기고 띄엄띄엄 짐을 벌이고 있던 장사꾼들도 짐을 걷어치우고는 집으로 돌아가 번거롭고 복대기치고 왁자하던 이 거리도 깊어가는 밤을 쫓아 점점 쓸쓸해졌다.

카페, 찻집, 빠―

이렇게 몇 군데 문 앞에 버정거리던 그는 마침내 우미관 골목 윗 모퉁이 무슨 회관이라고하는 카페―문전―보기 싫은 괴물도 둘이나 있고 동간들도 서넛이 서서있는 틈을 비집고 들어섰다.

처음부터 이 근처에 진을 칠 것이로되 조금 늦게 나온 탓으로 벌써 육 칠 명이나 이 언저리를 솔개미 모양으로 빙빙 돌기 때문에 할 수없이 다른 곳으로 헛되이 돌아 다니다가 다시 이곳을 찾아온 것이다. 이곳이라고 뭐 신통하랴 하면서도 전에 몇번 재미를 본적이 있는지라.

혹시하는 요행수를 바라고 울긋불긋한 불빛이 은은히 흘러나오는 유리창문을 물끄러미 바라보고 서서 있었다.

안에서 떠들썩하더니만 양복쟁이 두명이 밖으로 나온다. 뒤미처 얼숭덜숭하게 무늬논 옷 입은 어여쁜 아가씨 두 분이 문에 연해서 또 오라는지 뭐라는지 연지 두껍게 바른 입술을 제비모양으로 쫑긋거리며 하얀 손을 높이들어 흔든다. 그들도 고개를 돌이켜 영어같은 소리를 던지고 달려드는 인력거꾼들을 귀찮은듯이 비키며 자동차 안에 몸을 실었다. 그들을 태운 자동차는 굉장한 승자 모양으로 소리를 내어 움직인 다음 먼지와 휘발유 냄새만 풍기고 유유히 차차 빠르게 달려 마침내 자취를 감추고 말았다.

갓난아버지는 이때처럼 자동차가 미운적은 일찌기 없다. 옆에 한대 남아있는 것을 곁눈질로 흘겨볼 때에 자기의 인력거라도 들어서 힘껏 메다치고 싶은 마음이 걷잡을 새 없이 복받쳐 오른다.

때마침 안에서 나올 손님을 재촉함인지 혼비백산할 만치 경적을 울렸다. 그는 불시에 꽥지르는 이 소리에 소스라쳐 놀라지 아니치·못하였다. 온몸이 졸아드는 것처럼 자지러졌다. 괴물은 당장 자기를 해치려는 줄 눈치채고 소리를 버럭 지르는 것 같았다. 그리하여 그는 맥이 풀린 채 어안이 벙벙해 가만히 서있었다.

얼마쯤 지난 뒤 또 안으로부터 떠들썩하는 소리가 나며 여러 그림자들이 어른거린다. 닫혔던 문이 소리도 안내며 열리더니 이번에는 조선옷, 양복서껀 입은 축 셋이 세상만난 듯이 흥청거리며 나온다.

아까처럼 인력거꾼들은 그들 앞으로 모여들었다. 나오던 사람 중에 하나가 자동차 앞으로 가까이 다가서며 운전수에게 말을 건넨다.

"빈차요?"

"빈차는 빈차죠만. 손님께서 안 부르셨다면…"

"상관있소. 아모나 탑시다 그려."

"안됩니다. 다른 차 부르시죠."

그는 더 말해야 소용없는 줄 짐작했던지 다시 돌아선다. 인력거꾼들은 기회나 만난듯이 좀 큰목소리로 제가끔

"인력거 타고 가시죠."

"세분이 타고들 갑쇼."

"타면 자동차 타지 인력거 안탄다."

"요즘은 인력거가 되려 비싼걸… 천천히 걸어들 가세."

"싸게 해드릴께 탑쇼."

하고 갓난아버지는 말을 건넨다.

"아무리 싸대도 자동차보다 더 쌀수 없을걸. 그래 더구나 셋이 탄다면."

"암 그렇구말구. 아무리 해도 오십전 안들 수는 없을테지."

하고 한사람이 이렇게 맞장구를 쳤다. 또 한 사람마저 그 뒤를 따라

"같은 오십전이면 난 자동차 타네. 누가 갑갑하게 인력거를 탄담. 자—어서들 가세. 가다가 빈차 지나가거든 불러 타지.".

이렇게 승강이를 하는 동안에 두축이나 그 안에서 나와 자동차나 인력거는 탈 꿈도 안 꾸고 그대로들 지나쳐 갔다. 이러니 저러니하고 찧고 까불던 세 사람도 그대로 돌아가 버렸다.

뒤미처 나오기를 기다리던 자동차도 네 사람의 손님을 싣고 네 대의 인력거를 빈정거리는 듯이 뒤로 남겨 논 채 의기양양하게 쏜살같이 달는다. 네 동간은 숨기랴 숨길 수 없는 시기하는 눈초리로 차차 멀리 사라지는 괴물의 뒷모양을 쏘아보며 넋잃은 사람들처럼 멍하니 서있다. 아주 그림자까지 사라진 뒤까지도 그들은 멀거니 선채 용이히 고개를 돌릴줄 몰랐다. 갓난아버지는 부아가 넘늘었다. 심통이 났다. 그래 전

신을 탕탕 메다붙이고 싶은 생각이 든다. 신신치 않은 병문벌이가 그나마 한 달 전부터 차차 뜨고 하루 한번씩 삯이 많으나 적으나 밥벌이가 걸려 뜬벌이라고 시작한 것이 도리어 정말벌이로 여기던 것조차 횡이틀 사흘씩 골방으로 건너뛰는 그 까닭이 자동차 값을 또 내린 때문이 확실하다고 그는 새삼스럽게 깨달은 듯이 느꼈다.

횡하니 쓸쓸해진 거리는 아까보다도 더한층 사람의 자취가 뜨다. 나올 손님을 기다리는 이곳도 문닫을 때가 닥쳐온다. 허나 쏜살같이 닫는 괴물만은 여전히 이따금씩 내 세상이라는 듯이 왔다갔다할 뿐. 간혹 괴물들 틈에 끼여 먼지를 뒤집어쓰고 숨찬 듯이 헐떡이며 오고가고 하는 인력거, 부들부들 떨며 빠르지는 못하나마 앞으로 나가는 것 마치 뒤로 뒷걸음치는 것처럼 안타까워 보인다.

"타고 가십쇼."

불을 더러 끈 아까보다 좀 어슴푸레한 그 안에서 나온 두 청년은 대꾸도 않고 그대로 지나가 버린다. 곤드레만드레가 된 폼이…

"타고들 가시죠."

"안 탄다, 안 타. 사람이 끄는 걸, 사람이 타다니. 백제."

"야! 위대한 인도주의자여"

이렇게 빈정거리는 좀 커다란 목소리가 고요해진 밤거리의 쓸쓸한 공기를 여지없이 흔들어 놓았다.

■■ 4 ●■

갓난아버지는 마침내 믿었던 밥벌이조차 이틀째 허탕을 치고 병문을 향해 힘없이 돌아설 때 쓸쓸해진 밤거리와도 같이 서운하고 외롭고 쓸쓸하고 서글픈 생각이 마음속에 빈틈없이 스며든다. 털끝만치도 남한테 피침한 소리 아니 피침한 소리는커녕 일언반구의 위로나 동정하는 말만 듣는대도 당장 눈물이 쑥 쏟아질 성 싶다.

허나 외로이 밤거리를 오직 여러 전등불에 비쳐 때로는 크고 작고 어느덧 뚱뚱하고 홀쭉해지는 몇 갈래의 자기의 그림자만을 동무삼고 억제할 수 없는 처량한 심회를 억지로 누르면 맥 풀린 사람처럼 천천히 걷기 싫은 걸음을 걸었다.

"아버지, 저— 할아버지가 쌀 팔아 달라구."

몇 발자국 안 가서 갓난이의 음성이 이렇게 똑똑히 들리는 듯하다. 과연 내일 아침거리가 걱정이다.

많지 못한 찬밥 덩이로 하루를 연명해온 절뚝발이 아버지는 어미 없는 손녀를 시켜 아침일찍 쌀 팔아 달라고 반드시 병문으로 내보낼 것이다. 쌀 팔아 달라는 어린 딸의 목소리가 자기 귀의 엉겁을 한 듯이 징하게 들린다. 그는 기가 막혔다. 가난한 살림살이가 지긋지긋 진절머리가 난다고 하더니만 다섯 해 전에 두 살난 어린 것을 내버리고 온다 간다 말 한마디 없이 도망가 버린 아내가 때로는 얄밉고 원망스럽다가도 밥 못 짓도록 궁이 낄 때에는 도리어 잘 가버렸다고 생각한 적이 한 두 번 아니었다. 불시에 도망간 아내의 얼굴이 어른거리다가 문득 사라지고 갓난이의 해죽이 웃는 귀여운 얼굴이 뚜렷이 나타난다. 애미 정 모르고 할아버지 손에 자라난 불쌍한 어린것과 병신 홀아버지를 간혹 굶길 적마다 사내답게 떡 벌어진 기운찬 그의 가슴은 칼로 에이는 듯이 쓰라림을 맛보았다. 그는 또다시 내일 아침에 좀 말하기 거북한 듯한 어린 딸의 얼굴을 그려볼 때 새삼스럽게 그놈의 자동차가 무척 미웠다. 운전수조차 원수처럼 생각된다. 마침 자동차 한대가 지나간다. 그는 도끼눈을 뜨고 당장 쫓아가 이제는 아무짝에 쓸모없이 된 듯싶은

이 인력거를 들어쳐 보기 좋게 부셔 버릴 듯이 쏘아본다. 또 마음 한 귀퉁이에서는 큰 바위돌을 들어서 한숨에 힘껏 내려쳐 산산조각을 내어 가루같이 만들고도 싶고 또는 전기전대를 빼가지고 그놈의 괴물들을 닥치는 대로 모조리 때려 부수고 싶다.

그는 머리가 어찔하더니만 현기가 심해 한참동안을 우두커니 서서 간신히 진정한 다음에 다시 걷기를 시작하였다.

'아차, 내 잘못했다. 아까 먼젓 번 십오전이라도 받고 갈걸.… 이런 판에 십오전이 어디냐.'

그는 언문만 하자는 그 사람 놓친 게 이제와서는 적이 후회되는 듯이 입만으로 웅얼거렸다. 허나 어쩔 수 없는 깨진 파기라고 생각한 다음 고개를 숙여 땅만 굽어보고 걷는다. 그가 별안간 이렇게 하는 것은 그 자신으로도 헛짓인 줄 마음 먹으면서 그래도 혹시 하는 요행수를 바라는 때문이었다.

눈에 좀 이상스런 물건만 띠면 발부리로 건드려 보기도 하고 뭉개보기도 하고 지근지근 대보기도 하고, 넌지시 차보기도 여러 차례 하였다. 지갑같은 것은 고사하고 돈이 든 듯한 것은 하나도 땅에 떨어져 있지 않았다. 이번에는 종이 부스러기를 눈여겨보았다. 그렇다고 십원이나 오원짜리는 마음도 못 먹었다. 기껏 일원짜리를 바랐다.

'다, 단 한장이라도 하느님 덕분에.'

그는 이렇게 정성껏 바라기를 마지 않았다. 허나 종시 그것조차 그의 안타까운 마음을 시원하게 풀어주지 못하고 말았다.

'제길 할거. 내 왜이리 어리석은 짓을 해…' 입으로는 이런 말을 되풀이 하면서도 먼저 먹었던 마음을 쉽게 흘려버리지 못하였다.

이번에는 '오십전짜리 한 푼이라도' 하고 아까만 못지않은 정성을 다해 찾기를 게을리 하지 않았다. 그리하여 얼마 걷지 않는 동안에 몇 번인지 모르게 생철 조각을 보고도 가슴이 선뜩하고, 맥주병 마개를 보고도, 돈인가 싶고 가래침을 보고도 집으려 하였다. 돈이 아닌가 하고 속을 적마다 가슴이 울렁거렸다. 근처에 아무도 없지만 아마 저게 돈이지 하고 마음먹을 적마다 누가 곁에서 보는 것 같아 가슴을 조이면서 두리번거렸다. '이러다가 정말 있으면 어떻하나.' 하고 죄진 사람처럼 얼굴을 붉히다가 '종시 없으면 어쩌나?' 하는 분한 생각이 먼저 먹었던 마음을 보기 좋게 흘려버린다. 그래 그는 열심히 땅만 살피며 걸어간다. 이렇게 한참동안을 걸었으나 오십전은커녕 일전한푼 눈에 띠지 않는다. 바랐던 바는 갈수록 어그러지고 말았다. 일전도 못 줍는 주제에 이번에는 하는 수 없이 또 떨어져 십전이 되었다.

밝기를 기다리는 거리의 전등불은 잠 못 자고 애써 벌겋게 핏줄 선 두 눈으로 단 십전만이라도 얻어질까 하고 초조해하는 그의 모양을 비웃는 듯이 흘겨보고들 있다.

■● 5 ●■

오늘 벌이가 헛되이 돌아감과 마찬가지로 요행수를 바라던 것도 허튼수작으로 돌아가 버리고 말았다. 그리고 보니 내일 아침거리가 정말 걱정이다. 외상은 막무가내… 그러면 누구한테 꾸어나 볼까. 그러나 될 성부르지 않다. 여러 동간을 차례차례 손꼽아 보았으나 깡그리 남에게 돈을 취해 줄만치 난 사람은 하나도 없다. 신신치 않은 벌이로는 밥 지어 먹기도 곤란한데다가 너 나 할 것 없이 제 인력거 가진 사람이라고는 하나도 없기 때문에 좀 주머니 귀퉁이에 언제가다 돈냥이나 남으면 빚 갚느라고 눈코 뜰 새가 없다.

인력거가 허술해진다거나 어디가 부러지고 깨져 고치거나 또는 부속품 같은 것을 사야만 할 때에는 그 돈이 없기 때문에 반드시 인력거를 잡히고 빚을 얻어 쓰는 것이 그들의 버릇으로 되고 말았다. 그리하여 너나 할 것 없이 빚구덩이에서 헤나질 못한다. 갓난이 아버지는 자기의 가엾은 신세와 불쌍한 집안 식구를 새삼스럽게 생각해 보았다.

이십 년 인력거꾼 노릇에 반반히 제 인력거 하나 가지지 못한 자기나 삼십 년 목수 노릇에 집 한칸 가지지 못하고 남의 집 행랑방, 그나마 삼원씩 내는 사글세를 요새처럼 못 내면 나중판에는 집짓다 떨어져 부러진 다리를 부둥켜안고 굶어서 거리 죽음을 면치 못할 병신 아버지의 눈물겨운 모양을 눈앞에 그려볼 때 숨이 막히고 기막히는 품이 당장 미칠 듯싶다. '인력거 끌다가는 굶어 죽겠다. 뭐든지 딴 노릇을 해야겠다.'

이렇게 외마디 소리처럼 소리 내 부르짖는 그의 눈앞에는 구루마 끌고 다니는 과일장사, 아이스크림장사, 얼음과자장사… 이처럼 여러 그림자가 번갈아 획획 지나간다. 그것도 밑천이 있어야 안하나 하는 생각이 들 매, 그 역시 허튼 수작이라고 고개를 내흔들었다.

이러고 보니 그로서는 막다른 골목을 당도한 듯한 느낌이 들어 한참 동안 곰곰이 이리궁리 저리궁리 생각하다가 마침내 '옳다. 도적질이다. 도적질 밖에는 별 다른 도리가 없지 않으냐.'
하고 그는 사방을 휘휘 둘러보았다. 가슴에선 벌써 두방망이질을 하기 시작하였다. 약간 떨리는 몸을 억제하면서 어느 좁다란 골목으로 들어섰다. 무엇이 저쪽에서 바람결에 버석만 해도 소스라쳐 놀라 온몸에 소름이 끼치는 것 같고 자기의 그림자가 땅에 비낀 것만을 보아도 간담이 서늘해진다. 이런 비할 데 없이 불안한 마음을 오십평생에 일찍이 한번도 느껴본 적은 없었다. 인력거를 한참동안 빨리 끌고 난 때처

럼 숨이 점점 가빠지다가 종당에는 헐떡거려진다. 오늘날까지 갖은 고
생을 다해 내려왔지만 이처럼 괴로워 본적은 없었다. 그는 마침내 괴
로움과 불안을 참다 못하여 굳게 먹었던 마음을 다시 돌이키지 않을
수 없었다. '차마 도적질은 못하겠다. 굶어 죽더라도. 하기도 전에 이처
럼 괴로울 제 훔치고 난다면 얼마나 마음이 볶일까?'

마음을 갈아먹은 뒤 얼마동안 안심은 되었으나 허기 중에 눈이 컴컴
해진다. 자기가 시장함을 이처럼 못 견디겠는걸 생각하매 병신 아버지
와 어린 딸년의 배고파하는 초조한 형상이 눈앞에 어렴풋이 나타나 그
는 다시금 결심하였다. '에이 빌어먹을 거. 무엇이든지 훔치자.'

그는 미친 사람처럼 부르짖으며 어느 빈지드린가게 앞에 우뚝 섰다.
몇번이나 좌우를 둘러보며 죽을 힘을 다해가지고 빈지를 지근거려 보
았다. 열릴 성싶지 않다. 그리하여 생각을 고쳐서 어느 집 담이라도 뛰
어넘기로 하고 가게 앞을 누가 쫓는 듯이 좀 재바른 발씨로 그곳을 급
히 떠났다.

얼마만에 전등불도 그리 없는 좀 우중충하고 으슥한 골목으로 들어
섰다. 중턱쯤 오다가 어느 담모퉁이에 인력거체를 내려놓았다. 그러고
나서 무엇이 미심쩍은 듯이 이쪽저쪽을 휘휘 두리번거리고 나서 인력
거 발 놓는 방탕위로 올라서서 담 안을 넘어다 보았다. 그리 높지 않은
담이라 힘 안 들이고 손쉽게 넘어갈 수는 있지만은 넘어갈까 말까하고
가슴을 귀로 들으면서 망상거리던 판에 별안간 어느 구석에선지 젖먹
이 어린애의 바늘로 찌르는 듯한 울음소리가 자지러지게 일어난다. 그
는 가슴이 덜컥 내려앉았다. 도적놈의 마음이라 인기척에 놀라기도 하
였지만 그보다도 갓난이의 어렸을 적 울던 울음소리가 불시에 생각나
서 더 한층 놀라고 만 것이다. 그래서 땅 아래로 얼핏 뛰어내려 인력거
체를 다시 잡으며 무거운 머리를 내저으면서 깊은 생각에 잠겼다.

혈속이라고는 오직 하나밖에 없는 어린딸을 애미 없이 젖 없는 고생, 어멈 그늘에서 자라지 못한 뭇설움, 배곯고 헐벗은 설움, 이처럼 가지가지의 고생만을 시켜오다가 나중판에는 도적놈의 딸이라는 누명을 들씌워 주고 싶지는 않았다. 그리고 내일 죽을지, 모레 어떨지 모르는 병신 아버지에게 병신인 것도 불쌍한데 게다가 도적놈 병신 우에다가 덧붙여주고 싶지는 않았다. 그리하여 그는 다시 들어오던 길로 돌아서서 맥 풀린 다리를 힘없이 옮겨 놓는다.

아무도 없는 갈수록 쓸쓸한 밤거리를 혼자서 얼빠진 사람처럼 걸어가는 것이 마치 꿈길을 걷는 것 같다. 이렇게 함참 걸어오는 사이에 그는 차츰차츰 세상이 모두가 귀찮은 생각이 든다. '제길할, 나 한 몸 죽으면 고만이다. 죽은 담에야 누가 아나…'

다음 생각은 어떻게 죽을까 하는 것이다. 일상 하던 버릇으로 주머니에 손이 갔다. '비상 사먹고 죽으려도 노랑전 한 푼 없다는 말이 내게 두고 맞았구나. 어쩌면 요렇게도 알뜰히 톡톡 털었니…. 설사 있더라도 지금은 살 수도 없다.'

그는 또 어떻게 죽을까 하고 궁리해 보았다.

'옳다. 물에 빠져 죽자. 춘보 녀석이 툭하면 나 한 몸이 한강수 깊은 물에 풍덩실 빠져 죽으면 그만인걸… 하더니 이제 내 코에 닥쳤구나. 이 길로 한강 철교로 가자.'

그는 한강가는 쪽을 향하고 얼마동안 걷기를 재촉하였다. 기운이 점점 까부라져서 걸음조차 안 걸린다. 죽으러 가는 놈의 걸음걸이가 그리 활발하거나 빠를 게 없는데다가 허기증이 갈수록 심해져 그대로 자지러질 것 같다. 이렇게 걷다가는 밝기 전에 대갈수도 없겠지만 더 걸을 수도 없다. 그래 그는 마음을 고쳐먹었다. 이번에는 목을 매 죽기로 결심하고 새끼를 이리저리 둘러 찾았다. 그것조차 눈에 띠지 않는다.

지금까지 걸어오던 길을 다시 돌쳐서서 얼마쯤 또 걸었다. 길 한모퉁이 나무가게 같은 곳이 눈에 띤다. 그는 그리로 발길을 옮겼다. 그리하여 그의 손에는 어렵지 않게 한 발 남짓한 좀먹은 새끼줄 한 오라기가 쥐여졌다. 허나 새끼 쥔손은 부르르 떨리기 시작하였다. 손만이 아니라 전신에 소름이 쭉끼치며 사시나무 떨리듯 걷잡을 새 없이 막 떨린다.

그의 눈앞에 혓바닥을 기다랗게 빼물고 두 눈을 홉뜬 채 축 늘어진 자기 자신이 나타났다. 그래 자기도 모르게 외마디 소리를 지르며 질겁을 해 몸서리를 쳤다. 그 흉악한 모양은 여전히 눈에서 쉽사리 가시지 않는다. 오히려 더 똑똑하게 어른거려 어쩔 줄을 모르겠다. 절름발이 아버지가 한손으로 송장을 붙들고 또 한손으론 땅바닥을 너무 두드리며 기막혀 우는 모양, 뒤미처 갓난이가 달려들며 송장을 얼싸안고 몸부림치며 느껴 우는 광경을 아무리 흘려버리려고 암만 애써도 도무지 흘려지지 않는다. 애쓰면 애쓸수록 그 보기 흉한 안타까운 광경은 더욱 똑똑해질 뿐이다. 그는 견디다 못해서 고개를 힘있게 흔들면서

'못 죽겠다. 못 죽어. 의지할 데 없는 늙은 아버지와 철모르는 어린 딸년을 두고는 차마 못 죽겠다.'

라고 손에 쥔 새끼를 멀리 팽개쳤다.

■ ● 6 ● ■

한밤동안 길에서 헤맨 갓난아버지는 몇시간 지내온 일과 지금 자기가 서 있는 것을 꿈인지? 생시인지? 저승인지? 이승인지? 무엇이 무엇인지? 자기조차 잊어버리고 내일 하루 살 걱정을 하며 오도마니 섰다가 그대로 땅바닥에 펄썩 주저앉으며 아래와 같이 힘없이 부르짖었다.

'어떡하나. 어쩌면 좋은가.'

짧은 여름밤이라 어느덧 동편 하늘에는 먼동이 트느라고 훤해온다. 그는 땅바닥에 주저앉은 체 넋 잃고 얼빠진 사람처럼 차차 밝아오는 동쪽 하늘을 멀거니 바라만 보며 아래와 같은 말을 두 번째 힘없이 되풀이해 부르짖었다.

'어떡하나? 어쩌면 좋은가?'

1936. 5. 24
『조광』, 1936년 11월 발표

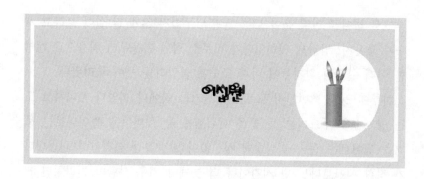

■● 1 ●■

봄이다.

고양이가 양지쪽에서 연해 하품을 하고 늙은이 볕발을 쫓아다니며 허리춤을 훔척거리면서 이(蝨)사냥을 골몰히 하는 때가 닥쳐왔다. 젊은 이들은 공연히 사지가 느른하고 마음이 까닭없이 군성거리는 시절이 찾아왔다. 밖에서는 마치 겨우내 꽝꽝 얼어 붙었던 시냇물이 확- 풀려 가지고 콸콸거리며 소리쳐 흐르듯이 뭇사람들의 와글와글하고 떠드는 소리, 몹시 시끄러운데 쨍쨍한 볕이 우유빛 유리창을 들이비쳐 진찰실 안은 유난히 밝다.

이 안에서 삼십이 될락 말락한 젊은 의사 P가 하루 진종일 눈, 코 뜰 새 없이 병자들한테 시달리고 나면 저녁때에는 마치 졸경을 치고 난 사람처럼 머리가 핑핑 돌아가고 사지가 솜피듯 피는 것 같다. '이래 서야 사람이 살 수가 있나. 돈도 소중하지만…' 세수를 하고나서 담배 한 개를 피워물고 앉으며 입버릇처럼 매일같이 하던 말을 또 되풀이 뇌까리곤 하였다.

그로 하여금 한때 운이 트여 한번 남부럽지 않게 잘 살아 보라고 재수가 좋은지? 남한테 얹혀있다가 비로소 작년 가을부터 처음으로 개업한 이래 원근의 환자들이 마치 조수때 물밀려들 듯이 몰려왔다.

하루에도 몇 백번인지 모르게 청진기를 귀에다 끼었다 뺏다하고 또는 앙가슴을 두드리는 둥 눈을 까뒤집는 둥 혓바닥을 들여다보는 둥 맥을 짚어보는 둥…… 이렇게 정신없이 갈팡질팡 쉴새없이 허둥대다가 정한 시간보다도 한 시간이나 더 늦게야 겨우 사람이 빌라치면 그제야 숨을 좀 돌리고 정신을 가다듬게 되는 것이다.

이즈막에는 때때로 괴로운 생각이 들다가도 예금 통장에 잔고가 나날이 붓는 것을 대할 적에는 그 괴롭던 생각도 씻은 듯 부신 듯 어디로인지 사라지고 만다. 또는 밤이 될라치면 술을 마시고 때때로 색다른 계집을 품안에 안아 볼 수 있는 것으로 직업의 권태와 낮에 피곤을 잊으며 한편으로는 남이 맛보지 못하는 느긋한 행복을 혼자만 느끼는 줄 여기고서 몸을 소승겨가며 끝없이 기뻐하며 내려왔다.

그래 다른데는 돈 한푼에 치를 부르르 떨었지만 술이나 계집등사에 들어서는 몇 십원쯤은 아까운 줄 모르고 퍽퍽 쓰는 버릇이 아주 그의 마음속에 자리를 잡게된 지 벌써 여러 달 전이다.

■■ 2 ■■

P는 안에 들어가 저녁밥을 먹고서 병원 사무실 방으로 나왔다. 이 방은 말이 사무실이지 실상은 서재처럼 꾸며놓고 좀 스스러운 손님이나 정다운 친구들을 맞이하는 특별 응접실이다.

금자백이 책이 엄청나게 많이 밖을 내다보는 책장을 등지고 의자에 혼자 걸터앉아 책을 지멸스럽게 읽지도 않으면서 공연히 책장만 훌훌 넘기다가 마주벽에 걸린 둥그런 전기 시계를 쳐다보고는 '이제야 저 밖에 안됐어?' 하는 듯이 자기의 회중시계를 꺼내본다.

'흥, 오늘 시간은 붙들어 맸나 웬 셈이야…'

이렇게 중얼거리면서 번쩍번쩍하는 금시계를 역정 내는 듯이 도로 양복 주머니 속에다 넣고서 벌떡 일어나 그리 넓지 못한 방안을 왔다 갔다한다.

'이제도 이십분이나 더 기다려야지'

숙였던 고개를 들며 과연 사람 기다리기란 차마 못 할 노릇이란 듯이 입안으로 웅얼거렸다. 얼굴을 약간 찌푸리면서…. 밖에서 복도를 걸어오는 사람의 발자국 소리가 난다. '옳지 시간 전에 오나보다' 이렇게 생각하고서 얼핏 먼저 앉았던 자리로 돌로와서 좀 점잖게 앉았다.

"똑똑 똑똑…"

노크하는 소리에 P의 가슴은 두근거리기 시작하였다.

"누구요? 들어오시오."

확실히 속에서 제법 떨려나오는 음성이다.

"들어가도 괜찮은가"

P가 바랐던 여자의 목소리가 아니라 남자의 음성이 들리지 않았다. 한번도 보지 못하던 미지의 여성의 곱고도 아름다운 그런 음성이 아니라 일상 듣던 남자 중에도 드물게 걸대가 크고 무뚝뚝하게 생긴 C의 탁하고도 거친 말씨였다. 닫혔던 문이 열리며 사람 하나가 나타나니 아니나 다를까 과연 키가 후리후리하고 얼굴이 우락부락하게 생긴 C였다.

"난 누구라고"

P의 태도는 확실히 그 전과 달랐다. 둘의 사이는 남과 유달리 친하

였으므로 오늘처럼 이렇게 탐탁지 않게 대하는 걸 처음당하는 C는 좀 불쾌한 낯으로,

"난 누구라니? 그러면 다른 사람을 기다리고 있구먼 그래…… 도로 감세 가"

P는 좀 당황하게

"아냐 이 사람아 이리 앉게 앉어"

"가야겠네. 주인이 반기지 않는 객은 되고 싶지 않으니까"

"또 빙퉁그러진 소리한다. 그러지 말구 이리와 앉어"

"그럴것이 아니라, 여기서 지금 기다리는 사람이 있거든 솔직하게 다음날 만나자고 하게. 우리 둘 사이에 그만한 통사정 못 할배 아니니…… 그렇지 않다면 내 기분을 잠시라도 상해준 대신 술이나 한잔 받아 주게나 그려"

C도 먼저 보다는 다소 농치는 기색이다.

"술? 암, 술 받아 주고 말구… 오늘 밤 내가 장가만 들게 된다면 한턱 단단히 내지"

"장가라니? 이 사람아 공연히 마담한테 볼기 맞으려고 그래…"

C는 아주 감정이 누그러져 너털웃음을 연해 웃어가며 P가 앉았는 맞은편 의자에 털썩 걸터앉는다.

"이 사람아 그렇게 큰소리 내지 말어. 뒷집 내무대신 귀에 까지는 안 들이겠지만 저 건너 편에 들었는 간호부나 약제사 귀에 들리리…"

"들으면 어때. 자네가 난봉이라는 것을 몰라야 말이지 아주 낮에 난도깨빈데"

"또 험구 연발이다. 자네 험구 때문에 내 키가 이렇게 안 자란거야"

"그런 객쩍은 소리는 집어치고 본 줄거리로 들어가세. 그래 오늘 장가들 여왕님을 여기서 맞으려는데 심술궂은 무사처럼 이 흉악한 악마

가 불의에 침입해서 낭판이 떨어졌다는 말이지"

P도 뱃심 좋게 싱글싱글 웃으면서

"간단히 말하자면 자네 말과 방불하지"

이말을 듣던 C는 의자에서 벌떡 일어나며,

"이키, 남의 저객말구 얼핏 가야겠구만 어여쁜 여왕님께까지 악마 대접은 받고 싶지 않으니까. 헌데 대관절 어떤 부류에 속하는 여자인 가?"

"나도 아직 모르지 코빼기도 모르는 여지이니까"

"이건 아주 연애인 걸 그래…… 코빼기도 모르는 여자가 어떻게 찾아온담. 아주 숫기 좋은 초모던걸인걸 그래. 아마 넉살좋은 광해江華 여자인게지"

"내 실토로 이야기할테니 그리 좀 앉게 어제 K군이 오래간만에 찾아왔기에 어디가 술 한잔씩 먹지를 않았겠나 그래 둘이서 반취나 되었을 때쯤 해서 K군이 농담처럼"

"자네 오입 한 번만 하려나"

하기에 처음에는 나도 지나가는 웃음의 말로

"어디 중신들데 있나"

하고 껄껄 웃었더니 그는 아주 정색을 해가지고,

"내일 저녁 아홉시 반 정각에 훌륭한 미인 하나를 보낼테니 맘에만 들거든 이십 원만 주고 한 번 데리고 자라고 하데그려 그래 서로 헤어질 때 그가 꼭 그 시간에 대가도록 할테니 조용히 만나서 어디보든지 데리고 가라고 신신 당부를 하지 않던가 그래서 지금 기다리고 앉았는 판이야"

"아니 K가 그런 소리를 해? 아주 뚜쟁이 다 됐구만 그래. 그렇게 하면 소개비는 얼마나 먹는다든가?"

"난들 아나. 그저 일종의 호기심에 끌려 자세한 말은 묻지도 않았네…… 헌데 자네도 이왕 왔으니 같이 선을 보세"

"뭐? 자네 좋은데 내가 무슨 아랑곳이야. 못 있겠네 못 있겠어 어유 시간이 다 됐구먼그래. 그럼 요담 또 만나세"

"아니 그렇게 아니라 이 윗 방으로 가서 불을 끈채 가만히 열쇠구멍으로 여기를 내다보고 있는 것도 한낱 흥미 있는 일이 아니겠나."

"이것은 아주 연극 같은 장난인걸 그래. 어디 자네 말대로 해볼까. 혹시 K와 같이 오면 그의 상통도 볼겸 또는 그 훌륭한 미인이라는 고등 밀가루의 낯짝도 배견할겸…"

"쉬, 어서 저리 들어가게. 신발 소리가 날 적에는 아마 오나보이."

"보다가 눈꼴 틀리면 막 뛰어 나오네."

"아서 이 사람아 우리들이 다 나간 그 다음에야 가게."

"내 꼴만 올리고 말이지?"

C는 아까 들어오던 문에서 좀 비스듬이 난 문을 열고 그의 자취를 감추었다.

■● 3 ●■

양약 냄새가 코를 찌르는 캄캄한 방에 C혼자 허리를 구부리고 엉거주춤한 채 서서 골똘히 열쇠구멍을 들여다보며 있다. 문 열리는 소리가 좀 희미하게 들렸다. C는 손으로 한눈을 가려 애꾸눈처럼 만든 눈을 더욱 똑바로 뜨고서 '어떤 잡년애'하고 속으로 생각하였다. 앉았던 P가 일어선다. 응접실 드나드는 문은 열쇠구멍에서 안 보이기 때문에 누가 들어왔는지 몰라 C는 잠깐동안이지만 마음이 초조해 졌다. 문 열

리는 소리가 난지 얼마 안 가서 사람의 그림자 하나가 P의 앞에 나타
났다. C는 눈 한번 꿈쩍거리지 않고서 뚫어질 듯이 새로 나타난 사람
의 모습을 상고하였다. 아무리 아래위를 치뜨고 내리 훑어도 호기심이
꿈틀거릴대로 꿈틀거려 나중에는 공연히 마음이 조마조마 해가지고
기다리던 미지의 밤 여왕은 아니었다. 언뜻 뒷모양만 보고도 K군이 틀
리지 않는다는 것을 잘 알 수 있었다. 고개를 이리 돌이키니 무쪽같이
생긴 얼굴 파닥지에 울퉁불퉁 내 솟은 여드름 투성이가 오늘은 더 유
난히 누추해 보인다.

　P와 K의 말소리가 은은히 들린다.

　"왜 혼자만 오나?"

　"아냐. 오기는 같이 와가지고 밖에서 한사코 안 들어 오는구만 그
래…"

　조금도 부끄러움이 없이 서슴지 않고 하는 말소리였다.

　C는 숨을 죽여 가며 바늘하나 떨어지는 소리까지 놓치지 않고 자세
히 들으려는 듯이 귀를 기울이고 눈을 홉뜨며

　'사람이 어쩌면 저 지경이 됐을까? 아주 철면피가 다 됐는 걸 그
래…… 예이, 내가 그를 사귀었던 것이 불명예로군' 하고 생각할 즈음
에 P의 말소리가 또 들린다.

　"아무 상관없다고 그러게. 나 혼자만 있는 방이고 또는 벌써부터 기
다리고 있으니 아무 염려말구 들어오도록 하게"

　"아무도 없을 테니까 혼자 들어가면서 혼자 들어가기 싫거든 나와
같이 들어가재두 한사코 안 들어오면서 어디 다른 데로 가서 만나도록
하자고 디립따 조르네그려. 그래 하는 수 없이 자네의향을 들어보고자
나만 들어 온게야. 뭐 아무튼지 여기서는 놀지 못 할 것이니까 어디 한
군데를 자네가 정하면 그리 가라고 이르지…… 거기가 만나봐서 맘에

안 들면 그대로 헤어져도 무방하니…… 허나 한번 보면 홀딱 반하고야 말걸세"

P는 고개를 약간 숙인 체 K의 하는 말을 들으려 무엇을 생각하는 듯 하더니만 고개를 이편 열쇠 구멍 쪽으로 흘깃 돌리더니 다시 무슨 생각을 또 한다.

C는 이 광경을 내다보면서

'옳지 내가 여기 숨어 있으니까 이럴까? 저럴까? 하고 망설이는게지…… 나만 여기 없었어봐 저렇게 생각할 나위도 없이 K하라는 대로 했을텐데. 저 입에서 뭐라구 말이 떨어 지누?'

이렇게 생각하고 있는 동안에 P는 또다시 이쪽을 흘깃 보더니만

"먼저 약속한대로 하지…… 한번 다시 나가서 이렇게 말하게 그려 아무도 없는 으쓱하고 조용한 방에 만날 사람 혼자만 있으니 괜찮다구 말해보게. 그러면은 이번에는 자네가 들어와보고 나갔으니까 자네를 믿고 들어 올 것이니…"

"어디 그래볼까"

K는 다시 밖으로 나갔다. P는 이쪽을 향하고 빙그레 웃는다.

C는 문을 열고서 나갈까 하다가 혹시 그들이 곧 들어와 마주치면 모처럼 인연극이 깨지기도 하겠고 또는 P군에게 못할 노릇을 시킬 것 같아 그만 나가고 싶은 충동을 억제하고서 구부렸던 허리를 폈다. 그동안 허리가 꽤 아파 주먹을 쥐어가지고 허리께를 툭툭 치며 서서 있었다. 귀는 여전히 이웃 방 쪽에다 기울이고서……

얼마 만에 문 여는 소리가 난다.

C는 기겁을 해 열쇠구멍으로 한쪽 눈을 갖다 대었다.

C는 자기의 손끝으로 눈을 부빈 다음 다시 열쇠구멍으로 저편 방을 내다보았다. 처음에는 자기의 눈을 의심하여 눈까지 부볐지만 다시보

고 자세히 보아도 그 여자임에 틀림없었다. C의 정신은 갑자기 얼떨떨
해졌다. 그리고 공연히 분한 마음이 든다.

그래도 무엇이 부끄러운지 머리를 수그린 채 가만히 서서 아무말이
없는 그 여자는 확실히 털끝만치도 의심할 나위 없이 지금 바로 그 옆
에 좀 어색한 듯이 서있는 K가 일년 전부터 데리고 사는 정자(靜子)였
다. 정자는 인물이 고운 탓으로 한때는 북촌서 그 중 큰 O카페 여급
들 중에 가장 인기가 높았었다. 그때에 C도 정자와 여러번 자리를 같
이해 밤늦도록 술을 마신 적이 있었다. 그러다가 하루는 길가에서 K군
을 만나 그를 따라서 새로 살림을 꾸몄다는 집을 가보니 거기에는 뜻
밖에 정자가 주부 노릇을 하고 있었다.

K의 말에 의하면 바로 한 달 전에 아주 곤경에 빠진 자기 집안을 모
조리 시골로 내려보내고 돈백원 남는 걸로 여기 이렇게 벌써부터 둘이
서 꿈만 꾸던 것을 시원하게 이룬 것이라고 대단 기뻐하는 모양이었
다. 그때에 정자도 어지간히 만족한 기색이 얼굴에 떠돌고 있었다.

반찬을 새로 장만해 가지고 저녁밥을 해내는데 연해 생글생글 웃으
면서 몸을 제비처럼 부린다. 그때 C의 눈에도 이 세상에서 가장 행복
스러운 신혼 초에 젊은 부부처럼 부럽게 보였다.

C가 그 집을 떠나 나올 때 둘의 사랑이 지금처럼 영원히 변치 말기
를 마음속으로 은근히 빌었다. 그 뒤로는 그들의 소식을 전혀 모르다
가 지금 이 광경을 당하고 보니 하도 어이가 없어서 기가 막힌다.

C는 참다참다 못해 그만 문을 열려고 자기도 모르는 사이에 손이 사
기로 만든 손잡이께로 갔다. 손잡이를 잡은 손이 부르르 떨렸다.

■ ■ 4 ■ ■

P가 막 그 여자를 바라보고서,

"그리 좀 앉으시죠."

하는 말이 채 떨어지자마자 별안간 요란스럽게 큰소리가 나며 몹시 노해 가뜩이나 우락부락한 얼굴을 더욱 험상궂게 해가지고 K와 그 여자를 잡아먹을 듯이 노려보며 내닫는 사나이는 평소에 심술궂기로 유명한 C였다.

P도 놀라기는 했지만 그보다도 K는 저 상을 해가지고 어쩔 줄 모르며 여자는 소스라쳐 놀라가지고 그만 줄달음질을 쳐서 밖으로 나가버렸다.

"에이 더러운 새끼 같으니… 무슨 짓을 못해 당장 데리고 사는 여자를…"

C는 이렇게 성낸 소리로 부르짖으며 K의 앞으로 달려들어 그의 뺨을 보기 좋게 철썩 부쳤다.

그는 그 자리에 푹 거꾸러진다.

C는 잼처 그의 어깨를 발길로 걸어차면서

"이 개같은 자식! 내일부터 길에 나다니지 말아. 내 눈에 띄면 눈까지 부정해진다."

K는 고개를 들면서

"잘못됐네."

"잘못? 너도 잘 잘못을 가릴 줄 아니? 이 개, 돼지 같은 녀석아."

하고 손을 높이 들어 면상을 또한번 후려 갈겼다. K의 코에선 새빨간 선지피가 주르르 흐른다. 그는 다시 폭 고꾸라지고 만다. 지금까지 황소처럼 날뛰는 C의 거동만 넋 잃은 듯이 물끄러미 바라보고 있던 의사 P는 C가 또다시 발길로 쓰러진 K를 내리 찍으려 할 제 가로 막으며

"이사람 그만두게……다 내 잘못이지."

하고 그를 가로막으며 말렸다.

　C는 옆에 걸린 모자를 띠어 쓰고 획 돌아 서면서

"죽어라. 그대로 엎드러져 죽어. 너 같은 인간은 죽어 없어지는 것이

신세 편하다."

하고 그만 밖으로 나가 버린다.

　방 안은 폭풍우가 지나간 다음처럼 고요하여졌다.

　다만 K의 가녈픈 울음소리만이 이 방안의 적막을 깨뜨릴 뿐.

■● 5 ●■

"누구를 원망 하겠나 이렇게 얻어맞아 싸지. 하도 궁하기에…"

"예이, 이사람 아무리 궁하기로서니 그런 일이 어디 있나?"

　세면기에다가 피묻은 얼굴을 씻으면서 비로소 K가 먼저 입을 여니

P도 그의 말 대구를 한 것이다. 두 사람이 다시 아까 야단나던 방으로

돌아왔을 때 P는 좀 부은 듯한 K의 얼굴 바라보며 의미모를 웃음을

빙그레 웃었다. K도 덩달아 쓰디쓴 웃음을 매우 어색하게 싱그레 웃는

다. 이렇게 하여 도회의 봄밤은 바야흐로 깊어만 간다.

1936. 10. 19

『풍림』. 1936년 12월

춘몽곡(春夢曲)

동대문을 등지고 방금 떠나 청량리로 향해 살갗이 닿는 전차 안에는 남녀노소로 초만원을 이루었는데 그 틈틈에는 한 떼의 학생이 섞여있다.

바로 저번 일요일 날은 온종일 끊일 줄 모르고 촉촉이 내린 보슬비로 말미암아 나날이 짙어가던 봄빛을 더한층 재촉해 수삼일 내로 개나리와 진달래꽃을 활짝 피게 하였다. 그래 이제는 제법 봄 기분이 농후해진 더구나 구름 한 점 없이 맑게 개인 일요일이라 정신을 차릴 수 없을 만치 어수선한 도회 생활에 휘둘리고 들볶이는 뭇 사람은 단 하루라도 흐릿해진 머리와 고단한 몸을 맑은 공기와 그윽한 대자연에 마음껏 씻고 흠씬 위안을 얻으려 함인지? 북적대는 서울서 그다지 떨어지지 않은 교외로 나마 아쉬운 대로 몰려 나가는 모양이다.

오정때가 가까워 올수록 전차는 더 한층 분빌 따름이다. 그리하여 지금 이 차도 초만원을 이룬 채 정류장마다 별로 서는 법도 없이 줄기차게 내닫고만 있다.

이처럼 줄달음치던 전차가 어느덧 청량리 앞에 와 닿으니 차 속으로 부터 여러 사람들이 제각기 앞을 다투어 내리기 시작하였다. 머리에는 각모를 쓰고 어께에는 '스프링 코트'를 걸친 한 떼의 학생 여럿. 방금 차에서 내리는 그들 틈에 겉묻어 내려가지고 가벼운 걸음걸이로 홍릉도 가는 어구에까지 이르더니만 한번 격여 모두를 그길로 잡아 들어선다.

겨우내 꼭 죽었던 풀들은 대견하게도 다시금 새싹이 파릇파릇 숨쉬기 시작하는데 간간이 은가루처럼 시설이 돋고 진 자주빛인 할미꽃이 고개를 축 늘어뜨린 체 피어있고 냇가에 드문드문 섯는 수양버들, 제 철만난 듯이 뾰족뾰족 싹이 트여 가지가 축축 늘어져 있다. 그들의 한 떼는 백사장처럼 편한 길을 무척 흥에 겨워 가로뛰고 세로뛰면서 걷고들 있다. 어떤 학생은 아지랑이 아른거리는 먼 산을 바라보고 목을 소승겨 노래를 빼기도 하고 어떤 학생은 '마라톤' 하듯 무작정하고 옷자락을 펄럭거리며 앞으로 앞으로 줄달음 치기도 하고 어떤 학생은 뭉텅한 돌맹이를 축구나 하듯이 발 뿌리로 우락부락하게 막 걷어차면서 콧노래를 부르기도 하고 어떤 학생은 맨 뒤에 떨어져서 이름도 모를 이상야릇한 풀과 생생하게 피었어도 보기에 시든 듯한 할미꽃 몇 송이를 따가지고 연해 코에다 댔다 뗏다 하며 천천히 걷고 있다.

바로 이때다. 철모르는 어린애들처럼 개댁질을 하는 그들의 등 뒤에서 별안간 경풍을 할 만치 경적을 울리며 한대의 자동차가 쏜살같이 달려든다. 자동차와 그들의 거리가 점점 가까워 올수록 요란한 엔진소리는 귀를 시끄럽게 무소라 노았다. 그 중 맨 뒤에서 걸어가던 학생이 멈칫하고 길 옆으로 비켜선다.

지금까지 전속력을 내 달리는 자동차도 바로 그 학생 앞에 와 우뚝선다.

"승호씨! 올라 타세요 네?"

연 주홍빛 문하부 다이로 아래 위를 일매지게 그리고 몸에 꼭 맞게 해 입고 오렌지빛 숄을 아주 멋지게 어깨에 걸친 미인 타입의 노상 앳되 보이는 여자 하나가 창밖을 엉거주춤한 채 내다보면서 말한다.

"난 누구라구. 그런데 웬일이요?"

학생은 좀 의심스러운 눈초리로 그 여인을 바라보며 말대꾸를 하였다.

"날 따돌리고 이렇게 다니시면 누가 모를 줄 아세요. 이야기는 차차 하기로 하고 어서 올라 타시죠. 거진 다 왔지만 내 홍릉 앞까지 태워다 드릴께요."

이렇게 의미 있는 듯이 조금도 서슴지 않고 말하면서 연해 생글생글 웃는다. 어여쁘게 생긴 얼굴에다가 더욱 귀염성 있게 애교를 부린다.

"따돌리기는 누가 따돌려 일전에 만났을 때 이번 공휴일에는 아버님과 온천엘 간다고 하지 않았우? 그래 나는 어제 오후 차로 내려 간 줄만 알았구료. 그런데 모두들 안가셨우?"

"아뇨 저만 빠졌어요. 그런데 제가 이처럼 승호씨의 뒤를 밟아 온 것은 퍽 분하신 게로구면."

"아니 그런게 아니라…"

승호의 태도가 약간 당황해진다.

"그러면 올라 타시래도 아니 타시고 아버지와 같이 간 줄로만 아셨다니 제가 쫓아온 것이 불찰이죠 뭐에요."

금시로 기색이 변해 아주 눈에 띨 만치 새침해진다. 그제야 승호는 자동차 안으로 들어가면서

"그렇게 오해할 것이 아니라. 이번 일요일에는 정희와 같이 즐겁게 못 노는구나 하고 여간 유감으로 생각한 게 아니며 또는 조금 전까지

도 혼자 뒤떨어져 걸어오면서 공연히 찌뿌드 하기만 하다가 의외로 반
가운 사람을 대하게 되니까 그런 것이고 자동차에 얼핏 오르지 않은
것은 일행이 여럿이니까 그런 것이지 무슨 다른 이유는 절대로 없는게
요.”

“호호…. 절 생각하시고 또는 반겨 주실 줄 꼭 믿으니까 쫓아 온거
죠. 그리고 휘어진 곳에서 사람이 한둘 더타면 어때요. 저기 저렇게 몇
분 우득우득 서서들 계시니 어서 올라 타시라구 여쭈세요. 이 안이 꽉
차면 양 옆에 매달려라도 가시죠.”

“그건 아무렇게나 해도 좋지만 입은 옷이 그게 뭐요 학생신분으
로…”

“왜 어때요? 좀 화려한 편이지만 일요일이고 더구나 이런 곳에 나오
는데는 괜찮잖나요?”

“말하자면 일요일 날은 학생이 아니요 야외는 예외란 말이구료?”

“아이 난 몰라요. 또 만나셨나봐 빈정거리기 시작하시니.”

“나도 모르겠소. 너무나 호사를 했다고 여러 사람들한테 찢구 까불
림을 당하더라도”

“그분들의 편이나 들지 마시고 중립 행동만 취하셨으면…”

“경우에 따라서는 그래도 정희의 편을 들리다. 안심 하우”

“애당초부터 고군분투할 각오를 하고 나왔으니까 승호씨도 남자의
편을 들어서 저와 겨뤄보시죠. 여보! 운전수 잠깐만 정거해 주.”

정희의 여무지게 하는 말에 따라 아까보다 저으기 느리게 가던 자동
차는 수 삼인의 학생이 우득우득 서서있는 앞에 와 딱 서고 말았다. 자
동차 안으로 그들은 몰려 들어갔다.

움직여 가지고 얼마 가지 않는 자동차는 또 다시 서서 사람을 또 실
었다. 이렇게 하기를 수 삼차례 하였다. 마치 바가지에 박들을 주어 담

듯이 자동차는 그들을 담아가지고 청량사 들어가는 어구를 지나쳤다.

홍릉 앞까지 다다르니 먼저 나와 있던 한 떼의 학생들이 팔을 벌리고 내다르며 부르짖 듯이 외친다. 자동차 양편 흙 바퀴에 매달려오는 그들의 모습을 알아차린 모양이다.

새파란 솔잎이 고개를 들고서 뾰족뾰족하게 나오는 그 위에서 따뜻한 봄볕을 전신에 흠뻑 받으며 마음껏 날뛰는 십여명의 젊은이들! 그들은 모두 전문학교가 아니면 대학에 학적을 둔 학생들이었다. 학교는 일매지게 같이 안했지만 중학교만은 동창들이었다. 중학교까지는 그들로 하여금 같은 길을 밟게 하였으나 한번 중학 문 밖을 나서고 보니 그들의 이상과 장래의 희망은 벌써 각각 딴 길을 밟게 만들었다.

의전, 법전, 보전, 연전, 공전 그리고 대학 문과 앞날에 닥쳐올 크고도 찬란한 희망을 잠시 한 때라도 잊어보지 않고 반드시 맛 볼 느긋한 행복을 꿈꾸며 책상머리에서 '노트'와 '펜'을 가지고 싸우면서 머리를 쥐어짜고 정신을 흩나드리던 그들은 이제 모든 것을 깨끗이 잊어버린 듯이 내어버린 듯이 마치 유치원에서 천진난만한 어린애들이 까닭도 모르게 즐거워 날뛰는 것과 꼭 같은 그런 기쁨과 그런 동작으로 한데 얽혀 격에 맞지 않게 개닥질을 하고 있다. 주고 받는 말소리가 높았다 낮아졌다하며 너털웃음! 간드러진 웃음이 간간이 일어나기도 하며 흥에 겨운 노래조차 이른 봄 아지랑이 긴 벌판을 마음껏 뒤흔들어 놓고 사면으로 흩어진다. 그들 틈에 홍일점으로 오직 여성이라곤 하나 밖에 섞여있지 않았으니 그는 서울 ××은행의 두취요 소문에 백만원이 넘는 다고들 하나 그 실은 백만원이 차려면 앞으로도 삼사년 더 걸려야 하겠지만 아무튼지 당대 굴지 할만한 재산가인 김허식(金憲植)의 무남독녀 딸로 비단결같이 고이고이 자라난 동부 간에 인물 곱기로 평판이 높은데다가 보고 듣는 사람마다 부러워할 만치 끝없는 호강살이를 마음껏 누리고 있는 정희(晶姬)란 여자이다. 정희는 방금 세상모르고 날뛰며들 있는 여러 젊은이들 중의 한 사람인 이승호(李勝浩)의 연인이요 양쪽 부모가 서로 승낙까지 해 준 공공연한 약혼자이다. 집안끼리만 은근히 승낙하고 둘이 모든 행동을 묵인해 내려올 뿐만 아니라 여기 지금 모인 승호의 여러 친구로 말하더라도 그들의 사이를 애인은 커녕 마치 벌써 오래 전에 부부나 된 것처럼 대 한지 이미 오래된 일이다.

승호의 아버지 이대석(李大錫)이로 말하더라도 여러 가지 사업에 손을 대어 가지고 있는 '벼락부자!' 라고 하는 경성 실업계에서 쩡쩡 울리는 그 역시 당대 일류 부호이다. 대 실업가의 아드님과 은행가의 따님! 게다가 사내답게 어글어글하게 잘생긴 쾌남아와 아기자기하게 영리하고도 어여쁘게 생긴 미인 사이에 얽혀진 사랑! 서로 믿고 이해하고 지극히 사랑하고들 있는 그 둘의 사이를 뉘마저 부러워하지 않으랴… 날이 가고 달이 갈수록 두터워만 가는 이 세상에 무엇하나 부족함이 없고 옹색함이 없는 그들의 무한한 행복은 이세상 살아가는 데 한낫 행복의 표본이 되다시피 하였다. 좀 조용한 곳에서 단 둘만 재미있게 속삭여 보고 싶은 승호와 정희는 꽁무니를 뺄 생각을 하고 어느 틈엔지? 여러 동무들의 눈을 슬슬 기어가지고 야트막한 언덕하나를 넘어서 양지가 바른 조금 비탈진 곳에 와 털썩들 앉는다. 서로 얼굴을 쳐다보며 기쁨에 넘치는 웃음을 연해 웃고들 있다. 자기네들도 모르는 사이에 손과 손은 탑처럼 이층삼층으로 쌓여졌고, 아지랑이 낀 먼 산을 사랑에 취한 듯 안개에 펼쳐 있는 대자연에 취한 듯한 저으기 긴장되고 흥분된 네 개의 눈동자는 마치 형용할 수 없는 그 무엇을 동경하는 이의 눈같이 보인다. 바로 한등성이 넘어서 다른 학생들의(요란스럽게) 떠드는 소리와 노래 부르는 소리! 손벽을 치며 웃는 소리가 이따금씩 가벼운 바람결에 걸물어 혹은 똑똑히 혹은 희미하게 들려온다.

"승호씨!"

"왜 그래?"

정다운 말씨! 은근한 대화는 앉은지 얼마 만에 시작되었다.

"댁의 아범께서는 결혼을 퍽 재촉하시지요."

".................."

"그렇지만 집에 아버님께서는 아직 이르다고 노상 말씀하세요. 승호 씨도 학교를 마치고 어서 되든 안 되든 졸업이라도 마친 다음에야 식을 거하게 하실 모양이에요."

"흥 그도 그러실테지… 학교를 파시는 것은 한낫 평계시고 그 실상 을 캐 본다면 그럴듯한 사정이 숨어있지"

"아니 그 사정이란 뭐에요?"

".................."

"에이 화나 죽겠네. 왜 대답이 없으세요?"

"나한테 물을게 뭐야 자기가 스스로 생각해봐도 알 노릇을…"

"엥 속상해 죽겠네. 남 골만 올리고"

"정녕 모른단 말이요?"

"알지 못하니까 묻는게 아니요?"

"뭘 자기에게 해로우니까 알고도 모르는 척 하는 게지 나도 다 알 어."

"아유 하느님 맙소사. 번엣소리 작작하세요"

"정 그렇다면 말하지……외딸 하나를 고이고이 길렀다가 남 내주기 아까워서 아니 섭섭해서 그러시는 게지 뭐요. 안 그렇소? 그렇지만 우 리 아버님께서는 얼른 손자라도 보시고 싶으신 게야. 가끔 그런 눈치 의 말씀 하시는걸 뵈면"

"환갑이 불원하시니까 그도 그러실테죠. 가만히 생각하면 앞앞이 자기 욕심이에요"

"정히 아버님의 생각도 그렇다고는 않아도 그리고 아주 결혼을 하고 나면 공부에 방해되겠다고 염려하시는 것도 일리가 있다구 볼 수 있우. 암만해도 혼자 떨어져 있는 것과 함께있는 것이 공부하는데 여간 상관되지 않으니까."

"그러니까 어찌됐든 간에 더 참지요. 사오년도 참고 내려왔는데 일이년쯤이야 더 못 기다릴라구요."

"내가 공부를 마칠려면 적어도 미 앞으로 칠팔년은 더 있어야 할걸"

"네! 칠팔년이라뇨?"

"왜 그리 질겁을 해 놀라우? 생각해보구료. 이 학교를 마치고는 외국가서 연구를 더 해야만 하지 않겠소?"

"……………"

정희 기색이 약간 좋지 못해진다.

"얼른 결혼하구 싶으우?"

"아뇨"

낯을 붉히면서 고개를 숙인다.

"그러나 지금 다니는 학교만 마치거든 두말 말구 결혼 합시다 그려. 올해만 훌쩍 넘어가고 내 후년 봄까지는 그다지 멀지도 않으니까……정희도 내년 봄에 졸업하거들랑 쓸데없이 놀지 말구 피아노나 한 일년 더 공부하구료."

"네 저도 아무튼지 한 이해동안 피아노만을 전공해 볼 결심이에요."

이렇게 말대꾸를 하며 숙였던 고개를 다시 든다. 그래 무엇이 만족한지 온 얼굴에다 듬뿍 미소를 머금고 승호를 물끄러미 쳐다본다. 승호도 덩달아 빙그레 웃는다. 한참동안을 내리 두고 왁자지껄하게 마음

놓고 떠들며 공소 폭소가 연발하던 여러 동무들의 시끄럽던 자취는 어느덧 잠든 듯이 쓰러지고 말았다. 그러나 사랑에 취한 이 두 젊은이는 야단법석을 하든 또는 그 무리들이 어디로 갔는지 전혀 알지 못하고 알려고 들지도 않았음으로 의심할 나위도 없이 그들을 아주 잊어버리고 앉아 있었다. 살 속으로 숨어드는 듯한 봄바람은 넋 잃은 사람처럼 멍하니 앉아있던 두 사람의 긴장한 얼굴을 가볍게 스치고 지나간다. 그리고 품 안으로 기어든다. 종달새 소리며 그 외의 이름도 모를 뭇새떼의 나뭇가지 위에서 끊임없이 지저귀는 그 소리만이 사랑의 노래를 부르는 것 같고, 결혼행진곡에 발맞춰 천천히 걷는 듯한 몽롱한 꿈 속 같은 그 가운데 깊이 잠겨 부지중 두 몸의 거리는 지극히 가까워졌다. 뺨과 뺨이 서로 따뜻함을 유지한 가운데 느낄 수 있었다.

순간!

둘의 등뒤에서 일제히

"어ㅡ"

"야ㅡ"

"승호!"

"정희씨!"

건너 산이 울릴 듯한 고함!

이처럼 뜻하지 아니한 불시의 총공격에 둘의 단꿈은 여지없이 깨어지고 부서져 멈칫하고 다시 둘의 거리가 멀어지며 약간 놀란 얼굴로 뒤를 돌아서 본다.

"미안하이 승호군!"

"정희씨 대단 미안합니다. 그러나 저이들이 심심해서 견딜 수가 있어야죠. 그래 총동원을 해가지고 주위를 골똘히 수사한 결과가 이같이…"

"이 사람아 어쩌면 그렇게 귀신같이 사라진단 말인가. 너무 심하이 나도 이럴 줄 알았으면 내 애인과 동행했지 동행했어."

정희와 승호는 어안이 벙벙히 아무 말도 못하고 가만히 있을 뿐이다.

"네까진 놈에게 동행할 여성이 어디 있어?"

"애개개 요담 일요날 봐 버젓하게 미인 동반이다."

짓궂기로 유명한 키다리가 당장 옆에다 미인을 데리고 걸어가는 시늉을 내면서 익살맞게 이죽댄다.

여럿은 일제히 소리 높여 웃었다.

"자, 객쩍은 소리와 쓸 때 없는 짓은 다 집어치구 이 두 천사의 단꿈을 악마들처럼 깨뜨린 죄로 아니 그 대신 두 분의 행복을 축하하는 뜻으로 노래나 부르며 한바탕 뛰놀아보세."

"좋소!"

"찬성이오."

"이의 없으니, 시작합시다."

일동은 순식간에 손과 손을 마주들 잡은 다음 승호와 정희를 둥그렇게 에워싸고 빙빙 돌면서 목청을 높여 노래를 부른다. 어린애들처럼 껑충껑충 뛰면서…… 어떻다 말할 수 없는 미안과 부끄러움, 그렇지만 한편으로 숨길 수 없는 기쁨에 넘쳐 이래저래 어쩔 줄 모르고 다만 얼떨떨해 가만히 서 있기만 한 승호와 정희도 조금 지나니까 모든 것이 자기도 모르는 사이에 그들이 부르는 노래에 박자를 맞춘다.

따뜻하게 내리비치던 봄볕도 어느덧 서산으로 기울어지기 시작하니 먼 산의 아지랑이도 씻은 듯 부신 듯 쓰러지고 나뭇잎을 가벼이 흔드는 산들바람만이 바야흐로 황혼을 재촉하는 이들의 쓸쓸한 기분을 뭇사람으로 하여금 맛보게 한다. 지금까지 마음껏 놀던 그들은 조금 비탈진 곳을 앞서거니 뒤서거니 내려오고들 있다.

좌우 옆으로 줄행랑이 이어 있는 한가운데 우뚝 솟은 소슬 대문만 보더라도 그 집 안채가 얼마나 크다는 것을 넉넉히 짐작할 수 있다. 대문 안으로 썩 들어서면 반대 방향으로 중문들이 마주 건너다보고 있으니 안은 내실로 통하는 문이요 또 하나는 사랑으로 들어가는 문이다. 화려하고도 오밀조밀하게 꾸민 안팎이야말로 도저히 보통사람으론 꿈도 꾸어보지 못 할 훌륭한 차림차림이다. 더구나 사랑 동쪽에 홀로 우뚝 솟은 이중에선 퍽 드 높은 양관(洋館)안이야말로 서울 안에서 누구나 일컫는 사치 할대로 사치한 요지경 속 같은 곳이다. 이 모든 것을 종합해본다면 벼락부자의 일상생활이 얼마나 호화롭다는 것을 말하고 있는것이다.

양관 이층 위 응접실 안에서 혼자 전화를 받고 있던 승호의 부친은 차차로 저상을 한다. 나중에는 얼굴이 파랗게 질리며 말소리는 황황하고도 아른해진다.

"…뭐? 광산이 폭발 되었다구! 응응 그래 만방(滿紡)이 폭락! 그래 그래서 응응 폭락이면 좋지 않은가 싸게 싸 팔아 논게 있으니까 싸게 사면 좋지……뭐? 돈이 없어? 뭐야! 응 그래 ××은행에 부도(不渡)야…… 부도라니 그게 정말인가? 그래 참말 부도란 말이지? ○○은행에도 부도라! 응응"

그는 힘없이 수화기를 떨어뜨리며 그 자리에 픽 쓰러진다.

"아 하 이제는 세상 놈들이 모두 나를 버렸구나. 헌식이 조차 나를 버리구 말았구나. 만사는 휴다."

괴롭게 찌푸린 그의 얼굴에는 비장한 빛이 떠돈다. 그는 잠자코 한 뒤에 무엇을 생각한 듯이 또는 굳은 결심을 한 듯이 내실로 황황히 걸어 들어간다. 한참만에 안으로부터 여하인 하나가 급한 걸음으로 뛰어

나와 사랑 양관 아래층 현관을 들어간다. 사랑에 있던 몇 사람은 눈이
휘둥그레 가지고 여하인을 바라본다. 여하인은 더듬는 말로

"저, 큰 큰일 났어요. 얼른 좀 의사를 청해주세요. 영감마님께서 영
감마님께…"

"영감마님께서 어쨌단 말야? 똑똑히 말을 좀 해."

"영감마님 약, 약을 잡숫고 펄펄뛰세요."

"뭐? 무슨 약을 잡수셨다. 이거 큰일 났구먼 그래."

우뚝 섰던 사람들은 혼비백산 하듯이 몇 사람은 전화 있는 곳으로
또 몇 사람은 안으로 이렇게 갈팡질팡들 한다. 급보들 가지고 나온 여
하인은 이제야 자기의 큰 책임을 다해 걱정 없다는 듯이 그 자리에 맥
풀린 사람처럼 펄썩 주저앉는다. 한구석에 가만히 서서 있던 짓궂은
상노가 그의 등을 탁 치면서

"선여 어멈 정신 차려. 이거 왜이래"

선여어머니는 깜짝 놀라며 고개를 돌이켜 보더니만 입을 비쭉하며,

"이 녀석이 미쳤나? 실성을 했나 별안간에 누구를 보고 함부로 반말
이냐… 이거 뭐? 난리가 쳐들어오니"

"아니 영감마님께서 턱을 까부신다면서…"

"예이 빌어먹을 녀석 같으니 라구"

"염려 말어 미구에 다른 데로 미러먹으라 나갈 테니"

"어이 보기 싫어 두꺼비 파리 잡아 먹듯 넙죽넙죽 잘 이죽댄다."

선여어머니는 두 눈의 흰자위가 다 나오도록 눈을 흘기면서 안으로
들어가 버린다.

승호는 자기 집안에 이런 불의의 변사가 있을 줄을 꿈에도 생각지
못하고 온종일 재미나게 놀던 즐거운 장면 장면을 머릿 속에 다시금
그려가면서 소나무와 전나무가 얼크러진 사랑마당을 지나 양관 아래

층으로 들어섰다.

조금 전에 여하인과 씰룩거리던 젊은 상노가 내다르며

"서방님 빨리 안으로 들어가 보시죠."

"왜?"

"글쎄 얼른 들어가 보세요."

"아니 왜 그래? 자세한 말을 좀 해주게."

"영감마저 무슨 약을 잡수셨다나요. 그래 지금 안에선 법석입니다."

"뭐 어쩌구 어째! 그게 정말인가요?"

"무슨 소리를 못 해서요…"

"그럼 의사가 왔나?"

"아직 안 왔지만 곧 올걸요. 전화를 하다 위층으로들 올라가 섰으니까요"

단꿈이 아직도 사라지지 않는 승호의 머리 위에는 과연 청천벽력이 내려 앉은 것 같았다. 그래 정신이 아득아득해지며 얼굴빛이 점점 해쓱해지던 그는 안으로 통한 일각 대문쪽으로 한달음에 뛰어 가더니만 안으로 사라져 버린다.

승호가 급한 걸음걸이로 사랑 마당을 한달음에 지나 안내청을 바라보고 들어서니 집안은 온통 울음 빛이다. 가슴은 덜컥 내려앉고 두 눈은 더욱 휘둥그래져가지고 안방에 들어선 그는 다짜고짜로

"아버지!"

하고 부르짖으며 신음하는 그의 아버지 옆으로 가까이 다가 앉았다. 한동안은 아들이 돌아왔지 누가 옆에 와 앉는지도 모르고 그저 괴로워만 할뿐이다. 이 광경을 들여다보고 있는 승호의 가슴은 미어지는 듯하다. 하도 기가 막혀서 울음 한점 안나오고 다만 어안이 벙벙해 넋을 잃고 멍하니 앉아 있을 뿐이다.

"아버지!"

승호는 자기 귀에 들리기에도 어색한 목소리로 또 한번 아버지를 불러 보았다. 여전히 대답은 없고 더한층 괴로워 못 견디어하는 모양! 자식 된 도리에 차마 눈으로 못 볼 노릇이다. 어느덧 승호의 눈에도 눈물이 고여 점차 그 눈물이 옷깃을 적신다. 방울방울 떨어지는 눈물을 손등으로 씻고 앉았는 승호의 가여운 형상을 바라다보고 우뚝우뚝 서 있는 집안 식구들의 눈에서도 새삼스럽게 눈물이 쏟아져 혹은 밖으로 나가기도 하고 혹은 한구석에 돌아서서 흑흑 느끼기도 하고 또는 그대로 선 채 목이 미어 울기도 한다.

"어머니? 대체 이게 웬일입니까? 별안간에"

곁에 앉은 어머니의 얼굴을 흘깃 쳐다보며 약간 떨리는 음성으로 물어본다.

"낸들 아니… 방안에서 이상한 소리가 나기에 들어와 보니까 이지경이시구나. 그래 불이야 살이야 사랑으로 사람을 내보내구 일변 의사를 청하구 이렇게 야단 법석을 하는 중이다."

"그래 누가 의사를 부르러 갔나요?"

"전화로 오박사를 급히 오라고 했단다."

승호는 또다시 아버지의 손을 힘있게 잡고서 소리 없이 울고 있을 뿐이다.

의사가 와서 응급 처치을 했으나 아무 효력이 없이 암만해도 죽을 고비를 그대로 넘길성 싶지 않다. 승호는 몇 번이나

"입원을 할까요?"

하고 의사더러 물어 보았으나

"약을 다량으로 자셨기 때문에 오늘 하루만 두고 보자"

고 하면서 변변치 않은 대답을 하고 돌아갔다.

어언간 밤이 이슥해졌다. 그러나 그의 아버지는 조금도 차도가 없다. 밤이 으슥해갈수록 그의 증세도 점점 더하여 갈뿐이다. 장지 밖까지 합치면 다섯칸이나 실히 되는 널따란 방안에 여러 사람이 쭉 둘러 앉았는데 누구도 숨 하나 크게 쉬지 않아 쥐 죽은듯이 고요한 품이 마치 무덤 속과도 같다. 이처럼 불안과 초조한 시간이 얼마동안 계속되었다. 당장 운명하려는 사람의 얼굴을 안타까운 눈으로 내려다보고 있는 것만 같다. 그래 승호는 하도 숨이 막히는 것처럼 괴로워 참다못해 자리에서 벌떡 일어나가지고 장지 밖으로 나와서 머리를 수그린 체 왔다 갔다 몇 번 거닐고 있었다. 그러다가 곁눈으로 흘깃 보니까 아버지가 팔을 쳐들어 누구를 찾는 눈치다. 그래 얼핏 아버지 앞으로 다시 가까이 와서 다가앉았다.

"승……호……냐?"

가늘고도 힘없는 목소리는 떨리기조차 하였다.

"네! 저올시다. 정신이 좀 드십니까?"

"영감 정신을 좀 차리슈."

그의 어머니도 옆에서 덩달아 말을 꺼낸다. 그리고 눈물을 주르르 흘린다.

"애……승 호 야!"

"네! 그처럼 말씀하시기가 괴로우시면 차차 하시고 그만 두시죠."

아들의 진정에서 흘러 나오는 간곡한 소리를 듣고도 그는 좌우로 머리를 약간 흔들며,

"아…니. 앞으로 내 목 숨이 오래…붙 어있을…성 싶지가…않어…"

이렇게 띄엄띄엄 나오는 말이 채 끝나기 전에 승호는 별안간 기겁을 하며,

"아버님! 별 말씀을 다하십니다그려. 아까 의사의 말이 생명에는 아

무 관계가 없노라고 하면서 돌아 갔는데요"

그의 아버지는 또 고개를 가벼이 흔들면서

"아니다, 머지……않다"

"다만 어린 너한테 악착한 판을 보여 주는 것이 아비된 도리에 참말로 못 할 노릇을 했다. 기왕 저지른 노릇이니 용서해다오…사실이지…피치…못할 절박한 사정으로…해서 이 몹쓸 애비는 이 길을 택하고야말…았다. 모면 하…하려고 애를 무진 써 봐도 결국 되지 않아 이제는 아주 막다른 꼴을 탁 당하고 보니 할 수 없어 모든 것을 잊어버리려고 그만 더 생각할 나위도 없이 약을 먹었다. 이지경 되는 것도 나의 운명이요. 이렇게 죽는 것도 내 팔자인가보다.… 이 집도 며칠이 안가서 남의 손으로 넘어갈 것이다. 그리고 사방에서 큰 빚쟁이들이 벌떼처럼 와 — 하고 일어날 것이다. 세상이 모두들 부러워하고 사람마다 입에 침이 없이 왁자하게 떠들던 내가 그만 파산을 당하고 오늘이 마지막이란 생각을 하고보니 어찌 기가 안 막히겠니… 그래 어미지되 매욱한 마음을 되돌려 먹을 나위도 없이 그만 이렇게 일을 저지르고 말았다."

"아버님! 그렇다고 돌아가실 리야 없습니다."

"작이나 좋겠니…그렇지만 그렇지만 내 생각 같아서는 오늘 이 밤을 넘길 성 싶지 않다. 죽는대도 빈 털털이를 만들어 놓고 나 혼자만 없어지니 눈이 안 감길 것 같다. 모두들 고생할 일을 생각하면 뼈가 녹는 것 같고… 또는 왜 약을 먹었든고… 살아서 다시 한번 모든 것을 회복하지 못하고 못생기게 왜 죽을 마음을 먹었을까? 하는 후회도 지금 당해선 난다."

"아버지! 그만 고정하시죠. 너무 길게 말씀하시면 몸에 해로울 것 같습니다."

"아니 내가 지금 하는 말이 마지막 유언일지도 모른다."

"원, 도섭스런 소리도 하시는구료."

승호의 어머니가 펄쩍 뛴다.

"아버님도 별 말씀을 다하십니다 그려. 돌아가시긴 왜 돌아가세요. 밝은 날이면 입원을 하실텐데요. 입원만 하시면 곧 나으십니다. 그러니 안심하세요."

"정말 그럴까?"

"아까 의사의 말이 아무렇지도 않으시다구요. 그러니까 꼭 나으십니다."

승호는 자기 아버지의 손을 전신에 힘을 주어 지그시 쥐고 앉았다.

새벽녘이나 되어서 벼락부자라고 일컫던 그는 그만 이 세상을 떠나고 말았다. 시체를 에워싼 승호와 그의 모친과 그의 누이들이며 또 다른 친척들의 슬픔은 여간이 아니다. 멀고 가까운 일가들이며 그 아래에서 일보는 사람들 모두가 한사람의 죽음으로 말미암아 수 백명의 밥줄이 끊어졌고 몇몇 은행은 수십만원 씩이나 좋게 손해를 보게 되었다. 그런 중에도 경일은행의 손해는 더구나 컸다. 이 까닭에 책임상 곤란과 사재의 손해 큰 것은 누구보다도 정희 부친 헌식이었다. 벼락부자는 왜, 음독자살을 하지 아니라지 못했나? 첫째 큰 원인은 오십만원이나 가까이 주고 산 광산이 처음에는 금이 썩 잘나오더니 내리 이태를 두고서 파고 파고 또 파도 금은 시원하게 안 나왔다. 그리하여 이태동안에 들어간 비용은 전부가 빚이었으니 그 빚만 해도 상당히 컸다. 그리고 둘째는 주식에 손을 댔다가 크게 낭패를 당하고 만 까닭이다. 액운이 들어 그랬는지 모두가 생각한 바와는 빗맞았다. 그래 각 은행의 수형기일은 매일같이 닥쳐오고 사사로이 개인에게서 쫓는 채금은 날이 갈수록 성화같았다. 이처럼 쪼들리는 판에 그나마 광산이 폭발을 했으니 사상자가 많이 났을 것은 물론이요 또는 광산만 내세우고 이리저리 융통하던 것이 그나마 송두리째 없어지고 보니 이 앞으로 돈 돌릴 것이 난감하고 앞이 캄캄해져 그만 자기 손으로 자기목숨을 끊고 만 것이다.

그가 죽은 지 닷새 만에 간단한 형식으로 장례식을 치르고 났다. 간략하게 장사를 지내지 않으면 안 될 형편을 생각하매 승호의 슬픔은 더 컸었던 것이다.

승호는 재동 막바지에 있는 어느 조그만 하숙 단칸방으로 옮겼다. 모친을 모시고 궁해진 살림살이라도 벌이려고 했으나 인천서 사는 시집 간 승호의 큰누이가 한사코 어머니는 당분간 자기가 모시겠노라고 고집을 펴서 하는 수 없이 어머니만은 인천을 내려가 계시게 되었으며 승호는 자기마저 매부의 집에 얹혀 있기가 뭣해서 학교를 마칠 때까지 하숙생활을 하기로 작정한 것이다.

어머님이 인천으로 내려가시게 되던 날 누님이 그를 보고 약간 언짢아 하면서

"지금 어머님의 속이 어떠시겠니? 집안이 졸지에 이지경이 되고 보니 오죽 화가 나시며 겸해서 얼마나 적적하시겠니? 그러니까 내가 어머님을 모시고 위로도 해 드릴 겸 또는 모든 것이 준자도 되고 석시삭 거들랑 한데 모여 살도록 하려무나. 너도 공부나 다하고 결혼이나 하거들랑 다시 니가 모시럼… 그리고 너는 정 집에 와 있기가 싫거든 얼마동안만 하숙 생활이라도 해라. 공일을 이용해서 일주일에 한번씩 오르내리려무나. 그래야 어머님도 덜 섭섭해 하실게다. 부디 그래라."

"누님! 모두가 고맙습니다. 그러면 누님이 하라시는대로 하겠습니다."

"너도 당장엔 여러 가지 고민이 머리속에 하나 가득할 줄 안다. 그렇지만 아무 생각도 말고 공부나 착실히 잘해가지고 훌륭한 사람이 되

어 넘어간 우리 집안을 다시 일으켜 세워라. 이번의 모든 분한 설움을 푸는데는 오직 너하나 밖에 또 어디있니! 그러니까 어련할건 아니지만 부디부디 공부 잘하여라. 저보다 몇배 더 힘들여서…"

"그건 염려 마십쇼. 저도 생각이 있고 또는 이미 결심한 바가 있으니까요."

이런 대화가 있은 뒤 얼마 안가서 그들의 일행은 남대문 정거장으로 나왔다. 정거장 대합실에 붙어서 언짢아 하시던 어머니는 차가 떠나려고 움직이기 시작한 순간에 창밖에 섰는 아들의 얼굴을 내다보며 손수건을 연해 두 눈덩으로 갖다대고 비빈다. 승호는 저런 가슴을 억제하면서 움직이는 차를 쫓아가다가 점점 거리가 멀어져 하는 수 없이 발부리를 돌릴 때에는 그의 두 눈에서도 눈물이 핑 돌았다.

'만가하든 살림을 일조일석에 망치고 쫓겨 가시다시피 하시는 어머님! 더구나 홀로되신 외로운 신세를 생각하시고 얼마나 울고 가셨을까?' 하는 애달픈 생각을 할 때 가슴은 뭉클하고 앞이 캄캄할 만치 현기증을 느꼈다. 첫 번 길이니 아무리 누이집 식구들을 대하기가 창피하더라도 어머님을 쫓아 내려갈 것을 잘못했다고 마음속으로 깊이깊이 후회하기를 마지않았다. 금세 떠나신 어머님이지만 갑자기 그리운 생각이 든다.

"오는 토요일에나 내려가 뵙지"
하고 정거장 밖으로 휘적휘적 걸어 나왔다.

어느틈인지 전기불이 일제히 쭉 켜졌다. 저물어가는 저녁 거리는 승호로 하여금 전에 없이 쓸쓸한 느낌을 더 한층 자아내게 한다.

하숙으로 옮긴지 며칠 만에야 정희한테 편지를 했다. 그의 집으로 찾아가도 좋으련마는 하도 손해를 보여 주었기 때문에 정희의 부친을 대할 면목이 없어서 편지도 당분간 그만 두려다가 주위가 하도 쓸쓸하고 마음 부칠 곳이 없어서 여러 번 망설이다가 한번 만나 보았으면 좋겠다고 한 간단한 내용의 편지를 써 보낸 지가 벌써 사흘이 지났는데도 한번 찾아오긴커녕 답장조차 없다. 그전 같으면 편지를 받자마자 즉시 찾아왔을 것이다. 허나 답장조차 없을 적에는 반드시 무슨 충절이 있음에 틀리지 않을 것이라고 생각된다. 가뜩이나 뒤숭숭한 머리속이 정희로 말미암아 더 한층 덩굴처럼 얼크러졌다. 이 생각 저 생각이 번갈아 일어나 그를 때때로 괴롭게 하고 몸이 닳도록 초조하게 만들뿐이다. 천갈래 만갈래 생각을 하면서도 오직 정희의 마음이 변하였으리라고는 믿고 싶지 않았다.

'설마 정희의 마음이야 변했을 리가 있나. 돈은 돈이고 사랑은 사랑이지. 그리고 아버지는 아버지고 자식은 자식이 아니냐. 그렇다면 나를 만나지 못하게 하는 것은 그의 아버지가 우리들의 사이를 해방 놓는 시초가 아닌가? 그렇지만 정희의 의사만이 안 그렇다면 고만이 아니냐. 좌우간 오늘하루 더 기다려봐서 아무 소식이 없으면 내일은 세상없어서도 정희의 집을 찾아가야만 하겠다. 그래서 모든 것을 속 시원하게 알고 나야만 하겠다.'

이렇게 입안말로 혼자 중얼거리며 책상 앞으로 다가 앉았다. 노트를 펴놓고 오늘한 필기위로 눈을 옮겼으나 아예 머리속으론 들어오지 않는다.

단 한번을 채 내리 읽지도 않아서 머리 골치만 어지럽다. 어, 그만 노트를 탁! 덮고 깍지낀 손을 머리 뒤에다 댄 채 방 한가운데에 비스듬히 한일자를 긋고 반듯이 드러누워 버렸다. 바로 얼마 전까지 호화롭던 생활도 이제 와서는 옛 꿈이 되고 말 줄이야. 승호로서 일찍이 뜻하였으랴? 암만 생각해도 생시 같지 않다. 모두가 꿈속에서 헤매는성만 싶다. 불시에 아버님이 변사를 하신 것도 꿈결같고 남들이 부러워하던 살림살이가 일조에 파산을 하고 만 것도 정말 같지 않게 여겨진다. 길에 나서면 뭇사람들이 손가락질을 하며 비웃는 것만 같아 고개를 쳐들 수 없다. 학교에 가더라도 동무간에 어울리고 싶지 않아서 전에 절친하던 동무들이라도 될 수 있는대로 피하기를 힘썼다. 학교 대문 안을 들어설라치면 더 한층 우울할 뿐이었다.

그러다가 어언간 하루의 학과를 마칠라치면 하숙으로 발길을 급히 옮기면서 정희의 모습을 환영으로 그려가며

'혹시 와서 기다리지나 않나? 편지나 오지 않았을까?'

하고 발을 더욱 자주 떼어 놓았다. 오늘도 이러한 기분과 감정으로 하숙에 돌아와 보았으나 전화도 편지도 둘 중에 하나도 오지 않았다. 그래 외로운 생각과 우울한 기분은 한층 더하여졌다. 세상이 귀찮은 생각조차 든다. 목을 놓고 엉엉 울고도 싶은 감정이 가슴속에서 복받쳐 오른다. 그는 한참동안 무한히 괴로운 가운데 헤매다가 어렴풋이 잠이 들고 말았다.

정희는 자기 아버지 앞에 고개를 숙이고 묵묵히 서서있다. 아담하게 꾸며놓은 응접실 안은 무거운 공기가 떠돌고, 얼굴과 얼굴에는 긴장한 빛이 나타나 심상치 않은 기색들이다.

"너도 생각을 깊이 잘 해봐라. 설령 약혼을 했다할지라도 사정과 형편에 따라 파혼 하는 수도 아주 없지는 않으니까."

"아버지! 그렇지만…"

"그렇지만이 다 뭐냐 제일 첫째는 승호의 부친이 나에게 끼친 손해로 말할 것 같으면 기가 막혀서 입밖에 낼 수 없을 만치 어머어마하나, 이왕 죽은 사람이라 어찌할 수 없는 노릇이지만 아예 마음이 탐탁하게 끌리지 않는구나……자다가도 그 일만 생각하면 화가 치밀어 오르니

사위라고 어찌 정인들 끌리겠니? 나도 조금만 웬만한 사람 같았더라면 그와 마찬가지로 파산을 당하고 말았을 것이다. 그리고 또 둘째는 이 앞으로 패가한 집 자식인 승호에게 무슨 희망이 있다고 귀엽게 기른 너를 호락호락히 내주겠니? 네 몸을 생각하고 너의 앞길을 위해서는 애비된 나로서 단연코 너를 승호에게 맡길 수 없다."

"……………"

"애비 말에 왜 대답이 없어?"

정희는 그의 아버지 뱃속을 유리나 대고 들여다 보듯이 환하게 들여다보게 되었다. 승호씨의 집이 다시는 일어설 수 없게 망하고 보니 승호마저 끈 떨어진 망석중이처럼 된 것은 사실이다. 그래 아무것 하나 보잘 것 없이 된 승호를 내대고 딴 남자를 내심으로 물색하는 것이 아버지의 말 한마디로 확실히 드러나게 되었다. 아까부터 그에게 대하여 이러니저러니 한 것도 승호를 단념시키고 딴대로 혼처를 작정하려는 심산이요. 예비수단으로 자기의 심정도 떠볼 겸 마음의 동요를 일으키려는 야비한 짓이었거니 하고 마음먹으매 갑자기 아버지의 얼굴이 다시 쳐다보인다.

"내 언제 말했는지는 모르지만 그이는 우리은행에 새로 들어온 서무과장이다. 재산도 상당하거니와 공부도 상과대학을 마쳤으니만치 젊은 은행가로서 일반의 기대가 여간 큰 것이 아니다. 그래서 그전부터 퍽 호감을 가지고 있던 차에 이번 일이 벌어진 다음부터 승호에게 정이 뚝 떨어지고 그 대신 그에게 마음이 쏠리는구나. 너만 좋다면 이번에는 약혼이고 뭐고 할 거 없이 하루바삐 결혼식을 거행할 작정이다. 그러니 너도 깊이 생각해서 이 애비의 진정을 알거든 망설일 것 없이 내 말대로 해라. 마음에 꺼림칙할 줄도 모르는 바는 아니다만 이제 와서 승호에게 더 바랄게 뭐냐?"

정희는 여전히 고개를 숙인 체 잠잠히 서서 여러 가지 생각을 두서없이 하기 시작하였다. 사오년 동안이나 서로 사랑해온 승호씨를 단지 그의 집안이 패가를 했다든가 또는 아버지가 그와 관계를 끊게 한다고 아주 저버린다는 것은 어디로 보든지 차마 못할 노릇이다. 그러나 지금 아버지의 말씀을 거역하고 그이와 같이 산다면 아버님 성질에 상면도 안하실 것이고 그렇다면 곤경에 빠진 승호씨에게 희망이 있나? 또는 아버님의 보조가 있을텐가… 참 딱한 노릇이다. 지금 다니는 학교를 졸업하더라도 우리들에게 안정된 생활을 할만한 벌이가 쉽사리 잡힐는지도 또한 의문이다.

"아버님! 전 그만 안으로 들어가겠어요."

"그럼 안에 들어가 잘 생각해 보아라."

"네!"

정희는 무슨 의미로 "네!" 하고 대답하였는지 모르며 휙 돌아서나와 안으로 들어가 버렸다.

며칠 지난 뒤 어느 토요일날 오후였다.

청목당 윗층 식당에는 점심때가 지나 사람들이 별로 없다. 그러나 식탁을 한가운데 놓고 마주앉은 정희의 아버지와 승호의 주고받는 말소리는 적이 나직한 음성이었다. 그들의 눈치로 보아서 때로는 꾸중하는 어른과 꾸중 듣는 어린애 같기도 하고 때로는 타일러가며 달래는 듯도 하다.

"자네는 이 앞으로 공부를 더 열심히 해야만 할 경우니까, 그렇게 하자면 먼저 잡념을 없애려면 당분간 정희와 교제를 끊는 것이 좋을성 싶으이."

고개를 숙이고 그의 하는 말을 잠잠히 듣고 앉았던 승호는 그리 놀라는 눈치도 의심하는 기색도 없이 다만 무엇을 그의 예상했다는 듯이

원망스런 눈초리로 그의 얼굴을 흘깃 쳐다보고는 다시 고개를 수그린
다.

"그렇다고 정희의 결혼 상대자가 생겨서 딴 데로 출가를 시키려는
의사는 아닐세. 그러니까 오해를 하면 안돼……정 뭣하면 자네의 학비
는 어디까지든지 내가 담당할테니 그리 낙심말게. 그리고 졸업만 하고
보면 취직 같은 것도 염려할 것 없어. 다른데 말해봐서 안되면 우리 은
행에라도 한자리 비집을 터이니…자네 아버님과의 교분 생각해서라
도" 승호는 그의 하는 말이며 태도의 전부가 이상스런 품이 무슨 일이
고간에 숨기는 줄 번연히 알면서도 조금도 내색을 하니 않았다. 이때
에 마침 주문했던 음식을 한접시씩 가져오기 시작하였다. 헌식이는 승
호를 건너다보면서

"들게 들어… 어서"

"……………"

먹을 생각도 안한다.

"내 말에 오해를 해서는 안 되네. 그것은 잘 이해하여 주게."

"정희씨의 의향은 어떤가요?"

"의향이라니? 무슨 의향이 어떻단 말인가?"

"저와 교제를 끊는데 대해서 말이야요."

"물론 개도 두 사람의 앞길을 위해서는 좋다고 그러데. 정희도 결국
은 잘 이해하고 찬성이지."

"그런 말을 왜? 저를 직접 찾아와 보고 못 하나요? 몇 번 만나자고
편지를 해도 답장조차 없더니만 뒤늦게야 아버님을 통해서 이런 말을
하는 심사를 암만 알려도 알 수 없습니다."

이런 말을 입 밖에 내고 보니 정희의 얄궂은 처사가 새삼스럽게 원
망스럽고 또는 정희아버지의 속이 뻔히 들여다보이는 야비하고 능글

능글한 태도가 능구렁이를 대하는 것처럼 징글징글하였다. 승호는 내내 음식을 입에다 대지도 않고 그대로 앉아 있다가 하도 벨이 꼴려서 그의 혼자 먹는 식사가 끝나기 전임에도 불구하고 그만 앉았던 자리에서 벌떡 일어나며

"일러주신 말씀은 잘 알아들었습니다. 동무와 만나자는 시간이 돼서 오늘은 이만 실례를 하겠습니다. 일간 또 뵙죠."

"저, 그러면"

그의 앞에서 몸부림을 쳐가며 폭백이라도 하고 싶은 생각이 없지도 않았지만 그렇게 한다면 도리어 자기의 위세만 되고 약점만 보이는 것 같아 다만 눈물을 머금고 간신히 참았다. 마음을 굳게 먹고 모든 것을 결심하였다.

"응 내 하는 말을 잘 알아들었나? 암 그래야지…시킨 음식이나 들지 않고 왜 그래?"

"정말 점심 먹은 지가 얼마 안돼서 아무 생각도 없어요."

"그래도 좀 들지 않구…"

"그럼 먼저 물러갑니다."

"어서 가보게." 하고 그의 뒷모양을 바라보며 의미 모를 한숨을 휘-하고 내쉰다.

『사해공론』, 1927년 1월, 5월

거울을 꺼리는 사나이

■ ● 1 ● ■

용봉이는 며칠 전부터 집에서 돈 오기를 고대고대 하던 것이 오늘에
야 간신히 왔다. 그 전에는 그렇게 신고를 하지 않고 선뜩선뜩 보내 주
더니만 이즈막은 노루 꼬리만 한 벌이였으나 그나마 그만 두었다니까
벌이 할 적보다 적게 청구하더라도 여간 힘을 끼는게 아니다. 아마 아
버지와 형의 생각에 '벌이도 못하는 녀석이 돈만 쓰나' 하고 밉쌀스럽
게 여기는 모양이다. 다른 때 같으면 돈 올 듯한 날짜가 약간 어그러진
대도 그다지 조바심이 나도록 초조해 하지 않았으나 이번만은 전에 없
이 돈 오기를 목을 늘여 기다렸던 것이다. 참으로 얼굴이 흉하게 생겨
시골집에 있을 적이나 서울로 올라 와서나 추남으로 소문이 자자하게
높은 용봉이가 일금 백원여를 버젓하게 자기 집에다 청구해 놓고 날마
다 몸이 닳고 목이 말라서 기다렸던 것도 그리 무리는 아니었다.

서울로 올라온 이후 세 번째나 연애를 걸었다가 번번히 보기 좋게
실패를 당하고 금년 이른 봄부터 차례로 네 번째! 이번에는 제법 톡톡
히 거운거운 어울려들어 가다가 그나마 바로 한 이십일 전에 남이 보

아 속이 시원하고 자기가 보아 질겁을 하게 되는 괴상하고도 얄궂은 선물 하나를 최후로 받고서 그만 막을 닫고 말게 되니 전에 없이 새삼스럽게 세상이 귀찮고 매사에 성질만 나서 속이 타고 화만 나는데다가 더구나 더위는 날로 닥쳐 와 점점 불화로 속처럼 더워만 지는 서울 안에 하루를 더 머물러 있기가 과시 액색하였다. 그래 돈만 오면 즉시 서울을 떠나 원산으로 피서를 하러갈 작정을 하고 있었기 때문에 올 돈이 좀 더디어 무척 애를 태우고 안을 바쳤는 것이다. 며칠을 내리두고 밖에 나갔다가 하숙집으로 돌아오기만 하면 주인 마나님을 대하자 마자 첫째 말을 건내는 것이

"어디서 편지 안 왔나요?"

하고 묻는 것이었다. 그러면 마나님은 그 어글어글하게 생긴 얼굴에 의미 있는 듯한 미소를 띠우며

"아무 편지도 안 왔소. 또 어느 여학생한테서 올 편지를 그렇게 기다리유?" 하고 말한다.

"아뇨."

하고 자기 방으로 휘 들어가곤 하였다. 이래 내려오다가 오늘은 마당에 들어서자마자 마루 끝에 앉아 담배를 풀썩풀썩 피우던 마나님은 입에 들었던 곰방대를 쑥 빼면서 용봉이가 말을 꺼내기 전에 앞을 질러

"저, 그렇게 기다리는 편지가 오늘이야 왔수……도장을 찍어가니 돈이 오겠지 아마"

하고 벌떡 일어나 안방으로 들어가더니만 편지 한 장을 내다 준다. 그것은 틀림없이 그의 집에서 온 서류 우편이었다.

그럴리는 없겠지만 '혹시 보내 달라는 것보다 덜 보내지나 않았을까?' 하고 약간 마음을 조이면서 봉투를 찢은 다음 편지 내용을 보기 전에 먼저 세골에 접힌 붉으스름한 돈표를 펴보았다. 그의 가슴 조이

는 것은 헛수고였다. 일백원야(壹百圓也)라고 검은 빛으로 뚜렷이 넉자가 찍혀있는 <통상가와세> 였다. 새삼스럽게 집안 사람들이 무척 고마웠다. 금시로 어깨바람이 저절로 나는 듯하였다. 저녁 밥상을 받고 앉아서도 몇 번인지 모르게 돈표를 폈다 접었다 하면서 혼자 기쁜 웃음을 즐겁게도 연해 웃었다.

내일 오전중으로 우편국에 가기만하면 십원짜리 열장이 자기 손에 쥐어질 것과 원산가는 밤 막차 이등실 안에 자기 몸이 건들거리며 앉아 있을 것을 눈앞에 그려 보면서 남이 맛보지 못할 느긋한 행복을 혼자만 느끼는 듯이 빙그레 웃기도 한다. 그는 자기 집에 돈 한가지만 없었다면 설령 있다손 치더라도 그의 아버지와 형이 돈을 잘 주지 않았더라면 벌써 이 세상 사람이 아니었을는지도 모른다. 사는게 허무하던 생각이 들어 죽고 싶다가도 돈 한가지 부자유하지 않은걸로 그 생각을 가시게 하고 '못난작자…' 라고 남들한테 손가락질을 받는 줄 번연히 알면서도 '내겐 돈이 있어' 하는 걸로 그 분풀이를 하며 이성과 좀 가까워질 듯 하다가도 마침내 천리 만리 거리가 떨어지고 말게 된 때 자살까지 하고 싶은 마음과 무한한 공허와 비할 곳 없이 쓸쓸한 심회를 눈물겹게 느끼다가도 돈 한가지로 해서 석시삭고 마음의 위안을 얻게 되는 것이다.

그는 조물주의 시기였던지? 삼신의 실수로 해서 잘못된 타작이었던지? 자기 어머니 뱃속에서 나올 적부터 아주 못생긴 편이었다. 허나 그의 아버지는 자식을 생각하는 마음에 얼굴은 못생겼으나 이름이나 잘 지어준다고 지어준 것이 용봉(龍鳳)이었다. 그렇지만 자랄수록 용과 봉을 닮기는커녕 점점 얼굴이 흉악망측만 해가서 동네 사람들이 용봉이라고 부르는 대신에 못생긴 애라고 별명지어 불렀다. 그나 그뿐이랴 그의 집을 못난이집! 그의 부모를 못생긴애 아버지! 못난이어머니! 하고 이렇게 마을 사람들이 불러 내려왔다. 용봉이는 자랄수록 얼굴 하나만이 못생겼다 뿐이지 사람된 품이 영리하고 똑똑하며 경우밝고 인정이 많았다. 게다가 글도 잘 배웠다. 몹시 영악했기 때문에…. 이해력이 다른 애들보다 투철히 뛰어나고, 기억력이 놀랄만치 풍부하였다. 장난에 들어서도 남한테 뒤떨어지지 않았다. 산이면 토끼처럼 치다르고 나무면 다람쥐처럼 획획 으르고, 여름이 되어 개울이나 웅덩이만 보면 개구리같이 뛰어들어 올챙이처럼 헤엄치느라고 해 지는 줄 몰랐다. 시골서 베천이나 하는 꽤 부유한 집안에 태어난 용봉이라 얼굴은 못생겼으나 돈이 있는 덕분에 열다섯이 겨우넘어 장가를 들게 되었다.

혼인날 당나귀를 타고서 색시집엘 가는데 거의 신부집 근처에 이르니 동네사람들이 보는 족족

"참 신부가 아깝다. 제기 저런 신랑이 연분이었드람?"

"색시 인물이 분한걸……재물도 재물이지만 흥!"

이렇게 신랑 귀에 들어 오도록 크게 웅얼거린다. 얼굴에다 모닥불을 퍼다 붙는 듯이 홧홧하고, 귀에서는 모기 소리처럼 앵앵거리며, 나중에는 현기증까지 나는 것을 억지로 참으면서 신부집 마당엘 탁 들어서니 떠들썩하던 사람들의 소리는 별안간 쥐죽은 듯이 고요해지고 이쪽 저쪽에 옹기종기 서있는 사람들은 묵묵히 고개만 외로 꼰다. 도로 밖으로 뛰나가고 싶은 생각이 치밀어 올랐으나 간신히 참았다. 가슴에서는 두방망이질을 하는데 이구석 저구석선 여전히 여인네들이 둘씩 셋씩 몰려서 수군거리고 있었다.

이러더니만 아니나 다를까 바투 그날 밤부터 과연 미인이었던 어여쁜 각시한테 그만 보기좋게 소박을 맞고 말았다. 색시는 울며 겨자먹기로 시잡살이라고 석달을 채우지 못하고 본가로 가더니만 죽기를 기쓰고 다시 돌아오지 않는다. 허나 용봉이는 "그까진년 아니면 세상에

계집이 세상에 계집이 동났느냐" 고 뽐내는 마음과 코큰소리를 하다
가 여기에는 제아무리 영리한 놈도 별 수 없고 지나치게 똑똑한 사람
이라도 어쩔수 없는 노릇인지 행여나 신부가 마음을 몰려 다시 돌아오
지나 않을까하고 헛되이 기다리고 기다려 보았으나 달이 가고 해가 지
나도 한번 간 색시는 영영 돌아올 줄을 몰랐다. 그리하여 사년 동안이
나 한번 간 각시를 연연히 그리워하면서 적적히 지내다가 이번에는 소
박데기 하나를 어물어물해 데려왔다. 그렇지만 그 여자도 일년 동안을
마치 십년 맞잽이로 여기고 무던히 참다가 마침내 머슴과 배가 맞아
가지고 어디로 갔는지? 부지거처가 되고 말았다. 이리하여 용봉이에게
는 다시 적적하고 쓸쓸한 날이 찾아왔고 집안 사람들도 그를 동정하기
마지않았다.

그의 약은 품이 남들한테 가엾게 여김을 받거나 동정해 주는 것을
달게 여기고 있을 위인은 아니었다. 그래 서울로 뛰어 올라온 이후 잘
해야 일년에 한 두번 집에 내려가거나 말거나 하였다.

그는 보통학교도 우수한 성적으로 마쳤지만 그의 집에서 한 백리가
량 떨어져 있는 S읍 상업학교를 우등으로 졸업했기 때문에 서울 올라
오던 그 이듬해 봄부터 어느 회사에 취직하게 되었던 것이다.

시골 있는 그의 아버지는 자기 아들이 취직한게 대견도 하지만 그것
보다도 무슨일이든 간에 거기다가 마음을 붙이면 자기 못생긴 것을 비
관도 덜 할 것이며 혹시 모진 마음도 안 먹으리라고 일상 마음이 안
놓이던 것이 적이 안심을 하게되어 돈을 붙여 달랄적마다 그전보다도
더 잘 일장 분부로 아들의 뜻을 거스르지 않고 내려 왔던 것이다.

■ ● 2 ● ■

저녁밥을 먹고난 용봉이는 우연히 손을 들어 머리를 쓰다듬다가 너무 자란 머리카락이 거의 귀바퀴를 뒤덮게 된 것을 깨닫게 되자

'이러구야 떠날 수 있나?' 하고 모처럼 이발 할 결심을 하게 되었다.

제법 얌전하게 꾸며논 방 안이었지만 크든 작든간에 거울이라곤 씨도 없기 때문에 머리가 얼마나 자랐는지도 모르고 지내지만, 더군다나 거울과는 아주 인연이 먼 아니, 거울 대하기를 심히 꺼리는 그로서 더구나 으리으리하게 버텨논 큰 체경 속으로 자기의 얼굴 모습이 나타나는 것을 아무리 안 보려고 애를 써도 줄잡아 세네번씩은 자기 눈에 띠니까 그것이 괴로워 머리를 깎으러 이발소에 갈 용기가 좀체로 나지 않아 미적미적 미뤄가는 버릇이 생겼다. 그런 버릇으로 해서 어느때는 더벅머리처럼 돼서 가뜩이나 흉한 얼굴이 더욱 흉해보인적도 적지 않았다.

오늘은 큰 결심을 하고서 벽에 걸린 액고자를 떼어 쓴 다음 밖으로 나와 어슴프레한 길거리를 천천히 걸었다.

'어디로 갈까?' 하고 잠깐 속으로 망설였다.

집에서 나올 적부터 다른 때와 마찬가지로 꼭 어느 이발소로 가겠다고 작정하고서 나온게 아니었기 때문에 이제 길에서 망설이는 것이다.

그에게는 단골 이발소가 없다. 말하자면 깎을 적마다 갈리는 편이다.

큰 길로 한참 내려오다가 어느 좁은 길로 들어서서 고개를 두리번거리며 이발관인 듯 싶은 곳을 찾아보았다. 중턱쯤 올라오니 좀 멀리 떨어져서 붉고 푸른 빛 섞인 것이 나사처럼 빙빙 도는 게 보인다. 용봉이는 그 앞까지 가까이 와서 발을 멈췄다. 아무리 그 전 묵은 기억을 더듬어 올라가 보아도 왔던 생각이라곤 아예 안 나는 처음보는 이발소였

다. 그는 서슴지 않고 그안으로 들어섰다. 요행히 머리 깎는 사람이라
곤 하나도 없었다. 될 수 있는대로 체경 있는 쪽을 외면하고 햇길을 내
다 보면서 옷을 벗어 거는 듯한 그일까지 이르렀다. 모자와 양복 옷저
고리를 벗으니 아이 놈이 받아건다.

"이리와 앉으시죠."

노상 젊은 이발사가 한쪽 교의를 가리키며 말한다.

소리나는 편으로 획 돌이키는 바람에 자기의 얼굴이 벌써 체경 속에
나타나 있음을 보았다. 그의 가슴은 선뜩하였다. 그래서 이발사 섰는
앞으로 가까이 가는동안 그는 자기의 발등만 굽어보았고 의자에 걸터
앉아서도 두 눈을 꽉 감고만 있었다.

"어떻게 깎으시렵니까?"

"상고 머리로 깎아 주슈."

용봉이는 이발사가 묻는 말에 이렇게 대답하고 나서는 여전히 눈을
감은 채 오늘부터 한 이십일 전에 일어날 일을 눈앞에 그려가며 생각
해 보았다. 자기의 얼굴을 거울에 비춰 보기는 바로 이십일 전에 한번
있었고 오늘 지금이 두 번째이다.

매일같이 찾아오던 경애가 거의 한달동안이나 오지 않고 아무 소식
조차 없다가 하루는 기다리던 그는 안 오고 경애 대신 그가 보낸 소포
(小包)하나가 왔다. 용봉이는 아무튼지 반갑고도 기뻐서 조금 머무를
나위도 없이 즉시 그것을 조심성스럽게 헤치기 시작하였다. 싸고, 싸
고, 또 쌌다. 겹겹이 싼 것을 헤치는 동안이 무척 지루하였다. 그리고
가슴이 조마조마 하였다. 이렇게 호기심과 기쁨이 갈마드려 무슨 귀중
한 보물이나 찾아 낼 것처럼 마음 먹었고 바랬던 것이 최후로 싼 한
껍데기를 베끼고 보니까 — 그나마 등판이 먼저 벗겨졌으면 그처럼 저
상이 덜 되었을는지도 모를 것을 공교히 알맹이 있는쪽이 댓바람 툭

벗겨지는 — 손바닥만한 석경이었다. 질겁을 해 놀랐다. 정신이 아찔해지며, 맥이 확, 풀린다. 거울 한개뿐이지 그 외에는 아무 글발도 들어있지 않다.

'이 거울이나 들여다보고 짐작이나 하슈.' 하고 비웃는 듯한 경애의 태도가 치가 떨리도록 분해서 견딜 수 없다. 옆에 놓인 목침을 번쩍들어 거울을 향하여 이를 악물고 힘껏 내리쳤다. 거울은 아직근! 하는 큰 소리를 내며 산산조각이 나서 방안으로 하나가득 헐어지고 말았다.

부엌에서 무엇을 하고있던 주인 마나님이 눈이 휘둥그래가지고

"뭘 그류? 뭘 그래?"

하면서 한달음에 달려든다.

용봉이는 넋 잃은 사람처럼 멀거니 앉아서 아무 대답이 없다.

"그건 왜 그렇게 짓마수? 난 별안간 벼락치는 소리가 나게 깜짝 놀랐구료. 대관절 그 거울은 어디서 난건데 왜 깨뜨리는게요?"

하고 달게 묻는다.

용봉이는 괴로운 듯이 고개를 흔들며

"아무 말씀 맙쇼."

하고 머리 뒤에다 손으로 깍지를 끼고서 반드시 드러누워 버린다. 좀 수다한 마나님은 연실 궁금증이 나서 기여이, 알고야 말겠다는 듯이

"여보! 나도 무슨 곡절인지 좀 압시다 그려"

대답을 하지 않으면 끝끝내 성가시게 굴거니까 그것이 귀찮아서

"그렇게 알구 싶으십니까? 저 얼마전까지 자주오던 경애라는 여자가 있지 않습니까……"

"그래서"

신이 좀 나는 말씨였다.

"그 여자가 보낸 거랍니다. 이제 속이 시원하십니까?"

"그런데 오지는 않고 거울은 왜?"

용봉이는 적이 구슬픈 어조로

"뭐 알쪼죠…….네 얼굴이 거울에 비치는 것처럼 그렇게 흉하고 못났으니 나도 나려냥 일후에는 다른 여자 한테라도 짐작을 좀 하라는 그런 수작이겠죠."

"뭘? 그래서 거울을 보냈을라구 설마."

"아닙니다. 제 말이 조금도 틀리지 않습니다. 그래서 저는 지금 결심했습니다. 이 앞으론 생전 계집이란 요물과는 절대로 가까이하지 않기로 굳게굳게 맹세 했습니다."

잠깐 숨을 돌려 가지고 다시 말을 이어

"이 세상에서 가장 어리석은 것이 사낸가봐요. 다시는 속지 말자면서도 번번히 요렇게 속고마니……. 아니, 그것은 알고도 속고 모르고도 속으니 그게 어리석은 물건이 아녜요? 인제야 설마 또 속겠습니까?" 하고 얼굴에 결심한 빛을 띠우면서 벽을 안고 돌아 드러눕는다. 마나님은 그의 거동을 보기가 하도 딱해서 마음먹고 한참 위로 한다는 것이

"얼굴은 저래두 맘씨 좋은줄은 모르고…"

"누가 알아주나요…. 사실 내가 생각 하더라도 입삐뚜렁이한테 어느 눈깔 먼 년이 뎀빕니까?"

"아냐, 아냐, 입은 삐뚤어 졌어도 주라만 바로 불면 그만이지 뭐."

용봉이는 하도 어이가 없어서

"빛깔은 이처럼 검어도 속 고지식한 줄 몰라주니까 걱정이죠"

하고 용봉이는 제 출물에 픽 웃어버렸다. 그 웃음은 확실히 기막힌데서 나오는 탐탁치 않은 쓰디쓴 웃음임에 틀림없었다.

어느틈엔지 머리를 다 깍고 나서 면도를 하려고 비눗물을 얼굴에다

바른다. 여지껏 눈을 한번도 뜨지 않았다. 마치 술취한 사람이나 조는 사람 모양으로 두 눈을 실눈으로도 뜨지 않았다. 면도하는 때에 눈을 뜨면 체경에는 바로 비치지 않겠지만 이번에는 지금까지 이상스럽게 여기고 있던 이발사와 시선이 마주칠까봐 그것을 꺼리기 때문에 종시 눈을 감은 채 있었다. 이발사는 필시 빙글빙글 웃으리라. 그리고 다른 사람들도 자기의 얼굴! 또는 내리 눈만 감고 앉았는 꼴을 흘깃흘깃 보면서 비웃는 웃음을 눈감은 내 얼굴에다 살대같이 쏟으리라. 예라! 너희 놈들은 어쩌든지, 나만 이렇게 보지 않으면 그만이다. 하고 속으로 생각하면서 귀로는 면도칼이 살에 닿는 대로 아주 가냘프게 싸각싸각 하고 털버지는 소리를 들으며 죽은 듯이 가만히 있었다.

얼마 지낸 뒤 등 뒤에서 참다 참다 못해 터져 나오는 듯한 킥킥거리는 확실히 조소하는 웃음소리를 그 안에다 남겨놓고 이발소 문 밖을 나와 버렸다. 불쾌하지도 아무렇지도 않게 생각하면서…… 오히려 무거운 짐이나 벗어논 듯이 마음의 후련함을 느꼈을 뿐이다.

■● 3 ●■

용봉이가 밤 막차를 타고 원산역에 와 닿기는 바로 먼 동이 트기 시작하는 때였다.

역 밖을 나서서 인력거 한 채를 잡아 타고 해수욕장에서 그리 거리가 떨어지지 않은 일등여관을 찾아가 주인을 잡았다.

밤새도록 찻간에서 시달려 자는 둥 마는 둥 했기 때문에 여간 고단하지 않아 조반이 들어오기 전까지 세상 모르고 노그라져서 한참 포근히 잘 자고 났다.

아침밥을 먹고 나서는 즉시 해수욕장으로 나갔다. 벌써 사람들은 꽤 많이 나와 물 자맥질을 하는빌에 헤엄을 치는빌에 모래위로 왔다갔다들 하는 빛에…… 야단 법석들이다.

멀리 아마득하게 내다보이는 바다 저편! 크고 작은 배가 그림처럼 가만히 섰는지? 움직이고 있는지 잘 분별 할 수 없게 떠 있고, 좌우편 널찍한 바닷물위론 갈매기들이 떼를 지어 물에 잠겼다, 공중에 떴다하고 한가롭게도 날아다닌다. 바라보기만해도 속이 시원한데 게다가 서늘한 바닷바람이 물결을 좇아오는 듯이 몰려와가지고 온몸에다 서늘한 맛을 휙휙 담아 붓는다.

용봉이도 옷을 훨훨 벗어붙이고 얼룩얼룩한 해수욕복 하나만 걸친채 물 속으로 뛰어 들어갔다. 오장 속까지 시원하다. 그래 한바탕 보기 좋게 물오리처럼 마음껏 헤엄쳐 돌아다녔다.

한참 만에 기운이 지친듯해서 그만 모래사장으로 나와 네 활개를 쩍 벌리고 해를 향해 반듯이 누워 있었다. 구름 한 점없이 맑게 개인 하늘이 차차 내려와 자기 몸뚱아리를 덮어 누를 것 같기도하다. 이렇게 잠깐 쉰 뒤에 또다시 물로 뛰어 들어갔다. 물 속으로 들어가 한참씩 잠겼다가 물위로 고개만 내밀어 숨을 쉬고는 다시 물 속으로 잠겨 버리곤하였다. 이러다가는 경계선 바깥까진 세차고 수선스럽게 헤엄쳐 나갔다가 빠르게 도로 들어와 가지고 모래사장으로 올라와서 앉았다.

낮겨직 하니까 사람들이 둘씩 셋씩 떼를 지어 가지고 몰려 나오느니 몰려 나온다. 남자, 여자, 어린애……이렇게 물 속에 들어가 있는 사람도 무척 많은데 볕이 쨍쨍이 내리쪼이는 모래톱과 양산을 버틴 아래와 또는 천막 속에서 쉬고들 있는 무리가 어지간히 많다. 용봉이는 해수욕장에서 간단한 점심을 사먹어 가며 온종일 물 속에서 살았다. 해가 뉘엿뉘엿해서야 그래도 서운한 듯이 겨우 여관으로 돌아왔다.

좀 피곤한 듯 하지만 마음은 여간 유쾌하지 않았다. 저녁밥을 먹고 나니 더욱 노곤해서 조금 서성거리다가 그대로 쓰러져 세상 모르고 잠들어 버렸다. 이렇게 하기를 며칠 계속하였다.

그의 검은 얼굴이 더 검어졌고 그리하지 못하던 속 살까지 이제는 얼굴 빛과 과히 차이가 나지 않게 되었다.

이리로 온 지 열흘이나 바라보는 어느날이다.

오늘도 다른날과 마찬가지로 아침밥을 먹자마자 밥도 내릴겸해서 해수욕장을 향하고 천천히 걸었다. 여관집에서 해수욕장을 돌지 않고 좀 가까운길로 질러가려면 누구의 별장인지 해변에서 그리 떨어지지 않는 등성이에 그다지 크지 않으나 아담하게 꾸며논 양옥집 그 앞을 지나가야만 한다. 그는 요 며칠 전부터 이 지름길을 여관집에서 심부름하는 아이놈한테 배워가지고 그 뒤로는 꼭꼭 이 길로만 왕래하였다.

지금도 이 앞을 막 지나려니까 해변에서 사람의 소리가 난다.

용봉이는 걸음을 잠깐 멈추고 바다편 쪽을 흘깃 바라보았다. 해변에서 떨어져 한 오십간통이나 실히 돼 보이는 물 가운데에는 사람 하나가 불끈 솟았다가 다시 쑥 들어가 버리고, 해변 모래 위로 막 물에서 나오는 한 사십씩이나 바라보이는 남여 두사람이 눈에 띈다. 그들은 뭐라고 재미나게 이야기한다. 이 광경을 본 용봉이는 불시로 성질이 나서 못 볼거나 본 것처럼 외면을 하고 걸음을 좀 빨리하였다.

바로 이때이다.

해변으로 나오던 두 사람이 모래톱 위에 양산을 버려논 앞으로 와서 막 앉으려고 할 즈음에 물 속에 들어가 있는 또 한사람이 불끈 솟더니만 손을 내졌는다. 그리고 파도소리에 어렴풋 하기는 하나 좀 째지는 듯한 여자의 외마디소리가 난다. 두 사람은 앉으려다 말고 바다쪽으로 귀를 기울였다. 물 위로 나타났던 그 사람은 다시 물 속으로 사라졌다.

두 사람의 얼굴에는 이상한 빛이 떠돌기 시작하였다. 조금 지난 다음 다시 불끈 솟더니만 팔을 재게 내 휘두른다. 두 사람은 무슨 소리가 또 나지나 않을까하고 숨을 조이며 귀를 기울였다.

"발……자개바……"

전후가 동떨어진 날카로운 비명을 겨우 들을 수 있다. 그 두사람의 얼굴은 갈수록 불안에 쌓인다.

"자개바…라지 않소?" 하고 여자한테 묻는다.

"참 자개바라고 그리는 구료. 자개바가 뭘까?"

하고 여자가 맞장구를 친다. 그 사람은 물에 다시 잠겨 그림자도 안 보인다.

"옳지, 옳지, 큰일났군 그래. 자개바람이 난다는 말이구료… 이를 어쩌나? 멀리 나가지 말라구 그리 성화를 해도 기여이 나가더니만, 엥"

"저를 어쩐단 말이오."

두 사람은 몹시 당황해 쩔쩔맨다. 남자가 이리저리 휘휘 둘러보다가 사람 하나가 눈에 띄자 반색을 해서

"여보! 이리 잠깐 오슈"

하고 목을 늘여 커다랗게 불렀다.

용봉이는 흘낏 돌아다 보았다. 좀 급한 듯이 재게 손짓을 한다. 용봉이는 그들의 앞으로 가까이 걸어왔다.

"여보! 사람 좀 살리유"

하고 남자가 숨가쁜 듯이 말한다.

"여보슈! 사람이 물에빠져 죽게…"

하고 여자도 여간 초조해 하지 않는다. 이때에 저쪽에서 외마디 소리가 바람결에 희미하게 들린다. 확실히 조급하고 몸단 음성이었다.

"……살…사람살…주……"

세 사람은 일제히 바다편 쪽으로 고개를 돌이켰다. 그리고 제각기 귀를 기울였다. 그 사람은 또다시 물쪽으로 사라져 버리고만다.

이 광경을 본 남녀 두 사람은 얼굴이 해쓱해가지고 어쩔줄 모르게 조바심 한다.

남자가 먼저 픽 떨리는 목소리로

"여보! 저기 떴다 가라 앉았다 하는게 내 딸인데 자개바람이 나서 당장 죽을 지경인 모양이니 얼핏좀 들어가 구해주시유… 간청이요."

하고 애걸하다시피 말한다.

"제발 좋은 일 하는 셈치고 빨리 좀 구해주시유…"

하고 여자 역시 진정으로 애걸복걸한다. 용봉이는 재바르게 옷을 벗어 붙이고 해수욕복만 입은 채 물로 텀벙 뛰어들어 힘 안 들이고 그쪽으로 차츰차츰 빠르게 헤엄쳐간다. 용봉이가 그 근처까지 갈 동안에 그 여자는 단 한번 밖에 물 위로 솟지 않았다. 어림치고 그 여자가 솟았던 듯한 곳까지 이르러서 물 속으로 잠겨 이리저리 찾아 보았다. 한 군데서 애를 쓰며 허우적거린다. 용봉이는 그 여자의 겨드랑이를 이끌어 가지고 물 위로 솟았다. 그리고 다시 헤엄쳐서 그의 부모가 서서 기다리는 곳으로 차차 가까이 왔다. 이 광경을 바라보고 있는 그의 부모는 기뻐 날뛴다. 죽었던 딸이 다시 살아오는 것 같았다. 사실 용봉이가 아니었으면 그 여자는 꼭 죽고 말았을는지도 모른다. 사실 조금만 더 늦었으면 아주 영영 물에 장사 지낼 뻔 하였다.

"혜옥아! 이제 정신이 좀 나니?"

그의 어머니가 이렇게 말하는 바람에 눈을 떠보니 양산이 해를 가렸고, 아버지와 어머니의 얼굴이 보이고 또 생전 보지도 못하던 어떤 사나이의 험상궂은 얼굴이 꿈 속에서 보는것처럼 어른거린다. 물 속에서 '이제는 꼭 죽었구나!' 하고 마음 먹었을 때 뭔가 어깨를 잡아 끄는 바람에 자세보니 사람인 듯해 '옳지 살았다!' 하는 생각이 번개처럼 머리에 떠오르자 맥이 탁 풀려 그만 까무러쳤다가 이제야 겨우 깨나는 판이다. 그의 부모도 이제 숨을 돌렸다. 혜옥이는 눈을 스르르 감았다가 또 떠보니 확실히 꿈은 아닌데 그 괴상한 남자 얼굴은 여전히 자기의 시선을 벗어나지 않는다. 더 똑똑히 보일 뿐이다. 이마가 쑥 뿜은 대다가 숫한 웃눈썹으로 해서 이마가 더 좁아 보이고, 어지간히 큰 코가 오뚝이나 했으면 덜 흉할 것을 넓지럭하게 얼굴 한복판을 차지하여 좌우로 툭 불그러진 광대뼈는 그덕에 조화가 되지만 꽹하게 들어간 옴팡눈은 더욱 멥새눈을 닮았다. 입이 삐뚫어져서 턱조차 일그러져 보이나 하고 자세히 보니 입보다도 더하면 더하지 조금도 덜하지 않게 왼쪽으로 씰그러졌다. 빛깔은 해수욕한 죄로 돌리려고 해도 볕에만 그을려서 그런게 아니라 본시 빛깔 없는 것을 넉넉히 찾아 낼 수 있다.

혜옥이는 참다참다 못해,

"저분은 누구요?"

하고 어머니더러 물어 보았다.

"너를 구해주신 양반이란다. 정신이 좀 나거든 일어나서 인사드려라."

"너, 이분이 아니었으면 꼭 죽었지 별 수 없었다. 하마터면 큰일 날 뻔했지…… 모두가 인연이야…… 어서 치하를 해라."

그의 양친은 딸의 얼굴을 내려다 보면서 이렇게 번갈아가며 말했다.

혜옥이는 일어 앉으며 공손히,

"참 고맙습니다. 꼭 죽을 목숨을 살려주셔서……. 이 태산같은 은혜를 뭘로 갚나?"

하고 고개를 숙인다.

"원, 천만의 말씀을 다하십니다 그려. 그까짓거 은혜될 게 뭐 있습니까"

"정말이지 조금만 더 늦었으면 이 세상 구경을 다시 못할 뻔 했어요. 그런데 은혜가 아네요? 죽을 뻔한 목숨을 살려 주신게 은혜가 아니고 뭐가 은헵니까?"

하고 혜옥은 진심으로 치하하는 듯이 말하면서 생그레 웃는다. 요염하게 생긴 미인이다. 아주 모던걸이다.

"암, 그렇구 말구…. 네 말이 옳다. 그 은혜는 차차 갚기로 하고 어서 집으로 들어가자. 이분도 모시고 같이…"

그의 아버지는 이렇게 말하고 나서 딸의 손을 잡아 일으킨다. 그리하여 네 사람은 해변을 등지고 별장으론 꽤 아담하게 지어놓은 양옥집 그 안으로 들어갔다.

■ ● **4** ● ■

혜옥이 아버지가 용봉이더러 여관에 있지말고 이 별장으로 옮아오라고 하는 것을 처음에는 굳이 사양했으나 나중에는 그가 성을 내다시피 하니까 어쩔 수 없이 그날 저녁 때로 옮겨오고야 말았다. 그리하여 용봉이를 위해서 한쪽 처소를 잡아 주었다. 혜옥이 부모는 저녁밥만 먹고나면 딸더러 용봉이 있는 방에 가 놀다 오기를 권했다. 혜옥이는 어쩐 일인지 실쭉하면서도 마지못해 용봉이 있는 방으로가서 이야기도 하고 '트럼프'도 치고 소설책도 보다가 밤이 이슥해야 자기 있는 방으로 돌아와 잤다. 그리고 낮이되면 둘이서 별장 앞 바다에 나가 물 속에서 해를 보냈다. 그의 부모는 둘이 물 속에서 놀고 있는 것을 보고 기뻐하며 또는 얼마쯤 멀리 가더라도 안심하고 있었다.

하루는 혜옥이 아버지와 어머니가 가장자리 아주 얕은 물에 들어가 한참 물자맥질을 한 후 모래톱으로 나와 앉으며 멀리 나가 헤엄치고 있는 그들을 바라보던 혜옥이 아버지가 별안간

"여보! 나는 속으로 작정했수."

하고 불쑥 말한다.

"아니 뭘 작정했다구 그리슈?"

그의 아내는 자기 남편의 하는 말이 무슨 의미인지를 몰라 되물었다.

"사람이 지내보니까 외모와는 아주 딴판이거든…. 사람도 영리하고 글자도 꽤 반반한 모양이고, 게다가 배상하고 공손하단 말이야… 그렇지 않습디까? 아주 나는 사위를 삼을 생각인데…"

"히지만 속이 깔끔한 개가 눈에 찰라구? 속이 여간 산 계집애가 아닌데. 개만 딴소리 안한다면야."

"저도 생각이 있겠지. 속절없이 죽은 걸 살려준 사람이니까……. 두고 보아하니 그렇게 싫어하는 기색도 안 보입니다."

이런 이야기가 있은 지 사흘되던 날 혜옥이 아버지는 별안간 볼 일이 생겨 그의 어머니와 함께 서울로 올라가고 말았다.

그가 떠날 때 용봉이를 넌지시 불러가지고

"여보게! 앞으로 혜옥이에 대한 일은 모두 자네에게 맡기네. 그래서 지금도 자네만 믿고 우리 둘이만 올라가는 것이니 여름이나 지나서 찬 바람이나 나거든 개와 같이 올라오게. 이제는 자네 사람이나 다름없으니 매사를 알아서 하게."

이렇게 의미있는 말을 남기고 간 것이 용봉이에게는 거짓말 같기도 하고 꿈 속에서 들은 말 같기도 하다. 허나 거짓말도 아니요 또는 틀림없는 현실이었던 것을 생각하면 미칠 듯이 기쁘다. 그런 의미의 말은

자기한테만 할 게 아니라 필시 혜옥이한테도 눈치껏 비쳤으리라고 짐작하고서 혜옥이의 동정을 살폈다. 제자가 선생님한테 대하는 듯한 삼가는 태도는 그의 부모가 있을 적이나 매일반이었다. 정답게 굴면서도 어느 구석인지 살우는 듯한 기색을 어느 면에서든지 찾아낼 수 있다.

　어느날 저녁이다.

　여전히 잘 때만은 각 거를 하기 때문에 밤이 이슥하도록 놀다가 혜옥이가 자기 방으로 가려고 얼어섰다. 사면은 죽은 듯이 고요하다. 오직 은은히 들려오는 파도소리와 여름밤이라야 들을 수 있는 뭇벌레의 울음소리가 이밤에 적막을 깨뜨릴 뿐이다. 용봉이는 그의 아름다운 얼굴이 흘깃 눈에 비칠때 불타는 정열을 죽으면 죽었지 더 참을 수 없었다. 죽자꾸나 하고 용기를 내어 혜옥이 앞으로 번개처럼 와락 달려들어 그를 자기 가슴에다 힘있게 이끌어 안고서 불길이 활활 나오는듯한 입으로 키스를 하였다. 혜옥이를 만난뒤 비로소 처음으로……. 혜옥이는 약간 놀라는 기색이었지만 애써 '키스' 까지 거절하지 않았다. 허나 자기 방으로 돌아와서는 고민하기를 마지 않았다. '어머니와 아버지는 결혼까지 했으면 하는 눈치신데 이를 어쩌나? 안돼 안될 말이야 그처럼 흉한 얼굴을 누가 평생 보고산담. 아하! 허지만 날 구해준 은인이 아닌가…… 이 노릇을 장차 어쩌나?' 한쪽 방에선 이런 생각을 되풀이 하느라고 잠을 이루지 못한다. 또 한쪽 방에선 자기의 키스까지 거역하지 않고 달게 받는 것을 보면 이제는 아름다운 아내가 우물 없이 하나 생겼구나하는 한량없는 기쁜 생각에 밤을 밝히다시피 하였다. 괴로움과 기쁨이 얽혀진 해변 별장의 이밤도 어언간 먼동이 트기 시작 하더니만 아주 활짝 밝았다.

　혜옥이의 태도는 전과 조금도 변함이 없었다. 같이 한자리에 앉아서 밥을 먹었고, 함께 물속에 들어가 헤엄을 치고 밤이 오면 서로 이석단이를 하면서 재미나게 놀기에 단 열밤이 바야흐로 깊어가는 줄을 몰랐다. 이렇게 혜옥이가 겉으로는 조금도 내색을 내지 않고 추룩같이 대하지만 속으로는 탐탁지 않을 뿐 아니라 때로는 무한히 괴롭고 쓰라렸다. 씀바귀를 씹는 것처럼 싫고, 송충이를 대하는 것같이 마음이 꺼림칙하면서도 단지 생명의 그날 그날을 보냈다.

못마땅하고 보기 싫다가도 어떤 때면 '날 살려준 사람인데' 하는 진정으로 고마운 생각이 마음 속으로 스며들어 먼저 탐탁치 않은 생각을 불시로 고쳐먹곤 하였다. 이 세상에서 드문 추남인 용봉이는 이와 같은 혜옥이의 괴로운 심정과 안타까워하는 속을 아는지? 모르는지? 그로서는 알턱이 없다. 오히려 날이 갈수록 기쁘기만 할 뿐이다. 즐겁기만 할 뿐이다. 밤이 되어 놀다가 헤어질적에 서로 '키스' 하는 것은 벌써 한 습관처럼 되고 말았다. 용봉이로서는 하룻 동안에 그 순간처럼 기쁜적이 또다시 없었다. 그를 자기방으로 보내 놓고는 '혜옥이는 이제 아주 의심할 나위도 없이 내사랑이다. 내 애인이다. 아니, 아주 내 사람 내 아내임에 틀림없지 뭐.' 하면서 껑충껑충 뛰기도 하고, 두 팔을 쩍 벌리고 방 안을 몇 바퀸지 모르게 빙빙 맴돌다가 그만 어지러워서 침대옆에 푹 쓰러져서도 여전히 기쁜 생각이 머리에서 가시질 않아 어쩔줄을 모른다.

이렇게 날은 자꾸 지나갔다.

하루는 혜옥이 혼자서 여러 사람이 들끓는 해수욕장으로 나간 적이 있었다. 우연히 어느 남자와 혜옥이와 서로 눈이 마주치게 되었다. 한번 이상스럽게 시선이 부디친 다음에는 자주 마주치게 되었다. 그 남자가 돌아갈 때에 눈여겨 보니까 각모를 썼다. 어느 전문학교나 대학에 다니는 학생인 모양이다. 얼굴도 잘생겼지만 걸어가는 뒷모양은 더욱 혜옥이 눈에 참으로 훌륭한 체격으로 나타났다. 그날 밤에 혜옥이는 그 학생의 얼굴과 용봉이의 얼굴을 대조해 가며 자진공을 끝없이 하느라고 밤을 하얗게 밝혔다. 그리하여 그 다음날부터는 혜옥이에게 또 한가지 고민이 생기고야 말았다. 그 늠름하게 생긴 학생의 모습이 머리속에서 아예 떠나지 않기 때문에….

이렇게 사흘동안이 지나갔다.

오늘도 또 낮겨직해서 혜옥이는 여러 사람들이 득실거리는 해수욕장으로 혼자만 나갔다. 용봉이는 이 집으로 온뒤 한번도 여러 사람들이 있는 해수욕장엘 나간 일이 없었다. 간혹 혜옥이가 함께 가자고해도 혼자만 다녀오라고 굳이 사양하고서 별장 앞바다에만 홀로 있었다. 자기의 못생긴 얼굴로 해서 혜옥이의 낯이 기막힐까봐서가 아니라 남의 얼굴과 자기의 얼굴을 대조해 보고는 혜옥이의 마음이 혹시 돌아설까 겁이 나기 때문이었다.

혜옥이는 해수욕장에 이르자마자 그 학생의 자취를 눈여겨 살폈다. 하도 사람들이 많아서 눈에 잘 띄지 않는지, 아직 안 나왔는지, 아무리 애를 써 찾아보아도 종시 눈에 띄지 않는다. 혜옥이의 마음은 공연히 서운함을 느꼈다.

'아주 가버렸으면 어쩌나?'

이런 생각이 들자 무슨 보물이나 가졌다가 잃어버린 것처럼 마음이 허전허전해진다. 또 이렇게 마음먹는 것이 한편으로는 용봉씨한테 무슨 죄나 짓는 것처럼 죄송스럽고 불안하기도하다. 혜옥이가 물에 들어가 얼마동안 헤엄치고 있으려니까 이제야 마음속으로 은근히 찾고 기다리던 그 학생이 저편 쪽에서 휘적휘적온다. 혜옥이의 마음은 공연히 기뻐 견딜수 없다. 그 학생도 물 속으로 들어왔다.

그들은 하루 사이에 퍽 친숙해졌다. 물속에서 서로 충돌된 것(그것은 혜옥이의 일부러한 짓)이 원인이 되어 가지고 말을 건내게 되었고,

그 중에도 혜옥이가 자주 말을 붙이게 된 것이 둘의 사이를 매우 가깝게 만들었다. 그래서 서로 오래 전부터 친숙했던 사람처럼 되고 말았다. 때로는 둘이 나란히 헤엄쳐 나가면서 말을 주고 받기도하고, 혹은 물 속에 잠겨 서로 숨바꼭질도 하였다. 또는 햇볕이 내리쪼이는 모래톱에 나와 앉아서 서로 사랑하는 사람이나 진배없이 재미나게 이야기도 하였다.

그에게 있어서 더욱 혜옥이에게 있어서 오늘 해는 길때로 길었으면 좋지만 원망스런 해는 서산에 기울어져 해변에 해가 저무니 혜옥이도 하는 수 없이 그와 헤어지는 것도 여간 서운한 노릇이 아닌데 더군다나 섭섭한 말을 그에게서 듣게 되었다. 그것은 그 학생이 오늘밤에 이곳을 떠나서 석왕사로 간다는 것이다. 그의 사정이 그렇게 하지 아니치 못하게 되었다고 그로서도 퍽 섭섭해 하는 모양이었다.

그뒤 혜옥이는 사흘을 내리두고 용봉이와 함께 별장 앞 바다에 나가 아무 내색도 없이 즐겁게 날을 보냈다. 그리고 밤이 되면 재미있게 놀다가 헤어질때 '키스' 하는 것도 잊어버리지 않고서 꼬박꼬박 실행하였다. '키스'를 할 순간에도 그 학생의 스타일, 어글어글하게 잘 생긴 사내다운 그의 얼굴이 눈앞에 사라져 본적은 별로 없었다. 혜옥이는 이제 더 참으랴 더 참을 수 없었다. 그래서 한가지 계교를 냈다. 그것은 자기의 생명을 구해준 은인을 속여 집에 잠깐 다녀 오겠노라고 거짓말을 하고서 이곳을 떠나 석왕사로 그를 쫓아가 자기심중에 맺힌 마음을 토로하고서 속히 결혼까지라도 하리라는 생각이었다.

"저요, 낼 첫차로 서울 잠깐 다녀 내려올테야요."

"별안간 서울은 왜요?"

"집안이 궁금도 하고… 또 동무들이 보고도 싶고 해서요."

"그럼 며칠 동안이나…"

"과직 한 사흘 되겠죠."

이렇게 천연덕스럽게 말하는 혜옥의 가슴은 울렁거렸다. 그래 이상한 눈치를 안 보이려고 애를 썼다. 허나 양심이 부끄러워 그의 눈을 마주 대하지 못하였다.

"그럼 안녕히 주무세요."

하고 자기방으로 얼핏 돌아갔다.

■ ● 5 ● ■

혜옥이가 약속한 날짜는 어느덧 닥쳐왔으나 약속하고 간 사람은 돌아오지 않았다. 약속한 날짜에서도 나흘이 또 지나갔다. 그래도 혜옥이의 자취는 용봉이 눈앞에 나타나지 않았다. 날마다 기다리는 그는 그림자도 비치지 않는 동안에 날은 쉴 새 없이 하루가고, 이틀가고, 사흘가고…… 이렇게 열흘이 언뜻 지나서 이제는 피서객들도 하나씩 둘씩이 고장을 떠나게 되는 때가 닥쳐왔다. 해수욕장으로 물밀 듯 몰려나오던 사람들도 날마다 줄고 해변에 경성드뭇이 쳐있던 텐트는 하나씩 둘씩 걷히기 시작하였다. 하지만 기다리는 사람이 있는 용봉이는 돌아갈 생각이라곤 꿈에도 않고 한번 가서 돌아올 줄 모르는 애인이 다시오기만 날마다 애태워 기다리면서 별장지기 내외와 함께 별장을 지키고 있을 뿐이다. 하늘은 날로 새파랗게 높다래만 가고, 밤이되고 뭇벌레의 우는 소리가 차차 여울져 간다.

새벽이 되어 잠이 깨기만하면 '행여나 오늘이야…' 하고 혜옥이가 돌아오기를 진심으로 바랬다. 허나 또 하루를 헛되이 기다림으로 날을 보내고 나서 밤이 닥쳐와 잘 적에는 '설마 내일이야……' 하고 밝은날의 희망을 둔다. 이렇게 하고 잘라치면 반드시 혜옥이 꿈을 꾼다. 좋은 옷으로 호사를 해 더욱 어여뻐 보이는 혜옥이가 자기 앞으로 가까이 와 앉기도 하고, 또는 방금 주례 앞에 나란히 서서 결혼식을 거행하는 참으로 즐거운 꿈을 꾸기도 하다가 소스라쳐 깰라치면 더욱 미칠 듯이 서운해 못 견딜 지경이었다. 안타까웠다.

이렇게 며칠이 또 지나갔다.

산들바람이 불어오고, 낙엽이 지기 시작한다. 이제는 밥만 먹으면 물에 들어가는 대신에 이리저리 거니는 버릇이 생겼다. 오늘도 저녁밥을 일찍 먹고나서 차츰차츰 저물어 가는 황혼의 해안을 슬슬 거닐기 시작하였다. 붉으스름하게 물들은 황혼의 바다를 멀리멀리 바라보니 불시로 혜옥이와 함께 산보라도 하고 싶은 생각이 간절해진다. '어쩐 일일가? 나를 아주 배반하고 말려나? 그럴리야 없을텐데…' 이렇게 생각하면서 발을 천천히 또 옮겨놓는다. 제법 선선한 바람이 얼굴을 스치고 지나가고 발 아래선 낙엽이 뒹군다. 고개를 돌이켜 저쪽 산등성이를 쳐다보니 바람결을 쫓아 나뭇잎새가 나부낀다.

'오늘밤 막차에는 내려오겠지, 설마…' 이렇게 입안으로 웅얼거리면서 요란한 파도소리를 귀로 들으며 발길을 돌려 오던 길을 다시 걸었다. 쓸쓸하게 불어오는 가을바다의 소슬한 저녁바람을 어쩐지 허전허전한 가슴에 한아름 붙안고 즐비하게 흩어져있는 낙엽진 가랑잎을 힘없는 발부리로 사뿐사뿐 밟으면서……

병자 10월 28일
『조선문학』 속간 1937년 1월 - 4월

어머니와 아들

  기차 <후미끼리>를 지나 서소문 네거리로 나서니 휘모라치는 매서운 바람이 더한층 살을 애인다. 열한시에 떠나는 막차가 끊겨 마포에서부터 쉬엄쉬엄 걸어왔으니 생각할 나위도 없이 자정이되려면 머지 않았으리라. 더구나 금년에 여덟 살 나는 어린 놈을 이끌고 노리장화로 걸었으니 열두시가 혹시 넘었을는지도 모른다. 좀 비탈진 언덕을 걸어올라 가면서

  "다리 아프지 않니?"

  "아버지는?"

  "나는 안 아프지만."

  "나도 안 아프다"

  "참 장사로군 그래."

  말이 여덟 살이지 잔망한 품이 숙성한 여섯 살 됨직하다. 동짓달이 생일이라는 한가지 이유도 없지는 않겠지만 그보다도 돌 안 되어 어미의 따뜻한 품안을 떠나고 어린 것의 생명수인 젖을 어미가 가지고 가

버렸다는 것이 그를 내내 연약하게 만든 더 큰 원인이 안 될 수 없다.

문이 헐려 터전만 남은 마루턱까지 이르렀다. 아까부터 별 하나 없이 찌푸린 하늘에선 눈발이 잡히려는 지 갈수록 찬바람만 분다. 네거리가 되어 그런지 회오리바람이 인다. 그들은 마포서 사는 큰집엘 다니러 갔다가 지금 자기 집으로 돌아가는 길이다.

"춥지 않니?"

"아버지는?"

"좀 춥다."

"그러면 나도 좀 추워."

"흥! 싱거운 새끼 같으니라구. 남 흉내만 내……"

하고 매우 인자한 눈초리로 아들의 얼굴을 물끄러미 내려다본다.

"아버지! 저어 나 짜-켈 하나만 사주 응?"

"그래라. 이번 간조 타거들랑 사주마."

"꼭 사줘야 허우 아버지."

"응 꼭 사 주구 말구"

뭣인지 콧잔등이를 스치는 것 같더니 약간 착끈하다. 잼처 손등이 두 군데나 착끈착끈하다.

'옳지 거예 눈이 오나보다. 아마 올해는 이게 첫눈이지.'

이렇게 마음먹는 동안에 벌써 눈발이 두 눈에 완연히 띨만치 풋득풋득 흩날린다.

"아버지! 눈이 오나봐."

"그래 눈이 온다. 어서 빨리 가자. 응! 눈이 퍼붓기전에…"

둘의 걸음걸이는 좀 빨라졌다. 종종 걸음을 걷기 시작한 것이다. 얼마동안 걸어 가다가 아버지는 발을 멈췄다. 아들도 따라서 딱 서고 말았다.

"복아! 너 이 골목 생각나니?"

아들은 고개를 좌우로 살래살래 흔든다.

"저기 저 집이 예전에 우리가 살던 집이야."

서소문이 헐린 터전에서 얼마 안내려와 바른편 골목 안을 손가락질 하면서 심상찮은 어조로 말한다.

"저 기와집 말이유?"

"아니다. 그 다음 초가집 말이다."

"아주 납작한 집?"

"그래, 그 집에서 너를 낳았단다."

"나를?"

이상한 눈초리로 아버지의 얼굴을 눈발이 쉴 새 없이 흩날리는 사이로 유심히 쳐다보고 있다. 그들의 등 뒤에선 자동차가 두 대씩이나 엔진 소리를 요란히 내면서 지나간다.

"나를 누가 낳았수?"

"누가 낳긴 누가 낳아 네 엄마가 낳지."

"그럼 엄마는 지금 어디로 갔우?"

"죽었대두 그래……어린애가 왜 그렇게 정신이 없니. 까마귀 고기를 먹었느냐"

금시로 태도가 매몰스럽게 변해지며 입으로는 짜증을 내는 듯 약간 성낸 음성이었으나 칠년 동안을 이내 자식을 속여 내려오는 터이니 아무리 내색을 안 내려해도 양심에 찔려 마음속으론 고개가 저절로 숙여진다.

■■ 2 ●■

이 세상에서 둘도 없이 여기며 지극히 사랑해 내려오던 아내를 인정 사정 없이 내 쫓고 말던 날 밤도 지금처럼 첫 겨울 쓸쓸하게 눈 내리는 한 밤중이었다. 첫 아들까지 낳아준 사랑스러운 아내를 집에 혼자만 남겨두고 닷새 동안을 외방에 가있게 된 것은 정말 안심치 않은 일이었으며 진실로 애태울 노릇이었다. 간혹 가다가 밤일을 한 적은 있었어도 온밤을 통째 나가 자본 일이 없던 그로서는 그럴 법도 한 노릇이었다. 볼일이 순조로 되어 예정보다 이틀이나 빠르게 집을 향하고 허우단심에 돌아왔다. 반가이 맞어 줄 아내의 얼굴을 눈앞에 연연히 그려가면서……. 닫아 건 문을 팔이 아프도록 수없이 디립따 흔든 끝에 간신히 안에서·인기척이 났다.

"누구요?"

약간 떨리는 듯한 아내의 음성……

"누군 누구야 나지. 무슨 잠을 그렇게 잔담. 내원"

"복이 아버지세요?"

"그래 어서 문이나 열어."

비짱과 고리가 벗겨지며 문이 열렸다.

"무슨 잠이야. 스무 번은 더 불렀구먼."

"첫잠이 꽉 들어서 아주 몰랐어요."

"그럴테지. 어린 걸 데리고 온종일 시달렸으니까. 참 어린건 잘 있지?"

"네……"

왜 이렇게 일찍 오느냐고 묻지 않는 것이 좀 괴이쩍은 생각이 들었지만 방으로 들어가서나 물어 보려나 하고 마음먹으며 침침한 마당을

지나 마루위로 올라섰다. 어쩐일인지 가슴이 선뜩해진다. 좌우를 두리
번두리번 살피다가 방문을 열고서 방안을 들여다 보았다. 아내도 마루
위로 따라 올라와가지고 남편의 등 뒤에 섰다.

"날이 이렇게 추운데 어린 걸 왜 윗목에다가 뉘였어?"

아내는 잠깐 주저주저 하더니만

"방바닥이 너무 뜨거워서요……"

둘은 방안에 들어와 앉았다. 그의 손은 아랫목 요 밑으로 들어갔다.

"뜨겁긴 뭐 뜨거. 이리 와서 좀 넣어 보라구."

아내는 마지못해 남편 시키는 대로 하였다.

"언제는 이만한 방바닥에 어린거 안 쟀나."

"아마 그동안에 식었나봐요."

아내의 어색한 말소리는 확실히 떨려나왔다. '요게 나를 속이지나
않나? 세상 여자가 간혹 하는 버릇을 요것도 빼놓지 않고 나 놀래 행
실을 부리지나 않나? 아마 얼굴값을 하나보다.' 이렇게 마음먹으면서
방안을 군데군데 은근히 살폈다. 이렇다 할만 한 아무런 자취가 없다.
'별 이상이 없는 것을 공연히 의심 하였구나' 하고 자기 마음을 스스로
꾸짖었다. 의심한 것을 뉘우치던 마음이 체 가시기도 전에 그의 두 눈
에는 낯설은 물건이 뚜렷이 나타났다. 적이 놀라는 기색으로

"이 재는 무슨 재야? 틀림없는 권련 잰데. 그래, 나 없을 적에는 담
배를 피우나?"

"……………"

아내는 별안간 저상을 한다. 그리고 아무 대꾸가 없다.

"왜 대답이 없어? 먹는다든 안 먹는다든 양단 간에 말이 있어야지
안 해?"

고개를 수그린채 앉아있는 아내는 여전히 아무 말이 없다.

그는 방바닥에 흩은 담배 재를 손끝으로 비비면서

"그만 둬 다 알았어…"

무섭게 부릅뜬 두 눈에선 사람을 사를 듯한 화염이 솟아지기 시작하였다. 그는 벌떡 일어나 죽은 듯이 가만히 앉았는 아내를 쏘아보며

"바로 말해. 한대에 쳐 죽이기 전에…. 어디다 숨겨 놓았니? 부엌이냐? 헛간이냐? 그렇지 않으면 뒷간이냐? 바른대로 말해라. 내 그놈과 맘놓구 잘살도록 마련해주마. 진정이다."

바로 이때 밖에서 대문 열리는 소리가 난다.

"네 귀에도 저소리가 들릴테지? 별안간 벙어리나 귀머거리가 되지 않은 다음에야…"

그는 미닫이를 드윽 열고서 발바닥으로 재빠르게 대문간을 향해 뛰어 나갔다. 대문만 활짝 열렸지 사람의 그림자는 어디로 사라졌는지 찾을 길이 없다. 그래 그는 하는 수 없이 대문도 안 닫고 그대로 들어왔다. 아내는 폭 엎드려 흑흑 느껴가며 울기 시작하였다.

"울기는 왜 울어? 너무 좋아서. 내가 알까봐 조마조마 하다가 이제는 꺼리던 사람이 알게 됐으니 그만이지. 그리고 이렇게 된 바에야 그놈이 누구인지 내 굳이 알려고도 들지 않을터이고 하니 이 밤으로 그놈을 따라가거라. 어서 빨리…"

"………………"

"냉큼 일어나지 못 하겠니! 꼴 보기 싫다. 잠시도 머무르지 말고 냉큼 나가거라."

아내는 울음 섞인 음성으로 애원한다.

"환장을 해 그랬으니 이번 한 번만 용서해 주셔요. 네! 죽을 죄라 잘못했으니 제발…"

굳은 결심을 한 그의 음성은 갈수록 침통해질 뿐이다. 일찍이 보지

못하던 위엄조차 나타난다.

"안될 말이야. 내가 그처럼 믿었던 것만이 분하고 침통하지. 지극히 사랑했더니 만치 또한 그 만큼 밉다. 때리고 싶다. 죽이고도 싶다. 하지만…"

"네 때려 주세요. 힘껏 맘껏 때려주세요. 피가 철철 흐르도록 때리시더라도 나가라고만 말아 주세요."

하고 그의 앞으로 대든다.

"아니 천만에. 때리려면 벌써 때렸게. 평시에도 남한테 손찌검 한번 안하던 내가 더러운 네 몸에다가 이손을 댈성 싶으냐? 내어 쫓는 나를 원망말구 네 죄를 뉘우치면서 어서 바삐 나가! 당장에…"

"이 어린걸 어떡하란 말입니까?"

"어린걸 아끼고 생각하는 년이면 그따위 행실을 할라구……어린애는 걱정마라 내가 소매 동냥을 해서라도 버젓하게 잘 키워 놀테니"

아내는 젖꼭지를 빼들고서 어린 것의 입에다 대려고 한다.

"안된다. 안돼. 내가 몰랐으면이어니와 내가 안 이상에는 더러운 피가 굽이굽이 흐르고 있는 그 오장 속에서 나오는 불결한 젖을 한 방울이라도 먹이고 싶지 않다. 객적은 짓 하지 말고 어서 속히 나가라고"

"네! 이것만은 나로서 마지막 소원이니 단 한 모금이라도 먹이게 해 주세요."

"안된다니까 그래.…내 성미 뻔히 알지? 한번 안 된다면 세상없는 일이 있어도 안 되는거야. 잔소리 말고 어서 이 집밖을 썩 나가거라."

아내는 하는 수 없이 훌쩍훌쩍 느껴 울며 이미 와서 쌓인 깨끗한 흰 눈을 밟으며 방금 펄펄 날리는 눈송이를 맞아가며 깊어가는 밤거리를 홀로 천천히 걸어서 정처 없이 어디로인지 자취를 감추고 말았다.

그날 밤이 마치 칠년 동안을 지내온 오늘밤과 흡사하다. 옛 기억을

더듬으며 가만히 서있는 동안에 발 밑에도 흰눈이 쌓이고 공중에선 끊
일 새 없이 눈발이 펄펄 날리고 있다.

그는 다시 발길을 돌이켜 걷기를 시작하였다. 복이는 어째서 아버지
가 한참동안 넋을 잃고 서서 있었는지, 또는 무슨 영문인지도 모르고
아버지 하라는 대로 그의 옆을 따랐다.

눈은 여전히 퍼붓고 호젓하고, 고요한 밤거리는 끝없이 쓸쓸하기만
하다.

■● 3 ●■

어느 담 모퉁이에가 기대서서 꼬박꼬박 졸고 있던 여인네 하나!

눈을 밟는 발소리가 빠드득 빠드득하고 나는 바람에 눈을 게슴츠레
하게 떠가지고 무엇을 찾으려는 듯이 두리번 두리번한다. 양복쟁이 신
사 하나가 태평통 쪽에서 서소문 쪽을 바라보고 휘적휘적 걸어 올라온
다.

"여보세요. 저 좀 보세요."

양복쟁이는 짐짓 놀라는 모양으로 멈칫하고 딱 서고 말았다.

담에 기대섰던 여인은 그의 앞으로 가까이 다가서면서 의논성스럽
게

"잔돈 가지신거 있거든 십전만 주고 가세요."

"⋯⋯⋯⋯⋯"

그 남자는 불시에 놀란 가슴을 진정 못하였는지 어리둥절해서 말대
꾸를 얼핏 못한다.

"십전이 못 되면 오전이라도"

약간 여위긴 했지만 그래도 고은 티가 가시지 않아 꽤 이쁘장해 보이는 얼굴에 미소를 띠운다.

"대관절 당신이 사람이요? 뭐요?"

그는 세상 사람들이 흔히 말하는 여우나 귀신한테 홀린 듯만 싶어서 그러는지 이렇게 말 한마디를 하고나서 여자의 얼굴을 뚫어질 듯이 유심히 쏘아본다.

"호호 호……별 소리를 다 듣겠네. 돈이 없거든 거저 없대……여기가 무슨 골목인지 모르는 모양이군 그래……이러는데야 이러는데"

하면서 자기의 손가락으로 왼편 팔대기를 쿡쿡 쑤시는 시늉을 해 보인다. 그는 그제서야 알아 차렸다는 듯이 걸음을 좀 빨리 걸으면서

"별 미친 것도 다 보겠다. 그래 침 맞으라고 이 귀한 돈에 십전씩, 오전씩 줘?"

여자는 여전히 뒤를 따르면서

"니가 미쳤지 내가 미쳤어? 흥 중독된 것은 미친 것보다 덜한 줄 아나베… 얘! 그러지 말구 내말 좀 들어봐. 침 맞으라고 이 귀한 돈을 누가 주느냐구 그랬지? 그러면 나하고 하룻밤 자자꾸나. 그래도 직성이 안 풀리겠니?"

그는 말대꾸도 아니 하고 줄달음을 쳐 뺑소니를 한다. 할 수 없이 둘의 거리가 너무 멀어지고 보니까 이제는 할 수 없다는 듯이 어느 담벼락에 가 풀 없이 기대서면서

"또 틀렸구나. 또 틀려!"

이렇게 입안으로 가벼이 웅얼거린다.

얼마 안가서 두 눈을 또다시 스르르 감는다. 조는지 자는지(좀 비스듬히)선채 끄덕질을 연해 한다. 사람의 발자취 소리가 귀에 어렴풋이 또 들린다. 눈을 번쩍 떴다.

'옳지 이번엔 얌전하게 뵈서 동정을 좀 사야겠다'고 마음먹고서 사람이 가까이 오기를 기다렸다.

"여보세요. 저 좀 보세요."

길 가던 사람은 우뚝 섰다.

"불 못땐 냉방에 저녁도 못 먹은 어린 게 셋씩이나 웅크리고 자는걸 보고서 차마 견디다 못해 미친년처럼 뛰어 나왔으니 좋은 일 하시는셈 치고 아니 네 식구 살리시는 셈치고 몇 십전이라도 주시면 감사 하겠 습니다."

"듣기에 사정은 딱하우만 마침 가진 돈이라고는 동전 몇푼 밖에 없 는걸요."

하면서 양복바지 뒷주머니에 손을 넣어 흠척흠척 하더니만 삼전인지 사전인지 있는대로 톡톡 터는 모양이다. 손에 쥔 돈을 여자에게 주려 고 좀 가까이 다가서서 얼굴을 흘깃 보더니만 내밀었던 손을 자라모가 지처럼 멈칫하면서

"응 아편쟁이로구나. 난 뭐라구……아니 그런데 그렇게 양잘감스럽 게 거짓말을 해? 아무리 거짓말이 너희들의 다시없는 생명이지만"

이 광경 이 대화를 또 다른 두 그림자가 한편 벽에 우두커니 서서 보고 듣고 있었다.

"동전 몇 푼이나마 아깝거든 가지고 집에 돌아가서 염병 밑천이나 해라."

"이 주리 때 밀 년이! 슬며시 악담을 하네그려."

하며 달려들어서 한대 갈기려는 기세를 보고 여자는 휘돌쳐 서서 발을 재게 떼 놓았다. 이통에 두 그림자와 몹시 부딪치고 만다.

좀 작은 그림자 하나는 눈이 와 쌓인 길바닥에 가 보기 좋게 낙장거 리로 쓰러지고 매를 피해가던 아편쟁이는 금방 쓰러질 듯 쓰러질 듯

비틀거린다. 그는 아들을 일으키기 전에 당장 쓰러지려는 여자의 한편 팔을 붙잡았다. 얼굴과 얼굴은 마주쳤다. 두 사람은 서로 소스라쳐 외 마디 소리를 칠 만치 놀랐다. 너무나 뜻밖이기 때문이다. 고요한 밤공 기를 흔들어놓을 만치 <철썩>하고 뺨을 후려갈기는 소리가 요란스럽게 났다. 그것은 뒤에서 욕을 먹고 분해 쫓아오던 그 사람의 엄파같은 손 을 빌기 전에 아이 아버지는 넘어진 자식의 앙가품을 한 것이다.

"한번 더 때려 주세요. 아니 얼마든지 당신 손에 맥이 풀릴 때까지 실컷 갈겨 주세요 네!"

여자의 새되고 쨋쨋한 마치 대쪽을 쪼개는 듯한 음성이었다. 뒤에서 쫓던 사람은 길바닥 위에 넘어진 어린애를 안아 일으켜 놓고서 어안이 벙벙해 그들의 거동만 살피고 서서 있을 뿐.

"더 때리라구? 많이 더 때릴 필요는 없어……그만하면 어린애 넘어 뜨린 분풀이는 되니까."

하면서 어린 것 옷에 묻은 눈을 털기 시작하였다.

"어서 가자. 과히 다치지나 않았니?"

"무르팍이 아퍼."

둘은 휙 돌쳐서서 한발자국을 냅드려할 때

"여보세요 이왕 만난 김에 날 죽여주고 가세요! 네! 당신 손에 죽는 다면 죽어서도 아무 여한이 없겠어요…"

"………………"

무언! 그래도 걸어만 간다.

"여보세요! 걔가 복이 아닙니까? 단 한번 만이라도 좋으니 손목을 좀 쥐게 해주세요."

그는 휙 돌이키며 매서운 눈초리로 여자의 얼굴을 당장 갈아 마실 듯이 노려보면서

"무슨 객쩍은 소리를 해! 얼토당토않은 소리를……. 복이는 벌써 죽은 지 오래야."

여자는 적이 놀라는 표정으로

"네? 그러면 쟤는요?"

"지금의 아편쟁이가 팔년 전에 낳은 복이는 벌써 죽어 없어졌구 갖은 고초를 다 겪으면서 칠 년 동안 내손으로 손수 키운 복이는 네 보란 듯이 살아있다."

하면서 발을 빨리 떼어 놓는다. 다시는 뒤도 안 돌아다보며 걷기만 해 오직 거리만 점점 멀어 질 뿐 아니라 자욱하게 눈 내리는 뿌연 속에 잠겨 둘의 모습이 희미해질 뿐이다. 그 여인은 미친 듯이 쫓아가면서

"복아!" "복아!"

하고 연해 부른다.

창자 속에서 구비케 울어 나온 듯한 좀 처량한 목소리가 눈 내리는 고요한 거리의 죽은 듯이 잠잠하던 쓸쓸한 공기를 뒤흔들어 놓는다. 실성한 사람처럼 두팔을 벌리고 그 둘의 뒤를 따라가면서

"복이야!"

"복아!"

하고 애처롭게도 외친다. 하얗게 눈이 덮인 길바닥 위에 몇 번인지 모르게 엎드리고 고꾸라지고는 또 일어나 비틀거리며 쫓아가면서 아들의 이름을 헛되이 높다랗게 불렀다. 오장육부에서 끌어 나오는 안타까운 부르짖음이었다.

아들의 손을 이끌고 줄달음치다시피 앞만 바라보고 빨리 걸어가던 그는 무슨 생각을 했는지 홱 돌이키면서 무엇인지 여자 앞으로 팽개치고는 아까보다 더 빠른 걸음걸이로 재친다.

엎드러지며 곱드러지며 앞서 간 사람만 쫓아가던 그 여인은 주춤하고

서서 '뭘까?' 하고 생각에 짚어보니 그것은 지갑이다. 얼마가 들었는지는 몰라도 손에 만져지는 품이라든가 또는 흔들어보니 소리가 분명히 남으로 돈이 들어 있는 것만은 틀림없는 일이라고 언뜻 생각된다.

'이걸 열어볼까?'

이런 생각이 머리에 떠오르다가 삽시간에 마음을 돌이켜 먹고서 다시 몇 발자국 앞으로 뛰어 나가며 손에 쥐어진 지갑을 어린 복이가 아버지 손에 매달려 끌려가는 그쪽을 향해 힘을 다해가지고 팽개쳤다.

그리고나서

"아하! 내 몸이 이 지경만 안 되고 그이를 만났더라면 복이를 다시 나에게 내 맞겼을는지도 몰라……내가 생각해도 열 번 백 번 죽일 년 이유. 돈보다도 복이의 손목 한번만 만져보게 해주지 않구."

이렇게 원망하듯 웅얼거린다. 그리고 더 따라갈 기운조차 이제는 지쳤는지……. 한참동안을 멀거니 섰다가 또다시 발을 떼 놓면서

"복아!"

"복아!"

하고 목청을 높여 자취조차 아주 사라진 아들의 이름을 미친 듯이 불렀다. 그리고 그 둘을 어디까지 쫓아가 붙들고야 말려는 듯이 퍼붓는 눈을 온 몸에 맞아가며 앞으로 앞으로 비척거리면서 줄달음쳐 나간다.

『풍림』, 1937년 2월

■● 1 ●■

어느해 어름 큰 비가 두 세번 오고 큰 물이 두 세번 가서 허술한 집
이 무너지고 집들이 떠나간 뒤에 개천물이 다시 줄어들기를 시작하였
다. 나날이 줄어 들어감을 따라 장마지기 전부터 시작하였던 개천공사
도 다시 시작되어 많은 노동자가 머리악을 쓰고 덤벼 다투어 가며 일
을 할 수 있게 되었다. 개천공사래야 한 두달에 끝이 날 약간 고치는
것만이 아니라 깊이로 말하면 두 세길이나 되고 넓이는 대여섯 간통이
나 되는 유착한 천을 그대로 덮어서 개천 웅구위로 사람이 다니도록
길을 만드는 큰 공사다. 개천 밑바닥을 파서 뭉구리 돌맹이를 깔아가
며 단단히 다진 뒤에 그 위에다 그대로 양회바닥을 만든다. 그 다음에
는 양편에다 굵다란 철사로 얼기설기 얽어놓고 거기다 그대로 양회를
넓혀서 훌륭한 시멘트 벽을 만들고 이벽저벽을 건너질러서 굵직한 철
을 가무질러 놓고 거기다가도 시멘트를 두툼하게 입혀 아주 육지와 마
찬가지로 만든다. 이와 같은 일이 작년 가을부터 시작되어가지고 깊은
겨울에만 잠깐 쉬었다가 다시 시작한 뒤에 봄내 여름내 계속하여 내려

왔다. 그러다가 장마를 만나가지고 거의 한달 동안이나 쉬다가 바로 요 며칠 전부터 다시금 개천 덮어 올라가는 콘크리트 공사가 시작된 것이다.

오늘도 해가 뜨기 전부터 공사가 시작되었다. 이쪽저쪽에서는 집들을 허느라고 먼지가 자욱한 속에서 요란한 소리가 끊길 새 없이 일어나고 그 밑에서는 흙 실은 조그마한 흙차가 덜컥거리며 쉴 새없이 오르내린다. 물이 주르르 흐르는 흙을 한꾜 잔뜩 싫고 한차에 두 세사람씩 매달려 힘에 겨운 듯이 헐떡여 억지로 떼다 밀며 올라갈 때에는 비오듯 솟아지는 땀을 연해 씻어가며 <영치기 덕치기>를 목맨 소리로 힘없이 외친다. 그러다가 흙을 쏟아놓고 빈차로 내려올 때에는 이제야 살았다는 듯이 한교 안에 가 드러앉아 서로 콧노래도 부르고 가슴을 해쳐 바람을 쏘이기도 한다. 그러나 머리 위에서는 불같은 햇빛이 사람을 사를 듯이 무시무시하게 내리쪼이고 있다. 그렇지마는 열개나 넘는 흙차는 조금도 쉬지를 않고 힘에 부쳐 헐떡거리는 듯이 개천 속에서 평지위로 오르내린다. 어제까지 덮어올라 온 그 위에서는 오늘에 할 일을 바쁜 듯이 열심으로 준비하고 있다. 커다란 널판을 깔고 그 위에다 생철을 편 다음에 그 철판 위에다가 양회범벅을 한다. 시세와 양회를 한데 섞고 거기다가 바둑돌을 집어넣은 다음 물로 약간 쳐가지고 한데 뒤범벅을 한다. 그것을 뒤섞는 소리가 귀가 아파 듣기 싫을 만치 요란한 소리를 낸다. 바둑돌이 생철바닥에 가 뒤재주쳐서 대걱거리는 소리 열아문이나 부상이 쇠판에 부딪혀 제각기 소리내는—쇠와 쇠가 마주칠때에 일어나는 소리—이 모든 소리가 한데 어우러져 마치 전쟁터와 같다. 또 한 옆에서는 물을 길어오기도 하고 양회, 시세 바둑돌, 이 모든 것을 목도질해 나르고 있다. 가져오는 것이 조금만 늦으면 감독과 조선사람 십장이 번갈아가며 돼지 목따는 소리같이 고래고래 악

을 써가며 욕을 물퍼듯 한다. 정─심하면 때리기까지도 한다. 뺨도 맞
고 대강팽이도 쥐어 박히고 정강마루를 발길로 세차고 무지하게 걷어
차이면서도 그들은 말 한마디 못한다. 개천 아래에선 철사 엮는소리!
성축 무너뜨리는 소리! 커다란 돌을 세 토막 네 토막씩 내느라고 청인
들이 몰려 앉아 정─질하는 소리! 큰 돌멩이를 목도로 미어 나르는
소리 이렇게 수십명이 제각기 떠드는 소리! 이 모든 소리가 위에서 일
하느라고 떠들썩하는 소리와 한데 어우러져 뭇사람들은 물끓듯 야단
법석이고 모든 소리는 악막울이 끓듯 끓는다.

"마게마게 열뚜루마게 ─ 마게마게 심이마게 ─ 마게마게 열두나마게 ─"

이런 소리도 이따금씩 일어나고 그 소리가 채끈치기도 전에 저편쪽
에서

"영치기 영치기 치기치기 치기치기…영치기"

하고 힘드는 것을 조금이라도 참고 잊어보겠다는 듯이 숨이 턱에 차
헐떡거리며 부르짖기도 한다.

"치역─치역─치역치역─거기 놓고"

이 소리는 개천 속에 있는 돌을 성축 위로 끌어올리는 목도꾼들의
노래조로 부르는 청승맞은 소리다.

"넘어간다 넘어간다. 쉬지 않고 또 넘어간다. 넘어간다 넘어간다 자
주 넘어가누나. 새벽부터 지금까지 이천통째 넘어가지만 어이 이 해는
언제나…"

이 소리는 개천 바닥에 흐르는 물을 말리기 위해서 한 옆으로 홈통
을 대고 바닥에 고인 물을 석유통으로 퍼서 한길이나 되는 그곳에다
넘기는 사람들의 서투른 노래조로 부르는 어색한 소리다. 이 외에도
가지각색 소리가 다 일어난다. 단단한 땅을 곡괭이질 하는 사람 흙을
한데 모으느라고 삽질하는 사람 지게지고 흙 나르는 사람 발채 얹힌

지게를 지고 돌아서스량이면 거기에다 진흙을 부삽으로 퍼서 담아주
는 사람(中一頁略)

흙을 나르는 것은 김십장 혼자서 도맡았기 때문에 이와 같이 이따금
씩 잔소리를 하는 것이다. 김십장은 노동판으로 돌아다니며 얻어 들은
일본 내지 말이나마 이제는 제법 곧잘 하기 때문에 내지인 감독이 하
나로 알아준다. 여기 와서 일하는 사람들이래야 대개는 시골에서 농사
짓던 사람들이라 이곳에 와서 일한 뒤에야 겨우 <오마에> <마가>
<영감이상> <가네(돈)ㅡ> 이런 종류의 말 밖에는 할 줄 모른다.

김십장의 됨됨이가 키가 크고 몸집이 비대하고 얼굴이 우악스럽고
두 눈이 툭 불그러져 남이 보기에 감대 사납다고 할만치 무섭게 보인
다. 감독은 또한 이 점을 취하였다. 그래 말이 십장이지 반 감독이나
다름없다 말하자면 도십장 격이다.

이런 관계로 해서 이번 새로 일 시작할 때부터는 흙 파 옮기는 일만
은 도급 맞다시피 하였다. 그러나 흙차만은 아니다. 흙차가 아니고도
매일 삼십명씩 쓰는데 그들은 전부가 시골사람들이었다. 그것은 일부
러 그런 사람들을 고른 것이다. 매일 한명앞에 일원씩 쳐서 받아가지
고 그들에게는 구십전씩 나누어준다. 그리고 자기는……………
………삼원씩 딸기 따듯 수중에 들어온다. 그리고 이와 같이 편히 놀
며 따로 이원씩 생긴다.

■ ● 2 ● ■

새로일을 시작하기 한 십여일 전에 개천을 덮어 길을 낸 중간쯤에는
새로이 집 한채가 생기게 되었다. 말이 집이지 흡사 돼지우리간 같다.

지붕만은 다른데 비해서 제법 훌륭한 편이다. 좀 낡기는 하였지마는 그래도 생철 중에는 제일 간다는 누비생철이다.

집의 길이는 여덟간이나 되고 넓이는 간반통이나 되는 곳을 삥 돌아가며 거적 떼기로 틀어 막았다. 거적이래야 어디서 그렇게 모아 왔는지 새거라고는 약에 쓰랴 하나도 없다. 썩어서 빛깔이 시커멓고 쥐가 뜯어 먹었는지 군데군데 구멍이 펑펑 뚫어졌고 가장자리가 무소른거처럼 푸러져서 지푸라기가 그대로 너털거린다. 그나마 거적이 많이 들까봐 땅바닥에서 지붕 꼭대기까지가 겨우 한길이 되거나 말거나 하게 키가 얕디얕다. 그래서 사람이 드나들려면 아무리 키가 작은 사람이라도 반듯이 허리를 굽혀야 될 만치 착 깔린 집이다.

아무리 새로 짓기는 하였지마는 언뜻 보기에 허술하디 허술한 보잘 것 없는 낭아야(長星)다. 움집 보다가 조금 나을지 말지 한 거적 두른 장옥이다. 북쪽으로 한 간쯤은 따로 칸이 막히고 그다음 한 칸은 부엌 겸 찬간으로 쓰는 모양이다. 그리고 그 다음칸을 어는 공석 같은 것 가마니튼 것을 모로세로 되는대로 막 깔아 놓았는데 날 맑은 날에도 그 안은 우중충하여서 말이 옴구석같다 이런 곳이 여섯칸이나 되는데 한가운데에는 부대로 막고 한편 귀퉁이로만 사람이 드나든다. 그리고 남쪽으로 문하나가 있어 그곳으로 사람들이 드나든다. 이 집으로 말하면 김십장이 지어놓고 밥장사를 하는 집이다. 그래 북쪽으로 한칸 마로막은 곳은 자기 내외가 들어 있는 곳이고 남쪽으로 세칸씩 된 곳은 한군데서 열다섯명씩 자기가 부리는 노동자를 둔 곳인데 침실 겸 식당 겸 또는 일하고 나서 쉴 때에는 오락장으로 쓴다.

밥 한상에 이십전씩 받고 하루에 세끼씩 매 먹이면 한사람 앞에 십여전 이상 이십전 가량은 매일 떨어지는 폭이다. 밥 사먹는 사람들도 다른데 보다가 투철이 비싼 줄 알기는 알면서도 울며 겨자먹기로 어찌할 수 없이 그대로 들견된다.

"밥한상에 이십전씩은 우리같은 놈이 먹는것으론 좀 과할걸―"

하다가도 매일같이 쉬지 않고 일하게 되는 것과 잠 거저 자는 것을 생각 할 때에 좀 과한 편이란 생각은 어디로 사라지고 오히려 자기네가 일하고 받아야 할 돈을 요모조모 다 갉아먹기로만 위주하는 김십장이 고마운 듯하고 자기네의 목숨을 살려주는 은인인 듯시피 여기게 된다. 그렇지않게 생각하는 사람이 있더라도 김십장앞에서 붙박이로 일하는 편이 낫다고들 마음먹는다. 일터에 사람이 어느 때든지 넘치기 때문에 잘해야 이틀에 한번씩 얻어 걸리거나 말거나 한다. 그렇게 일 못 얻어 하는 날이라고 지게 벌이나 할 수 있느냐하면 그것도 할 수 없다. 짐 지우려는 사람은 점점이 악해지고 짐지려는 사람은 나날이 늘어서 길바닥에 널린 것이 지게꾼이니까 재수가 좋아야 하루에 이삼십전 벌거나말거나 한다. 이렇기 때문에 김십장의 하는 일이 눈에 거슬리기는 하지만은 어찌할 수 없이 그대로 참는다. 김십장은 이것을 한 좋은 기회로만 알고 그들을……………………다한다. 어떻게든지 죽어 굴신을 해서라도 감독 눈에만 벗어나지 않으면 그만이란 생각하기는 일할 사람이 얼마든지 부지기수란 마음을 먹고 있기 때문이다. 아닌게 아니라 일할 사람들은 엄청나게 많지마는 그들을 다 써주지 못한다. 날이 채 밝기도 전에 일할 사람들이 물밀 듯 몰려 들지만은 그들의 절반을 못써주게 되는 형편이다. 그래 김십장이……………………
………………………………………………………………………………

… 그들이 못난이 같기도 하다. ………………………………………
………………………………………………………………………………

…………………………………

그들이 진종일 시달리다가 하던 일을 쉬고 장옥으로 돌아올라치면 김십장의 일터에서 하던 짓이 조금 누그러지기는 하지만은 가다가 털 끝만치라도 비위에 틀리기만 하면 소리를 고래고래 질러가며 야단법 석이다. 요 며칠 전에도 삼십명 중에서 그중 나이 많이 먹은 사람이 점 심밥을 먹고 나서 고단해 그랬던지 한 구석에 드러누웠다가 잠이 깜박 들어 일터로 나오지 않았다고 눈이 빠지도록 야단을 맞은 일이 있었다.

이외에도 소소한 일로 쥐어 박히고 발길로 채고 누구나 비위에 거슬 릴 만치 개 꾸짖듯 하는 꾸지람을 당하는 일이 하루에도 수없이 일어 난다. 그럴때마다 여러 사람들은 말없는 가운데 모조리 그를 미워하였 다. 또는 몰래 수군거렸다.

한솥에 밥을 먹고 한지붕 아래서 잠을 같이 자지만 참으로 한집안 식구 같지 않다. 김십장은 마치 물에 뜬 기름 모양이다. 자기 한 몸만 이롭게 하려니까 여러 사람들과는 조금도 어울리지 않았다. 속도 모르 는 사람이 보면 아무 간격이 없고 시기가 없고 미워함이 없는 것 같이 보이지마는 속을 캐 들어가보면 틈이 벌어져있고 거칠게 얼기설기된 감정이 풀릴 줄을 모른다. 날이갈수록 점점 더 얽히기만 할뿐이다.

겉으로 보기에는 네것 내것이 없이 다만 제각기 움직여서 그 얻은 것으로 여러 사람이 한데 모여 재미있게 잘 — 살아가는 원시인(原始人) 의 살림살이 같다. 장옥! 그 집안에서만은 서로 다툼이 없는 가장 평화 롭고 행복스러운 생활 같이 보인다. 그러나 그들은 원시인의 생활같은 그러한 살림살이를 하면서 실상은 그렇지도 않다. 장옥 안에서 한데 밥먹고 잠자는 삼십명의 주머니 속에는 담배도 안 먹고 술 한 잔도 마 시지 않는 사람이래야 겨우 삼십전 밖에는 안 들어간다. 십전은 귀신 도 모르게 꿈도 못 꾸어보고 그대로 은연중에 사라지고 만다. 그 다음 에 밥값으로 육십전 돈은 손에 쥐어보지도 못하고 그대로 김십장 주머 니 속으로 다리도 없이 잘 기어들어간다. 그래 결국 그들 손에 쥐어지는 것이라고는 하루에 겨우 삼십전 밖에 아니 되는 폭이다.

김십장 마누라는 밥장수 하는데 재미가 나서 몸을 나비처럼 팔팔 날리며 엉덩춤을 덩실덩실 춘다. 삼십이 되거나 말거나 한 그리 밉지 않게 생긴 여인이다. 사나이의 쌍스럽고 우악하고 무뚝뚝한데 비해서는 과한 편이다. 그 우악과 심술에 눌려서 그대로 붙잡혀 사는지도 모른다. 얼굴에 주근깨가 약간 있어서 그렇지 갸름한 얼굴판이 꽤 예쁘장하다. 삼십여명 가운데 여편네라고는 한사람 밖에 없어서 그런지 젊은 사람의 마음을 넉넉히 끌만하다. 여편네의 됨됨이가 재바르고 암팡져서 삼십여명 밥을 일꾼하나만 두고 혼자서 해 먹인다. 힘에 좀 부치기는 하지만 모든 일을 강력으로 버틴다. 쌀 나무 김칫거리 찬거리 같은 것을 모두 다 손수 해온다. 부리는 사람 하나 있대야 물이나 길어오고 김치거리나 같이 씻고 불이나 떼고 가끔가다가 설거지나 좀 하고 밥때에 밥을 나르는 것뿐이다. 그 외에는 모든 것을 자기 혼자서 한다. 어떠한 때에는 밥을 푸면서 국 풀 사람이 생각나고 김치를 채 못 폈으면 김치 풀 사람이 생각난다. 그러나 사람을 부리려면 밥만 먹이는 것이 아니라 딴 돈을 얼마간 주어야 할 생각을 하면은 돈이 아까워서 사람 하나 더 둘 생각이 천리만리 달아나고 만다. 그래 아쉬운 대로 지낸다. 이런 까닭으로 해서 그렇게 감매 사나운 김십장이 마누라 앞에서만은 숨이 죽는다. 그리고 여간 위하지를 않는다. 돈이 아까워 혼자서 뼈 빠지도록 힘에 부치게 일하는 것을 보고….

그 어느 때인가 혼자 앉아서 김치거리 다듬는 것을 보고는 하루바삐 사람 하나를 더 얻어두라고 하였지마는 마땅한 사람이 없다는 핑계로 여지껏 얻어두지 않았다.

■● 3 ●■

　해가 저물었다. 개천 속에서 온종일 비지땀을 흘려가며 쉴 새없이 일하던 사람들도 이제는 하나씩 다들 돌아갔다. 김십장이 거느린 삼십명의 일꾼들도 다같이 장옥으로 돌아왔다. 돌아오는 맡에 다투어가며 세수를 하고나서는 어떠한 사람은 길바닥에 가 퍼더버리고 앉아 더운 밥과 더운 찌개를 훅훅 불어가며 맛있게 먹기도 하고 어떠한 사람은 장옥 안에 앉아서 무엇이라고 서로 이야기 해가며 밥숟가락을 연해 입으로 끌어올린다. 이거 한가지 때문에 우리가 남한테 얻어맞고 욕을 먹어가며 지랄발광을 하는 것이라고 하는 듯하다. 더위에 못 견뎌 주인 자는 곳만 그대로 두고 그 나머지는 모조리 거적떼기를 걷어매지 않았으며는 지붕 위로 치켜 얹었다. 그렇다고 아주 Ep어 논 것은 아니다. 비가 오거나 또는 새벽녘에 선선할 양이면 걷었던 것을 모조리 내려서 사면을 가린다.

　그들의 밥 먹는 것도 어언간 끝이 났다. 그들에게도 두 다리를 퍼더버리고 편안히 쉴 때가 닥쳐왔다. 여기저기 모여 앉아서 이 삭단이들도 하고 이곳저곳에 묵묵히 드러눕기도 했다. 그러나 대개는 길바닥에 있다. 지금도 새 골목이 있어서 새로 난 응구길로도 사람들이 꽤 많이 다닌다. 남쪽으로 내려가기만하면 바로 비각소 앞 너른길이 나서기 때문이다.

　감독에게·····························그리고도 나빠서 십장한테 그 이상 더한 짓을 당하다가도 밤이 되면 이와 같이 자유스러운 몸이 된다. 두 겹으로 쪼들리고 들볶임을 받다가도 해만 지면 요만한 행복이나마 그들을 찾아오는 것이다. 그들은 요 때를 가장 기뻐하는 터이다. 밥먹는 때와 쉬는 때와 잠자는 때같이 더 좋은 것은 없다.

"양회일 맡은 십장이 온종일 눈에 안 띄니 어쩐일이야?"

장옥안에 반—듯이 드러누웠는 한 사람이 이와 같이 말을 끄집어내었다. 뒤따라,

"내역말일세 눈에 한번도 안 띄고 다만 감독만이 왔다갔다 하던걸"

"아니 박십장 말인가?"

하고 까닭을 잘 안다는 듯이 길바닥에 앉았는 사람이 말 참견을 한다.

"그래 계집 셋씩 두고 막 홍청거린다는 놈 말이야"

"우리 같은 놈은 한 년도 없어서 죽겠는데 자그마치 세년씩이야…그런데 그놈이 어쨌단말인가?"

"간밤에 둘째 첩집에서 자다가 밤중에 난리를 만났다나. 얼굴 가린 두 놈이 들어가서 어떻게 능지가 되도록 패 주었는지 오늘 아침에 병원으로 담아갔다네. 그런데 암만해도 죽겠대."

"아마 강도든게지"

"강도는 아닌 모양이야 강도 같으면 무슨 물건이든지 가져갔게. 아마 무슨 일에 앙심을 먹은 놈인가 보데, 그렇기에 두들겨 패기만하고 갔지."

"아니 그놈이 무슨 돈으로 자그마치 계집을 셋씩이나 두고 막 홍청거렸단 말인가?"

"이 사람아 양회일하는데 사람 몇이나 쓰는 줄 아나? 모두 오십여명이야 오십여명! 그러니 일원씩 타가지고 구십전 주는놈. 팔십전주는놈. 그리고 제일 많이 어린 사람들을 써서 오십전이나 고작 육십전씩 주니 그 떨어지는 돈이 얼마나 될 듯싶은가 그리고 자기는 펀둥펀둥 놀면서도 따로 이원오십전씩 떡치듯 받지 않나. 그래 본 마누라 외에 첩이 둘씩이나 된다데"

"남의 …………………호강 잘 한다. 그러니 어느 놈한테 경 안치겠

나?"

지금까지 아무말 없이 잠잠히 듣고만 앉았는 한 사람이 무슨 생각이나 한 듯이 그들 앞으로 다가 앉으며

"어제 저녁에 나는 이상한 일을 보았어요. 밥을 먹고 나서 하도 덥기에 차츰차츰 이 위로 올라간 것이 감독이 있는 집(그집도 임시로 지은 것인데 주데기로 억가가 같이 만든 집)앞으로 가질 않겠어요. 그런데 그때 마침 지금 말하는 박십장이 누구하고 말다툼을 하겠지요. 자세히 들으니까 다른 사람은 다들 고가(高價)를 나누어 주고서 단지 세 사람에게만 잔돈이 없다고 내일 찾아가라 하면서 막 우겨대니까 "하루 벌어 하루 사는 놈이 어떻게 내일까지 참을 수 있느냐"고 애걸을 하지 않겠나요. 나중에는 십장이 그들을 그대로 떼지고 가면서

"오늘 일 안 한 셈만 잡게 그려" 하고 어디로 휘 가겠지요—"

"그런……………………"

이 말은 맨 처음 물어보던 사람의 어지간히 분해하는 듯한 말씨였다. 다른 사람들도 다같이 분해하는 모양이다. 그리고 어제 저녁에 박십장을 때린 사람이 그 사람들이나 아닌가하고 다들 의심하기를 마지 않는 눈치다.

밤은 점점 깊어간다. 한쪽에서는 어제와 같이 또 노름이 시작되었다. 행길 쪽은 물론이요. 부엌 있는 쪽으로 걸어찼던 거적까지 다시 내려 가리고 한 귀퉁이에 촛불을 켜놓고 밤마다 잘 줄도 모르며 줄기차게 하는 투전이 오늘밤에도 또 시작된 것이다. 불을 한 가운데다 놓고 칠팔인이 쭉 둘러 앉았으며 세 네사람은 허리를 구부린 채 서서 눈들이 벌개 가지고 노름하는 것을 내려다 보기도 한다. 앉았는 사람이 돈을 다 잃고 나면 겨우 비집고 넘겨다보며 섰던 사람이 또대서 앉기도 한다. 그들은 남의 돈을 서로 먹어보려는 것이다. "갑오낭청이다" 하고

팻장(투전장이란 말)을 여러 사람에게 내보이며 판에 흐트러진 돈을 모조리 끌어들인다. 여러 사람들은 눈이 벌개서 물주가 돈 모아 들이는 손과 만족해하는 얼굴을 물끄러미 바라다본다.

패(물주)는 언제든지 일터에선 십장이고 들어와서는 밥장수 노릇을 하는 김명환이가 잡게된다. 돈이 많은 관계도 있겠지만 패를 잡아야 여러사람의 가진 돈을 용이히 다 빼앗을 수 있는 까닭이다. 노름을 맨처음 시작하게 만든 사람도 김십장이요 노름을 하고나면 모조리 돈을 빼앗는 사람도 밥장사 주인이다. 김십장은 워낙 노름을 잘하는 사람으로 서투른 사람의 돈을 힘들이지 않고 넉넉히 빼앗을 수 있는 아주 익숙한 노름꾼이다. 그래 그들의 이 삼십전씩 남는 돈을 마저 빼앗아 자기주머니를 두둑히 만들기 위하여 노름을 시초한 것이다. 아닌게 아니라 김십장이 마음 먹은 대로 그들은 뼈가 빠지도록 일하고 받은 돈을 요모조모 다 빼앗긴 다음에 나머지 돈을 마저 빼앗기고 만다. 서투른 노름을 해서……

날마다 잃으면서도 그래도 혹시 잃었던 돈을 도로 찾고 그리고도 많은 돈을 먹을성만 싶어 그들은 날마다 노름을 계속한다. 처음에는 이사람 저사람에게 취해가지고 노름을 하였지마는 요 며칠동안은 한사람이 세 몫 네 몫을 합쳐가지고 하기 때문에 삼십명 가운데 노름 안하는 사람이 불과 사 오인 밖에 안되는 셈이다.

"한장 더 주게—앗 차차 아주 꼭 미었는걸 똥 나올 구녕도 없이" 하고 무르팍을 탁 치고 끝을 내며 팻장을 판에다가 탁—내친다.

"나도 똥 나올 구녕 하나 없이 꼭 미었네."

"다 먹으소 아주 따라지요."

"나는 겨우 다섯 끗인걸."

"삼육(三六)이 버드러졌네 흥! 오래간만에 갑오 한번 잡아본다."

"그러면 자네만 먹게. 자—나는 여덟 끗일세" 하고 물주가 한사람의 것만 빼놓고는 판에 돈을 다 몰아들인다. 서로 좋지 못한 사이가 한자리에 앉아서 노름을 하는데 더구나 한 사람만이 자꾸 먹는다.

또 팻장을 들었다. 아까보다도 돈들을 더 많이들 질렀다. 이번에는 대개 두장씩 받았다. 두장씩만 받고 더 받지 않는 것을 본 물주는 얼굴을 약간 찌푸린다.

"일팔(一八)낚시에 금 잉어 꿰었네… 이번이야 잃겠나"

"자— 새우(四五) 싸움에 고래(鯨)등 터졌네."

"이번에는 나만 움 붙었는 걸 겨우 넷 끝이야"

하고 팻장을 물주 앞으로 와락 내던지는 사람은 처음 장에 넷 그다음에 일곱 그래서 열한 끗이기 때문에 또 한 장 더 뽑으니까 이번에는 세 끗이 나와 겨우 넷이 되니 할 수없이 투전장을 내동댕이친 것이다. 화를 내면서…….

"이칠(二七)선이가 발병이 났네."

"나는 삼육(三六)이 버드러져서 그래도 또 몰라 물주가 하도 세니까 장땡이나 잡으면 어쩌게"

이 말이 채 떨어지기도 전에 물주가 소리를 벽력같이 지르며 팻장을 내보이는데 아니나 다를까 어엿한 장땡이었다.

"안되는 놈은 자빠져도 코가 깨지니까 삼십구년 만에 갑오한번 잡으니까 물주는 장땡이라… 일은 묘하게 되는 걸"

이번에는 김십장이 어느 틈엔지 여러 사람들의 눈을 감쪽같이 묘하게 속여먹은 것이다. 여러 사람들은 한사람에게 속절없이 속아 넘어갔다.

밤은 깊어가건만 장옥안의 노름판은 그칠 줄을 모르고 여전히 계속되어 있다.

밤이면 이슥하도록 노름들을 하고 낮에는 힘에 부치는 일을 온종일 눈 코 뜰 새없이 하는 가운데 날은 자꾸자꾸 미끄러져 흘러갔다. 열흘이 지나고 한달이 지나고 두달이 훨씬 넘어섰다. 그래도 밤마다 노름은 그칠 줄을 몰랐다. 그런데 이즈막 와서는 이상하게도 김십장이 돈을 자꾸 잃기만 한다. 그 동안에 몇 번이나 여러 사람을 속여 먹으려다가 그들에게 들켰기 때문이다. 그들은 날이 갈수록 문을 밝히고 노름하는 솜씨도 점점 익숙해졌다. 이즈막에는 한번도 야바위(속이는 것)를 쳐보지 못하였다. 그들은 이제 용이히 속지 않는다. 도리어 김십장을 속여먹고자 한다. 일이 이렇게 뒤집혀져서 김십장은 열 번에 두 세번을 먹거나 말거나한다. 김십장은 오늘저녁에도 두 번째나 자기가 자는 곳으로 드나들었다. 한번 갈 때마다 돈십원씩 착실히 손에 쥐고 돌아왔다. 두 번째 가져온 돈을 모조리 잃고 세 번째 일어섰다. 한 달음에 부엌으로 쓰는 곳을 지나서 자기 마누라 있는 곳으로 들어갔다.

마누라는 드러누웠다가 벌떡 일어나 사내의 어지간히 흥분된 얼굴을 쳐다보며

"또 다―잃었소?"

하고 물어본다. 김십장은 좀 상기된 듯한 얼굴로 아내를 내려다 보며 힘없는 목소리로

"어쩐 일인지 오늘은 자꾸 잃기만 하는구료. 그 쌀 판다던 돈에서 이십원만 더 줘. 이번에야 설마 또 잃어 버릴라구 아까 것도 죄다 찾게 되겠지…"

"이건 똑 밑 빠진 시루에 물 길어 붓기로구료."

이와 같이 짜증을 내며 말하는 아내의 얼굴엔 좋지 못한 빛이 가득하다.

"왜 이리 잃어…남은 가뜩이나 재수가 없어 화가 나는데― 여러 잔말 말구 어서 돈이나 내봐."

아내는 마지못해 돈을 내주었다. 돈을 내주면서도 오늘은 자꾸 잃어버릴 듯싶다. 며칠째 두고 돈 백원이나 착실히 잃어버렸다. 오늘밤만 하더라도 벌써 육 칠십원 착실히 잃었다.

김십장은 아내에게서 돈을 받아가지고 여러 사람이 기다리는 곳으로 왔다. 다른 사람들은 김십장 돌아오기를 제각기 기다리고 앉았다. 얼마동안 끊었던 노름판은 다시 시작되었다. 처음에는 김십장이 자꾸 먹다가 나중에는 또다시 한푼 없이 죄다 잃었다.

이제부터는 이사람저사람 한테서 취하기 시작하였다. 그들은 며칠 밥값으로 대신 아낄 맘 잡고 돌아가며 취해주었다. 그러나 번번이 잃기만 한다. 그래 김십장은 몸이 바싹 달았다. 두 눈에는 시뻘건 핏줄이 서고 입은 이따금씩 실룩거려진다. 잃으니 김십장만 자꾸 잃게 된다. 이 바람에 뭇사람들이 다들 잃지 않고 몇원씩 몇십원씩 땄지마는 그 중에도 정서방이라는 사람이 제일 많이 땄다. 김십장이 며칠을 내리 두고 잃은 돈이 거의 정서방한테로 옮아갔다. 지금쯤 정서방 주머니 속에는 돈 백원 착실히 들어있다. 이것을 생각할 때마다 김십장은 분통이 터질 지경이다. 어떻게 해서든지 그 돈을 도로 찾으려고 애썼다. 그러나 정서방의 돈은 용이히 그의 주머니 속에서 잘 나오지 않았다. 김십장이 돈을 좀 취해 달래도 잘 취해주지 않는다.

"오늘은 고만들 하지. 밤도 늦고 했으니."

하고 정서방이 물러선다. 다른 사람들도 덩달아

"참 밤도 꽤 이슥해진 모양인데 그래도 눈을 좀 붙여야 내일 또 일하지"

"십장! 이제 그만 두시죠. 어쩐 일인지 오늘은 자꾸 잃기만 하시니"

"돈들을 더 안 취해 주려구 그러지 뭐 언제는 이맘때 잤나."

하고 십장이 화를 낸다.

"아니요, 천만에 그럴리야 있겠습니까"

"다른 때보다 사실 더 늦었어요."

"그만들 두 ― 그렇게 자고 싶거든 어서들 자소."

이처럼 메다붙이듯이 볼멘소리를 한마디하고 벌떡 일어나 자기 처소로 돌아왔다. 자리에 드러누웠으나 돈 잃은 생각이 머리속에서 뱅뱅 돌아 끝없이 분하기만하다. 그래 한 잠도 자지 못하고 그대로 밝혔다.

이와 같이 김십장은 나날이 돈을 잃기만 하였다. 여러 사람들한테 취하다 취하다 못해 나중에는 빚 몇 군데서 얻었다. 그러나 그것마저 잃어버리고 말았다. 감독에게까지 신용으로 몇 차례 더 해왔다. 김십장은 이렇게 나날이 자꾸자꾸 꾸어만 들어갔다. 그런 중에도 더욱 화나는 일 한 가지가 생겼으니 그것은 그 중 돈 많이 먹은 정서방이 며칠째 내리 두고 한번도 노름을 하지 않는 것이다. 술은 먹고 돌아다닐지언정 노름은 죽어라 하고 손에 붙잡지 않는다. 무엇을 결심이나 한 듯이 노름에 손을 대지 않는다. 그리고도 돈을 좀 취해달라면 힘을 끼고 잘 취해주지 않는다. 이 까닭으로 해서 김십장의 마음이 더한층 괴로워 죽으려고 한다. 분통이 터질 지경이다. 자기의 가졌던 돈을 모조리 정서방한테 빼앗긴 셈이다. 다른 사람의 가진 돈을 죄다 먹는대야 정서방 가진 돈에 십분지 일이 되거나 말거나한다. 처음에는 남의 돈을 좀 먹어보려던 것이 이제와서는 자기의 생돈까지 빼앗기고만 셈이다.

김십장은 그날그날의 떨어지는 돈을 노름을 해서 다 ― 잃고나면 으레 아내를 못살게 군다. 이즈막에는 그런 일이 잦아졌다. 그럴때마다 아내는 물건 사고 남은 돈을 모았다가 몇 번 준 일이 있기 때문에 아내를 자꾸 들볶는 것이다. 아내의 생각은 사내가 그러는 것이 밉살머리스럽다가도 한편으로는 불쌍하기도 하고 측은하기도하다. 이런 생각이 든 뒤부터는 어떻게 해서든지 돈을 좀 모아 놓기로 힘썼다. 무슨 짓을 해서라도 사내가 돈에 갈급이 나서 목말라하는 것을 놀려주려고 결심하였다. 하루는 김십장이 자기 아내를 보고 넌지시 이런 이야기를 한 일이 있다.

"여보 정가놈의 가진 돈을 도로 뺏아야 할터인데."

"아니 그저 그놈이 노름을 하지 않소?"

하고 아내가 뒤따라 묻는다.

"그놈도 하지 않는데 자꾸 돈만 잃으니까 화가 나 죽겠소. 아마 그놈 생각을 해서 잃기만 하나봐 여보 그런데 그놈의 돈을 빼앗을 도리가 없을까?"

"노름도 안 한다면서 어떻게 빼앗는단 말이요?"

"그러게 말이야— 요새는 너무도 돈이 꿀리니까 마누라하고 의논하는 게 아니겠소."

"낸들 어떻게 한단 말이요."

사내의 태도로 보아 반 짐작은 하면서도 시치미를 딱 떼고, 이와 같이 말대답을 천연덕스럽게 한다. 김십장은 말하기가 좀 거북한 듯이 약간 주저주저하다가 다시 입을 열어 말을 계속한다.

"임자한테 수단이 꼭 한가지 있는데—그대로만 했으면—다시 말하면 임자 손에 달린 일이야—"

"뭣이란 말이요? 속 시원하게 이야기나 좀 하구료. 그래 될 일이면 돕고 못 될 일이면 그만 아니요."

"다른게 아니라 마누라가 마누라 마음대로 수단을 써서 정서방이 가진 돈을 얼마간이라도 뺏어볼 도리를 하란 말이요 뭐 그만하면 알지."

"난 모르우…… 뭐 강자하게"

"그러게 누가 오래 그러란 말인가 잠시 잠깐이지 또 맘(心)만 주지 않으면 그만이야."

"임자말이 옳소. 그래 어디 되어 가는대로 해 봅시다."

"그러면 나는 마누라만 믿소."

"아따 그래요."

하고 쌩긋 웃는다. 김십장은 그만하면 남의 돈 빼앗기에 넉넉하다는 듯이 빙그레 웃는다. 장옥 안에서는 밤이면 밤마다 그칠 줄 모르고 노름은 여전히 계속 되었다. 김십장은 번번이 잃고 여러 사람들은 별로 잃는 일 없이 제각기 다―만다. 그들은 서로 한편이 되어가지고 김십장 한사람을 짜먹는다. 이것을 전혀 김십장은 모르고 있다. 그들이 속으로 한편이 된 뒤부터는 김십장이 자꾸 잃게만 되고 다른 사람들은 다―고루고루 먹게 되었다. 처음에는 김십장이 여러 사람을 속여 먹었지마는 이제는 속지도 않을 뿐 아니라 도로 김십장을 때때 속였다. 이 까닭에 김십장은 자꾸 잃기만 하는 터이다.

■ ● 5 ● ■

오늘은 새벽부터 비가 오기 시작하여 장옥안의 사람들은 일터로 나가지 않았다. 온종일 먹고는 드러누워서 그대로 버둥대기도 하고 낮잠도 자고 이야기도 하였다. 한편쪽에서는 밥만 먹으면 노름을 하였다. 빗방울이 생철지붕을 두드리는 소리가 귀가 아프다. 그래 가만가만히 하는 소리는 옆에 사람이라도 자세히 듣지 못한다. 비도 와서 좀 선선

하겠지마는 요 며칠 동안은 아주 가을 기분이 나날이 짙어가기 때문에
더한층 음산하고 몸이 으슬으슬해진다.

어느덧 저녁때가 되었다. 그들은 온종일 벌지도 못하고 세끼 째 먹
었다. 저녁밥을 먹고 나서는 노름이 또 시작되었다. 이번에는 어쩐 일
인지 남쪽 간에서 하게 되었다. 그래 노름 아니하고 이야기판을 차리
는 사람은 대게 부엌과 한데 붙은 칸으로 몰렸다. 밤이 깊어갈수록 노
름판은 낮보다도 더욱 간간하게 어우러지고 이야기하는 곳에는 한두
사람씩 점점 O라더러진다. 이제는 사오인 밖에 남지 않았다. 두세 사
람은 앉았고 나머지는 드러누운 채 말대꾸를 한다. 한편 구석에다 촛
불을 켜 놓았으나 그래도 어슴푸레하다.

"말 들으니까 올해는 농사가 다들 잘 됐다데 — 처음에는 좀 가물어
서 흉년들겠다고 야단 법석이더니 아주 대풍인 모양이야." 하고 드러
누운 한사람이 시골이야기를 끄집어내었다. 다른 사람들도 시골이야기
에는 가장 흥미를 일으키는 모양 같다. 다 같은 시골사람으로 그리운
고향이야기가 퍽 마음에 드는 모양이다.

"풍년이면 뭐하고 흉년이면 뭘 하나. 타작마당에서 빗자루만 들고
……………………매한가지지."

"참 그렇기는 그래. 우리도 흉년만 들어서 서울로 빌어 먹으로 올라
온 것은 아니니까. 풍년이거나 흉년이거나 모두 한군데로 모아 들어가
기 때문에 우리같은 사람이 요지경이지……………………
…………."

"아무 때든지 이러다가 죽으면 경성부에서 송장이야 치워주겠지…"

"이 못생긴 사람아 죽기는 왜 죽어 — 알뜰히 살아서 이 세상 돼가는
꼴을 보지 않고."

"살자하니 고생이요 죽자하니 청춘이지만 대체 먹어야 하지 않나.

시골 내려가야 농토 얻지 못해 농사 질 수 없고 서울을 나와 보니 어디 벌이 할 곳이나 날마다 있던가 이리가도 살 수 없고 저리가도 살 수 없으니 나중에는 굶어 죽을 수밖에 다른 도리가 어디 또 있나 생각하면 참 기가 막혀. 우리가 지금 하는 일도 줄창 있어야 말이지—"

"여보게 그런 이야기는 이제 그만두세 밤낮 해야 머리 골치만 아프고 속만 답답하지 무슨 소용이 있나 그저 돼 가는대로 지내지."

"마음은 퍽 편하이 자네야말로."

"편하지 않으면 어쩌나? 그러지 말구 내 재미있는 이야기나 하나 할테니 들어보게."

"무슨 이야기란 말인가?"

하고 모두 드러누웠던 한사람이 벌떡 일어나 앉았다. 다른 사람들도 무슨 재미있는 이야기인가? 하고 궁금해 하는 모양이다.

"다른 이야기가 아니라 내가 겪은 이야기인데 자네들 듣기에는 퍽 재미있을 듯하이—"

"무슨 이야기이게 그렇게 재미가 있단 말인가? 그러면 또 계집이야기인게로군"

"그러이 자네 말이 바로 맞았네. 자네들도 다 아는 계집이야."

계집 이야기란 바람에 성(性)에 주린 그들이라 신이 나서 그의 이야기를 열심히 들으려한다.

"지금으로부터 한 두어달 전 일인데 내가 여기 온 지 한 보름쯤 되던 때 이 삼일동안이나 죽도록 몹시 앓은 적이 있지 않은가?"

"아마 그런법하지."

이 말은 지금 이야기하는 사람과 가장 친한 사이로 지내는 나이 삼십 가령이나 되어 보이는 구레나룻 난 사람이다. 그와는 같은 고향 사람이기 때문에 둘 중에 하나가 몸이 아프기만 하면 서로 도와주며 극진히 병구환을 하였다. 그 까닭에 어렴풋이나마 그때 일을 생각하는 모양이다.

"암튼 처음 날 식전에 다른 사람들은 다들 일터로 나가고 나 혼자서만 바로 저 구석에서 앓고 드러누웠는데 누군지 이 안으로 저벅저벅 들어오는 사람이 있겠지―"

"그래서?" 이번에는 반―듯이 드러누운 사람이 뒷말을 계속한다.

"나는 그때 돌아 드러누웠기 때문에 누군지는 자세히 알 수 없어도 여편네 말소리 하는 것만 잘 알았기 때문에 주인 아주머니가 들어 온 줄로만 생각하고 그대로 드러누웠었지―"

그들은 오랫동안 계집에 주렸기 때문에 한번 계집이야기만 나면 이와 같이 넋 잃은 사람모양으로 얼굴이 빠진다. 그리고 그들은 이런 이야기를 퍽 좋아한다.

"차차 나의 등 뒤로 가까이 오더니만, "여보세요 저 잠깐 보세요." 하고 아주 가까이 와 앉는다. 그래 그적에야 고개만 돌이켜 보니까 주인 아주먼네는 아니고 며칠전에 처음으로 와서 주인집 일을 거들어주고 밥 한그릇씩 얻어가는 그 여인이겠지―"

"그러면 좋았겠네 그려"

하고 그 중 나이 더 먹은 사람이 몸을 비비튼다.

"이 사람아 차차 이야기를 들어, 그래 아픈 중에도 몸을 추스려 돌아 드러누웠더니만 "편찮으신 모양인데 너무나 괴로움을 끼쳐서 안되었습니다만, 가지신 돈 있거든 이십전만 돌려주시면 며칠 뒤에 꼭 갖다드리겠습니다" 하고 이렇게 말하는 그의 얼굴은 수심이 만면하겠지 그래 돈 이십전은 뭘하느냐―고 물었더니만 "제 사내가 석달 전부터 발을 앓아 드러누웠기 때문에 고약을 사서 붙여줘야 할 터인데 당장 수중에 단돈 한 푼이 없습니다 그려. 그리도 또 며칠 전부터 참외가 먹

고 싶다는 것을 그거하나 못 사먹이고 보니 계집 된 도리에 마음이 어
떻겠습니까? 그래 참다참다 못해 부끄러움을 무릅쓰고 여쭙는 것이니
가지신 돈이 있거든 좋은 일 하시는 셈 치고 이십전만 꾸어주십쇼. 곧
갖다 드리겠으니." 하고 애걸하다시피 하겠지… 나는 그때에 그 여인
이 거짓말이든 정말이든 간에 퍽 불쌍하게 여겨지고 마음씨가 기특해
서 주머니에 있던 돈을 톡톡 털어 주며 어쩌다가 발을 다쳤느냐—고
물으니까 "작년 겨울부터 바로 여기 이 개천 덮는 일을 해서 날마다
팔십전도 벌어오고 칠십전도 벌어 오더니만 한 서너달 전에 바로 요
근처에서 일을 하다가 성축이 무너지는 바람에 다리를 다쳐서 하던 벌
이도 못하고 그대로 드러누워서 앓기만 한답니다. 그러니 돈이나 있어
야 병원엘 가거나 집에서라도 약을 마음대로 써보지요. 그래 다친 데
가 덧나서 피고름이 줄줄 흘러도 고약 한 푼어치를 마음대로 사지 못
합니다 그려" 하고 울듯 울듯 하겠지—"

"이사람 앓아 드러누웠으면서도 좋았네 그려… 바로 그 여자면 똑똑
하게" 하고 헛침을 삼키는 사람도 있고, 어떠한 사람은 뒷일이 궁금해
서 연해 재처 묻는다.

"그래 이십전을 손에 쥐어주며 주인한테도 말을 좀 해보라니까, "그
렇지 않아도 두 분한테 다 말해 보았더니 요새는 돈이 웅색하다고 아
니 주겠지요. 그리고 벌써부터 돈 이야기를 하려거든 내일부터라도 오
지 말래요. 아마 밥덩이나 주고 일을 거들어 달라나 보아요." 하고 밖
으로 나가버리겠지. 그때에 아마 주인 아주머니는 아침을 해치우고 무
엇을 사러 가게에 간 모양이데."

"그 뒤에는 어떻게 되었나."

"그 뒤에는 어떻게 되었느냐고—? 가끔 단 둘이 만나서 재미 좀 보
았지."

"옳지 그래서 요지막까지 밤이면 한동안씩 기척이 없었네 그려. 그래 만나면 어디서 만나나?"

"단 둘이 만나는 것을 어디 정해놓고 만나보나 되는대로지"

"어쩐지 노름도 안 하고 돈에 쩔쩔매드라. 여보게 혼자만 그러지 말구 나도 한번 대서보세 그려."

"대설 재주 있거든 대서보게 그려—그렇지만 힘들걸."

"그것은 어째서?"

"어째서가 뭐야 요 며칠동안 어디 눈에 띄든가"

"참 그래 어디로 떠났나?"

"저만 떠난 셈이지."

"사내는 어쩌구?"

"밤낮 앓구만 드러누웠으니까 나중에는 지긋지긋한 모양이야 얼른 죽지도 않고… 그래 나를 만날 적마다 이상한 소리를 비치더니만 아마 다른 사내를 얻어 갔는지 여기도 오지 않고 그 집 가봐도 사내 혼자만 방안에 있는 모양이데. 그 집 주인이 행랑방 내놓으라고 야단야단을 치는 모양이야… 그걸 어떻게 알겠냐마는 주인 아주머니가 어디서 듣고 나에게 이야기하데 자세히 알았지."

"아니 그런 일이 있으면서도 나에게까지 속여 왔담."

그와 제일 가까운 구렛나룻 난 사람이 좀 섭섭하다는 듯이 말하였다.

"주인 아주머니도 온전치는 않다네."

"그럴 수밖에 있나 십장은 돈 해놓라고 주리주리 틀고 돈은 이루 생길데가 어디있나? 그러니까 그짓 밖에는 더 있나"

"그렇기로서니 우리의 돈을 빨아먹어"

"우리들 돈엔 가시 돋혔나 왜 못 먹어… 안 빼앗겨 못 먹지."

"그러면 밥팔고······················두가지씩 파는 셈이지."

"암 그렇구 말구 자네 말이 명담 일세."

"명담이구 뭐구 간에 사실 바른대로 말이지 우리 총 중에서 돈푼이나 주머니 속에 모이고는 주인 아주머니와 상관 안한 사람이 있는 줄아나—서로 모르는 척하고 이러구저러구들 하지."

이와 같은 소리를 누구가 들을까봐 조심성스럽게 가만가만히 주고받고한다. 이웃간에서는 여전히 노름들을 하고 있다. 이구석저구석에선 코를 드르릉드르릉 골며 곤히 자고들 있다. 비는 여전히 주르륵 주르륵 퍼붓는다. 바람결에 흙냄새가 획획 끼쳐 들어온다. 음산한 바람이장옥 안을 휩쓸고 돈다. 노름판에서는 이따금씩 십장과 여러 사람 사이에 싸움이 일어난다. 이러는 사이에 어느덧 반나절이나 지나가고 말았다.

■ ● 6 ● ■

노름해서 돈 많이 먹고 다시는 노름 아니하는 정서방이 저녁밥도 아니 먹고 혼자 나가더니만 술이 거나하게 취해가지고 밤이 이슥한 이때에야 겨우 장옥 근처에 몸을 나타냈다. 이 선술집 저 선술집으로 돌아다니며 술은 취토록 먹었지만은 계집이라고는 술 파는 년의 얼굴만 보고 돌아오는 길이다. 근 일년 동안이나 홀애비로 지내왔기 때문에 술파는 계집을 하나 사귀어 볼 작정으로 매일같이 돌아다니며 술을 먹는다. 오늘도 서너 번 갔던 집에서 몇 시간 동안을 시달려 주기만 하다가지금 그대로 돌아오는 터이다.

눈앞에는 분바른 계집들의 요사스런 얼굴이 획획 지나간다. 다섯 해

동안이나 데리고 살다가 가난에 쪼들려 나중에는 살 수가 없어서 어디로 달아난 그 전 아내의 얼굴이 어른거린다. 그 다음에는 어디서 본 듯한 계집! 한번도 보지 못한 낯 서투른 계집! 이와 같이 수 없는 계집들이 선웃음을 치며 자기 앞으로 자꾸자꾸 달려든다. 아까 술집에서 간드러지게 생긋생긋 웃으며 술 따르던 계집이 두 팔을 벌리고 달려든다. 이럴 때마다 계집에 주린 몸이라 …… 더한층 불같이 일어난다. 그래 술집에서 그대로 돌아온 것을 후회하였다. 이 다음에 가서는 ……………………………………………마음을 단단히 먹었다. 삽시간에 또 딴마음이 든다. 발을 돌리고 싶은 생각도 불현듯 난다. 다시 가서는 ……………… 막 끼고 뒹굴며 이 밤을 새우고 싶다. 그는 참다 못하여 발을 다시 돌이켰다. 오던 길을 향해 대여섯 걸음 걸어갔다. 이때에 아까부터 목마르던 것이 더한층 몹시 조갈이 난다. 벌써 술이 깨이는지? 걷잡을 수 없이 목이 마르다.

그는 다시 장옥을 향하고 돌아섰다. 이번에는 그리 망설이지도 않고 그대로 컴컴한 부엌 안에 들어섰다. 물을 먹을 양으로 장님처럼 더듬더듬 더듬어서 간신히 솟 족박을 차서 손에 들었다. 물중두리는 김십장 내외가 자는 그쪽 칸에 가까이 놓여 있음으로 그리 다가섰다. 그는 물 한바가지를 떠서 입에다 대고 막―두어 모금 마시려니까 무엇인지 부스럭 하더니만 자기의 손을 은근히 잡는 사람이 있다. 소스라쳐 깜짝 놀랐다. 어디서인지 희미한 불빛이 은은히 흘러나와 자기의 얼굴까지 비추기 시작한다. 그 손은 남자의 딱딱하고 거친 손이 아니라 부드럽고 연한 살결이 틀리지 않는다.

"이리 잠깐만 들어오슈."
하고 불빛이 흘러나오는 안으로 잡아끈다. 정서방은 약간 몸서리를 치며 가벼이 떨었다. 끄는 편이 범보다 더 무서운 김십장의 아내인 것을 깨닫는 순간에 더한층 겁이 났다. 몸서리를 쳤다.

"아니 왜 이러세요."

하고 끌리지 않으려는 듯이 문기둥에 가 기대 선 채 지그시 버텼다.

"그러지 말구 이리 잠깐 들어와요 내 할말이 있으니."

하고 이번에는 더 힘있게 잡아끈다. 얼굴에는 사람을 홀리려는 듯한 요사스런 웃음을 띠며 저으기 음란한 눈치를 보인다. 며칠 전부터 돈 가진 정서방을 후려 들이려고 애썼다. 더구나 정서방만은 사내한테 들키더라도 아무 일 없이 지나칠 것이라고 마음먹고 있기 때문에…. 어떻게 해서든지 돈만 다 빼앗아 사내에게 주면 그보다 더 좋은 일이 없으리라고 생각하였다. 지금도 바로 요 며칠 전에 사내가 하던 말을 몇 번이나 생각해 보았다. 사내의 하던 말을 생각할수록 정서방을 끼고 드러누웠어도 아무 상관없으리라고 안심하였다. 그러나 아무 영문을 모르는 정서방만은 처음 당하는 일이라 겁이 펄쩍 나고 두려운 생각이 걷잡을 수 없이 일어난다. 겁은 나면서도 한편으로는 ………… 일어나지 않음은 아니다. 미칠 듯이 주인 아주머니를 …… …………… 그러지 않아도 ……………………………………… … ……………………………… 뒷일을 더 생각할 나위도 없이 결국 솔깃하여졌다.

"누가 오면 어쩌죠?"

하고 마지못해 끌리는 듯이 십장 자는 처소로 끌려 들어갔다. 방긋이 들렸던 부대조각이 다시금 가려졌다. 그래 어른거리는 둘의 그림자는 안으로 사라지고 만다. 무슨 짓을 해서라도 돈을 빼앗으려는 가증한 계집과 계집에 ……………………………… 맹수와 같은 사내가 아무도 없는 은근한 곳에 단둘이 모이게 되었다.

쉴 줄 모르고 계속되는 노름판도 겨우 끝이 났다. 오늘 낮에는 김심장이 적지 않게 먹었지마는 밤들어서부터 자꾸 잃기만 하였다. 종판에 툭툭 털고 일어날 때에는 수중에 단돈 한푼이 값이 되었다. 그리고도 이사람 저사람한테 이 삼십원 가량이나 꾼 것이 있다. 밤도 늦었지마는은 더 해야 자꾸 잃을 성 싶어서 모든 사람들이 그만두자는 바람에 자기역시 마지 못하는 듯이 섭섭한 마음만 한아름 부둥켜 안고서 그대로 일어섰다.

어느때라고 안 그런게 아니지마는 오늘은 더한층 돈 잃은 것이 곳없이 분하였다. 낮에 많이 먹었던 생각을 머릿속에 그려볼 때에는 지향할 수 없는 마음이 미친 물결처럼 날뛰었다.

패는 줄기차게 자기 혼자서 잡았지마는 별로이 먹어보지 못하였다. 처음 노름을 시작할 때에는 뭇사람의 가진 돈이 자기수중으로 떼굴떼굴 굴러들여 왔지만 요즈막에는 용이히 들어오지 않았다. 지금도 그 생각을 하고 가중한 생각도 이제는 물거품이 되었다.

"차라리. 노름이나 시작하지 않았더라면."

하고 노름 시작한 것을 후회도 하여 보았다. 다소 먹을 때에는 이런 생각이 안 들지마는 오늘밤과 같이 적지 않은 돈을 잃어버릴라치면 노름한 것도 적잖이 후회하였다. 그렇다고 아주 노름을 손에 안대지도 못할 지경이다. 잃어버린 돈을 도로 찾을 양으로 또다시 노름을 손에 대곤 하였다. 노름판에서 힘없이 일어나가지고 두어 걸음 떼어 놀 때에는 머리가 무엇에 얻어맞은 것 같이 띵하고 어찔어찔하였다. 가로세로 드러누워서 곤히들 잠자는 틈을 이리저리 삭여가며 장옥 안을 걸었다. 거적문을 들치고 부엌칸으로 나오려 할 때에는 찬바람이 획—끼친다. 노름에 취했던 흐리터분한 정신이 얼마간 새로워지는 듯하다. 한칸이 되는 컴컴한 부엌 안을 힘없는 다리로 걸을 때 아내의 얼굴이 떠올랐다.

'저 안에 아내혼자서 잠 들어 누웠거니' 하고 숭숭 뚫어진 부대 쪽으로 어렴풋이 흘러나오는 불빛을 바라다보았다. 아내의 자는 얼굴이 급작스리 보고 싶어서 부대조각을 날쌔게 처들었다.

깜짝 놀라면서도 또 한편으로는 자기의 눈을 의심하였다. 혼자만 드러누웠으려니 하고 마음먹었던 아내가 어떠한 남자를 끼고 드러누웠는 듯한 모양을 발견한 순간에 자기의 눈을 의심 아니하랴 아니할 수 없었다. 손등으로 눈을 비비고 나서 다시 한번 바로 보았다. 암만보아도 아내 혼자서만 드러누운 것이 아니라. ……………………………………

……………………………………………………………………………………………………

……………………………………………………………………………………………………

……………………………………………………………………………………………………

………………………….

십장은 숨통이 막힐 지경이다. 정신이 아찔아찔하여 그 자리에 폭 거꾸러질 듯하다.

"조 년이 아주 저놈한테 미쳤나보다. 저놈한테 홀렸기에 나를 보고도 저모양이지 아무리 내가 그러랬기로서니 이렇게 심하게 한담 에이 분하다. 내가 암만해도 속았어. 예이 저 연놈을 어쩐담…"

이와 같이 입 안으로 중얼거렸다. 중얼거리는 것만으로는 속이 시원할 수 없다. 가슴을 쥐어뜯을 만치 분하다. 질투와 시기하는 마음이 점점 맹렬하게 타오른다. 그는 더 참을 수 없다는 듯이 옆에 놓인 끝 뾰족한 곡괭이를 집어 들었다. 곡괭이 쥔 손은 부르르 떨었다.

"이놈아! 이 개같은 놈아"

하고 소리를 벽력같이 질렀다. 정서방은 이 소리에 깜짝 놀라 한숨에

벌떡 일어나 앉았다. 웅숭그리고 앉아서 말 한마디도 못하고 벌벌 떨
기만 한다. 계집도 걸묻어 일어났다. 김십장은 핏줄이 벌겋게 선 부릅
뜬 눈으로 쏘아보다가 더 참을 수 없다는 듯이 곡괭이를 번쩍 들었다.
다시 내려온 때에는 벌써 정서방 머리에 곡괭이 끝이 꽂혀있다. 정서
방은 "으악!" 하는 외마디 소리를 한번 버럭 지르고 그 자리에서 그대
로 픽―쓰러져 버렸다. 즉시 옆에 칸 사람들이 몰려들어왔다. 벌써 탕
진하는 비린내는 코를 찌르고 새빨간 선지피는 거적 떼기를 물들이기
시작하였다. 김십장은 그 밤으로 여러 사람들 손에 묶여서 경찰서로
갔다.

1936년 11월
『사해공론』 1937년 3월

아씨와 안잠이

■● 1 ●■

"여보게 게 있나? 세숫물 좀 떠오게."

여태까지 세상모르고 자거나 그렇지 않으면 깨서라도 그저 이불 속에 드러누워 있을 줄만 안 주인아씨의 포달부리는 듯한 암상스런 음성이 안방에서 벼락같이 일어나 고요하던 이 집의 아침공기를 뒤흔들어 놓았다.

"내! 밥퍼요."

새로 들어온 지 한달 쯤밖에 안 되는 노상 앳된 안잠재기가 밥 푸던 주걱을 옹솥 안에다 그루박채 멈칫하고서 고개를 살짝 들어 부엌 창살을 향하고 소리를 지른다.

"떠오고 나선 못 푸나 어서 떠와 잔소리 말고."

먼저보다도 더한층 독살이 난 째지는 듯한 목소리였다. 어지간히 약이 오른 모양이다.

"내 곧 떠 들여가요."

젊은 안잠재기는 이렇게 대답하고 나서 바로 옹솥 옆에 걸린 그리 크지 않은 가마솥 뚜껑을 밀쳐 연 다음 김이 무럭무럭 나는 더운 물을 한바가지 듬뿍 떠가지고 부엌문턱을 넘어설 제 슬며시 골이나

'해가 일고삼장해 똥구멍을 찌를 때까지 잘 적은 언제고 이렇게 물이 못 나게 재촉할 적은 언제고' 하고 혼자 입 안으로 가만히 중얼거렸다.

얼굴이 비치도록 길이 번들번들 들은 뒤주와 찬장 사이 틈에 끼워둔 놋대야를 집어가지고 급하게 재촉하는 품 봐서는 바가지의 물을 그대로 불까 하다가 혹시 먼지라도 뜰라치면 가뜩이나 심사가 뒤집힌 판이라 더욱 펄펄뛰며 쨍쨍거릴까봐 얼추라도 한번 부시려고 마루 끝으로 나오니 마루 반을 넘어 들이비친 가을볕으론 유난히 쨍쨍하고 두꺼운 광선이 잘 닦아 번쩍거리는 대야에 가 반사되어 으리으리하게 번쩍거린다.

"뭘 그렇게 꿈지럭거려 굼벵이 천장하듯 어서 들여오지 않고."

안방에서는 여전히 톡 쏘는 듯한 아씨의 날카로운 음성이 또 화살처럼 안잠재기의 귀를 따갑게 드리 쏜다.

"내 지금 곧 들여가요."

안잠재기도 약간 짜증이 난 듯한 말씨였다. 허나 남한테 맨 목숨이라 꿀꺽 참고서 안방미닫이를 조심성스럽게 연 다음 간반통 이간이나 되는 덩그런 방 한가운데다가 물대야를 갖다 놓고 나니 아랫목 쪽으로 혼자 오도카니 앉아 있는 삼십이 될락말락한 어느 모에 내놓든지 미인이라고 할 만한 제법 요염하게 생긴 주인아씨가 뾰로통한 얼굴을 해가지고 살기가 등등한 눈초리로 안잠재기를 갈아 마실 듯이 노려보면서

"자네꺼정 내 속을 태나, 왜 그리 꿈지럭거려……에이 화나 죽겠네 죽겠어. 자네마저 내 맘을 편치 않게 해주려거든 오늘이라도 썩 나가게 썩 나가."

하고 대야를 와락 잡아 당기다가 물이 좀 방바닥에 엎질러졌다.

공연히 생트집을 해가지고 사람을 들볶는 것이 몹시 배리가 꼴려 견디다 견디다 못해 여볏 입에서 뭐라고 말대답이 터져나올 듯한 것을 삽시간에 생각을 돌려 꿀꺽 참았다. 요 때만 지나 성깔이 꺼질라치면 그야말로 정답게 살을 비어 맥일 듯 하고 싹싹하기 봉산 참배같은 아씨의 성미를 들어 온지 얼마 안된 터이지만 잘 아는지라 가슴에서 금방 불덩이가 치밀어 오르는 것을 꿀꺽꿀꺽 참고서 윗목 한구석에 틀어박힌 걸레를 얼핏 집어다가 방바닥에 튄 물방울을 그저 잠잠히 훔치고만 있었다. 아무 죄 없이 뿌옇게 몰려댄 안잠재기가 아까 푸다가 내버려둔 밥을 마저 푸려고 부엌을 향하여 발을 옮기면서

'하루 이틀 밤도 아니고 사흘 저녁씩이나 나가 잤으니, 그것도 딴 계집에 미쳐 다니는 줄 번연히 아는 아씨로서 골을 내는 것은 그럴 법도 한 노릇이지만 제 남편 안 들어온 화풀이를 나한테 하는 것은 여간 거북한 일이 아니며 살이 내리도록 성가신 노릇인걸' 하고 생각한 다음 상을 약간 찌푸렸다.

부엌으로 들어간 그는 밥을 다시 푸면서 자기 신세를 생각하고 주인아씨를 동정도 하였다가 주인나리를 까닭없이 미워도 했다가 또는 이 세상의 마음이 군성거려지더니만 나중에는 걷잡을 수도 없고 부지할 수도 없이 머릿속이 산란해진다. 첩에 미쳐서 들들 볶다 못해 마침내 몹시 때리기까지 해 이루 형언할 수 없는 갖은 학대를 다 하다가 종당 내어쫓다시피한 자기 남편을 생각하니 이가 갈리도록 지겹다. 밉살머리스럽고 원망스러운 놈이 어디서 뒈졌다는 소문만 들어도 당장 미친 년처럼 네 활개를 쩍 벌리고 가로 뛰며 세로 뛰면서 손뼉을 치고 춤을 출성싶은 충동을 가끔 느끼며 내려왔다. 지금도 이런 마음이 꿈틀거리고 어른거리기 시작하니 주인나리로 해서 속을 썩이고, 역정이 나고,

포달을 부리는게 끝없이 얄밉더니만 오히려 불쌍하고 측은한 마음이 슬며시 들어 마침내 동정이 걷잡을 새 없이 걸린다.

■ ● ■ 2 ● ■ ●

주인아씨는 아침을 한 술 뜨는 둥 마는 둥 하고서 여태껏 주인나리의 그림자도 나타나지 않은 집을 등지고서 어디론지 나가버렸다.

그가 집밖을 나갈 때 안잠재기를 보고 아까보다는 적이 누그러진 말소리로

"○○ ─ 여보게 여지껏 안들어 오실 적에는 오늘도 해 전에 들어오시긴 틀릴 성 싶으이만 혹시 나 돌아오기 전에 오시거들랑 내가 그러드라고 이 집을 하직하고 영영 어디로 가버린다고 하시며 나가셨다고 여쭙게. 어쩌나 꼴을 좀 보게."

이렇게 말하는 아씨는 그래도 쓸쓸한 기색이 가시지 않은 얼굴에다 억지로 미소를 머금는 듯 강잉히 웃었다. 이처럼 하고 나아간 주인아씨가 눈에 밟히고 약간 걱정이 되는데다가 자기 신세를 곰곰 생각하니 도제 일이 손에 잡히지 않았다. 찜질을 하려해도 맥이 풀려서 걸레나 행주가 그대로 물이 주르르 흐르고 비누질을 좀 해볼 참으로 일감을 무릎 위에다 놓고도 한 손에 바늘을 쥔 채 바람벽을 넋 잃은 사람처럼 한참씩 멀거니 바라보고 앉았기를 여러 차례 하였다.

'아씨가 정말 아주 안 들어 오시면 어쩌나… 나도 죽어 이 세상을 잊어버리겠다는 마음을 먹기도 한 두 번이 아니었지만 아씨야말로 홧김에 참 정말 어디 가 죽지나 않으실까? 성질이 팔팔한 양반이라 앞뒤 일을 생각지 않고 그만 어느 물에 빠져죽거나 어디 호젓한 산 같은 데

로 올라가 목이라도 매달아 죽지 않을까?'

　이렇게 끔찍스런 생각을 하다가 불시로 머리를 홰홰 내두르며,

　'아냐 아냐 뭘 설마 죽기까지 할라구 그렇게 사람이 쉽게 죽으래선 내가 벌써 죽어 없어졌게. 아씨로 말하면 뭬 부족해 죽어. 남만치 호강을 못하나, 돈을 맘대로 못쓰나 열의 한가지라도 부족한 게 있어야 말이지… 옳지 단지 삼십이 넘도록 남녀간에 아이를 하나도 낳아보지 못해 나리가 자식 본다고 이즈막에 공연히 바람이 좀 나서 며칠씩 나가 자는 것이 흠이라면 흠이고 탈이라면 탈이지. 그리고는 뭐 맘 상할게 있어야 말이지… 또 그렇지 나리가 난봉을 좀 부리기로 지금 같아서는 아씨를 내댈거 같지도 않고 좀 체로 구박할 것 같지도 않은데 공연히 아씨가 그 모양이야. 나는 여태껏 그만치 금실 좋은 내외는 처음 봤으니까…… 그런데 괜히 아씨는 양광에 자드래기가 나서 이러니저러니 하는게야… 요렇게 재미가 깨가 쏟아지는 살림과 그처럼 위해주는 남편을 두고 죽기는 뭘 죽어. 아니 왜 죽어… 남이 죽이려구 들더래도 기쓰고 살려들걸 뭐.'

　이렇게 한참동안 입안으로 웅얼거리면서 여러 가지 생각을 이리저리 되술려먹고 앉아있다. 대문이 찌걱하며 누가 들어오는 듯도 하고 또는 마당에서 사람의 발자국 소리가 나는 듯도 싶다. 얼마 안가서 주인나리가 마당에서 인기척을 내는 것 같다. 좀 재바르게 건넛방 쌍창 미닫이를 득─열고서 마당을 내다보았다. 허나 마당에는 이미 반해가 넘어서서 그늘 반 양지짝 반이 뚜렷이 이층져 있을 뿐인데 오직 해에 비쳐 별처럼 반짝이는 무수한 모래알 뿐이다. 그는 가슴이 선뜩해 좀 급히 미닫이를 도로 닫았다.

■● 3 ●■

전차를 타고 다니기는 했지만 한강철교로 청량리로 장충단공원으로 그리고도 부족해서 남산공원까지 휘돌아 진종일 쏘다녔기 때문에 이 제는 제법 기운도 없고 다리도 몹시 아프다. 안잠재기 혼자만 맡기고 나온 집안이 궁금하지 않은 바 아니지만 오늘 하루는 될 수 있는대로 집 생각을 잊어버리고 좀 유쾌히 놀려고 애를 썼다.

해가 뉘엿뉘엿해 방금 서산을 넘으려는 이때까지 아침도 변변히 먹지 못한 사람이 물 한모금 안 마시고 돌아다녔기 때문에 아무리 화에 들뜬 사람이기로 허터증과 기진맥진까지는 모르지만 어지간히 지친모양을 자기 자신으로도 넉넉히 깨달을 수 있었다. 나날이 변해가는 대경성을 내리 굽어보며 산보하는 젊은 남녀가 쌍쌍이 몇 축인지 모르게 자기 앞을 지나칠 적마다 속마음으로 일변 부러운 듯 일변 암상을 내면서 지친 다리를 반쯤 끌며 예전 총독부자리 앞을 지나 내려와 본정통으로 들어섰다. 다리도 아프거니와 시장기가 치밀어 올라 견딜 수 없어서 그전에 남편과 자주 다니던 정유사 식당 안으로 아는 집 들어가듯 조금도 서슴지 않고 쑥 들어서니 저녁 때가 돼 그런지 좀 체로 빈자리가 눈에 띄지 않는다.

그래 잠깐 멈칫하고 선 채 두 눈만 이리저리 굴리고 있으려니까 안내하는 사람이 가까이 오더니만 한구석으로 인도를 한다. 그는 인도자의 뒤를 따라 꼭 한 자리 남아있는 곳에 가 털썩 주저앉고 말았다.

하얀 에이프런을 두른 시중드는 소녀 하나가 앞에 와 서서

"뭘 잡수시렵니까?"

하고 공손히 묻는다.

"정식"

"양식이죠?"

"……………"

이번에는 그렇다는 뜻으로 고개만 약간 끄덕였다. 배가 어지간히 고팠던 그는 차례로 갖다놓은 음식을 순식간에 개눈감추듯 다 먹어 연해 빈 접시만을 만들어 놓곤하였다.

그가 다시 길거리로 나올 때는 제법 어둑어둑해져 전등불빛이 제대로 바로 뵈게 되었다. 조선은행 앞까지 나와 전차를 잡아타고 부리나케 집엘 당도해 중문 안을 들어서자마자 제일 먼저 눈이 가기는 마루 끝이었다. 암만 눈여겨 살펴보아도 나리의 구두는 커녕 구두그림자도 없는지라 미리부터 그러려니 짐작했으면서도 ○○○ 두눈에 쌍심지가 벌컥 올라 쨋쨋한 목소리로

"아니 그저 안 들어오셨나?"

하고 벽력같이 고함을 친다.

"네 안 들어오셨어요."

건넛방에 있던 안잠재기가 얼떨결에 대답하면서 마루 끝으로 나온다.

"여보게 난 저녁 먹었으니 자네나 어서 먹게… 그리고 혹시 나리가 밤늦게라도 들어오시거든 내가 아침에 나가 안 들어왔다고 여쭙게. 행여 지금 다녀 나갔다는 말은 하지말구 아침에 이른대로 꼭 그대로 여쭤… 난 늦게나 그렇지 않으면 내일 들어올테니. 그리 알게."

마루에도 올라오지 않고 마당에 선 채 이 말 한마디를 남기고서 그만 대문 밖으로 사라진 다음 안잠재기는 또다시 혼자 남아 멀거니 마루 끝에 선 채 대문켠을 바라다보면서

"흥, 집안 꼴 잘 ─ 된다. 아씨마저 놀아나는 모양인걸 그래. ○속 좋다."

하고 의미모를 웃음을 한번 씽긋 웃고는 돌아선다.

■ ● ■ 4 ■ ● ■

컴컴한 밤거리를 한참 걸으니 마음이 낮보다도 더한층 공중에 뜬 것 같다. 사실 집밖을 나오기는 나왔으나 갈 데가 만만치 않다. 서울 바닥에 탐탁한 일가 하나 없고 통사정 할 만한 친한 동무 하나 없는 그로서는 언뜻 머리에 떠올라 찾아갈 만한 집이 변변치 않았다. 그래 고적한 신세임을 새삼스럽게 더한층 느끼게 되었다.

'에라 오래간만에 극장에나 가볼까?' 이렇게 생각했다가 '그것도 마음에 탐탁히 끌리지 않아!'

'가뜩 속에서 화가 치밀어 죽겠는데 뭇사람들이 와글와글 들끓는 극장엘 어떻게 가… 조용한 데만 찾아다녀도 머리 골치가 아프고 정신이 헛갈리는데' 이처럼 뇌까리고서 극장가고 싶은 마음을 그만 죽여버리고 말았다.

'그럼 어딜가면 좋담! 에라 밤새도록 길로나 이렇게 헤매지… 흥, 지금쯤은 술이 거나하게 취해가지고 막 노닥거리겠다. 그리고 어느 년이든 끼고 누워서 잘 놀른지도 모르지.' 이런 소리를 입안으로 가벼이 중얼거리면서 눈앞에 자기 남편이 얼굴도 뚜렷이 나타나지 않는 어느 계집과 서로 얼싸안고 뒹구는 꼴을 그려보다가 고개를 내흔들며 그 약오르는 그림자의 모습을 지워버리려고 애를 썼다. 분한마음, 질투하는 생각에 암상도 나고 약도 오르고 나중에는 남편이 끝없이 밉살머리스럽기도 하다.

오늘 저녁처럼 이렇게 남편을 미워해본 적은 일찍이 없었다. 그럴수

록 마음은 지향할 수없이 군성거려지며 부지할 수 없게 달뜨기 시작한
다. 우중충한 가을의 밤거리를 혼자서 걸을수록 그 도수는 점점 더해
갈 뿐이다.

길가는 생판모르는 사나이라도 눈을 주기만하면 자기도 선뜻 눈을
맞추고 싶은 일찍이 꿈에도 먹어보지 못하던 추잡한 마음이 어느 한구
석에서 고개를 들기 시작한다. '내가 미쳤나? 실성을 했나? 무슨 객쩍
은 생각을 해… 아무리 남편이 딴 계집에 미쳤기로서니' 이렇게 부르
짖다시피 하며 먼저 먹은 온당치 못한 그 생각을 누르려고 애썼다. 허
나 온당치 못하게 마음먹은 것을 짓누르려고 애써본 동안은 잠시였다.
남편의 품안이 그리워지고 며칠동안 대면 못한 남편의 얼굴이 그리울
수록 시기와 질투하는 마음은 걷잡을 수없이 불기처럼 활활 일기 시작
하였다.

으스러지게 껴안아 주던 남편의 팔뚝이 생각키매, 그 두팔이 지금쯤
은 어느 년의 알몸뚱이를 휘어감고 있을 생각을 하니 분심에 가슴이
울렁거리고 아래 윗 이가 마주칠만치 원망스러워 도제 참을 수 없다.

'여라 떡으로 치면 떡이요 돌로 치면 돌이지 별수 있니, 제 배짱이
그렇게 꽂힌담야…'

이렇게 마음이 자기도 비뚜러지고 보니 언뜻 이런 생각이 난다. 오
래 전부터 단골로 다녀 아주 친숙해진 방물장사 노파가 번개처럼 머릿
속에 번듯 떠오른다. 능갈친 노파의 행동이라든지 지나치게 수단 있는
말솜씨로 보아 수헐내기가 아닐뿐더러 그냥 방물장사로만 돌아다니는
노파가 아니라는 것을 벌써부터 눈치 채고 짐작해 내려왔지만, 직접
자기보고는 이상한 말 한마디 수상한 눈치 한번 보인 적이 없었지만,
이웃의 소문을 들을라치면 그는 확실히 뚜쟁이인 것이 분명하였다.

그 어느 때인가 꼭 한번 이런 일은 있었다. 마침 집에 아무도 없고

자기 혼자만 있어 더할 나위 없이 조용할 때 방물사 노파가 지나가는 말처럼

"아씨 지나실 길 있거든 제집 한번 들러 주세요. 사는 건 망칙하지만 다리라도 쉬 가시게."

이렇게 없는 정이 있는 듯이 그때 말하던 생각이 이제 머릿속에 문뜩 떠오른다. '아이 참 그이 집이 어디랬던가?' 고개를 갸우뚱하며 두 눈을 사르르 감고서 옛 기억을 불러 일으키려 애썼다. '옳지 옳지 사직정 ○○번지라구 그랬어. 틀림없이 거기랬어 지금 찾아가면 있기나 있을까?'

얼마만에야 겨우 생각난 듯이 이렇게 입안으로 가벼이 웅얼거리며 발길을 돌이켜 가던 길을 외서 아까보다 좀 신이 난 빠른 걸음걸이로 어슴푸레한 밤길을 걸어가고 있었다.

■● 5 ●■

어느 구멍가게에서 성냥 한갑을 사가지고 집집마다 문패를 상고해 가며 그이 집을 찾기 시작하였다. 번지가 순서 있게 내리 멕혀 온 걸로 보아 대여섯 집만 더 가면 그 노파의 집이 되려니 하고 마음먹고서 걸어가는데 그 집 일 듯 성싶은 대문 앞에서 사람의 그림자 하나가 나타나 어른거리는데 남자는 아니고 여자임에 틀림없다.

아무리 자세 보아도 젊은이는 아니요 늙은이가 분명한데 더욱 거리가 가까울수록 노파인 것이 완연하다.

'그이는 키가 큰 편인데 밤이 돼 저래보이나' 하고 마음먹으며 더 가까이 오기를 기다렸다.

얼굴모습을 자세히 알아 볼만치 둘의 거리가 가까워지고 보니 자기 집에 다니는 그 노파보다도 더 늙고 게다가 키는 아주 땅딸보인 생판 딴사람이었다. 그래서 어째 서운한지도 모르게 그저 서운한 생각이 들며 지나쳤다. 당장 그 노파가 나오던 집 대문 앞까지 이르러서 걸음을 멈추고 성냥을 드윽 그어 문패를 찾았다. 한 자 틀리지 않는 사직정○○번지다. '이집이 분명하구나!'

힘 안 들이고 집 찾은 것이 신기한 듯이 생각하면서 대문을 지그시 밀쳐보았다. 문소리 찌걱하고 나는 바람에 안에서

"거 누구요?"

하고 소리를 버럭 지른다. 틀림없는 그 노파의 낯익은 말소리였다. 시집갔던 새댁이 오래간만에 친정집에 발을 들여 놓자마자 어머니의 음성을 처음 듣는 것처럼 반가웠다.

"네, 저에요."

어마지되 불쑥 이렇게 대답하면서 대문을 지나 중문 안으로 썩 들어섰다. 어디를 가려는지 방금 옷을 갈아입은 거추를 하던 채 그대로 마루 끝에 나타나 수선을 피며 엉너리를 부린다.

"내 원, 이게 누구요 이건 참 뜻밖이구료. 어서 이리 좀 올라오슈."

"올라가도 괜찮습니까?"

"괜찮지않구… 늙은이 두 양주만 사는 집에 어떻단 말이요. 아무 염려 말고 어서 이리 올라 오슈 그런데 대관절 이 밤중에 웬일이요?"

"그저 지낼길에 들렀어요."

하면서 유난 다니던 사람처럼 조금도 서슴지 않고 마루 위로 성큼 올라선다.

그래 노파의 뒤를 따라 건넛방으로 들어가 앉았다. 능청맞은 노파는 그의 말에 벌써 반 짐작은 하였다. 이 밤중에 생전 와보지도 않던 집을

궁극스리 찾고 찾아서 올 적에는 무슨 심상치 않은 일로해서 말하자면 여자로서 흔히 화나는 일로 말미암아 들뜬 마음을 저로서도 걷잡지 못하고 이 늙은 것을 찾아온 것이 분명하다 생각한 다음 함정에 제 발로 기어 들어오다시피 한 짐승을 놓치지 않으리라고 정신을 바짝 차리는 한편 또한 자기의 짐작이 십분 자신 있는 듯이 "뭐 화나는 일이 있는 게지." 하고 노파의 하는 말이 바로 가슴 정통을 알관역 맞추듯이 덜컥 들이 맞히는지라 전신이 오싹할 만치 선뜩하면서도 자기가 이미 마음먹은 오늘 하룻밤을 긴장된 가운데 마음을 조이며 그래도 자기 남편한테 맛보지 못하는 느긋한 쾌락과 아기자기한 기쁨을 맛보게 되는 노파의 이상한 눈치와 허튼 수작이 오히려 반가웠다.

"화는 무슨 화요 그저 놀러왔죠."

이렇게 대답하는 것이 얼떨결에 나와 자기 집에도 몹시 어색하게 들렸다. 그리고 다시금 생각해보니 먼저 자기의 한 말과 외착이 나는 것을 깨달았다. 먼저는 그저 지낼 길에 들렀다고 했는데 지금은 놀러왔다고 했으니 암만해도 선후가 동떨어지므로 노파의 기색을 넌지시 살폈다. 아니나 다를까 능구렁이 다된 눈치 빠른 노파는 되레 이편 거동을 흘깃 쳐다보더니 벌써 그만하면 다 짐작해 알아 차렸다는 듯이 주름잡힌 앞모습과 눈언저리에 의미 있는 미소를 띠우며

"아유 그러면 마침 잘 됐수… 여기서는 재미나게 같이 놀 사람도 없구, 또 잘된 일이 하나 있는 것은 내가 지금 옷을 갈아입고 막 나가려는 판인데 이렇게 뜻밖에 찾아와 누가 지시한 것처럼 마침 만나게 된 것은 아마 이것도 인연이가보니 두말 말구 날 따라 나수."

"어디로요?"

"가보면 알지 뭐—지금 막 누가 와서 부탁하게 어디 가서 누구든 하나 데리고 부탁하고 간 이 집으로 갈 작정이었소. 헌데 천만 뜻밖에

임자가 하늘에서 선녀나 하강하듯이 때마침 찾아온 것은 암만 생각해
도 오늘밤에 어느 누구와 연분인 듯 싶으니 두말말구 날 따라 나서우
… 참 잠깐만 기다리유. 내 안방에 건너가서 갈아입던 옷을 마저 깡그
리고 나오께."

　노상 얼굴에 만족한 웃음을 감추지 못하다가 이런 말을 남겨놓고 안
방으로 건너갔다. 안방에선 영감쟁이의 말소리가 두런두런 난다.

　얼마 지낸뒤 둘이서 좀 컴컴한 그집 대문간을 나올 때 뒤에선 노파가
"아마 나리가 속을 좀 썩이는 게지?"
하고 불쑥 묻는 말에 뭐라고 대꾸를 해야만 좋을지 얼핏 말이 잘 안
나와 그만 말문이 막히고 말았다.

　"젊은이들이란 체격 쉬운일입니다."

　노파는 자기 말에 아무 대꾸가 없으니까 잼처 이번에는 혼자 말처럼
이렇구 저렇구들 하는 것이 남녀간에 젊어서 한때 으례 할 짓이라는
듯이 웅얼댄다. 그러나 노파의 그 음충맞은 말이 자기 귀에 조금치나
거슬리거나 불쾌하게 들리지 않는다. 오히려 구수하게 들릴 뿐이었다.
그래 잠잠히 노파의 뒤를 따르기도 하고 혹은 나란히 서서 아까 모르
는 집을 찾아 더듬어 오던 길을 천천히 걸어가고 있었다.

■■ 6 ■■

　꼬불꼬불해 몹시 조잡한 골목을 이리저리 아로새겨서 어느 다 쓰러
져 가는 초가집 대문 앞에 당도해가지고 노파는
"여보 날만 따라 들어오."
하며 자기 집 들어가듯 조금도 서슴지 않고 대문 안으로 썩 들어선다.

행랑방을 아랫방처럼 꾸민 문간방 덧문이 슬며시 열리며

"아웃님이요? 이리 들어오슈. 퍽 속하게 오시는구료."

이렇게 말하는 사람은 아까 방물장사의 집을 찾을 때 바로 그이 집에서 나와 가지고 자기 옆을 지나가던 키가 무척 작은 바로 그 노파다. 이제야 모든 연극 속을 대강 짐작하면서 그 방 안으로 들어섰다.

"속하구 말구 여부지사가 있우… 그 이야기는 천천히 할 심 잡고서… 대관절 어느 방이요?"

"바로 안방 내줬지"

"그런데 아주 새물창이라지."

"우리 집은 처음이지만 보아하니 아주 오입쟁이입니다. 이것도 문청 있나봐"

하고 나중 말할 때에 손가락을 동그랗게 만들어 보인다. 그리고나서는 일찍이 보지 못하던 아주 똑딴 미인의 환한 얼굴을 넋을 잃고 물끄러미 바라본다.

"그러면 와서 기다린 지도 퍽 오래 됐을 듯하니 어서 데리고 들어가 보시구료. 일각이 여삼출걸"

방물장사는 이렇게 말을 내며 둘의 얼굴을 번갈아 쳐다본다.

"그럼 그렇지…나구 안으로 좀 들어갑시다."

하면서 주인 노파가 일어선다. 그는 절에 간 색시모양으로 두근거리는 가슴을 억제하면서 잠잠히 노파의 뒤를 따랐다. 방문 미닫이나 쌍창에나 할 거 없이 손바닥만한 유리조각하나 안 붙인 안방 앞으로 가까이 왔다. 구랑신같은 미닫이가 주인 노파 손에 밀려 슬며시 열린다. 새삼스럽게 더 울렁거리는 가슴을 어쩔줄 모르며 마치 꿈속을 헤매는 듯한 이상야릇한 마음으로 노파의 등 뒤를 따르던 그는 별안간 질겁을 한다. 정신이 아찔할 만치 자지러지게 놀라며 발을 멈추고 말았다.

이처럼 얼굴까지 저상을 하도록 놀란 까닭은 덩그렇게 빈 간반이나 되는 방안에 오도카니 혼자서 고개를 숙이고 앉았는 사나이는 자기 남편임에 틀림이 없었던 때문이다. 그래서 조금만 정신을 차리지 않았다면 외마디 소리를 버럭 지르고 그 자리에 그대로 나가 자빠졌을지도 모른다.

모두가 조금 전보다도 더욱 꿈 속같이 생각된다. 그만 돌아서서 뺑손이를 쳐 도망질할까 하다가 삽시간에 한가지 계교가 머릿속에 떠오른다. 이런 경우에 임시응변이라든가 또는 여자의 얕은 꾀란 실로 묘한 것이었다.

'옳지 이렇게 하면 꼭 속아 넘어가지' 하고 생각한 것은 불논 집에서 "불이야!" 하며 도적이 매 드는 격으로 외려 발악을 할 심산이었다. 뒤집어 홍으로

"아니 여보!"

째지는 듯한 여자의 날카로운 음성이 죽은 듯이 고요하던 방안의 공기를 보기 좋게 뒤흔들어 놓자

'어떻게 생긴 여자가 들어올까?' 하고 호기심에 끌려 마음조리면서 앉자있던 방안의 사나이는 쨋쨋한 여자 음성에 깜짝 놀라 고개를 번쩍 들어 방문 쪽을 바라보매 또 한번 잼처 놀라지 않을 수 없었다. 금시로 얼굴빛이 해쓱해지며 저으기 당황해 어쩔 줄 모르는 모양이 완연하다.

"홍 좋소. 이따위 짓 하느라고 사흘 나흘씩 집에 들어 오는것도 잊어버렸었구료? 참 장하우… 내가 그집엘 잘두 찾아갔지 뭐 키든가봐"

사나이는 더 생각할 나위도 없이 며칠동안을 자기가 집에 안 들어가니까 지랄 발광을 하다 하다못해 저 극성이 지금 자기가 여기 있는 줄을 어떻게든 수소문 해가지고 자기의 부정한 행실을 꼭 잡으려고 연극을 꾸며 가지고서 막 들이치는 줄로만 알았다.

"여보 제발 창피하니 고정하구서 그만 집으로 같이 갑시다. 모두가 남부끄러운 일이니"

"뭣이 어쩌구 어째요? 남부끄러운 줄을 다 아는 양반이 이런 더러운 짓을 할라구. 나를 남의 계집으로만 여기고 데리구 자구료. 이렇게 하면서 나는 남의 계집보다 뭐 날거 있우?"

사내가 아주 한풀 죽어 흠씬 누그러지는 바람에 이쪽에선 반자가 얕다고 한층 더 뛴다.

주인노파는 어쩐 영문인지 전혀 알지 못해 어안이 벙벙한 낯을 해가지고 얼빠진 사람처럼 그들 옆에 멀거니 서서 있을 뿐 아랫방에 홀로 남아있던 방물장사는 별안간 안방에서 떠들썩하는 바람에 안마당으로 난 창문을 방긋 열고서 귀를 기울여 자세 들으니 암만해도 심상치 않은 일이 일어난 것이라고 마음 먹혀지매 어쩐지 잠시도 머물러 있기가 겁이나 그만 꽁무니 뺄 생각이 불현듯 난다.

'옳지 바로 사내로구나. 남편이 남의 계집에 눈을 떠가지고 눈 오는 날 개 싸다니듯 하니까 오늘저녁엔 꼭 붙들어볼 작정으로 사내 뒤를 밟아 이 집 앞까지 쫓아와서 동정을 살피다가 큰마누라가 우리집에 오는 그 뒤를 따라 와가지고 밖에서 그의 돌아가기를 기다리다가 그이 발뒤꿈치 뜨기가 무섭게 우리 집으로 들어온게나 아닌가? 그럴른지도 말과 생전 와보지도 않던 집을 뜻밖에 찾아온 것은 필유 곡절한 일이야… 그리고 그처럼 순순히 뒤를 따라온 것만 보더라도 제 사내를 꼭 한번 붙들어 보려는 계교였어. 틀림없이 그런 노릇이야… 에이 무서워라 돈 몇푼 얻어 먹으려고 여기 있다가는 늙은게 제 명에 못 죽게 자식도 없는 년이 뼈도 못추리게'

여기까지 생각하고 보니 등골에서 진땀이 흐르며 금시로 앞이 캄캄해져 더 있을래 더 있을 수 없어 슬며시 일어나 대문간 쪽으로 난 덧문을 소리없이 열고 나와 발소리를 될 수 있는 대로 죽여 가며 가만가만 대문 밖으로 나가버렸다.

■● 7 ●■

사내를 앞세우고 마치 개선장군이나 된 것처럼 의기양양하게 그래도 얼굴 한구석에는 여지껏 독살이 꺼지지 않은 채 꽤 이슥해진 밤거리를 걷고 있었다. 아내가 몇 번이나 좀 으슥한 곳에 당도하여서는 남편의 비위를 들컹거렸으나 종시 꿀먹은 벙어리 모양으로 아무 대꾸가 없었다. 그래 아내도 맞장구쳐 주지 않는 남편의 짓이 무한히 밉살머리스럽기도 하고 또한 분하기도 하였지만 하는 수 없이 서로 잠잠한 가운데 어느덧 자기집까지 당도하였다. 벼락같이 대문 흔드는 바람에 안잠재기가 자던 눈을 비비며 닫아 건 문을 열어주니 벙어리들처럼 아무 말들이 없는 주인 내외는 그만 안방으로 들어가 버린다. 안잠재기는 자기가 자던 건넛방으로 들어가면서 주인내외의 이야기안하는 눈치를 이상스럽게 생각하다가. '필시에는 어디서 만나가지고 대두리가 나도록 싸운게라'고 마음을 돌쳐 먹었다. 숨소리를 죽이고 안방 쪽으로 귀를 기울여 무슨 소리가 나기만 기다리고 앉아있다. 한참동안 죽은 듯이 고요하던 안방에서 제법 높고도 거친 목소리가 난다. 전에 없이 괄괄한 그 음성은 틀림없이 주인나리의 목소리였다.

"아까는 하도 창피해서 할 말을 다 못했지만 그래 나는 남의 계집을 보려구 그집엘 갔지만 임자는 뭣하러 갔었우?"

"옳지 이제 할말이 없으니까 날 처죽여라는 셈으로 누구를 넘겨잡는 모양이구료. 흥 내게 딸린 염탐꾼이 얼마나 되는 줄 알우? 방물장사니

화장품장사거니 피륙장사거니… 이렇게 뭇동있.우 난봉꾼 남편을 둔
년이 그만 것쯤 못 삼어낼 낸줄 알우? 어림없이 나도 난봉을 부리려면
벌써 옛날에 무척 부렸우. 허지만 당신하나만 바라고 그렇게 못한 것
이 지금 생각하면 내가 병신이야 뭐 아주 바보지… 그러나 임자가 정
그래만 봐. 낸들…”

“여보 그만 두 내가 다 잘못했으니 어서 자기나 합시다.”

“남의 계집을 못 봐 직성이 안 풀려서 어떻게 잠이 오겠우”

“에이 객쩍은 소리 그만하구 어서 자”

“퍽 분하겠우 퍽 분해”

“그래두 잔소리야”

안방은 다시 고요해졌다. 조금 있다가 전등불 끄는 소리가 날 뿐.

건넛방에 홀로 앉아 그들의 말소리를 하나도 빼지 않고 귀를 소승겨
자세자세 듣고 있던 젊은 안잠재기는 한숨 한번을 가벼이 그러나 길게
내쉬며 오늘날까지 이를 갈아 부치고 원수처럼 생각하던 자기 남편의
얼굴 모습을 눈앞에 그려보려고 무한 애썼다. 허나 그의 그림자는 아
예 나타나지 않는다.

밖에서 문 흔드는 바람에 근두박질을 해 나가느라고 막 우버서붙어
싸늘해질대로 싸늘해진 이부자리 속으로 기어들어가면서 또 한번 가
벼운 한숨을 내쉬고 사지를 웅크린 채 역시 싸늘한 베개에다 하염없는
눈물이 금방 쏟아질 듯한 얼굴을 폭 파묻어 버린다.

『조광』, 1937년 7월

천재(天災)

■● 1 ●■

　가물에 비를 기다리는 농군의 마음이란 비할 때 없이 안타깝고 눈물
겨운 일이다. 솔개미 그림자만 지지리 탄 땅위로 스칠라 치면 행여나
구름장인가 하는 무슨 기적이 아니면 요행수를 바라는 듯한 반갑고도
일변 조마조마한 생각에 끌려 뭇사람은 재빠르게 허공만 헛되이 치여
다 본다. 다른 해 같으면 거의 두벌 김이나 나갔을 터인데 금년엔 어찌
나 가물던지 초복이 가까워도 제법 모 한포기 꽂아보지 못한 이 근처
마을사람들은 불안에 싸여있다. 생전 비라고는 안 올 듯한 날씨가 거
듭할수록 군데군데서 일어나는 물싸움만이 더욱 소란해질 뿐이다. 오
늘도 봉례네 집에서는 이른 아침밥이 끝난 다음 그의 아버지는 활등같
이 굽은 등에다가 가래를 둘러 메고 개울로 나갔고 그의 어머니는 겨
우내 눈이라곤 오지 않은 데다가 지독한 강추위로 해서 다 얼어 죽다
시피 된 갈보리를 다른 식구들은 생각지도 않고 거들떠 보지도 않지만
먹이에 하도 궁하니까 그래도 좀 건져먹을게 있을까 하고서 낫을 들고
보리밭으로 나갔고 봉례의 남편인 갑룡이는 용두레 질을 하려고 바로

자기가 부치는 논두렁 옆웅덩이로 나간 다음 봉례는 밥 먹은 설거지와 여기저기 귀살머리쩍게 벌려놓은 군지력이를 걷어치우는 동안 올봄에 겨우 백날 지낸 아들놈이 일곱 살 나는 제 누이에게 안겨서 젖 달라고 보채다 못해 나중에는 악파듯 우는 바람에 치우던 것을 건성건성 보살 피고는 자지러지게 우는 어린애를 딸년 금순이에게서 받아가지고 마루 끝에 걸터앉아 젖꼭지를 어린애 입에다 물렸다.

구름 한 점 없이 내리쪼이는 이글이글한 햇볕이 온 마당으로 하나 가득차 뜨거운 김이 마치 불화로를 가까이 갖다대는 듯 확확 끼쳐 오른다. 더운 기운에 숨이 컥컥 막힐 지경이다. 봉례는 어린 것을 다시 금순이에게 업혀놓고 장독대 앞에 놓인 물동이를 집어 이고서 우물로 향해 나갔다.

바로 홰나무 아래 있는 우물두덩에는 크고 작은 동이와 방구리와 양철통들이 즐비하게 수없이 그러나 차례차례로 가지런히 놓여있다. 먼저 온 사람들은 물을 찌느라고 우물 속을 들여다들 보고 있으며 아직 차례가 닥쳐오지 않은 사람들은 우물 언저리에서 버정대고 서서들 있다. 봉례도 머리에 이었던 그리 크지 않은 동이를 내려서 맨 꽁무니에 다 갖다 놓고 이 동리에서 가장 친하게 지내는 자기 나이와 어금지금 한 성복이 어머니 앞으로 가까이 다가섰다.

"이렇게 비가 안 오다가는 농사는커녕 먹을 물도 없어 말라 죽지들 않겠수? 성복이 어머니?"

봉례가 먼저 이렇게 말을 건넸다.

"누가 아니라우. 사람들이 그처럼 이악하고 극성스럽더니 하느님도 미워서 이제야 내남직 할 거 없이 다 죽이시려나 보… 참, 이 우물이 이렇게 말라보기는 내가 이리로 시집온 뒤 아마 처음 되나봐.… 가만 있거라, 저— 바로 열다섯에 이곳으로 왔으니까 벌써 여덟해가 되는구료. 헌데 그동안엔 한 번도 이런 꼴을 본 적이 없수. 금순 어머니는 여기서 자라났으니까 잘 알겠구료. 그래 그전에도 더러 이런 물 난리가 있었수?"

"웬걸, 나도 철난 뒤로는 이 우물이 이처럼 말랐던 생각은 안 나는데 그러우… 어디 이렇게 물난리가 났다구."

"어쨌든 지독한 가뭄이요. 이제는 군데군데 후비적 거려는 웅덩이조차 고나마 아주 말랐다는구료. 아무리 가래질들을 해서 도랑을 깊이 파도 본바닥에 물이 있어야 말이지. 참 기막히고 딱한 일들이요. 이제는 못자리에 간신히 물을 대던 것도 고나마 먼지가 나겠구료. 오죽해 관청에서도 비만 오거든 줄모고 뭐고 그만 내버려두고 막 꽂아 나가라구 했답니다. 참 아까 어디 갔다 오다 보니까 금순 아버지도 웅덩이에 고이는 물이 신신치 않아서 용두레 자루만 쥐고 어이없이 멀거니 서서 계십데다."

"어제도 온종일 용두레하고 씨름만 했지 논바닥으론 물을 불과 얼마대지 못했다고 그랬는데 오늘은 더군다나 안 그렇겠수. 이러다가는 말뚝모를 내다시피한 노루 꼬리만한 것 고나마 베 한틀 구경 못 하려나 보. 품만 공연히 아였지…"

"우리 애아버지도 사흘째 내리두고 가래질만 죽도록 했다뿐이지 실상 댈 물이 있어야 하지 않겠소. 그리고 도랑을 팔수록 물이 나서 논바닥으로 자꾸 물을 대야만 힘은 들어도 신이 날텐데 그렇지 못하니까 가래질들은 하다말고서 내 논 남의 논 할 것없이 쩍쩍 갈라지는 논바닥과 노랑꽃이 핀 모포기를 어안이 벙벙해 바라다보고만 서서들 있습데다. 정말 큰일들 났수. 내남직 할 거 없이 빚은 태산같이 짊어지고 농사는 외패를 치면…"

성복 어머니는 이렇게 말을 하고난 다음 적이 불안한 기색을 얼굴에 나타낸다. 그가 가래질 이야기를 하는 동안에 봉례는 제대로 딴생각을 하고 있었다. 개울바닥으로 가래질을 나간 자기 아버지 생각이 불현듯 머리에 떠올라 물 뜰 차례도 아직 멀었고 해서,

"성복 어머니, 내 저 건너 개천에 좀 갔다 오리다."

"개천엔 별안간 왜 가려고 그러우?"

"집에 아버지도 가래질을 나가셨는데 어찌 됐는지 궁금하구료."

"가보기는 가보마는 거기도 별로 신통치 않으리다."

"아무튼 잠깐 다녀오겠수."

봉례는 머리에 썼던 수건을 다시 고쳐 매면서 우물 쪽을 등지고 천천히 걸어간다.

■● 2 ●■

'어 — 허! 하느님두 야속도 하시다!' 물이 아주 졸아붙은 개울바닥에 들어서서 한가운데를 우묵하게 파 도랑을 내느라고 가래질을 메기고 섰던 봉례의 아버지는 구름 한 점 없이 말쑥하게 개인 생전 비라곤 한 방울 안 올듯한 하늘을 쳐다보다가 자기도 모르는 사이에 저절로 이런 말이 입 밖으로 스며 나왔다. 그의 말에 뒤를 따라 가래 줄을 잡아당기던 두 젊은 사람도 하던 일을 잠깐 멈추고 볕이 쨍쨍히 내려 쪼이는 하늘을 눈부신 듯이 쳐다보면서

"비 내리시는 걸 아주 잊어버리신 게죠."

한 젊은이가 이렇게 말을 하니 또 한사람이 맞장구를 친다.

"오다가다 소나기도 안 와… 참 하느님도 망령이 나셔서 비 주시는 걸 잊으신 게야. 정말이지 사람이 이렇다면 쌈이라도 할게야."

"그러게 말일세. 가물에는 산돌림도 없는가베… 이따금씩 한소나기 좌—좍 했으면 그래도 날텐데."

봉례 아버지는 이런 말을 하고나서 쉬었던 가래자루를 다시 내민다. 두 젊은이도 거기 맞춰 느즈러졌던 줄을 또다시 잡아당긴다. 그래 깊이가 한자나 실히 되게 파내려가는 우묵한 도랑에서 모래 섞인 지직한 흙을 연해 끌어 올리고들 있다. 허나 물은 바닥에 깔려서 이제는 스미는 물조차 신신치 않아 자작자작하게 겨우 시늉만 흐른다. 어제보다도 아니 아까보다도 흐르는 물은 깊이 파면 깊이 팔수록 점점 줄 뿐이다. 갈수록 기막힐 노릇이지만 그들은 한 방울 없이 졸아붙을 때까지 파보겠다는 듯이 잠시 한 때 게을리 하지도 않으며 그렇게 쉬지도 않고 부지런히 가래질을 하고 있다.

봉례가

"아버지!" 하고 부르며 달려든다.

그의 아버지는 가래질을 메기면서 고개만 딸에게로 돌려

"너 웬일이냐?" 하고 묻는다.

"아네요. 그저 왔어요."

"그저 왔다니? 그게 무슨 소리야."

"물을 길러 왔는데요 물꾼이 하도 많아서 한참 기다리겠게, 그저 설설 왔어요.… 어마나, 이렇게 깊이 팠는데도 요게 무슨 물이야 애개."

움쑥하게 파진 도랑을 어이없다는 듯이 들여다 본다.

"애 말마라, 비 안 온 품 봐서는 이것도 끔찍하지 뭐."

"요까진 물을 대가지고도 논바닥이 마르지 않을까요?"

"마르는 데는 마르고 젖는 데는 젖을테지."

"아버지! 논에도 물난리지만 우물에도 물난리야요."

"논도 논이지만 미상불 먹을 물도 걱정이다."

　부녀가 이야기를 주고받고 하는 동안에 어디선지 별안간 고함을 질러 우는 여인네의 울음소리가 일어난다. 가래질하던 사람이나 봉례나 할 것 없이 일제히 고개를 이리저리 두리번거리며 울음소리 나는 곳을 찾는다. 비가 오기만 하면 당장에라도 모를 내려고 쟁기로 논바닥의 마른 흙을 울퉁불퉁하게 뒤집어 논 크고 작은 논배미 사이로 건너다 보이는 좀 동떨어진 저쪽 어느 못자리 근처에서 기막혀 우는 목멘 울음 소리가 끊임없이 들려온다. 봉례가 자세히 바라보니 그 못자리는 만복이네 못자리며 우는 사람은 만복 어머다. 만복 아버지는 작년 겨울에 몇 해째 내리두고 앓던 해소병으로 그만 죽고 말았다. 그리하여 사십줄에 들어 과부가 된 만복 어머니는 죽은 남편으로부터 물려받은 것이라고는 아홉 살을 맨 위로한 만복이와 그 아래로 두 어린 것과 또는 앓느라고 진 이천냥이나 가까운 빚과 그리고 겨우 남의 논 열닷마지기 부치는 것 뿐이었다. 참 칠순을 바라보는 시어머니가 또 한 분 있다.

　만복 어머니는 하루에도 몇 차례씩 자기가 부치는 논으로 나와 매일같이 졸아붙는 못자리 물을 어이없이 바라보곤 하였다. 숨통이 괴로울 만치 기가 막혔다.

　오늘도 만복 어머니가 자기의 못자리를 나와보니 마른데도 그렇지만 이제는 아주 노랗다 못해 (갈잎처럼 바삭바삭 피는 모포기와 마르다 못해) 쩍쩍 갈라진 못자리를 얼마동안 넋을 잃고 서서 내려다만 보고 있다가 하도 기가 막혀 볕이 불덩이처럼 내리쪼이는 논두렁 위에 그대로 펄썩 주저앉으면서 참고 참던 울음보가 한꺼번에 터져나와 그만 고함을 내놓은 것이다. 그리하여 한 번 꺼낸 울음 끝이 울면 울수록 용솟음치고 또는 가슴속에 뭉치고 서렸던 여러 가지 설움조차 한데 터져나와 실마리 풀리듯 하는 모양이다.

봉례가 멀거니 서서 이 광경을 건너다보고 있으려니까 그칠 줄 모르고 우는 그 처량한 울음소리에 겉묻어 남이 먼저 울기를 기다리기나 했던 것처럼 이쪽저쪽 먼데 가까운데서 혹은 사내의 울음소리 혹은 여자의 울음소리가 처음에는 하나하나 나더니 이제는 여럿이 우는 소리로 변해가지고 한데 어우러진 안타까운 곡성이 바람결에 다 타 죽은 모포기를 스치고 사면으로 흩어진다.

혹은 멀고 혹은 가까운 군데군데서 들려오는 가늘고 굵고 높고 낮은 처참한 울음소리가 마치 한식날이나 추석날 같은 때 성묘하러 산소에 나 온 듯싶다.

봉례는 만들어 세운 사람처럼 딱 붙어선 채 두 눈만 둘려가지고 여기저기를 두루 바라보니 어떠한 사람은 못자리에 들어선 채 "에구! 에구!" 하고 울며 어떤 어머니는 노랗게 말라비틀어진 모를 쥐어뜯으면서 "하느님 맙소사!" 하고 느껴 울며 어떤 여자는 논두렁 위에 퍼더버리고 앉아서 "에고! 에고!" 하는 소리를 내어 울며 어떤 사람은 못자리에 주저앉아서 복장을 두 손으로 두드리며 "어이! 어이" 하고 운다. 가래질꾼들도 넋을 잃고 서서 울음소리를 듣는다.

마치 초상난 집처럼 제각기 목을 놓고 연해 울고 있는 이 광경을 봉례로서는 더 서서 귀로 차마 들을 수도 없으며 눈으로 차마 볼 수도 없어 그만 홱 — 돌아서 치마끈을 집어다 눈물 어린 두 눈에다 비비며 아버지에게는 간다온다 말도 않고 그만 아까 오던 우물길로 발길을 돌렸다.

끊임없이 들리는 뭇사람들의 처량한 울음소리를 귀로 들으면서 논두렁길을 가려 가는 동안 모두가 남의 일 같지 않아 자기 눈에서도 더운 눈물이 그리 슬픈 줄도 모르겠는데 어쩐 일인지 걷잡을 수 없이 샘솟듯 쏟아져 자꾸 앞을 가리므로 걷는 걸음조차 맘대로 안 걸린다.

■● 3 ●■

기다리고 바라던 비는 그뒤 며칠이 지나도 종시 오지 않고 그저 가물기만 했다. 이제는 그나마 조금씩 군데군데 냈던 모조차 다 말라죽고 못자리에 꽂힌 모는 선 채 그대로 모조리 타 죽고 말았다. 그래 어제부터 면소에서는 메밀 종자를 나눠줄테니 가져가라는 통지를 발했다. 벼 못 심은 논에다 그대신 메밀이나 심어 먹으라는 서글픈 노릇이다. 하나 그냥 묵히느니 보다는 낫다고들 생각하고서 면소로 가을에 갚아야 할 메밀 씨를 얻으러 여러 사람의 행렬이 길게 줄달았다.

봉례 아버지도 낮겨직해서 동저고리 바람에 농립모 하나만 쓰고 면소로 메밀씨를 얻으러 자기 집을 떠났다. 처음에는 사위더러 좀 다녀오라고 하더니만 어제 몽땅 베어온 보리를 날이 가물어 그리 말릴 것도 없고 해서 그냥 도리깨질을 하고 있으니까 일하는 사람을 가라기가 뭣해 그랬던지 자기가 다녀오겠노라고 하고서 마루 한구석에 틀어박힌 꺼멓게 그을은 부대를 집어가지고 밖으로 나갔다.

혼자 도리깨질을 한참 신이 나서 하는 판에 울넘어에서 인기척이 나더니

"갑룡이 있나?"

하고 건넛마을 돌쇠가 마당으로 들어선다. 갑룡이는 하던 도리깨질을 잠깐 멈추고 웃는 낯으로

"돌쇤가. 어서 오게… 고까진데 건너오기 저렇게 땀이 비 오듯 하나?"

"아냐. 도랫말까지 갔다오는 길이야. 그런데 거 뭐 떨리는 게 좀 있나?"

"웬걸 가스랭이와 쭉정이 투성이지 낟알은 별로 없어… 참 거기 담

배 있으니 앉아서 한 대 피우게나 그려. 땀도 돌릴겸."

"피우지… 그런데 참 정말 큰일들 났어. 내남직 할 거 없이 보리조차 흉년이 들어서 양식은 벌써부터 떨어지고 이제는 연사조차 아주 글렀으니 가뜩이나 세상 인심이 갈수록 강박한데다가 그나마 가을에 가서 받을 턱이 있어야 양식이건 돈냥이건 간에 꾸어주든 빚을 주든 하지 않겠나… 흥 기왕 준 빚도 한 해 더 묵을 생각을 하고 벌써부터 배들을 앓을걸 그래."

돌쇠는 자기 허리춤에서 곰방대를 꺼내 들고서 마루 끝에 가 걸터앉으며 옆에 놓인 희연 봉지 속에다 담배통을 쿡 집어 넣어가지고 한대 듬뿍 담아 성냥을 드윽 그어서 보기좋게 뻑뻑 빤다.

갑룡이는 다시 도리깨질을 하면서 말대꾸를 한다.

"제기, 없는 놈은 꼭 굶어 죽었지… 별수 없이 꼭 굶어 죽었어. 우리네란 농사만 외패를 치면 무슨 용빼는 재간이 있어야 말이지."

"설마 산 입에 거미줄 칠라구."

"설마가 사람 죽인다네. 하늘이 무너져두 솟아날 구멍이야 있다고 하지만 굶어 죽지 않고 살려니 그 고생이 오죽한가?"

"참 자네 낼부터 나하고 같이 일 가지 않으려나?"

"무슨 일인데? 어디야?"

갑룡이는 일자리가 있다는 바람에 귀가 번쩍 트여 한창 신이 나서 내리치던 도리깨질 조차 멈칫했다.

"한데 품값이 좀 적어서 나도 갈까 말까하고 망설이는 판일세만… 저 동산골 큰내 있지 않은가 거기 철도 다리를 다시 놓는다는데 인부를 픽 많이 쓴대. 허지만 연사가 아주 글러지니까 사람들이 암치 대가리에 개미 뎀비듯 엄청나게 몰려와서 하루에 겨우 삼십오전씩 밖에 더 안 준대."

"그래도 놀고 먹느니 보다는 낫지 뭐야 단돈 십전이라도 버는거니까… 그러나 날마다 일이 차례에 돌아오기나 할까."

"그것은 염려 없을 듯 하이."

"어째서?"

"도랫말 이서방 있지 않은가 바로 그 사람이 감독아래 도십장으로 있다니까 가기만하면 일이야 걱정없이 하게 되겠지."

"그러면 낼부터 같이 가보기로 하세. 집에서 펀둥펀둥 놀기만 있으면 뭘하나."

"어디 노는셈 잡고 며칠 다녀볼까"

"같이 다녀 보세나 그려."

"그럼 그러세. 여기서 삼십리 길이 꽉 되니까 낼 새벽에 일찌감치 우리 집으로 오게."

"꼭 가지 — 아니 그런데 왜 벌써 일어서? 담배나 한대 더 피우지 않구."

"그만 가봐야겠네. 콩밭도 가꿔야겠구…"

"그럼 내일 또 만나세. 살펴 건너가게."

돌쇠가 간 지 얼마 안돼서 물동이 인 봉례가 앞을 서고 그 뒤에는 그의 어머니가 따라 들어온다.

"그래도 뭐 좀 털리나?"

장모가 도리깨질을 연방 하고 섰는 사위를 바라보면서 말을 건넨다.

"웬걸입쇼. 아주 센치 않은걸요. 도제 여물었어야 말이죠."

갑룡이는 그만 도리깨질을 쉬고서 한옆에 놓인 갈퀴를 집어가지고 이리저리 흩어진 짚북데기, 쭉정이, 가스랭이, 그리고는 약간의 여문 낟알을 한데 긁어모으기 시작했다.

"장인께서는 어디 가셨나?"

봉례 어머니는 비를 가지고 한 귀퉁이에서부터 쓸어 들어온다.

"면소에 메밀씨 가지러 가셨어요. 절더러 다녀 오라구 하시더니만 지가 이것을 하니까 아마 대신 가셨나 봐요."

"잘됐네. 자네는 이것을 마쳐 놓고서 점심이나 좀 떠먹고 고추밭을 매 주게."

"네 그러죠."

둘이서 이렇게 이야기를 주고받으며 흐트러진 것을 부지런히 한군데로 모아 놓는다.

봉례는 또다시 빈 동이를 이고서 마당을 지나며

"어ㅡ이, 북더기 천지지 어디 낟알이라곤 벤벤하우, 어머니!"

하고 싸리 문 쪽으로 사라진다.

■ ● 4 ● ■

갑룡이는 돌쇠와 함께 한 열흘째 내리두고 채 밝기도 전 어두컴컴한 때 집을 떠나 동산골 공사장으로 일을 다녔다. 이 동리에서도 그 둘뿐만이 아니라 만춘이, 끝쇠, 또순 아버지 그리고 곰보 칠성이 이렇게 도합 여섯 사람이 매일같이 새벽밥을 해먹고 이십리길이나 꽉 되는 곳을 사실 다리품 값도 못되는 삯을 받으러 그나마 벌이랍시고 열심히들 다녔다.

다른 해 같으면 김매기에도 바빠 집집마다 있는 사람들도 째는 판일 텐데 올해는 김을 매긴 커녕 논배미엔 푸른빛이라곤 강아지풀 하나 청개구리 한 마리 찾아볼 수 없이 되었다.

그들은 이런 처참한 논바닥을 밝은 날 뚜렷이 보기는 싫다는 듯이 컴컴한 새벽녘에 이 마을을 떠나 저녁 어둑어둑한 때에야 돌아들 온다.

오늘도 갑룡이가 세상모르고 곤히 잠을 자다가 무엇에 놀란 것처럼 소스라쳐 깨었다. 처음에는 사지가 느른하다가 차차 온 몸뚱아리가 욱신욱신 쑤신다. 여러날째 내리두고 변변히 먹지도 못한데다가 고된 일에 시달려 곯는 줄 모르게 곯고 내왕 육십리 길을 걷기에 지쳐서 나날이 원기가 떨어질 뿐이다. 본시 실한 편은 못되지만 그렇다고 아주 약질도 아니다. 기운이 있고 뚝심이 있어서 약하지 않다느니 보다도 강적이 있다. 어렸을 적부터 남의 집살이와 이내 눌러 이리저리 굴러다니는 머슴살이로 일이 아주 곬에 배서 촌가의 일은 그리 무섭고 두려울 게 별로 없다가 매일같이 먼 길을 걷고 힘 부치는 등짐을 연일 내리 져서 새벽녘 일터로 가려고 일어나려던 몸이 천근같고 안 아픈데가 별로 없어 방바닥을 떨어지기가 죽기보다 싫었다. 헌데 오늘은 어쩐일인지 유난스럽게 한층 더하다. 그렇다고 지금 집안형편으로 봐서는 하루라도 쉴 계제가 못된다. 그나마 벌이랍시고 없었다면 또 어찌 했을는지 모르지만 요새 같아서는 매일 살아가는데 그나마 한 보탬이 콱 됐다.

갑룡이는 몸이 아프고 뼈가 쑤시는 것을 억지로 참고서 이를 악물고 간신히 일어나 채 밝지 않은 바깥을 내다보았다. 이 바람에 곁에서 코를 골며 세상모르고 곤히 잠든 아내가 눈을 번쩍 뜨면서

"에구머니! 내가 잠을 지내 잤나베. 벌써 가실 때가 됐수?"

"샛별이 떴는걸." 하고 밖으로 나간다.

봉례도 겉묻어 일어나서 마당으로 내려와가지고 군데군데 우그러진 허술한 생철대야에다 세숫물을 떠다 놓고서 다시 부엌으로 들어가 밥을 차리는 모양인지 무엇을 덜그덕거린다.

갑룡이는 두 손을 대야에다가 잠근 채 부엌편 쪽을 바라보며

"뭐 남은 밥이 좀 있나?"

"한덩이쯤 돼요. 참 어떻게 허우. 오늘은 가져 가실게 없어서…"

"그냥 가지 할 수 있나. 없는 걸 어째…"

"정 시장하거든 술이나 한잔 받아 자시구료."

"아무려나 허지."

갑룡이는 얼굴을 부지런히 씻는다. 봉례는 상을 봐가지고 부엌에서 나와 마루에다 갖다 놓고 어린애가 깨서 킹킹거리니까 방 안으로 도로 들어갔다.

어느 때는 안 먹은게 아니지만 몸이 불편해 그런지 오늘 당해서 유난히 꽁보리밥이 첫술부터 씹는대로 속으로 들어갈 편보다 되넘어올 편이 많다. 입안에서만 깔끄럽게 왔다갔다 한다. 그러나 삼십리 길을 걸어갈 것과 힘든 일을 하지 않으면 안 될 생각을 하니 아니 먹을 수도 없는 노릇이다. 반찬이라곤 날 고추장 한가지 밖에 없는 거로 반사 발 밖에 안되는 밥을 겨우 반밖에 못하고 일어섰다.

어느 틈에 깼었는지 안방에서 마루를 내다보고 앉았던 장모가,

"아니 고까진걸 못 다 먹고 왜 남기나?" 한다.

"어쩐 일인지 안 들어갑니다 그려."

"왜 어디가 아픈가?"

드러누웠다 일어 앉으면서 다정스럽게 장인이 묻는다.

"몸이 좀 찌뿌드드해서요."

"거 안됐네 그려. 그럼 오늘 하루 쉬지."

"과히 아프진 않으니까요. 가서 꿈쩍거리면 낫겠죠."

"고집부리지 말구 하루 쉬게, 쉬어."

"아버지 염려 마세요. 다녀오겠으니."

하고 아직 채 밝지 않아 어두컴컴한 마당으로 내려와 헛간 한편벽에 기대 선 발채 없힌 지게를 등에다 걸치고 밖으로 나갔다. 갑룡이는 장인장모를 부를 때면 장모님이라든가 장인님이라고 부르는 대신에 반드시 '어머니!' '아버지!' 하고 불렀다. 입으로만 건성 그러는게 아니라 마음속에서 진정으로 우러나왔다. 사실 친부모같이 여기고 지성껏 섬겨왔다. 어려서 양친을 죄다 여읜 그로서는 그럴 법도 한 노릇이다. 세 살 먹어서 아버지를 여의고 열한살 나던 해 봄에 어머니마저 돌아가고 보니 그의 갈 곳이라곤 오직 하나밖에 없는 시집간 누이의 집 뿐이었다. 그래 할 수 없이 그곳으로 가던 날부터 산에 올라가 나무 해오기와 새끼 꼬기와 잔심부름하기와 여름이면 소 몰고 다니며 꼴 먹이기와 또는 해를 거듭함에 따라 논과 밭에 들어서서 꾀부리지 않고 남보다 부지런히 일하기를 좋아하였다.

이렇게 누이의 집에서 다섯 해를 있는 동안 엄할 때 엄해도 아끼고 웅심 깊은 아버지의 그윽한 사랑을 받는 대신에 볼멘소리와 시시로 부라리는 매부의 도끼눈을 맞아가며 또는 끝없이 자애로운 어머니의 귀염과 사랑을 받는 대신에 아무리 동기라 해도 시집가기 전 말이지 제 남편 제 자식이 생겨 암만해도 한겹 가린 누이의 슬미지근한 곁 사랑을 받아가며 어려서 철모를 제 돌아간 낯조차 모르는 아버지보다도 갓 돌아간 어머니의 그리운 생각이 어린 가슴에 서리고 맺혀 어머니의 사랑이 뼈에 사무치도록 간절하여 이구석 저구석에서 남몰래 소리없이 울기도 여러번 하였다. 또는 밤에 자다 간혹 흉악한 꿈에 가위를 눌려 허덕이다가 간신히 깨어 천 갈래 만 갈래의 생각과 여러가지 궁리에 다시 잠 못 이루고 고생고생할 때나 봄날 아지랑이 낀 먼 산을 바라보고 울긋불긋하게 꽃이 핀 동산을 지나갈 적이나 뭇벌레 처량스럽게 우는 가을밤 구름 한 점 없이 말쑥하게 개인 지극히 높다랗게 보이는 새

파란 하늘에 뚜렷이 솟은 달을 치어다볼 때 어린 몸엔 가당치도 않고
걸맞지도 않는 긴 ─ 한숨이 땅이 꺼질 듯하게 흘러나왔다. 그는 이렇
게 다섯 해 동안을 신신치 않은 매부네 집에서 살다가 그나마 복에 닫
지 않던지 누이마저 우연히 병들어 죽고 마니 그만 그 집을 뛰쳐나오
고 말았다. 더 머물러있지 못했던 까닭은 첫째 자기 깐에는 지극히 정
들었던 누이라 이구석 저구석에서 살았던 때 그의 모습이 선 ─ 하게
눈에 밟히고 그래도 정답던 음성이 귀에 징 ─ 하여 견딜 수 없었고 또
는 누이 대신 들어온 새댁이 공연히 싫어하는 눈치라 그래서 그만 매
부의 집을 그 해로 뛰어 나왔던 것이다.

그리하여 그 뒤로는 이리저리 떠돌아 다니면서 날품도 팔아 보았고
또는 어리다고 처음엔 반사경 주는 것을 받고 이삼년 지낸 뒤부터는
온 사경을 받으며 칠 팔년동안 머슴살이를 하다가 바로 지금 살고 있
는 넘어 마을 그곳에서 그중 부자라는 오생원집에서 삼년을 내리 두고
머슴을 사는데 그의 참하고 부지런한 품과 더할 나위 없이 유순한 까
닭에 자식이라곤 딸 둘밖에 낳지 못한 봉례의 아버지가 데릴사위로 삼
은 것이다.

그래 외롭던 갑룡이도 이 집으로 온 뒤부터 장인 장모를 극진히 대
하였고 숭굴숭굴하게 생긴 아내를 지극히 사랑하였다. 어느 누가 제
자식을 귀해 하지 않으랴마는 자기자신이 아버지의 사랑을 받아보지
못하고 자랐느니만치 젊은 놈으론 걸맞지않게 남들이 흉까지 보게스
리 어린것들을 혹은 은근히 혹은 드러나게 남 유달리 살뜰히도 사랑해
왔다.

이래서 처가살이를 하는 동안에 여간 힘든 일이 있을지라도 힘든 줄
모르고 다만 즐겁고 기쁘게만 여기면서 게으름을 피거나 꾀를 부리지
않고 모든 것을 살박아 부지런히 일하여 왔다.

■ ● 5 ● ■

한나절이 되어 태양이 불같이 인정사정없이 내리쪼이는데 동산골 공사장 언저리에 허옇게 널린 일꾼들은 이편짝 저편짝 두 군데로 나뉘어 쉬지 않고 일을 하고있다. 개천 속에서 둔덕위로 올라갈 적에는 축축하게 물이 약간 섞인 불그스름한 진흙을 발채버린 지게에다 한짐 잔뜩 지고 언덕을 올라가서 한편쪽 웅덩이에 쏟아놓고 다시 내려올 때는 끝은 좀 무디게 뾰죽하고 머리깨는 네모진 제법 큰 돌멩이를 두 세개씩 한짐 잔뜩 되게 짊어지고 내려들 온다.

한편짝에 거의 백명씩이나 가까이 되는 일꾼들이 오르락 내리락하는 양을 좀 떨어진 먼데서 바라볼라치면 마치 개미 거동하는 것처럼 보인다. 갑룡이는 새벽에 먹은 밥이 아예 못 먹게스리 실쭉해 그랬던지 그만 토라져서 점심때가 되어 다른 사람들은 뿔뿔이 헤어져 점심들을 먹고 있었으나 갑룡이만은 술 한잔 떡 한개 안 사먹고 그대로 어느 그늘진데 가서 드러누웠다가 남들이 다들 일을 시작하니까 그도 죽기보다 싫은 것을 간신히 일어나 꾸물거렸다.

이따금씩 다리가 허청에 가 놓이는 것 같이 허청허청하고 약간 현기증도 일어난다. 그런 것을 억지로 참고서 다시 일을 시작한 후 몇 번을 간신히 오르내렸다. 반나절이 넘었으니 그대로 돌아갈 수도 없고 해서 죽을 힘을 다해가지고 돌멩이를 또 한짐 지고 내려와 한옆에 부려놓고 부삽을 집어들어 흙을 지게 위에다 퍼 담았다. 앞서보다는 적으면 적었지 많지는 못한데 지고 일어서니 아까보다 무척 무겁다. 하지만 다시 내려서 덜 수도 없는 노릇이라 그대로 앞선 사람의 꽁무니를 따라 언덕을 향하고 걸었다. 아마 언덕중턱쯤 올라왔을 때다. 별안간 정신이 아찔하더니 두 눈이 캄캄해지며 등에 진 지게도 벗어버릴 새 없이 그

대로 그만 그 자리에 지게 작대기를 가슴에 걸친 채 푹 고꾸라지고 말
았다. 하마터면 바로 그 뒤미처 올라가던 사람도 엎드러진 갑룡이에게
걸려 넘어진 그 위를 덮어누를 뻔 한 것을 간신히 모면했다. 이 모양을
본 여러 사람은 와짝 달려들어 일변 지게를 벗기며 한편으로는 흙을
헤치는 둥… 이렇게 한참 법석들 한 후 그를 일으켜 앉히려고 했으나
까무러쳐서 인사 정신 모르는 모양이다. 얼굴에서는 새빨간 피가 흐른
다. 어푸러지는 바람에 이마와 코를 긁혀 밀기도 했지만 그보다도 코
피가 나는 모양이며 입술도 으스러진 듯하다.

　이편짝에서 같이 일하던 돌쇠가 두 눈이 휘둥그레가지고 달려오고
그 뒤미처 칠성이가 뛰어왔다. 그리고 도십장인 이서방도 달려들어서
누구는 물수건으로 피 흐른 얼굴을 닦기도 하고 누구는 물을 이마에다
적시기도 하고 어떤 사람은 연해 연방 부채질을 하기도 한다.

　이런 야단법석을 치른지 얼마만에야 까무러쳤던 갑룡이는 간신히
피어난 눈시울이 뻣뻣한 듯이 두 눈을 거러비켜 실눈을 뜬다. 이 모양
을 내려다 본 돌쇠는 죽었던 사람이 다시 살아난 것처럼 기뻐하며 그
의 곁으로 가까이 가서

　"정신 좀 채리게, 갑룡이!"

　"으―웅!"

　"이 물을 좀 마셔… 그리고 정신을 차리게."

하고 물그릇을 집어다 갑룡이 입에다 대어준다. 갑룡이는 두어 모금이
나 벌떡벌떡 들이킨다.

　"이젠 살았네. 살았어… 어디 몹시 아픈 데는 없나?"

　"어떤지 모르겠어… 가슴이 좀 뻐근하긴 하구먼두"

　"지게 작대기를 안고서 엎드러졌다니까 가슴을 다친게지."

　"그래 그런지 가슴이 꽤 아픈걸."

하고 다시 척 늘어진다. 이것을 바라본 여러 사람들은 갑룡이를 떠메다시피 해가지고 한편짝에다 갖다 눕혔다.

다른 사람들은 무슨 일이 언제 생겼느냐는 듯이 등에다가 제각기 한 짐씩 잔뜩 지고서 여전히 언덕을 오르내린다. 해가 뉘엿뉘엿 서산을 넘을 무렵에야 겨우 정신을 차린 갑룡이는 돌쇠와 같은 동네 사는 여러 사람한테 번갈아가며 부축되어가지고 간신히 자기집으로 돌아왔다. 그리하여 갑룡이는 그날부터 병들어 자리보전하고 눕게 되었다.

■ ● 6 ● ■

농가에서 제일 치는 추석명절도 금년엔 매우 쓸쓸하게 지나쳤다. 농군들의 일년 한때 맘놓고 즐길 팔월가위를 그처럼 서글프게 지내고 난 거와 마찬가지로 한창 추수머리가 닥쳐와도 다른 해 같으면 태질소리, 풍구질소리, 볏단 세는 소리로 온 동네를 떠들썩하게 만들텐데 마당질 하는 집 하나 없고 낟가리 쌓이는 곳 한군데 없이 이마을 저마을 사람들의 마음은 오직 허순하고 서글프고 그리고 온 동리안은 낙엽을 우수수 떨어뜨리는 가을바람처럼 쓸쓸만 할 뿐이다.

안되는 놈은 자빠져도 코가 깨진다는 격으로 올 들어서 농사꾼들은 어느 누가 심사나 노는 듯이 죽어라! 죽어라! 하는 판이었다. 지독하게 추운데다가 눈조차 오지않아 보리는 흉년지고 벼는 가물로 해서 못자리에 선 채 그대로 말라죽어 종자조차 못 건지고 메밀이나 심으면 먹을까 하고 씨앗을 얻어다가 심은 것이 이번에는 가물던 끝에 장마가 져서 가물던 옳으로 비가 하도 많이 와 메밀조차 시뻘건 대만 섰을 뿐이지 여문 거라곤 도제 없었다. 이렇게 울 농사는 야릇하게도 깡그리

안팎곱사등이로 오패로 치고 말았다.

초가을을 잡아들어서부터 점심은 제례하였지만 저녁조차 안 먹고 자고 난 봉례의 속이라 어린 것이 젖 안 난다고 찡얼거리며 하도 몹시 보채는 바람에 가뜩이나 가슴을 앓고 드러누었는 남편의 마음을 상해줄까봐 그만 우는 어린 걸 휘둘쳐 업고서 대문 밖으로 나왔다.

흉년이 드니 살수 없는 무리들! 이 동리를 방금 떠나가는 가엾은 일행이 때마침 집 앞을 지나간다. 남부여대라더니만! 과시 문자 그대로 여인네는 봇짐을 이고 남정네는 보따리를 진 그 위에 인명 하나씩을 더 덧붙이기 했으니 여자의 등에는 젖먹이 어린 것이 업히고 남자가 짊어진 보따리 위에는 세살밖에 안돼 보이는 아이가 말이나 탄 것처럼 꺼불꺼불 달려가고 칠 팔세 됨직해 보이는 사내 녀석 하나의 한 손은 자기 아버지의 손목을 잡고 또 한 손으로는 무슨 병같은 것을 들고서 어슬렁어슬렁 따라간다. 그들의 걸음걸이는 모조리 풀기가 하나도 없어 보인다. 이 광경을 바라보고 섰는 봉례의 가슴은 무거운 납덩어리나 내리 눌리는 것처럼 뭉클하고 뻐근하다.

오늘의 남의 일이 내일의 자기 일이란 말마따나 진정으로 남의 일 같지 않게 보인다. 지금 당장 자기 형편으로 말하더라도 남편만 병들어 눕지 않았다면 그들이 정든 고향을 등지고 떠나가듯이 자기네도 벌써 이 고장을 떠나 서울로나 그렇지 않으면 다른 곳으로— 그래도 이 고장보다 나은 딴 곳을 찾아가고야 말았을 것이라고 생각된다.

앓는 남편을 끌고 어디로 가자니 난처한 일이요. 그렇다고 이대로 머물러 있자니 장차 먹고 살아갈 일이 난감하다. 이런 안타까운 생각을 하며 금시로 두 눈이 컴컴해진다.

봉례의 아버지는 벌써 한 달 전에 서울로 올라갔다. 흉년이 들었으니 본전은 못 갚더라도 이자만은 내라고 물이 못나게 악파듯 조르는 바람에 성화같은 빚 독촉도 성이 가시지만 이판에 한 식구라도 더는 편이 낫다고 하시며 서울 사는 아버지의 사촌 집으로 올라가셨다. 염치없지만 밥은 얻어먹고 무슨 벌이가 생겨 돈을 벌면 다소간 얼마씩이라도 집으로 부쳐 주마고 희떠운 말을 하며 노자만 간신히 변통해 가지고 집을 떠났다.

떠날 때 서울 가서 벌이를 하든 못하든 간에 겨울이나 나서 내년 봄 농사 질 때에나 내려오겠노라고 하고 떠나간 다음 그 뒤미처 보름이 채 못 되어 그의 어머니마저 여기서 한 팔십리 길이나 떨어져 있는 살림 형편이 좀 견딜만한 큰 딸네 집으로 금순이까지 데리고 말하자면 얻어먹으러 간 셈이다.

그의 어머니가 떠날 때 돈냥이나 얻어 부치마고 장담하듯 말하더니 간 지 닷새 만에 과시 돈 삼원이 우편으로 왔다. 그 돈으로 좁쌀과 다른 잡곡 섞어 좀 팔아놓고는 나머지 돈은 밀린 약값을 더러 갚았다.

봉례는 자기 남편이 앓아 누운 동안 하루라도 속이 낫도록 할 양으로 입에 풀칠하는 것 보다도 약 쓸 걱정이 몇 배 더하였다. 그래 여기저기 별별 소리를 다 하고 외상으로 약을 지어온 것이 적지 않다. 젊으나 젊은 년이 차마 못 당할 무안도 하도 당해서 이제는 아무런 소리를 들어도 예사지만 더 안 주겠다고 버티는 데는 딱 질색이다 정말이지 이제는 그냥 가서 약을 외상으로 더 달랄 수는 없는 형편이다.

이처럼 막다른 꼴을 당한 봉례는 앓아 누운 남편을 대하기도 딱한 노릇이고 양식조차 떨어져 한 두끼 굶고 보니 젖이 안 나 보채는 어린 것의 가엾은 몰골을 차마 눈으로 볼 수 없어 그럴적마다 죽고 싶은 생각이 문득문득 나서 밖으로 나온 것이 또한 정처없이 길 떠나는 기막힌 꼴을 보았을 뿐이다.

어느 틈엔지 등에 업혀 찡얼거리던 어린 것이 잠들었는지 아무 소리

가 없으므로 봉례는 다시 발길을 돌이켜 안으로 들어와 방에다 뉘려고
방문을 열고 들어서니 아랫목 쪽에 눈을 감고 반듯이 드러누웠던 남편
이 눈을 뜨면서

"어린거 자나?"

"아마 자나보."

"거 젖이 안 나서 그렇게 칭얼대지?"

"젖이 아주 피껍데긴데 뭐."

등에 업혔던 어린애를 가만히 내려서 자리에 눕힌다.

"엊저녁도 안 먹고 잤으니 안 그렇겠수."

하고 떴던 눈을 다시 스르르 감으며 잼처 앓는 소리를 한다.

남편의 앓는 소리를 듣고 앉았는 봉례의 가슴도 아프다 못해 저리
다. 몇 달을 앓고 드러누워 두 눈이 푹— 꺼지고 뼈만 앙상하게 남은
남편의 얼굴을 들여다 보매 가엾고 측은한 생각이 슬며시 들어 눈물이
핑 돈다.

"여보! 될지 안 될지는 모르겠소만 내 생각 같아서는 그전에 함께
있었던 정리로 봐서라도 한번쯤은 들어 줄듯하니 넘어마을 오생원댁
에 가서 마님 뵙고 내가 이처럼 몸져누워 앓는단 말을 하고 생원님께
여쭤 돈 오원만 얻어 주시면 약을 지어먹고 병이 나아서 일어나는 대
로 무슨 짓을 해서든지 곧 갚을테니 죽는 사람 하나 살리는 셈치고 꼭
좀 얻어 줍시사고 여쭤보오."

갑룡이는 양식조차 한톨 없는 아주 막다른 꼴을 당하다시피한 궁색
한 지경을 어떻게 모면하나하고 곰곰 생각한 끝에 그전 머슴살이 하던
오생원 댁에 가 돈을 좀 돌려오라고 아내에게 이르고 나서 머리맡에
놓은 물그릇을 집어 두어 모금 마신다.

"나도 벌써부터 그런 생각이 있었소만 하도 구두쇠니까 말품만 팔릴

까봐 엄두를 못 냈었수. 이제 말이지만…"

"아무튼지 가서 마님께 간청이나 좀 해보구료."

"가보기는 가보리다마는 줄 사람이 질겨야지. 그 말 못할 딱정떼가 애걸하는 본으로 돈을 꾸어 줄까싶지 않우."

"되든 안 되든 허행하는 셈만 잡고 한번 가보구료. 모처럼 청이니까 마님은 되도록 힘쓰시리다."

"그럼 어디 허설수로 가나볼까."

하고 앉았던 자리에서 일어난다.

"어린애 깨기 전에 얼핏 다녀오."

"네! 곧 오지 뭘 하러 오래 있겠소."

■ ● 7 ● ■

봉례는 넘어마을 오생원집을 향하여 좀 바쁜 걸음걸이로 발을 재게 옮겨 놓았다. 울퉁불퉁한 논틀 밭틀을 걸어가면서 또는 소나무가 바람결에 쐬—하고 들리며 낙엽 진 가랑잎이 이리저리 뒹구는 중간고개를 넘으며 가리를 잡을 수 없는 여러 가지 생각에 봉례의 머리속은 뒤숭숭하여졌다.

—오원만 손에 들어오면 우선 두 군데 약값을 더러만이라도 갚고 나면 또 약을 지어올 수 있다는 기쁜 생각과 그리고 남은 돈으로 양식을 팔되 단 닷곱이라도 입쌀을 팔아 오래간만에 흰 죽이나 미음을 만들어 입맛 없어하는 남편을 먹이리라 마음먹었다. 이러다가 뒤통수를 치고 그만 빈손 들고 돌아 서면 어쩌나? 하는 생각에 약간 불안을 느꼈다. 이처럼 먼저는 희망을 품고 혼자 못내 기뻐하다가도 어느덧 가

습이 조이는 끝없는 불안이 번갈아 떠오른다. 조바심나는 초조한 생각과 안타까운 마음으로 실상은 그리 멀지도 않은 데를 퍽 멀고 지루한 생각으로 걸어온 것이 오생원네 대문 앞이었다. 어쩐 일인지 시골집으론 어지간히 큰 대문짝이 콱 닫혀있다.

대문을 물끄러미 바라보던 봉례는 속으로 '대낮에 문이 꼭 닫혔으니 어쩐 일인가? 옳지. 하두 인색한 집이니까 거지나 중 같은 것이 와서 성가시게 굴어 이루 말대꾸하기가 싫어 아주 문을 닫아두는 게로구나' 하고 얼핏 생각하였다.

이렇게 마음먹고 보니 지금의 자기 자신도 비렁뱅이나 동냥오는 중과 뭣이 다르랴 싶었다. 문청 오원이나 얻으러 오니까 생원님으로 봐서는 오히려 더할 것이다.

그대로 돌아가고 싶은 생각이 불현듯 난다.

그래 발길을 돌리려고 하는 순간 "되든 안 되든 말이나 해보." 하던 남편의 음성이 귀에 징—해서 먹었던 마음을 다시 돌려 대문 앞으로 가까이 걸어가서 닫힌 문을 지그시 밀어보았다. 꼼짝도 안하는 품이 안으로 단단히 닫아 건 모양이다. 그래 또다시 힘껏 찔래찔래 잡아 흔들어 보았다. 그래도 안에서는 아무 인기척이 없다.

"아무도 안 계세요?"

이번에는 소리를 좀 높이 지르면서 문을 더욱 힘껏 흔들었다. 그래도 안에서는 여전히 아무 대꾸도 없고 쥐 죽은 듯이 고요만 할 뿐이다.

"거 누구요?"

바른편 사랑에서 서투르지 않은 음성이 들린다. 별안간 목소리 나는 그쪽으로 고개를 돌이킨 봉례는 도적질이나 하려다가 들킨 사람처럼 깜짝 놀라 가슴이 두근두근하여진다.

그 목소리는 틀림없이 이집 주인 오생원의 음성이었다. 봉례가 약간 주저주저하고 섰으려니까 사랑 일각 대문 안에서 한 오십 남짓한 좀 교활하게 생긴 오생원이 감투바람으로 나오면서

"난 누구라구. 갑룡이 처로구먼."

"네 저에요. 생원님 그동안 안녕하셨습니까?"

"어— 그동안 무고했나?"

"말씀맙쇼. 무고가 다 뭡니까. 철로다린지 뭔지 놓는 데로 벌이를 가더니만 가슴을 다쳐가지고 왔습죠. 그래 그 빌미로 지금 죽도록 앓는답니다."

"응 그런 소문 내 들었지… 퍽 걱정으로 지내겠구먼 그래."

"도제 사는 게 사는 거 같지 않사와요. 참! 마님께선 안 계신가요? 댁 마님을 좀 뵈러 오는 길인에요."

이렇게 이야기하는 동안 봉례는 자기도 모르게 차츰차츰 걸어서 사랑채 일각 대문 앞까지 이르러 이제는 오생원과 가까이 서게 되었다.

"저 배대리댁 혼인 잔치날이 돼서 거기 죄다 가셨어. 그런데 마님 뵙고 무슨 말씀을 여쭈려구?"

봉례가 자기의 묻는 말대꾸는 하지 않고 어쩐 일인지 좀 주저주저하는 기색을 바라보고 있던 생원은 다시 입을 열어,

"뭔데 그래? 마님께 여쭐 말이면 내개 못할게 뭐람?"

"실상은 어려운 말씀을 좀 여쭈라 왔습죠… 생각다 못해."

생원은 일각 대문 안으로 발을 들여 놓더니만 사랑 마당을 어슬렁어슬렁 걷고 있다. 봉례도 아무 생각 없이 그의 뒤를 따라 들어갔다. 봉례의 생각에는 자기의 한 말이 벌써 비위에 거슬려서 더 이 삶을 어울리지 않고 그만 안으로 들어가는 줄 짐작했기 때문에 사랑마루 앞까지 생원의 뒤를 따랐다.

"저— 말씀 사루긴 황송하죠만 돈 한 오원만 돌려주실 수 없습니까?

병은 위중한데다가 요지막은 약하나 변변히 못쓰고 게다가 양식조차 떨어져서요. 미음 한 모금 못 쒀줄 판이니 인명하나 살려주시는 셈치고 좀 꾸어주시면 변통하는대로 곧 갖다 갚겠습니다.”

“오원? 내 그런 말 나올 줄 알았지. 어디 돈이 있나 보구.”

아주 시원스럽게 말을 하면서 말쑥하게 바른 사랑방 안으로 들어가더니만 마루기둥에 기대선 봉례의 눈에는 보이지 않으나 벽장문 여는 소리, 열쇠꾸러미 꺼내는 소리, 그 다음에는 자물쇠 여는 소리가 번갈아 난다. 잼처 덜그럭하고 궤짝 문을 열어 젖히는 소리가 유난히 크게 난다. 생원의 모습이 다시 나타나는데 그의 손에는 지전 한 장이 쥐여져 있었다. 이것을 바라보고 섰던 봉례의 생각은 일변 기쁘면서도 인색하기로 소문난 오생원이 자기의 말 떨어지기가 무섭게 이처럼 선선히 돈을 가지고 나오는 데는 한편으론 의심적은 생각이 든다. 또 한편으론 아무리 구두쇠로 유명한 오생원이지만 자기가 수 삼년 부리던 사람이 죽게 됐다니까 그래도 사람이라 인정이 아주 없지 않아 서슴지 않고 돈을 돌려주나 하고 진정으로 감사하였다. 그리고 아까 길에 올 적부터 진정할 수 없이 불안하고 초조하던 마음이 금시에 시원하고 춤이라도 출 것 같이 어떻게 기쁜지 모르겠다. 몇 백번이라도 오생원님께 절을 하고 싶다.

방에서 돈을 가지고 나온 생원은 마루바닥에 가 도사리고 앉으며 자기 앞에다 오원짜리 한 장을 솜씨 있게 짝― 펴놓더니만 곁눈질로 봉례의 얼굴을 흘깃 쳐다 본다. 봉례는 생원의 시선을 마주 받아들일 나위도 없이 거무스름하고 푸른 지전장에만 눈이 팔렸다. 지전을 생전 처음 구경하는 사람처럼 돈만 뚫어질 듯이 한참 쏘아보고 서서있다.

오생원이 봉례의 얼굴을 이번에는 똑바로 쳐다보며 빙그레 웃는다.

봉례는 생원이 가지고 나온 돈을 곧 자기에게 주지 않고 앞에 놓은

채 머뭇머뭇하는 까닭은 무슨 증서라도 써야겠다고 말을 꺼낼텐데 그
게 좀 거북해서 저러나보다고 마음 먹었다. 그래 생원의 말 떨어지기
만 고대하였다. 그리고 어서 저 돈을 자기 손에 쥐어보고 싶었다.

"저 — 아무도 없어. 나 혼자뿐이야."

봉례는 생원의 하는 말이 무슨 의미인지 자세 몰라서

"네 — 뭡쇼?"

하는 말이 떨어지자마자 어느겨를엔지 봉례의 가냘픈 손목이 생원의
억센 손아귀에 들었다.

"잠깐만 방 안으로 들어가…"

생원의 말소리는 약간 떨렸고 몰아쉬는 숨소리도 뚜렷이 거칠어졌
다.

"이 어른이 망령이 나셨나. 왜 이러셔."

봉례는 이제야 오생원의 모든 흉계를 알아차렸다. 그래 잡힌 손목을
힘껏 뿌리치려고 애썼다. 생원은 더욱 단단히 쥐며

"그러지 말구 내 말만 들어. 해로울 건 없을테니."

이 말에 봉례의 두 눈은 또다시 마루바닥에 놓인 지전위로 쏠렸다.
그래 손목을 잡힌 채 망설였다.

'한때 욕을 보고 돈을 얻어서 당장 옹색한 것을 필 것이냐? 그렇지
않고 돈 때문에 몸을 더럽히고 여자로서 몸을 망쳐 내내 더러운 년이
되고 말 것이냐?'

'어떻게 할까?'

하고 주저하는 동안 어느 겨를 엔지 문득 앓아 드러누웠는 몹시 수척
해 시늉만 남은 남편의 몰골이 눈앞에 떠올라 어른거린다. 아까 길에
서 나올 때

"…죽는 사람 살리시는 셈 치고 꼭 좀 얻어 주십사구…"

이렇게 애걸하다시피 말하는 남편의 음성이 지금 당장 귀 속으로 들어오는 것 같고 젖 안 난다고 칭얼대는 어린애의 안타까운 울음소리가 창자를 훑어내는 듯하게 또는 뼈가 저리도록 귀에 징—하게 들린다. 봉례는 자기도 모르게 두 눈에 눈물이 서린다. 생원의 하는 말을 듣지 않으면 마침내 빈 손 쥐고 돌아가지 아니치 못할 것을 생각하니 기막혔다. 그래 한참동안 이럴까저럴까하고 망설이다가 얼마 만에야 전신을 부들부들 떨며 눈물을 머금고 한 가지 옳지 못한 결심을 하고 말았다.

한참만에 봉례가 좀 어프수수해진 머리를 왼손으로 쓰다듬으며 사랑방 미닫이를 열고 조심성스럽게 나올 때에는 벌써 그의 바른손엔 오원 한장이 쥐어져 있었다.

바로 등 뒤에서

"옹색하거든 또 오게."

하는 얄궂고도 밉살머리스런 오생원의 음충맞은 말엔 대꾸도 않고 다만 속으로

'죽으면 죽었지 또 다시야.' 하고 굳게 마음먹으며 뒤도 안 돌아다보고 빨리 마당을 지나 사랑대문을 나설 때 두 손은 또다시 머리우로가 두세번 쓰다듬었다. 그리고 무엇을 꺼리는 듯이 사면을 두리번거리며 둘러본다.

봉례가 자기집을 향하고 걸어오는 동안 그의 마음은 지향할 수 없이 무척 괴로워 견딜 수 없다. 땅이라도 파고서 들어가고 싶은 생각이 연거푸 일어난다. 간혹 지나가는 사람과 마주칠라치면 조금 전에 자기가 저지른 일을 다 아는 것만 같아 걸음조차 잘 안 걸린다. 그래 자기도 모르는 사이에 부끄러운 생각이 들어 외면을 하고 만다. 사람은 고사

하고 심지어 산천초목 또는 미물의 짐승까지라도 지금 자기가 저지르고 오는 여자로서 차마 못할 짓을 거리낌 없이 한 것을 다 아는 것만 같아 고개를 못들만치 부끄럽다. 또는 자기를 여지없이 비웃는 것만 같고 모욕하는 것만 같아 얼굴이 홧홧해질 뿐이다.

'애 아버지 낯을 어떻게 대하나?'

봉례는 이런 소리를 몇 번인지 모르게 안타까운 마음으로 부르짖었다. 기막힌 눈물을 머금으면서 또는 손등으로 씻으면서….

■● 8 ●■

상강이 지나고 입동조차 지나 된서리가 오고 모진 하늬바람이 불어오기 시작해 이제는 먼산, 가까운 묏가에 울긋불긋 물들었던 단풍마저 다 떨어졌고 마을 앞 군데군데 늘어 섰는 포플라나무 잎새는 누렇게 단풍졌다가 휘몰아치는 매서운 바람에 못 견디어 다 떨어지고 이제는 뼈만 앙상하게 남아 이 겨울을 어떻게 나나하고 떠드는 듯이 쓸쓸스럽게 보인다. 어찌 이 마을의 자연만이 장차 닥쳐 올 추위를 두려워서 웅숭스런 채 떨고 있을까보냐?

올 가을에는 실넘 잘 된 벼이삭이 고개를 축—축— 늘어뜨리고 있는 황금빛으로 물들인 벌판을 바라보지 못하였고 입에다 담기에 소름이 끼치는 <흉년>을 그에 당하고야 만 땅 한군데에 목숨을 매단 농군들은 참으로 이 겨울을 살아나갈 일이 난감하고 아마득하여 저마다 두려운 마음에 떨고 있고 서글프고 지향할 수 없는 미친 생각이 그들을 죽음보다 더 괴롭게 들볶는다.

한낮이 기울어서 봉례는 어린애를 업고 넘어마을 오생원댁엘 갔다가 돌아오는 길에 바람에 떨어진 솔방울을 줍고 얕은 나무의 삭정이를 꺾고 열손가락을 갈퀴처럼 만들어 가지고 낙엽을 긁어 모으면서 밤에 이 고개를 또 넘어오지 않으면 안 될 생각을 이따금씩 문득문득하게 되었다. 오생원을 만나려 병들어 몸져누운 사내를 속이고서….

　허나 한편으로는 병든 그를 어떻게든지 해서 살려보겠다는 안타까운 심정으로 본마음 본뜻 아닌 거의 실성한 짓을 눈물 먹어가며 맞아 맞아 하면서도 부지중 계속해 내려오는 것이다. 물에다 부모와 처자를 떠내려 보내고서 침 뱉고 눈 흘기며 돌아섰다가도 그 물을 또다시 먹는거와 마찬가지로 봉례도 처음에는

　'죽으면 죽었지 두 번 다시야…'

하고 혀를 깨물며 굳게 결심했으나 배가 고파 견딜 수 없고 약값에 졸리는 막다른 골목을 가끔 당하게 되니 흉년 진 이 마을에선 속절없는 일이라 생각하고 또 생각하며 이렇게 거듭 생각다 못해 할 수 없이 한 번 터논 일이라 또 개가죽을 뒤집어쓰고 얼굴에서 쥐가 나는 짓을 감히 하지 아니치 못하게 된 것이다.

　봉례가 두 번째 생원을 찾아가기도 대낮이었다. 그때는 마님을 다리 놓아 이원만 돌려달라고 하였으나 생원은 대번에 쾌쾌히 딱 잡아떼고 사랑으로 그만 나가버린다. 그래 하는 수 없이 사랑으로 쫓아나가 사정사정하며 애걸복걸 했으나 좀체로 아주 안 듣더니만 돈은 여전히 안 주면서 별안간 목소리를 낮춰가지고 넌지시

　"있다가 밤중에 저 넘어 육모정 있는 우리 정자 알지? 그리로 와. 내 먼저 가서 기다리게."

하고 빙긋 웃는다. 이리하여 그날부터 오생원과 은근히 만나려면 아니 돈쓰기가 절박하면 그날 낮에 미리 오생원집에 무슨 핑계를 해서라도 자기의 몸을 나타낸다.

밥을 얻으러 가든가 쌀을 꾸러 가든가 그렇지 않으면 꾸었던 쌀을 어떻게 변통해서라도 도로 갚으러 가든가…

이렇게 무슨 구실을 삼아서라도 낮에 그 집에 들르면 그날 밤에는 반드시 육모정 있는 바로 아래 따로 떨어진 외딴 채 좀 으슥한 방에서 단 둘이 넌지시 만났고 컴컴한 그 방을 나올 때에는 손바닥에 일원짜리 한 장이나 두장이 어김없이 쥐여져 있었다. 그래 이제 와서 며칠에 한번씩 오생원집에 봉례가 나타나는 것은 오생원과 밤에 넌지시 만나자는 서로 말없는 가운데 은근한 군호가 되고 말았다.

오늘도 봉례는 요전번 꾸어갔던 좁쌀 두되(그나마 성복이 집에서 꾼 것)를 오생원집에 다 갚고 돌아오는 길이다. 봉례는 솔밭 속으로 들어가서 한참동안 솔잎을 손으로 긁어놓고 솔방울을 따기도 했다. 그는 따고 주은 것을 한데 모으니까 꽤 많았다. 그래 치마 앞에다 한아름 잔뜩되게 안고서 집을 향하여 좀 비탈진 언덕길을 이리저리 아로새겨 가며 천천히 걸어 내려왔다.

■● 9 ●■

그날 밤이다. 갑룡이는 어렴풋이 들었던 잠이 어느 틈엔지 다시 깨었다.

그믐께라 달조차 없어 컴컴한 바깥은 사면이 쥐죽은 듯 무덤 속처럼 괴괴할 뿐이다. 이따금씩 소리쳐 부는 바람소리만이 깊어가는 고요한 초겨울 밤의 끝없는 적막을 깨치며 그 바람이 미닫이를 후려갈기고 문풍지를 바르르 떨게 한다. 바람소리, 문풍지소리, 곁에서 오도마니 혼자 누워 자고 있는 어린것의 쌕―쌕― 하고 내쉬는 가냘픈 숨소리,

이 세 가지 소리 외에는 더 다른 소리가 갑룡이 귀에 들어오지 않았다. 끝없이 쓸쓸스럽고도 서글픈 밤이다.

"그저 안 돌아왔구만. 나간지가 한참 된 모양인데 뭘 하게 안 돌아와."

이렇게 입 속으로 웅얼거리는 판에 밖에서 인기척이 나더니 마당을 걸어 들어오는 발자국 소리가 자박자박하고 완연히 그러나 가만가만이 들린다.

"옳지. 이제야 돌아오나 보다."

하고 마음먹었을 때

"금순 어머니 계슈?"

하고 밖에서 여자의 음성이 들린다. 갑룡이의 가슴은 어쩐 일인지 별안간 선뜩해지며 무엇이 내려앉는 것 같다.

그 소리는 틀림없이 성복 어머니의 목소리다.

'아까 아내가 나갈 적에 성복이네 집 좀 다녀오겠다고 분명히 말하지 않았는가. 그런데 이제 성복 어머니가 찾아왔을 적에는 그의 집에 안간 것이 확실하니 그러면 어델 갔을까? 성복이 집 이외에 별로 갈 만한 집이 없는데 웬일일까?' 이렇게 의심이 벌컥 들어서

"성복 어머니 아니세요?"

하고 물었다.

"네! 저에요. 그런데 아이 어머니는 안 계세요?"

'댁에 말간다구 나갔는데 왜 못 만나셨나요?' 하고 이렇게 물어보려다가 삽시간에 생각을 돌려 그 말 대신에

"건너 동네로 말 간 거에요."

하고 조금도 어색치 않게 말대꾸를 하였다.

"네 그래요… 저—어 집의 애 아버지가 먹고 싶대서 감주를 했게

맛이 없으나마 좀 잡숴 보시라고 가져왔어요."

하면서 미닫이를 드윽 열고 뚜껑 덮은 뚝배기 같은 것을 방안 문턱 옆에다 들여 놓고서 다시 미닫이를 닫는다.

"고맙습니다. 그건 뭐라구 다 갖다 주세요. 먹기는 잘 먹겠습니다만 염치없어서."

"온 별말씀을 다 하시네, 맛은 없지만두 좀 잡숴 보세요."

"먹구 말구요. 잘 먹겠습니다. 가끔 이렇게 신세를 져서…"

"안녕히 주무세요. 갑니다."

"네— 살펴가세요."

그가 돌아간 뒤 갑룡이의 마음은 부지할 수 없이 군성거리기 시작하였고 머릿속에는 가닥가닥의 뒤숭숭한 생각으로 하나 가득 차게 되었다.

'나를 속일 리가 없을텐데… 알 수 있나? 열길 물속은 알아도 한길 사람의 속은 모른다는데. 더군다나 여자의 마음을 어떻게 믿어? 친구는 백년 친구요, 계집은 조득 모실이라구 누가 계집년의 속을 알아?' 이렇게 마음먹다가도

'이 세사에서 남을 못 믿는 것처럼 큰 죄는 다시 없는데 내가 왜 이리 죄를 짓나… 병들기 전에도 그랬지만 몸져 누운 뒤에는 더욱더욱 진정에서 우러나와 온갖 정성을 다하고 모든 걸 극진히 해온 지성스럽고 정숙스런 아내를 내 어째서 못 믿는거야.… 은혜를 입으면서 원수로 갚으려나. 내가 왜이래? 미쳤나? 오거든 물어보면 곧 알게 될 걸 왜 의심을 하나… 아마 처음 나갈적엔 성복이 집엘 가려고 맘먹었다가 나가서 딴 집으로 말갈 생각이 든게지… 그렇다면 누구네 집일까? 건너마을 점순네집? 윗마을 용수네집? 아랫마을 정숙이집? 내 또 왜 이러나. 오거들랑 물어보면 다 알게 될 걸…'

이처럼 여러 가지 생각이 머릿속에서 쉴 새 없이 뒤재주친다. 한 시간이나 실히 지났을 때쯤 해서 기다리던 아내는 돌아왔다. 봉례가 방으로 들어오는 맡에

"어데 갔다오?"

하고 드러누운 채 그를 쳐다보며 묻는 바람에 그 전에는 안 그러더니만 '별안간 어디 간 그것은 왜 묻나?' 하는 생각에 봉례는 잠깐 머뭇머뭇하다가 남편의 얼굴을 차마 바로는 볼 수 없어 그의 시선을 피하며

"어딘 어디에요, 성복이네 집 갔다오지."

하고 얼떨결에 대답하였다.

아내의 이와 같은 의외의 말대답이 어느 누구를 지목해 낼 수는 없지만 <간부!> 이런 생각이 머리에 번개처럼 번뜩 떠올라 온몸은 짜릿해지며 가슴은 날카로운 가시에나 찔리는 것처럼 따끔함을 느꼈다.

오늘날까지 털끝만치도 의심함이 없이 믿고 믿어온 아내의 대답이 이처럼 속이는 말조로 나오고 보니 금시에 하늘이나 무너지는 것처럼 생각된다. 하도 기가 막히고 분통이 터져 말 한마디 나오지 않고 다만 아프던 가슴만이 더한층 쑤시는 것 같아 정말 견딜 수 없다.

지금 생각하고 보니 요즈음 와서 약이 끊이지 않는 거라든지 그리고도 약값 걱정이 덜해진 것이라든지 끼니를 그리 건너뛰지 않고 내려왔던 것이 모두가 이상하고 야릇하다느니 보다 아내의 그른 행실에서 나온 것이 분명하다고 딱 잘라 생각하였다. 틀림없이 그렇구나 하고 의심할 나위 없이 마음먹으매 당장 일어나 능지가 되도록 막 패주고 싶다. 허나 기운도 부치지만 마음을 너그러이 돌려먹으며 억지로 참느라고 애를 썼다.

암만해도 이상한 눈치가 뵈는 남편의 거동을 슬슬 살피고 있던 봉례는 자기가 지금 당장 저지르고 온 노릇이 있는지라 좀 어색한 짓으로

엉너리를 부리며 아까 성복 어머니가 들여 놓고 간 뚝배기 뚜껑을 열면서

"이건 뭐유?"

하고 물어본다. 그러나 아무 대꾸가 없다. 그래 더욱 무안해서 속으로 긁어 잡아 내리는 듯한 말씨로

"난 뭐라구 감주로구먼… 어디서 났우?"

남편은 여전히 두 눈을 감은 채 이렇다저렇다 말대답이 없다. 이때에 봉례의 머릿속에는 문득 한 가지 생각이 번개처럼 번뜩하고 떠오르는게 있었다. 그것은 혹시 이 물건이 성복이네 집에서 가져온거나 아닌가 하는 두려운 생각이다.

'옳지. 내가 아까 집을 나갈 때 성복이네 집 말간다고 하지 않았나… 그랬는데 이것을 성복이 집에서 가져왔다면 내가 그 집에 안간걸 이 이가 안 모양이야. 그래서 도제 말대꾸도 않고 눈치가 이상하게야… 아니 조금 아까 "어딜 갔다오?" 하고 묻는데도 속은 뜨끔했지만 입으로는 서슴지도 않고 성복이네 집이라구 대답하지 않았나… 아하 이 노릇을 어쩌나? 이것은 성복 아버지나 성복 어머니가 가져온게 틀리지 않는다. 내가 왜 성복이네 집 말을 내고 갔을까. 그 말 한게 잘못이야.' 이렇게 생각하고 난 봉례는 자기의 몸 둘 곳조차 알 수 없으며 이제는 뭐라구 더 말을 꺼낼 용기가 나지 않는다. 다만 얼굴에 모닥불을 퍼붓는 듯이 홧홧하고 정신이 아득아득해질 뿐이다.

곁에서 무슨 짓을 하든 무슨 소리를 하든 전혀 상관 않고 두 눈을 꽉 감은 채 드러누웠던 갑룡이는 몸도 아프지만 당장엔 몸 아픈 것보다도 설운 마음! 처량한 생각이 더한층 부지할 수 없이 자기를 괴롭게 한다. 어느 겨를엔지 그의 두 눈귀에는 이슬방울 같은 눈물이 맺힌다. 이따금씩 코 훌쩍이는 소리가 바늘하나 떨어져도 들릴 만치 끝없이 고

요한 방안의 끝없는 적막을 깨친다. 얼마 안 가서 어깨조차 들먹거리기 시작하였다. 이리하여 그는 마침내 소리쳐 느껴 울면서 자기의 외로운 신세—기구한 팔자를 속으로 한탄하였다.

—남의 집 머슴살이로 갖은 고생을 다 하다가 늦게야 아내를 얻어 아들, 딸 낳고 이제야 겨우 재미있게 살아 보겠더니 원수의 가물로 해서 한창 김맬 때 꿈에도 생각지 않던 날품팔이를 하게 만들어 마침내 병들어 눕히고 아내마저 자기를 배반하고 딴 사내 품안에 안기는 생각을 하니 아내가 무한히 밉고 원망스럽다가도 다시 눙쳐서 생각하니 모두가 자기의 운명이 기박하여 팔자소관인 듯 싶다. 남을 원망해 뭘 하리. 내 팔자 기박하여 부모를 일찍 여의고 남과 같이 살지 못해 지겨운 고생살이를 하루도 면치 못하다가 이제는 병조차 들어 성치 못한 몸, 게다가 계집조차 믿을 수 없이 되었으니 죽는 게 마땅하지 더 살아 뭣 하리.

여기까지 생각하고 보니 서글픈 마음이 더욱 간절하여 더한층 소리를 높여 엉! 엉! 울었다. 사내주제에 걸맞지 않게스리….

봉례는 봉례 제대로 제 무안에 취해 한편 구석에 가서 되는대로 퍽 쓰러져 가지고 흑흑 느껴가며 처량스럽게 운다.

봉례는 오늘날까지 단 한번일지라도 본마음 본뜻은 아니었지만 그래도 남편을 속여 가며 여러 차례 그런 불의의 짓을 감히 해온 것이 비길 데 없이 부끄럽고 뼈에 사무치도록 뉘우쳐져서 참다참다 못해 그만 울음보가 터지고 만 것이다. 둘이서 그처럼 소리쳐 우는 바람에 자던 어린 것마저 깨어서 말없이 울기들만 하는 이런 기막힌 울음판에 철모르는 어린애 울음도 한 몫 보게 되었다. 봉례는 우는 어린것에겐 젖을 물릴 생각은 꿈에도 않고 그저 설워 울기만 할 뿐이다.

이렇게 봉례의 집 단칸방에는 셋의 울음소리가 얼마동안 한데 어우러져 높았다 낮았다 하는데 물을 얼리려는지 싸락눈을 뿌리려는지 냉

랭한 바람이 휘몰아 칠뿐이다. 처참한 흉년이 지나간 이 마을의 초겨
울 밤은 점점 깊어만 간다.

■● 10 ●■

　그날 밤 이후로 갑룡이의 병은 더욱 더쳐서 나날이 위중해만 갔다.
　오늘은 새벽부터 병증세가 심상치 않아 자칫하면 오늘 해를 넘길 것
같지 않다. 그래 매일같이 하루에 한두 번씩은 꼭 문병 오는 돌쇠가 오
늘도 아침나절 찾아왔을 때 봉례는 그를 붙들어 앉혔다.
　사실은 돌쇠도 드러누운 갑룡이의 모양이 시시로 굴러가는 것을 보
고 그대로 떼치고 돌아갈 생각은 없었던 것이다.
　자기가 다쳐준 것은 아니지만 제 썰레로 해서 일하러 갔다가 다쳤으
므로 그 동안에 항상 불안한 마음이 떠나지 않던 차에 이제는 아주 짐
이 기울어져 어제와도 다르고 그제와도 달라 기간을 다투는 양을 보고
있는 돌쇠의 가슴도 어지간히 조바심이 난다. 멀쩡하던 사람을 자기가
죽이는 것만 같아 뼈끝이 저리도록 괴로움을 맛보며 죽어가는 갑룡이
의 몰골을 긴장한 표정으로 들여다보고 앉아있게 되었다.
　어느덧 한나절이 되었다. 돌쇠가 막 온 때부터 가래가 약간 끓기 시
작한 것이 점점 심하다가 다시 차차 가라앉자 이제는 아주 가냘픈 소
리를 내며 마침내 턱조차 까불기 시작한다. 이렇게 얼마 지낸 다음 눈
을 홉뜨기 여러 차례 하더니 유언 한마디 없이 그만 숨이 덜컥 넘어가
사람의 일생이란 이런가 할만치 싱겁게 운명하고 말았다.
　"그만 저리 가시죠… 어쩔 수 없이 일 당했습니다."
　돌쇠는 옆에 얼빠진 사람처럼 멀거니 앉았는 봉례 더러 나직이 말했

다. 이 소리를 들은 봉례는 하도 기가 막혀 눈물 한방울 안나오고 다만 캄캄해질 뿐이다. 아주 삽시간이다. 봉례의 머리속에는 한 가지 생각이 번개처럼 떠올랐으니 그것은 단지를 해서라도 죽은 남편을 다시 살려 보고 싶은 참으로 정성된 마음을 먹은 것이다. 그래 손가락을 입으로 가져 가려다가 문득 또 한 가지 생각이 머리에 떠올랐으니 그것은 지금의 자기 몸이 죽는 남편을 위하여 단지를 해가지고 주검을 소생시킬 만치 깨끗지 못하다는 것이다.

'이미 더럽힌 몸이 단지를 해 피를 흘려 넣는대야 무슨 효험이 있을라구? 지성이라야 감천이라는데 더러운 년의 몸뚱어리에서 나온 피가 뭣이 지성어린 피가 될까?' 하고 잠깐 주저하였다.

이 경우를 당하고 보니 더한층 자기가 이미 저지른 노릇이 천하에 용납지 못할 크나큰 죄를 진 것만 같아 무시무시하게 두렵고 가슴을 비수로 에는 듯이 쓰라려 당장에 자기 몸을 어디다 부딪쳐 죽고 싶은 생각이 끓어오른다.

'효험이 있든 없든 어디 한번 해나볼까… 뭐 내 본 맘으로 그런 노릇이 아니니까 신명께서는 굽어 살피실테지.' 봉례는 이렇게 다시 자신 있게 마음을 돌려 먹고는 더 생각해 볼 나위도 없이 왼손 넷째 손가락을 입안에 넣고서 눈을 꽉 감으며 아짝 깨물었다. 그래 선지피가 주르르 흐르는 것을 운명한 남편의 입에다 흘려 넣기 시작하였다. 이처럼 뜻하지 아니한 갸륵한 광경을 옆에서 바라보고 있는 돌쇠는 마침내 갑룡이가 운명하고서 죽어 누운 것보다 더욱 놀래지 않을 수 없다.

"아! 열녀다!"

돌쇠는 자기도 모르게 입안으로 이렇게 부르짖었다. 이 광경이 하도 감격해서 아까부터 눈물어린 두 눈엔 먼저번과 아주 다른 새로운 눈물이 핑그르 돌았다.

"이건 참 지금 세상에선 드문 일인걸!"

주체할 수 없는 더운 눈물을 옷깃으로 씻으며 바르르 떨리는 가냘픈 손가락 끝에서 새빨간 선지피가 뚝뚝 떨어지는 것을 노려보며 갑룡이가 죽어 누운 것도 꿈 속 같고 갑룡이 처가 단지를 해가지고 피를 흘려 넣고 앉았는 것도 꿈속 같다. 아무리 정신을 차리려도 생시 같지 않게 생각든다. 그래 눈을 좀 더 크게 떠서 바라보았다. 그리고는 손가락으로 자기의 넓적다리를 힘껏 꼬집어보았다. 아픈 생각이 완연할 적엔 틀림없는 생시의 일이다. 돌쇠는 이만치 그 광경에 정신이 어떨떨했던 것이다. 황홀했던 것이다.

■ ● 11 ● ■

단지를 한 피의 효험이 있어 그랬는지 속절없이 죽었던 갑룡이는 얼마 만에 다시 피어났던 것이다. 그러나 피어난 지 이틀 만에 그는 다시 아주 죽고 말았다. 허나 이 마을은 물론이고 벌써 머나먼 다른 동리에까지 봉례의 단지 한 소문이 무척 굉장하게 퍼졌다. 그래 듣는 사람마다

"열녀!"

라고 칭찬 안 하는 사람이 없이 되었다. 이렇게 모두들 '열녀!' 하고 떠들지만 넘어 마을 오생원만은 '흥, 열녀?' 하고 코웃음치며 비웃고 있었다.

열녀 딸을 두게 된 서울 갔던 봉례의 아버지도 사위 죽었다는 편지를 받고서 즉시 내려왔고 큰 딸의 집으로 얻어먹으러 갔던 그의 어머니도 사위 죽었다는 바람에 손녀를 데리고 기급을 해 돌아왔다. 어쨌든 열녀인 봉례로 말미암아 여기저기서 부조가 꽤 많이 들어와 초상

치르기엔 그리 궁색한 줄 모르고 지낸다.

발인 날이다. 이 세상에 열녀인 아내를 남겨 논 갑룡이의 시체는 여러 사람 어깨에 얹혀서 새로 무덤 파논 데까지 이르렀다. 아침부터 면화송이처럼 퍼붓는 함박눈이 먼 산 가까운 벌판을 뒤덮는데 시체를 떠나보낸 초상집과 무덤자리를 잡은 산상에는 열녀인 봉례로 해서 그런지 유난히 따르는 사람이 많아 꽤 지런지런 하였다.

갑룡이를 땅속에 파묻고 쏟아지는 눈을 맞으며 이미 와서 쌓인 눈을 밟으며 돌아오는 그들은 내 언제 사람을 파묻고 오느냐는 듯이 제각기

"어! 눈 참 잘 오신다. 내년에는 갈 때 없이 풍년 들었네. 풍년 들었어."

"두말할 것 없네. 보리부터 풍년일세."

이렇게들 떠들어댄다.

■● 12 ●■

그 뒤 열녀인 봉례의 가슴에는 형용할 수 없는 그늘이 두껍게 지기 시작하였다. 날이 갈수록 그의 괴로움은 더 커갔다. 남들이 열녀라고 떠들어 대는 것이 참으로 듣기 싫었다. 세상 사람들이 자기의 행실 부정한 것을 다 알고서 일부러 빈정거리고 비웃는 것만 같았다. 그보다 이 세상을 떠난 이미 망인이 된 남편이 어느 구석에서

"더러운 년!"

하고 꾸짖는 듯만 싶다.

태산같이 믿고 살아오던 남편이 죽고 보니 살기 싫은 생각도 걷잡을 수 없는데다가 열녀는커녕 화냥년인 자기를 가리켜 열녀니 뭐니 하고

뒤 떠드는 데는 사실 기가 막혔다. 어이가 없다. 그리고 부끄러워 견딜 수 없다. 그래 며칠동안 밥도 안 먹고 울기만 하였다. 밤에도 모진 잠만을 견디다 못해 잠깐 졸고 나서는 도제 자지 못하였다. 이럴수록 속 모르는 남들은 참 드문 열녀라고 소문만 점점 높이 내고 있었다.

이와 반대로 봉례의 마음은 더욱더욱 불안하고 초조해만 갔을 뿐이다. 한번 행실 부정했던 것은 이 세상에서 다시 씻으려고 암만 애를 써도 도저히 씻을 수 없는 노릇이다. 헌데 속 모르는 남들이 열녀라고 뒤떠드는 데는 진정으로 기가 막혔다. 쓸데없이 열녀라고들 입에 침이 없이 칭찬하는 데는 뼈끝마다 저리고 살점마다 떨렸다.

갑룡이가 아주 죽은 지 이레 되던 날 밤 아마 삼경은 되었으리라. 처음엔 어린걸 그대로 두고 나가려다가 다시 마음을 돌이켜 먹고서 어린걸 등에다 업은 채 사면이 죽은 듯이 괴괴하고 쓸쓸한 집을 걸어 자기 집 근처 우물뚜껑까지 와서 잠깐 망설이다가 그대로 우물 속으로 빠져버렸다.

이리하여 그 이튿날 모자의 시체가 동리 사람들 손에 건져진 뒤에는 "먹지도 않고 죽은 사내만 생각하더니 바루 남편 죽은 지 이레 만에 죽은이 뒤를 그에 따라 간것이라." 고 참으로 열녀라는 소문이 더 한층 굉장하게 높아갔다.

그러나 오생원만은 때때로 입버릇처럼

'흥 열녀? 열녀는 무슨 기급을 할 열녀야.' 하고 미친 사람처럼 혼자 웅얼거리며 혼자서 빙그레 웃을 뿐이었다.

1937.8

『조선지광』 재속간. 1937년 8월 발표

리창섭 브리가다

■ ● 1 ● ■

낯과 밤이 없는 지하 300척 캄캄한 갱내로 첫 대거리 몇 패가 저마다 이마에 붙인 안전등을 번쩍이면서 앞서거니 뒤서거니 내려온 지 벌써 두 시간이 지났다.

채탄 브리가다의 책임자인 리창섭은 내리 굴 바른편 막장에서 작업을 날래 끝마치자마자 잡은 참 왼편 막장을 향하고 급한 걸음걸이로 바삐 걸었다.

시꺼먼 탄가루에 더께가 앉은 갱도 바닥은 군데군데 곤죽이 된 수렁이 있어 이리저리 골라 디디는 동안까지도 그는 사뭇 더딘 것만 같아 매우 불안한 마음이 소용돌이쳤다.

창섭이는 자기의 손이 채 못 미쳐 뜻하지도 않은 사고라도 일어나면 어쩌나 하는 염려로써 마음을 몹시 조이게 하였다.

이처럼 두 곳에서 그의 손을 기다리므로 컴컴한 갱내에서도 바쁜 걸음을 아니 칠 수 없었다.

갱내는 후덥지근하면서도 음산하다. 통풍 관계인지 약간 코가 매캐

하고 목구멍이 알싸하다.

새까만 속에 오직 안전등의 희미한 불빛만이 여기저기서 번뜩인다. 그것은 마치 구름 사이로 별들이 껌벅이는 것만 같다.

바른편 막장으로 들어오는 어구에 두 개의 전짓불이 오도 가도 않고 고정된 채 명멸할 뿐이다.

창섭이가 그리로 차차 가까이 가서 보니 갱내 운반공인 박복례와 이명숙 두 여성이다. 그들은 자기가 맡은 밀차 울검지에다 제각기 손을 걸치고 서서 무슨 이야기인지 재미나게 하느라고 사람이 가까이 가는 줄도 모른다.

창섭이는 둘의 옆을 모른 체 하고 그냥 지나치려다가

"동무들 수고허우. 혼자 미느라고 너무 힘들지 않소?"

부드러운 그의 음성은 둘의 귀를 찔렀다.

그제서야 일제히 고개를 움찔하고 명숙은 바른켠 막장으로, 복례는 창섭이의 앞을 지나, 탄차를 제게 밀며 각각 헤어졌다.

쉴 새 없이 돌아가는 국부 선풍기와 잉잉거리는 소리가 긴 갱도 안을 요란스레 뒤흔들어 놓는다.

"복례 동무! 몇 차째요?"

창섭이는 그리 많지 않게 쌓인 탄무지를 바라보며 물었다.

"이번 갔다 와야 겨우 여섯 번인걸요, 뭐."

"오늘도 스무 차 넘긴 힘들겠군그래."

"흥 큰일났군! 의로 치나 둘러 치나 매한가지람. 두 패로 나누면 좀 날가 했더니…"

창섭이는 이렇게 웅얼거리며 막장께를 기웃이 들여다 본다.

곡괭이질 소리가 우드럭우드럭 난다. 암만해도 곡괭이 끝이 암팡지게 들이박히는 소리가 아니다.

박봉규의 일하는 모습은 영락없이 일제 때 하기 싫은 일을 억지로 하던 모양 그대로다.

창섭이는 불현듯 자기의 지나온 과거가 머리에 떠올랐다.

새벽 같이 별을 이고 나가면 밤 늦게야 별을 지고 돌아오던 일제 때의 고역살이는 회상만도 소름이 끼칠 만치 괴로운 생활 이였었다.

아무런 보호 시설이 없는 갱내는 위험하기 짝이 없었다. 숫한 사람의 목숨을 시시로 노렸다. 생지옥과 같은 구덩이 속에서 마음 조이며 열네 시간 이상씩 일을 하고도 끼니를 제때에 못 끓일 만치 가난하기만 하였었다.

학대와 불안 속에 휩싸인 하루의 노동은 온 몸이 솜 피듯 누그러지는 무서운 피로를 가져올 뿐 이었다. 물론 글을 배울 사이도 없었지만 뼈가 쑤시고 사지가 물러나는 듯한 피로에 견디지 못해 책은 읽을 생심도 나지 못했었다. 그래 글과는 아주 인연이 멀어졌다.

8 · 15 해방 전까지 문맹이었던 창섭이는 문맹 퇴치 운동의 혜택으로 쉽사리 국문을 깨쳤다. 차차 글 읽기에 재미를 붙였다. 신문과 쉬운 책들을 보기 시작한 지 얼마 안 가서 수준이 무척 높아졌다.

이 세상의 가장 옳은 리치와 참된 일을 나날이 깨닫고 쉽게 가려낼 줄 알았다.

남을 위하고 나라를 위해서는 어려운 일이라도 참고 견디어 나가는 것을 배웠다. 그의 매일 같이 하는 노동은 자기만을 위하는 것이 아니라, 조국을 부강하게 만드는 힘으로 되며, 통일 독립을 빨리 가져오는 길로 되며, 모든 사람들의 자유롭고 행복스런 생활을 누리게 하는 원천이 된다고 굳게 믿자 온갖 열성을 다 바쳐 흥겨웁게 일하였다.

그리하여 해방 두 돌을 채 맞기 전 5 · 1절을 앞두고 그는 노동당원의 영예를 지니게 되었다. 날이 갈수록 애국심과 헌신성을 더욱 나타내어 뛰어나는 모범 노동자로 남들이 우러러보게 되였다.

"뭣에 틀려 후끈 달았는지 통통 부었어. 그러니 채탄이 불을 게 뭐람."

"승리의 기를 아주 먹긴 다 틀렸수."

창섭이는 아까 지나다 귓결에 들은 복례와 명숙이의 주고받던 말이 퍼뜩 생각난다.

이즈막 후끈 달거나 벨이 돋기로 말하면 봉규가 아니라 오히려 이편이라고 창섭이는 생각하면서 그의 골이 난 이유를 더듬어 보았다.

'왜 틀렸는지 모르지만 5 · 1절 증산 경쟁을 내걸고 한창 바빠 날뛰는 판에 자기 맡은 일을 저렇게 태공하는 것은 정말 돼먹지 않은 짓이야…'

생각하니 그동안 그의 한 짓이 한두 가지만 꺼림칙한 게 아니다.

봉규는 흘낏 돌아다보더니 아무 대꾸도 없이 그냥 곡괭이를 또 쳐든다. 참말로 량볼이 솜보퉁이처럼 통통 부었다.

"건방지게 웨 이 모양이여, 사람의 말이 말 같지 않어? 대답이 없게."

창섭이의 입에서는 이런 말이 예볏 나오려고 혀끝에서 뱅뱅 도는 것을 간신히 참았다. 그는 한술 눙쳐가지고

"몸이 아프지 않고야 꼭괭이질이 그게 뭔가? 탄이 아퍼헐가봐 겉으로 슬슬 다듬기만 허나?"

이렇게 봉규의 부아를 좀 건드려 보았으나 여전히 응답이 없다. 아주 단단히 토라진 모양이야. 창섭이는 자기 이마에 달린 전짓불에 반사되어 번쩍번쩍 윤이 나는 탄총을 자세히 들여다보니 어제보다 매우 단단해진 것 같다. 그래 손에 들었던 망치로 두드려 보았다. 탄벽이 어지간히 굳다.

"탄이 굳어 힘드는 모양인데, 웨 피크를 안 쓰구 그대로 강다짐만 허는 거야? 홍 사람의 성질두 어째 그리 괴팍할까."하고 창섭이는 덕근이를 돌아다보며

"동무! 어서 코르피크를 가져 오구 압축기 줄을 이리 가차이 끌어오게."

"나두 피크를 써보자구 몇 번 말했지만, 도제 들어 먹어야죠."하고 덕근이도 매우 못마땅해 입을 삐죽 내밀며 본갱 쪽으로 사라졌다.

창섭이는 동발을 세우면서 생각할수록 봉규의 빙퉁그러진 태도가 여간 괘씸하지 않았다.

'일이 이처럼 뒤틀리고 서로 사이가 어근비근해지는 이유가 뭐며, 생산이 잘 안 되는 원인이 어디 있나? 누구의 탓일가? 아니다. 아무에게도 잘못이 없다. 오직 당원인 자기가 크게 책임져야할 노릇이다. 어떡하면 여럿을 한 사람처럼 움직이게 하나?… 낙후한 봉규를 무슨 방법으로 다시 작업에 열성을 내게 하고 안일성을 뿌리 체 뽑아 주며 하루속히 우리 대렬 내에 끌어 들이나?'

이렇게 여러 가지로 궁리를 하면서 창섭이는 일손을 더 자주 놀렸다. 그는 일을 통해서 남을 감복시키며 또 한 사람처럼 묶어 세우겠다고 속으로 굳은 결심을 하였다.

2양편 벽에다 맞붙여 굵직한 동발목을 세운 다음 그 우로 가름대를 질러 놓고 새새 틈틈에 얇고 두꺼운 쐬기를 쳐서 암만 흔들어도 움직여지지 않게 완전히 끝을 마치는 동안이 다른 때보다 사뭇 빨랐다.

덕근이는 부지런히 삽질을 한다.

쇼트판에 탄이 부딪쳐 가지고 그냥 미끄러져 탄차 우로 쏟아지는 소리가 귀청을 쏘는 듯이 요란스리 난다.

피크를 쓴 뒤로 낙탄이 훨씬 잘 되어 탄무지가 여간 붙지 않는다.

삽질이 무척 빠른데도 퍼낸 자리가 잘 나지 않는다. 순식간에 시꺼먼 탄이 듬뿍듬뿍 쌓인다.

창섭이의 마음은 저으기 후련하고 흐뭇해졌다. 기계의 힘이 대단하다는 것을 새삼스럽게 느껴다.

탄광 전체의 1/4분기 책임량을, 열흘을 앞당겨 완수하자 전 직장적인 축하회를 가졌다. 그때 리창섭 브리가다는 <승리의 깃발>을 두 달 연거푸 받았다. 앞으로 계속해 한 번만 더 쟁취하면 영예의 깃발을 아주 차지하게 될 것이다. 그렇기 때문에 5·1절을 앞둔 이 달은 어느 브리가다 보다도 채탄 브라가다 에서는 더 중요한 달로 되였다.

그날 창섭이는 여러 브리가다들을 모조리 물리치고 <승리의 깃발>을 받아 쥐는 순간, 무한한 기쁨이 가슴 벅차게 부풀어 올랐었다. 내달에도 이와 같은 영예를 꼭 쟁취하고야 말리라고 속으로 굳은 결심을 하였었다.

창섭이는 축하회를 마치고 한없이 즐거운 마음으로 집을 향하여 오는데 김용준이가 곁으로 바싹 다가오며 어숭그레한 농담조로 말을 걸었다.

"동무네 브리가다가 번번이 우승을 하는 건 네가 용해서 이기는 줄 아나? 급수 높은 사람이 다른 데보다 월등 많은 까닭이지 뭐. 생각해 보게. 그렇지 않은가, 일곱 사람 가운데 7급이 둘씩이나 되고 게다가 자네까지 8급 둘이 안야. 그리고도 우승 못 헐 머저리가 어디 있담."

김용준이는 리창섭 브리가다와 내리 두고 경쟁하는 격수 브리가다의 책임자이다.

"이 사람아, 뭣이라구? 급수 높은 사람이 많아서 매번 이긴다고? 그럼 한 사람 데려 가려나?"

창섭이는 누글누글한 태도로 그의 말을 받아 주었다.

"줘만 보라구, 어런히 안 데려 가리."

"정 그렇다면 자네 소원을 풀어 줄 테니 그래두 졌다간 혼날 줄 알어."

그 이튿날 창섭이는 지도부와 상의한 다음 8급짜리 한 동무를 보내고 그 대신 7급인 고병삼을 데려 오기로 결정하였다.

그때 봉규는 누구보다도 먼저 이것을 찬성하였다.

그런 일이 있은 지 이틀이 채 못 가 브리가다 중 가장 낙후한 성적으로 뒤꼬리만 줄창 따라 오던 전경수 브리가다에서도 또 한 사람을 바꾸어 달라고 간청해 왔다.

그때 창섭이는 한참 망설였으나, 봉규만은 선참 나서서 두 번째 바꾸는 데도 선선히 동의하였다.

봉규가 어떠한 꿍꿍이세음을 품고서 이처럼 찬성한다손 치더라도 누구보다 일에 욕심이 많고 고집에 센 창섭이라 간청하는 편이 오래 두고 가장 낙후한 브리가다가 아니라면 종내 거절하고 말았을 것이다.

허지만 계속해 뒤떨어져 내려오던 패가 치열한 조국 해방 전쟁이 계속되는 가운데 5·1절을 맞이함에 지금까지의 불명예를 깨끗이 씻고 생산을 한번 버쩍 올려 보겠다는 데는 이편이 좀 불리하더라도 끝끝내 버틸 수는 없었다. 그래 그 곳 6급과 이쪽의 7급 짜리 한 사람을 또 바꾸고 말았다.

이와 같이 함에 창섭이의 속심은 진정 전체를 위하는데 있었으나, 봉규의 배짱은 틀림없이 딴 데 있었다. 급수 많은 사람이 한둘씩 줄어들면 도급제의 분배는 급수에 따라 쪼개므로 조금이라도 자기에게 이로우리라고 불순한 마음을 먹었다. 그는 은연중 장사치의 심보가 또 떠올랐던 것이다.

허나 봉규의 바라던 것은 여지없이 깨어지고 말았다.

열흘 동안에 새로 온 두 사람이 겨끔내기로 무단결근을 하여 출근율에 검은 점을 찍었다. 그리하여 사업 조직에 큰 혼란을 일으켰으며 생산에 적지 않은 지장을 가져왔다.

창섭이의 입맛은 소 쓸개나 씹는 듯 여간 쓰지 않았다.

그러나 다른 동무들은 둘에게 대하여 사뭇 원망도 하고 욕설까지 물 퍼붓듯 했지만 책임자만은 회의 때 한 번 몹시 비판을 준 외에 다시는 입을 뗀 적이 없다. 생산 기준량에서도 매일 몇 톤씩 떨어져 내려오던 차에 결근까지 있은 날은 더 말이 아니었다. 일곱 사람이 하던 것을 여섯 사람이나 다섯 사람이 하게 된 생산이 줄 것만은 정한 노릇이다. 더구나 먼저사람과 나중에 온 사람이 서로 손이 잘 맞지 않아 지장이 많았다. 그리하여 그날그날의 책임량조차 채우지 못하고 허덕지덕할 지경이었다.

창섭이는 매일 같이 생산이 떨어지고 있는 데에 무척 초조하였다. 속에서 사뭇 불이 이는 것만 같아서 진정 안타까워 견딜 수 없었다.

참고 견디다 못 해 그는 마침내 당에다 자기의 의견을 내놓고 옳은 지시를 받았다.

당은 올바른 지시를 주었다. 창섭이는 자신이 노동자들의 앞장서서 전쟁 승리를 위하여 모든 것을 바치고 있는 노동당원의 영예를 새삼스럽게 느꼈다.

그 이튿날 작업 비판회 끝에 창섭이는 무거운 입을 떼였다.

이미 줄어든 책임량을 보충하며 더 나아가 승리의 기를 꼭 앗아오기 위해 한 개의 새로운 제안을 내놓았다. 그것은, 운반 거리가 좀 멀어진다면 전혀 쓰지 않던 사업 조직 방식이니, 두 패로 나눠서 가까운 거리에 있는 양쪽 막장을 캐자는 것이었다.

그런데 걱정이 되던 여성 둘이 저마다 나서서 혼자 힘으로 넉넉히 탄차를 밀 수 있다고 열렬히 토론하였다.

복례는 인민군대인 자기 남편이 지금 이 시각에도 전방 화신에서 조국과 인민을 위해 목숨을 바쳐 적과 용감히 싸우는데 이까짓 것쯤이야 문제가 안 된다고 기세를 올렸고, 명숙이는 자기 아버지가 국기 훈장까지 받은 모범 노동자이기 때문에 저도 아버지의 뒤를 따르며, 또한 전선에서 영용히 싸우는 전사들만 못지않게 일하겠다고 새로운 결심을 다진 것이었다.

다른 동무들도 한결같이 찬동하였다.

그러나 박봉규만은 끝까지 어물어물하다가 마지못해 토론이랍시고 겨우 한마디 한 것이 미적지근하였고 끝끝내 우물쭈물하는 태도이었다.

그 이튿날부터 창섭이는 두 곳으로 달리다시피 뛰어 다니며 동발을 꾸리기에 눈 코 뜰 새 없이 바빴다.

봉규와 병삼은 각각 두 곳의 선산으로 곡괭이를 들고 채탄을 하였다.

봉규의 불만은 여기서부터 싹트기 시작하였다.

운탄하는 동무들이 줄곧 자기 맡은 일을 도와주므로 삽질이나 슬슬 하던 것을 선산을 시켜 혼자서 탄을 연달아 캐야만 되니 무척 고되었다. 그래 점점 일에 짜증만 나서 전혀 열성을 내지 않게 되었다. 때로는 전날에 가만히 앉아서 상점을 보던 시절을 눈앞에 그려보기도 하였다.

새 방식으로 일을 시작한 지 며칠이 지나도 큰 성과를 거두지 못했다. 그 날 하루의 책임량조차 채우기가 여간 힘들지 않았다.

창섭이는 가장 중요한 시기에 두 사람씩이나 바꿈질을 한 자기의 처사가 잘못되지나 않았나 하고 처음에는 후회도하여 보았다. 그러나 그 점에는 도리어 잘한 짓이며 떳떳한 노릇을 한 거라고 누구 앞에서나 서슴지 않고 말할 만치 자신이 차차 생겼다. 자기의 브리가다도 점차 성적을 복구하게 될 것이며 다른 브리가다에서도 전에 비해 현저히 생산을 높인다면 전체를 위하여 여간 보람 있는 일을 한 게 아니라고 굳게 믿어지기 때문이다.

창섭이는 덕근이와 봉규 사이에 섞여서 그들과 함께 갱도 바닥을 터벅터벅 걸었다.

"봉규 동무! 피크를 쓰니까 힘이 훨씬 덜 들지 않던가?"

창섭이는 약간 고개를 뒤로 들이키며 다정스런 말씨로 먼저 침묵을 깨뜨렸다.

"난 몰라, 어느 게 힘이 덜 들구 더 드는지를."

봉규는 아주 퉁명스럽게 입안에서 내뱉듯이 쏘아 부친다.

"허허, 난 모르겠다? 그럼 누가 아누? 대관절 뭣이 못마땅해 그러는 거야? 벙어리 냉가슴 앓듯 자기 혼자만 속에다 넣구 끙끙대니 남이야 알 수 있어. 시연스리 말이나 좀 해보게."

봉규는 또 아무 대꾸가 없다. 다시 잠잠한 채 걷기들만 하였다.

한참만에 창섭이는 추근추근하게도 또 입을 떼었다.

"봉규 동무! 그러지 말구 무슨 불평이 있으면 작업 비판회 때 죄다 툭 털어놓게."

"난 불평이구 뭐구 없어!"

"그럼, 웨 그러는 거야? 남들은 지금 5·1절을 뜻깊게 맞이하기 위해 어떡하면 다른 달보다 더 많이 생산을 낼가 하고 저마다 1분 1초를 다퉈 가며 서로 경쟁을 허고 우리 브리가다만 허드라두 승리의 깃발을

아주 차지하려고 눈에서 불이 날 만치 날뛰는 판인데, 동무는 암만해
도 일부러 태공하는 거 같으니 우리 브리가다를 아주 망쳐 먹자는 심
본가?"

좀체로 성을 잘 안 내는 창섭이지만 너무 참고 견디다 못 해 볼멘소
리를 하였다.

"흥, 기멕혀! 날더러 망쳐 먹는다구!"

봉규는 코웃음을 쳤다. 그가 하는 말에 날래 눈치를 챈 창섭이는

"그만 허면 다 알았네. 사람 바꾼 게 불만이란 말이지? 두 패로 나눈
것 허구."

"맞았어 맞어! 호통을 해 바꿔 놓고 일이 노끈처럼 꽤들어 가니까
두 패로 나눈다? 웨 열 패로 나누지 않구!"

"그럼, 동무는 웨 반대허지 않구 좋다구만 했나? 그랬다구 해서 내
가 아주 책임을 안 진다는 건 안야. 허나, 우리 직장의 전체 생산을 높
이기 위해서는 잘한 노릇이라구 생각하니까, 여기 대해 정 내게 불만
이 있다면 어디까지나 시비를 가려보세."

"시비 가릴 거 없이 두나 다른 데로 보내 줘, 서로 속 시원허게."

창섭이는 벌컥 화를 내며

"뭣이 어쩌구 어째? 날 다른 데로 보내 달라구? 딴 브리가다에 가서
도 그 따위 행세를 허게. 그런 돼먹지 않은 배짱을 부려 누구의 망신을
더 시키자구."

봉규는 밉살스럽게 축 늘어진 태도로

"웨 자네 망신을 더 시켜. 내 혼자 욕먹으면 욕먹었지."

"이 딱헌 위인아. 좀 깊이 생각해 보라우. 우리 브리가다에서 1년 동
안이나 함께 일한 사람이 칭찬은 받지 못할 망정 노상 깨우기만 헌다
면 자네 망신이 내 망신이 아니겠나."

봉규는 이 말에 약간 찔림이 있었던지 맞대들던 기세가 좀 수그러지
며 한풀이 꺾였다.

창섭이도 말을 더 계속하지 않았다.

탄이 묻어 시꺼멓게 된 작업복을 입은 세 사람이 얼마 사이 두지 않
고 갱도 밖으로 천천히 걸어들 나왔다.

구름 한 점 없이 훨쩍 트인 쪽빛 하늘은 비할 데 없이 아름답다. 햇
볕이 쨍쨍 내리쪼여 눈이 부시다. 탄가루가 땀에 반죽되어 끈적끈적한
얼굴에도, 강기슭을 스치며 불어오는 시원한 바람이 홱 끼친다. 무더운
속에서 머리가 횡 하던 게 새 정신이 버쩍 들만치 상쾌하였다.

갱도로 들어가는 어구에서 그리 떨어지지 않은 민주 선전실 안으로
부터 낮방송의 음악 소리가 울려 나오고 있다.

휴게실 안에는 점심 식사가 한참 벌어졌다. 먼저 식사를 끝낸 각 브
리가다의 남녀 노동자들이 한둘씩 선전실 안으로 모여든다.

복례와 명숙이도 선전실 문안에 발을 들여놓자마자 생산 도표가 붙
어 있는 쪽으로 가까이 걸어 갔다.

복례와 명숙이는 무척 속이 상했다. 생산 도표를 암만 들여다보아도
자기네 브리가다가 제일 뒤떨어진, 차마 볼 수 없는 꼬락서니다.

경쟁에 줄창 지기만 하던 김용준의 브리가다조차 기준량을 훨씬 넘
쳐 생산하고 있는 게 력력히 표시되어 있다. 그래 둘의 마음은 졸아붙
는 듯 안타까워 견딜 수 없었다. 정면 벽에 붙은 <5 · 1절을 증산으로
맞이하자!>는, 붉고 푸른색으로 큼직하게 쓴 구호가 눈에 언뜻 띠인
다.

둘의 가슴은 일시에 선뜩해졌다. 그리고 새가슴처럼 작아지는 것 같
았다.

증산은커녕 이 달 책임량을 해 내기에도 바쁘다. 생산이 자라 모가

지처럼 움츠러들기만 하다가 이즈막 좀 나졌다는 게 그 자리에서 주춤 거리고 있다.

몸이 열 조각이 나는 한이 있더라도 승리의 기는 꼭 쟁취하고야 말 테다. 우리 브리가다가 여지껏 지녀온 빛나는 영예를 또 한 번 떨쳐야 전시하의 5·1절을 뜻 깊이 맞는 보람이 있지. 그래야만 전선에서 용 감히 싸우는 그이에게 대한 명목도 서고….

복례가 이런 생각을 하고 있을 사이에 선동원이 선전실 안으로 쑥 들어오더니 이제부터 작업 비판회를 갖겠으니 리창섭 브리가다원은 건너편 언덕으로 다들 모이라고 한다.

한 길 남짓한 소나무가 정성드뭇이 섰고 그 아래로 새파란 잔디가 쪽 깔린 펑퍼짐한 곳에 일곱 사람이 한 가족처럼 다정스레 둘러앉았 다. 그러나 봉규만은 마치 성난 사람처럼 뿌루퉁해가지고 한 귀퉁이에 쭈그리고 앉아 있다.

먼저 창섭이로부터 오늘 작업 비판회를 미리 다가서 점심시간에 갖 게 된 이유를 말하였다. 오늘 낮대거리가 끝나면 넘어켠 방공호 회의 실에서 파란 탄광 노동자로부터 보내온 500여 점의 지성어린 원호 물 자를 받는 감사 대회가 있어 모두 참석해야만 되기 때문에 점 시간에 간단히 회를 갖는다는 것이었다.

복례와 명숙이는 번갈아 일어나 작업 도중에 철길 중간에 서서 담화 한 것을 내놓고 자기 비판을 하였다.

창섭이는, 봉규가 탄이 굳어진데도 피크를 쓰지 않아 오늘의 채탄 능률을 높이지 못했으며 생산에 많은 지장을 가져왔다고 비판 주었다.

뒤미처 복례가 또 일어섰다.

"봉규 동무한테 한 가지 물어 볼 말이 있습니다. 이즈막 선전실 안 에 붙은 생산 도표를 매일 보는지, 안 보는지, 알고 싶습니다. 만약 안 보셨다면 이 회가 끝나는 대로 즉시 가 보시고, 벌써 보고도 태공을 했다면 크게 문제를 세워야겠습니다. 지금 우리 브리가다가 어떤 형편에 놓여 있는지 아십니까? 아주 말이 아닙니다. 10여 개나 넘는 채탄 브리가다 중에서 제일 뒤떨어졌습니다. 이리고서야 어떻게 전쟁 승리를 위해 몸과 마음을 다 바친다고 하겠습니까.

여러분! 우리 브리가다가 오늘날까지 이런 창피한 일이 한 번이나 있었습니까? 매달 첫째 둘째를 다퉜지 어디 셋째 아래로 떨어져 본 적이 있습니까? 그렇기 때문에 모범 브리가다가 아녜요? 나는 끝으로 봉규 동무에게 이제부터라두 있는 힘을 다 내여 열성껏 일허기를 충심으로 부탁헙니다."

그러나 봉규의 태도는 아주 태연하였다. 겉으로만 그럴 뿐 아니라 속으로도, '여자가 주제넘게 나서서 웨 이 모양새야, 잘 한다, 잘 해. 어디 실컷 지껄일 대로 지껄여 봐라.' 하고 뱃심 좋게 앉아 있는 것이었다.

봉규에게는 모두가 눈꼴이 틀리고 비위에 거슬리기만 할 뿐이다.

창섭이는 봉규에게 자기비판할 것을 권고하였다.

봉규는 고개를 숙인 채 오랫동안 잠잠히 앉아만 있다.

다른 동무들은 울화가 나서 눈총이 그에게만 쏠리며 비판을 은근히 재촉하였다. 허나 끝끝내 일어서지 않는다. 모두들 참다못해 차차 분개하기 시작하였다.

작업 비판회의 공기는 전에 없이 불안하여졌다.

그래 창섭이는 하는 수 없이 화제를 딴 데로 돌리고 말았다. 내일부터 작업 분공에 약간 변동이 있다는 것을 말하였다.

그는 번연히 틀릴 줄 알면서도 봉규더러, 자기가 하는 동발 작업을 대신 하겠는가고 물었다.

봉규는 자기 재간으로 두 곳을 제 때에 보장할 수 없다는, 남이 듣기 좋은 구실로 물러나고 만다. 창섭이의 예상은 꼭 들어맞았다.

"그러면 누가 두 군데로 다니며 동발 작업을 사고 없이 제때에 보장하겠습니까?"하고 물었을 때, 두 사람이 일제히 손을 쳐들었다.

한 동무는 기능이 좀 부족한 선동원이었고 또 한 동무는 새로 온 고병삼이였다.

병삼이는 그동안 책임자 동무의 작품에 감동되어 절실히 깨달은 바가 있다고 하면서 과히 아프지도 않은데 두 자루씩이나 무단결근한 것과 게다가 수차 지각까지 있는 것을 벌충하기 위해서라도 이후부터는 있는 힘을 다 바쳐 열성껏 일하겠으니 기어이 자기에게 동발 일을 맡겨 달라고 애원하다시피 하였다.

그리하여 병삼이에게 그 일을 맡기기로 하고 그 대신 선동원을 선산으로 치켜올렸다.

모범 노동자 리창섭은 번쩍이는 국기 훈장을 왼편 가슴에 차고서 주석단에 의젓이 앉았다가 파란 대사가 손수 주는 좋은 양복 한 벌을 감격에 넘치는 마음으로 받았다.

창섭이는 그 귀중한 선물을 옆에다 끼고서 폭격에 허물어진 로동 회관 앞을 지나며 이 시각에도 동부 전선 어느 고지에서 용감히 싸우고 있을 아들의 름름한 모습을 그려보는 것이였다.

"이 양복은 그 놈이 돌아오건 꼭 입혀야지."

입안으로 이렇게 중얼거리고 보니, 마음이 비할 데 없이 흐뭇하다. 걸음걸이조차 한결 가벼워지는 것 같다.

창섭이는 페허대로 남아 있는 스산한 사택거리를 걸었다. 자기 집터를 바라보며 생복스럽던 과거 생활을 회상하고, 또 폭격하던 날 밤에 불바다를 이루었던 이곳을 그려보니 적개심이 불길처럼 치밀어 오른다. 치가 떨리고 주먹이 제절로 힘껏 쥐여진다.

창섭이는 길옆 좀 어슴푸레한 곳에 누구인지 웅크리고 앉은 모습을 발견하였다. 거기는 폭격을 당하기 전 봉규의 집이 있었던 곳이다. 차츰차츰 가까이 가서 보니 뒷모양이 암만해도 봉규가 분명했다.

"봉규 아닌가? 웨 혼자 우두커니 앉어 있어? ⋯."

봉규는 약간 놀래는 듯 몸을 가벼이 움칠하며

"인제야 오나? 오늘은 어쩐 일인지 죽은 놈 생각이 더 나서 아예 발길이 안 돌아서네 그려."

지난번 폭격에 공교롭게도 봉규의 집은 직격탄을 맞아 열 살 난 아들을 시신도 없이 잃었다. 봉규는 밤일을 나갔었다. 그의 아내는 어린것들을 데리고 잠시 본가에 갔었기 때문에 죄다 죽을 것을 면하였다.

"그런 생각 자꾸 해 뭘 허나, 속만 상하지."

봉규는 목이 멘 소리로

"바로 이 자리야, 그 놈 죽은 데가. 시체만 있었대두 덜 원통해. 아무 죄 없는 것이 그렇게 허황히 죽다니, 생각헐수록 기가 맥혀 못 견디겠어."

창섭이는 그의 언짢아하는 심정이 자기가 당한 것처럼 아팠다.

잠시 지난 다음 창섭이의 머릿속에는 한가지 생각이 퍼뜩 떠올랐다. 지금이야말로 봉규의 그릇된 생각을 돌리게 하여 일에 열성을 내도록 할 좋은 기회라고 여겨졌다.

"봉규 동무! 원쑤 갚을 마음은 없나?"

"그게 무슨 소린가! 원쑤 갚을 생각이 웨 없겠어. 그 애 죽인 놈을 만나기만 하면 당장 갈기갈기 찢어 쥑여도 시연치 않은 텐데."

그는 사시나무처럼 몸을 부르르 떨며 목소리조차 어룰해진다.

"하필 죽인 놈이 꼭 맞이 아닐세, 또 직접 총이나 대포를 쏘는 것만이 원쑤를 갚는 게 안야. 자네나 내가 탄을 더 많이 캐내는 일도 적을 없애는 길이야."

"그럴까?"

"그럴까가 아냐, 꼭 그래. 자네가 매일 같이 허는 일에 부쩍 힘을 써서 열성을 낸다면 탄은 더 많이 캐질 거지. 탄이 많이 캐지면 그만치 조국의 승리에 이바지할 거 아닌가. 이것이 곧 자식의 원쑤를 갚는 게 되고 진정 조국을 사랑허는 거란 말일세."

봉규는 그의 하는 말을 가만히 듣고 앉아 있는 사이에 일찌기 느끼지 못하던 것이 새삼스레 느끼는 듯 싶었다. 마음은 유난히 설레어진다.

창섭이는 자기가 하는 말을 그럴싸하게 듣고 있는 그의 다소곳한 태도를 눈치 채고서 더욱 힘을 얻어 말한다.

"여보게, 우리가 지금 손에 들고 있는 이 훌륭헌 원호 물자를 생각해 보란 말야. 멀고 먼 나라들에서도 적을 어서 물리치고 평화를 위해 하루 속히 승리허라구 싸우는 조선 인민을 이처럼 도와주는데 우리가 어떻게 생산을 덜 내고 견디겠나. 깊이 생각해 보게, 오늘 낮에도 여러 동무들이 말하지 않던가."

봉규는 고개를 푹 숙인 채 곰곰이 생각하다가 속에 있는 말을 처음으로 털어 내놓으려고 간신히 입을 떼었다.

"나도 틀려먹은 줄은 잘 알어…."

"알면서도 웨 못 곤치나? 깨닫고 알았으면 직시 고치려고 애써야만 허느니."

"그렇게 못 허는 게 내 병통이라니까."

"노력허면 안 될 리 없어. 자네도 나만치 어지간한 고집이야. 그 고

집을 옳은 데로 돌리면 퍽 좋은 결과를 가져오는 법이니 내일부터라도 열을 부쩍 내서 일해 보자구. 자, 그만 일어나 함께 가세.”

“먼저 가게. 난 좀 더 앉았다 가겠네.”

“또 고집야. 어서 일어나서 같이 걸으면서 이야길 좀 더 허세 그려. 죽은 놈 생각하다 짧은 밤 길바닥에서 새지 말구.”

창섭이는 봉규의 겨드랑이를 추켜세워 가지고 나란히 서서 걷기 시작하였다. 사면은 고요하다. 둘의 가벼운 발자국 소리만이 원쑤의 폭격에 폐허가 된 거리로 울려 퍼진다.

창섭이는 봉규와 헤여져 혼자 걸으면서 오늘 밤 그의 태도가 약간 달라지는 듯한 데 무한한 기쁨을 느꼈다.

‘어서 나날이 달라져 속히 딴사람처럼 됐으면!’

장마때 사태 나듯 무연탄이 허물어진다.

창섭이의 억센 손아귀에 쥐여진 곡괭이가 쉴 새 없이 올라갔다 내려갔다 할 적마다 탄무지의 사태이다. 시꺼먼 탄벽이 힘껏 틀어쥔 곡괭이 끝에 내리 찍혀 보잘 것 없이 와르르하고 무너진다.

수승식 채탄법에 가장 능수인 창섭이의 솜씨에는 탄벽이 오래 견디지 못하고 양켠 마구리와 천판이 보잘 것 없이 푸썩푸썩 주저앉는다.

그가 섰는 앞뒤로 덩어리 섞인 무연탄이 순식간 그들먹하게 들이쌓인다.

봉규는 채 삽질할 사이가 없어서 내려지는 탄을 주체 못 한다.

그러나 창섭이는 돌아가는 기계처럼 여전히 곡괭이질을 계속한다. 힘차고 억세게 들이캐만들어 간다. 그의 둥글넓적한 얼굴에서는 연해 구슬 같은 땀방울이 비 오듯 한다. 그러나 땀을 씻으려고도 않고 줄기차게 곡괭이만 들었다 놓는다.

봉규는 곁눈으로 기운차게 내리치는 그의 탄 캐는 모습을 다만 어안이 벙벙해 물끄러미 바라보았다. 여간 사람으로서는 따를 수가 없을 것 같다. 과연 벼락같은 선산이다.

"참말 일꾼이야. 우리 탄광에선 좀 체로 당 할 사람이 드물어."

봉규는 이렇게 감탄하지 않을 수 없었다.

낙탄된 것이 수북히 쌓였다.

대여섯 차는 넉넉히 됨직하여 보인다.

창섭이는 곡괭이를 옆에다 기대세우고 잠간 숨을 돌린 다음, 여벌로 있는 각삽을 집어 들었다. 그는 아무 말 없이 봉규와 엇비스듬히 서서 수북히 쌓인 탄을 퍼 옮기기 시작하였다.

"여보게 그만두게, 내 혼자 헐 테니. 그처럼 세차게 힘을 쓰고도 맥나지 않나? 좀 더 쉬기나 해, 어서."

봉규는 이와 같이 창섭이의 삽질하는 것을 한사하고 말렸다.

"괜찮어. 내 념려는 말구 자네 헐 일이나 허게."

창섭이는 웃는 낯으로 한 번 흘깃 쳐다보고는 삽질을 더 다그친다.

봉규는 자기의 할 일을 진심으로 도와주는 창섭이 앞에 섰기가 참말로 부끄럽다. 억세게 탄을 허물어 내던 그가 얼마 쉬지도 않고 금시 삽을 들고서 줄기차게 탄을 퍼 옮기는 모습이 봉규를 위압하면서 한편으로 무한 감탄케 하였다.

그래 한참 동안 곰곰이 생각하여 보았다.

봉규는 마침내 남을 도와주기 좋아하는 창섭이의 아름다운 마음씨를 자기도 본받아야 하겠다고 속으로 다지면서 탄을 수북수북 퍼 옮겼다.

어제 밤 창섭이가 여러 차례 거듭해서 간곡히 부탁한 말이 방금 곁에서 나는 듯 귀에 쟁하다.

'창섭이처럼 착실하게 일하자! 다른 사람들을 위해 남만치 열성껏 탄을 캐자!'

봉규는 탄을 한 삽 듬뿍 퍼서 억세게 밀쳤다. 또 한 삽 잔뜩 퍼서 힘차게 앞으로 내쳤다.

채탄 브리가다의 이 달 들어서 두 번째의 세포 총회 때다.

창섭이를 비롯해 선동원과 복례는 각기 일어나 열렬한 토론을 하였다.

그들은 한결같이 얼마 남지 않은 5·1절을 앞두고 기어이 승리의 기를 쟁취하도록 비상한 노력을 할 것이며 다른 달보다도 더 우수한 성적을 내여 증산 경쟁의 성과를 빛내고야 말겠다고 저마다 결심을 다졌다.

창섭이는 아직 노동당원이 아닌 박봉규의 교양을 위하여 앞서보다 더한층 노력하겠다는 것을 한 가지 더 첨부해 토론하였다. 그동안 좀 달라지기는 했지만 계속해 그를 교양하지 않으면 안 될 일이었다.

복례는 금년도 전체 책임량을 두 달 당기여 2월 7일, 위대한 사회주의 10월 혁명 기념일 안으로 달성하자고 결정한 것을 옳게 접수하고 자기 맡은 책임량과 자기 브리가다의 것을 반드시 넘쳐 실행하며, 나아가 모든 여성들을 고무 추동하여 그 기일 내에 어김없이 보장하고야 말겠다고 굳은 결의를 표명하였다.

오늘도 복례는 열의를 내여 쉴 새 없이 일하고 있다.

그는 자금도 빈 차를 속히 밀고 와서 쇼트판에 들이대었다. 줄대서 떨어지는 탄덩이가 궤짝 속에서 덜그덕거리며 요란스럽게 소리를 낸다.

낮대거리와 중대거리의 교대 시간이 되여 창섭이 브리가다원은 모

두 밖으로 나왔다. 그들은 나오는 길로 오늘의 작업 비판회를 가지려
고 민주 선전실 안으로 몰려 들어갔다.

용준이는 밖으로 막 나오려다가 창섭이와 마주쳤다. 그는 의기양양
해 가지고 창섭이를 마구 놀려댄다.

"그렇다니까, 욕심꾸러기가 왼통 급수 많은 사람만 몰아가지고 있어
줄창 이겼지, 무슨 딴 재간으로 이긴 줄 알어? 창섭 동무! 인젠 별수
없이 손들었겠다."

창섭이는 뱃심 좋은 태도와 아주 유한 음성으로 말한다.

"두고 봐야 알 일이지 지고이기는 건…. 어디 이 달이 다 갔나, 앞으
로도 열흘이 더 남았는데."

"이 사람아, 보긴 뭘 봐? 자네 지는 걸 보란 말이야…. 보려거든 저
기 붙은 생산 도표나 보게 그려."

"다 봤어, 권허지 않어두."

"보고도 그런 소릴 해…. 우리 브리가다에서 꼭 첫째를 해가지고 우
승길 탈지 그건 채 몰라. 그러나 자네 네게 이길 건 뻔한 노릇이야."

리창섭 브리가다원들은 누구나 지독한 모욕을 당하는 것만 같아 속
으로들 분해 견디기 어려웠다.

그러나 창섭이는 여전히 싱글싱글 웃는다.

"우리 질 때까지만 살게 그려."

"에이, 이 사람아, 그럼 날더러 쉬 죽으란 말이지?"

"그렇게 꼭 이길 줄만 알다가 큰 코 다치리…."

창섭이는 한바탕 너털웃음을 웃어댄다.

"어디 두고 보세." 하고 용준이는 그래도 우쭐거리는 걸음걸이로 선
전실 문밖을 나서서 갱내로 들어갔다.

뒤미처 창섭 브리가다는 어느때 보다도 긴장된 가운데 저마다 흥분

된 채로 작업 비판회를 가졌다.

용준의 모든 행동과 말은 여럿의 신경을 몹시 자극하여 놓았다. 얕잡아 보던 그의 태도에 대한 모욕감이 가셔지지 않았다.

이런 일이 있은 뒤로 창섭이는 물론, 두 곳 막장으로 갈라져 일하는 브리가다원 전체가 더욱 분발해 그날그날의 책임량을 훨씬 넘겨 생산하였다. 작업을 시작하기 30분전에 미리들 나와서 그 날 작업 준비를 갖추는 데도 모두가 게으름을 피우지 않았다.

갱내에 들어가서도 저마다 꾸준히 일하였다. 누구나 몸을 가볍게 재빨리 놀렸다.

그 중에도 봉규의 일하는 태도는 놀랄 만치 변하였다. 삽질을 하는 손이 무척 빨라졌다. 그런데도 창섭이는 새새 봉규의 일을 도와 주었다.

이처럼 전체가 한 사람 같이 움직였다. 자기 맡은 일에 줄곧 열성을 내었기 때문에 창섭이의 믿었던 바와 말한 그대로 앞섰던 용준 브리가다를 며칠 안 가서 쉽사리 뒤로 물리쳤다.

그러나 창섭이는 이것에 만족하지 않았다.

창섭이가 세 번째 탄차를 밀고 밋밋하게 경사진 그 앞에까지 이르러 권양기 와이야 줄에다 탄차의 고리를 걸고 막 움직이려 할 때, 정전이 되었다. 소리가 요란스럽던 선풍기와 압축기는 일제히 뚝 서버렸다.

갱내는 자는 듯이 고요해졌다.

창섭이와 복례는, 바른편 막장에서 일하던 동무들이 가스 냄새에 참고 견디다 못 해 나오므로 그들과 휩쓸려 밖으로 나왔다. 그런데 뒤따라 곧 나오리라고 믿었던 봉규가 한참이나 지나도록 눈에 띠우지 않는다.

창섭이는 암만 생각해도 의심쩍어 다시 갱도내로 급히 뛰여 들어갔다.

왼편 막장 어구로 잡아들자마자

"봉규 동무!"

창섭이는 커다랗게 불렀다.

아무런 대답이 없다. 불길한 생각이 머리에 퍼뜩 떠오르자 가슴이 덜컥 내려앉는다.

목청을 돋우어 다시 한 번 소리를 질러 보았다. 여전히 아무런 대꾸가 없다. 갱내는 바늘이 떨어져도 들릴 만치 고요할 뿐이다.

창섭이는 더 빨리 걸어서 막장 가까이 갔다.

봉규는 쓰러져 있는 것이었다. 안전등 불빛에 비친 그의 얼굴은 백지장 같이 해쓱하다. 몸을 만져보니 더운 기운이 돈다. 한결 마음이 놓였다. 그러나 암만 흔들면서 불러 보아도 움직이지 않는다. 자세히 보니 그의 손에는 곡괭이 자루가 꼭 쥐여져 있다.

창섭이는 봉규를 들처 업고 밖을 향하여 급히 걸었다.

창섭이는 그를 업은 채 간신히 굴 밖으로 나왔다. 바람이 휙 끼치니 금방 토할 것 같다. 속이 메스껍고 골치가 아파서 한참 휴게실에 누워 있었다.

까무러쳤던 봉규는 얼마 만에야 소생되었다. 창섭이를 위시해 모든 동무들은 진정 그를 반기며 다정스레 들여다보았다.

봉규는 창섭이가 없는 사이에 이미 낙탄된 것을 다 퍼서 옮겼다. 그는 또 곡괭이를 집어들고 탄을 캐기에 너무나 골몰해 냄새나는 것도 느끼지 못하고 일을 하다가 마침내 까무러치고 만 것이다.

봉규는 얼굴이 부석부석해가지고 그 이튿날도 일찌감치 나와서 전과 다름없이 일에 열중하였다.

이에 격려된 복례는 다른 날보다 더욱 신바람이 나 무거운 탄차가 한결 가벼워진 듯 기운차게 밀며 내달렸다. 그의 머릿속에도 아까 갱

밖에서 본 가지가지의 새로운 것들이 쉴 새 없이 번뜩인다. 참으로 기
쁜 마음이 용솟음쳐 오른다.

　민주 선전실 안에 붙은 생산 도표에는 리창섭 브리가다가 다른 브리
가다들 보다 붉은 선이 제일 높이 올라갔다. 채탄 브리가다 중에서는
맨 앞장을 섰다.

　갱내 들어가는 바로 옆 언덕받이에 서있는 커다란 벽보판 영예란에
는

　<자기의 책임량을 135%로 넘쳐 생산하고 있는 리창섭 브리가다의
모범을 따르자!>고 큼직하게 써 붙여 있다.

　그러나 창섭이는 마음을 놓지 않고 더욱 힘차게 내뻗쳤다. 그의 뒤
를 따르는 여섯 동무들도 일매지게 일손을 늦추지 않았다.

　5·1절을 앞둔 사흘 전에 리창섭 브리가다에서는 이 달 책임량을 완
수하여 마침내 승리의 기를 세 번째 쟁취하게 되었다.

1953. 7.

본문은 『윤기정 현경준 단편소설집』(1953) 수록본

映畵時評

尹基鼎

一, 朝鮮映畵의 危機

現下
朝鮮映畵界에있어서
朝鮮映畵를 製作하
는때 한現象을 當面하게된것이
나타난 明確한事實이다。그러면 所謂 當面한危
機란 엇더한것이며 이러한危機를 打開하야 새
로운進展을 보여주려면 엇더한用意와 엇더한
官閥的行爲가 必要할것인가

果然 朝鮮映畵가 危機를 當한것이 이야데에究
明됨에따라 事己로證明하다면 朝鮮映畵製作에有
效하는사람의 모서는 반듯이 그危機를 · 此間의인
緊國的 行爲로써 積極的 打開에 努力하지안어서는
안될時期에이른것이다。이것도 朝鮮藝術運動의一
部門인 映畵活動을하야 우리로서 問題삼게되
고한다。이것만으로드러가 一般映畵
는것이다。

것이아니라 初期에서수 朝鮮映畵사람
의손으로 活動寫眞이 製作되엿다는 一種의奇心
으로 一般民衆이 無條件하고 歡迎하든것이 最
近에이르러서는 그러한傾向이 顯著히稀少해야젓다
이와가튼現象을 두가지의意義가잇다고 解釋할수
잇스니 하나는 朝鮮映畵가 一般人에게 批判
윤마들만시 生長하엿다는反證이요 또하나는 現狀
映畵가 質的으로 新規地를開拓하지못하고 現狀
維持에머물러 큰進步을보여주지못한關係다 朝鮮
映畵에期待하는것을旣往과 새映畵가 封切됨마
期待하였든가가 에어지고 오히려 失望유늑

最近에는 朝鮮映畵를封切할때보다 歐米
映畵가 上映될때에 興行成績이 이러라良好하다
는것만 드러도 朝鮮映畵에對한 一般映畵

그의 눈은 흐르는 물과 같이 경쾌한 편이 아니라 깊은 못(池)과 같이 깊고 은은한 느낌을 준다. 날카로움이 없는 대신 사람을 끌어당기는 따뜻한 포용성을 느끼게 한다. 인간으로서 주는 인상은 한말로 '호인'이라 할 것이다. ---그러나 그는 호인에 그치지 않는다. 그의 눈이 심중한 시선을 발사할 때에는 문득 이지적 규각(圭角)이 엿보인다.

한설야, 「윤기정 인상기」에서 1932년 겨울

계급예술의 신전개를 읽고 · · ·
상호비판과 이론확립 · · ·
생활, 의식, 동지 · · ·
최근 문예 잡감(其1) · · ·
최근 문예 잡감(其2) · · ·
최근 문예 잡감(其3) · · ·
무산문학가의 창작적 태도 · · ·
1927년 문단의 총결산 · · ·
현단계 조선사람은 어떠한 문학을 요구하는가 · · ·
실천적 행위 · · ·
이론투쟁과 실천과정 · · ·
이기영씨의 창작집 『민촌』을 읽고 · · ·
문예시평 · · ·
당면문제의 數三 · · ·
영화시평 · · ·
映畵時評 · · ·
文壇時言 · · ·
예술 활동의 제 문제 · · ·
조선 문예이론은 어디로 귀결될까 · · ·
조선영화의 제작경향 · · ·
문예시평 · · ·
각계척후(各界斥候) · · ·
영화이론과 비평의 근본적 의의 · · ·
창작가로서 김남천(金南天) 군의 인상 · · ·
소화(昭和) 십일년도 조선문학의 동향(앙케이트) · · ·
현대 작가 창작 고심 합담회 · · ·
위대한 세계적 문호 · · ·
예술운동의 신전개 · · ·
민촌 형에게 · · ·

계급예술의 신전개를 읽고
- 김화산씨에게

『조선문단』3월호에 발표된 「계급예술론의 신전개」란 김화산군의 평론을 나는 넘치는 호기심과 많은 기대 중에 읽기를 시작하였다.

현하 조선사회의 일 현상으로 프롤레타리아 문예에 대하여 나날이 새로운 이론을 세워 나가는 이때에 「계급예술론의 신전개」란 말이 어디로 보든지 무산계급문예운동의 본질적 새로운 이론을 발표한 것으로 상상되어 무엇을 얻을까하고 처음에는 경의를 표하는 태도로 대하였다.

그러나 씨의 근본적 논개(論開)가 무산계급문예운동의 본질을 저버린 무책임한 횡설수설이라 할까 무책임한 억설(抑說)이라고 할까 하여간에 무산문예운동자로서는 도저히 용납지 못할 어그러진 이론인 데에 나의 호기심을 의분(義憤)으로…… 기대하였던 바는 여지없이 배치되는 동시에 이 반박문을 쓰게까지 하는 동기를 주었다.

나는 먼저 씨에게 묻고자 한다. 씨의 논평한 근본적 의도가 나변(那邊)에 재(在)하며 무엇을 표현하려고 용의(用意)하였으며 어째서 그런 우론(愚論)을 거침없이 썼는가?

'공산파 문학가론에 대한 일소검토(一小檢討)'라든가 '무산계급운동에 좌단(左袒)한다'든가 '프롤레타리아계급론을 지지한다'든가 '프로예술을 지지하지마는 조선문단에서 현시 논의되는 무산계급예술론을 지지한다는 의미가 아니라'고 운운한 씨의 태도를 반짐작은 할 수 있다. 또 씨는 말하기를

……이 곳에 우리는 프로문예 중에 아나키즘문예와 볼셰비즘 문학의 대립을 상상할 수 있다.

공산주의자가 그가 파악하는 인생관 내지 사회관에 입각하여 무산계급을 수립할 수 있다면 아나키스트 역시 그의 사상적 견지 하에서 무산계급예술론을 수립할 수 있을 것이다.

하고 운위한 것만 보더라도 씨는 확실히 아나키스트인 것이 분명하다. 기분만으로라도 아나키즘에 공명한다는 것이 명확한 사실인 것 같다.

그러면 씨의 근본적 논조가 아나키즘에 대한 이론을 세우는 데 한 도움이 되었는가? 막연하게나마 윤곽만이라도 이론다운 이론을 드러냈다고 씨는 생각하는가?

내 자신이 무식해서 아나키즘이 여하한 물건인지 아나키즘문예의 이론이 무엇인지 전혀 이해를 못하고 그냥 넘겼는지 모르지만 누가 보든지 씨의 주장은 일호(一毫)도 나타나지 않았다고 단언할 것이다.

내가 처음 생각하기는 '……프로문예 중 아나키즘문예와 볼셰비즘 문예의 대립을 상상할 수 있다'고 운위하였기에 아나키즘문예이론을 철저히 논거해가며 볼셰비즘문예의 결함을 지적한 후에 씨의 독창적 이론을 수립할 줄만 알았다.

그래 그것이 곧 씨의 주장하려는 계급예술론의 신전개일 줄 나는 확신하였었다. 그러나 씨의 독창적 이론을 제시하기는커녕 아나키즘문예에 대한 이론도 일언반구가 표현되지 않았고 다만 근거 없는 그릇된 이론과 도전적 태도로 건설도상에 재(在)한 조선의 무산계급문예운동을 교란시키려는 헛된 노력뿐만이 씨의 논조를 일관하였다고 볼 수밖에 없다.

이를 미루어 보아 씨의 태도는 (3행 판독 불가) 지지한다면서 조선문단에 현시 논의되는 무산계급예술론은 지지할 수 없다는 말부터 반동적 감정의 지배를 받는 게 아니고 무엇인가? 설령 현재의 프로문예에 대한 이론이 씨의 말마따나 아직 혼돈을 면치 못하여 불완전하고 미성품이고 국부적 모순이 있다손 치더라도 현하 조선사회에 필연적 일 현상으로 전개된 무산계급문예운동을 전적으로 부인한다는 것부터 씨의 행동이 훌륭한 반동행위로 인정할 밖에 다른 도리는 없다.

현재 조선 프로문예에서도 이론이 완전히 서지 못한 관계상 프로문인 간에 부절히 이론적 투쟁을 계속하고 있는 것이 아닌가? 그런데 씨는 어떠한 심리로 프로문예를 지지한다면서 도리어 반동적 행위를 취하는 이유가 어디 있는지 모르겠다(나는 여기에 대하여 맨 끝에 가서 단언하고자 한다).

또한 씨의 말한 대로 조선문단에 현시 논의 안 되는 프로예술론은 여하한 것이며 씨의 관념상으로 파악하고 있는 예술론은 어떠한 것인지? 이에 대한 명확한 해답과 철저한 구별도 없이 씨자신의 기분에만 맞도록 무정견, 무조리한 비이론적 우론을 주저치 않고 토(吐)하였을 뿐이다.

씨의 우론의 지시가 아니고도 우리는 벌써 프로문예의 본질적 요소가 단순히 자본주의 사회에 대한 반항의식에만 그치지 않고 한 걸음

더 나가 필연적으로 새 사회를 동경하는 사회주의적 목적의식의 암시
가 함유한 것을 잘 알고 있다.

그러나 혁명전기에 있어 프롤레타리아문예운동은 혁명을 촉진하는
데 한 도움이 된다면 거기에 만족한다. 투쟁기에 재한 프로문예의 본
질이란 선전적 선동의 임무를 다하면 그만이다.

한 예술가가 공리적 목적 위에서 현상의 부정을 목적의식하고 한 개
의 예술품을 창조하였다고 하자 …… 그래 그 창조품이 선전포스터 이
상의 효과를 나타냈고 노방연설(路傍演說)의 임무를 다하였고 인민위원
회 정견발표문에 불과하였더라도 혁명전기에 속한 프로예술가로서는
조금도 수치를 느끼지 않을 뿐 아니라 도리어 프롤레타리아 일원인 자
기로서의 역사적 필연의 임무를 다하였다고 만족해 할 뿐이다.

투쟁기에 재한 예술가의 붓이란 어느 때에 총검(銃劍)으로 변할는지
모른다. 예술가라고 전선에 내세우지 않을 리 없고, 문학가라고 정의의
싸움에 안나갈 리가 무하다.

러시아 전시공산시대에 예술파에 속한 문학가들은 외국으로 도망하
였거나 국내에 있으면서도 참전하지 않았다. 그러나 역사적 필연을 믿
는 프로예술가들은 거개(擧皆) 참전하였거나 그렇지 않으면 붓으로라도
혁명전을 열렬히 고취하였고 정의의 전쟁을 찬미하는, 선전적이라느니
보다 자연발생적 문예품은 창작하였다고 한다. 그때에만 그것이 프로
문예의 본질이다. 이 사실을 미루어 보아 ─ 씨가 말한 '선전용의 예술
을 창작하라람은 공산파 정략가의 폭론(暴論)이다'한 것은 아무 효과
없는 우론(愚論)에 그치고 말았다.

현실을 부정하고 사회제도의 결함을 인식하고 부정, 불의, 불합리
등과 싸우려는 프로예술가로서는 씨가 말한 대로 선전용의 예술품을

창작하라고 폭론을 토하는 공산적 정략의 말을 좇는 게 아니라 시대에 민감하려는 프로문예가로서의 능동적으로 자진해서 선전용의 예술품을 창작하려고 노력하는 것이다.

이것이 투쟁기에 재한 프로예술가의 취할 바 본질적 태도며 프로예술가로서의 반드시 가져야 만할 기분, 감정, 행동이다. 비상기에 처하여서는 어떠한 예술품이라도 실제행동에 수단화하고 선전하여도 무방하다. 무방이 아니라 정당한 길이다.

씨는 순예술가다운 이론으로 문예이론을 인용해서 프로문예에 논급하였다. 씨의 논조는 문예의 본질을 영원불변이라고까지 일정○○하는 줄만 오해하고 있는 모양이다. 그러나 씨가 추측한 대로 문예의 본질이란 고정해 있는`것이 아니고 시대의 추이를 따라 문예 자체의 본질도 항상 변천해 나가는 것이다.

그래 투쟁기에 재한 프로예술가의 손으로 창작된 문예품이 계급의식을 고취하고 계급해방의 임무를 다하는 기능을 가졌고 선전적 도구로 사용되어 선동적 효과를 발휘하였다고 하면 혁명전기(革命前期)에 있어서만 프로문예의 본질이라고 간과하여도 무방하다.

씨는 현재에 논의되는 프로예술을 지적해서 말하기를 "…… 이 태도(건설적)를 결여한 문예는 자본주의 사회의 모든 문화와 아울러 최후의 섬광을 발하는 문예는 될 수 있으되 프롤레타리아문예는 될 수 없는 것이다"라고……

물론 누구나 이만한 이론적 사실은 다 알고 있다. 과도기에 있던 모든 문화가 혹은 연장, 혹은 소멸된다면 모든 문화 중에 일위(一位)를 점령하고 있는 프로문예운동도 또 같은 귀착점에 도달할 것이다.

그러나 프롤레타리아문예도 어느 시기에 이르러서는 필연적으로 해체되고 말 운명도 프로문예 자체가 함유하고 있다. '진정한 의미의 [계급]문화는 다음 '제너레이션'에 기다려서 프롤레타리아의 독재가 해체(解體)된 다음에야 비로소 수립된다'고 하는 말은 누구나 부정치 못하는 사실이다.

이와 똑같은 정의 하에 프로문예자체도 어느 시기에 도달하여서는 성립되지 못하고 해체될 것은 명료한 사실이다. 사실이라느니보다도 반드시 그래야만 할 당연한 경로며 합리적 전개다.

나는 거듭 말한다. 프롤레타리아문예운동이란 그 시기 — 혁명전기(반항, 선동, 선전)로, 혁명기(전투, 파괴)로, 혁명후기(정리, 건설) —에 대한 역사적 필연의 임무를 충실히 하면 그만이다. 여기에 이의를 제출한다면 그 문예가는 순예술파에 속한 부르예술가이거나 맑스주의자로서 용납지 못할 아나키즘경지에 선 아나 예술가일 것이다. 우리는 아나키즘문예를 근본적으로 극력 배척한다.

혁명후기 러시아 문단에는 건설적 기분이 농후하다고 한다. 공장을 찬미하고 기계를 찬미하고 노동을 찬미하는, 혁명전기에 보지 못하던 낙관적 시가가 전 문단을 지배한다고 한다.

소설이나 희곡보다도 시가 대부분인 이유는 그들이 공장에서나 도로에서 일하다가도 감흥에 못 이겨 읊조리고 걸어가다가도 읊조린 까닭이라 한다.

아직 초기요, 건설도정에 있기 때문에 양으로는 풍부하고 질로는 빈약하다고 한다.

그러나 그들의 찬가가 현 노동 러시아 문단에 중심세력을 잡고 있다는 말만 듣더라도 혁명 후 러시아 민중이 얼마나 건설적 정신에 도취하여 건설하기에 노력하고 있다는 것을 상상할 수 있다.

전시공산시대에 전쟁을 찬미하고 파괴를 고취하던 문학가들은 신경제정책에 불만을 품고 침묵을 지키거나 딴 이론을 세우려고 애쓴다는 말이 있다. 그러나 그들의 노력이 미약하다고 한다.

그들은 그 시대에 적합하였고 그 시대에 그들 임무를 다하였으면 그만이다.

신시대에 신흥하려는 민중은 신인을 요구한다. 건설기에 있어서는 직접 건설의 임무를 다하는 노동자와 그들과 똑같은 기분감정을 가진 문예가만이 프롤레타리아 문예를 창조하며 대표할 수 있는 것이다.

이런 까닭에 혁명전기의 프로문예란 예술적 요소를 구비치 못한 비예술품이라 해도 좋고 계급해방을 촉진하는 한낱 수단에 불과한대도 좋다. 다만 역사적 필연으로 전개되는 해방운동의 임무만을 다하면 그만이다.

'무산계급해방운동이 곧 맑스주의운동을 의미하는 것 같이 사유하는 동일한 오류가 조선 프로문예에도 존재한다'고 하는 문제도 안될, 도리어 오류된 문구가 나열되어 있다.

그리고 '프로문예＝맑스주의'를 은연중에 부정하였다. 그러면 '프로문예＝아나키즘'이란 의미인가? 씨는 맑스주의의 이론이 무산계급해방운동에 해당치 않다는 점을 무엇으로 증명하려는가?

오류라고까지 황당우론(荒唐愚論)을 거침없이 토하였을 적에는 상당한 이론을 알고 있는 모양이니 그래 계급해방이 맑스주의에 의하여는 성립되지 못한다는 말인가? 사실 그렇다고 가정하면 세계 도처에 맑스주의를 신봉하는 맑스주의자들은 거개 실망하고야 말 것이다. 바야흐로 계급해방운동이 전개되는 이때에 씨의 이론이 사실이고도 정확하다면 해방운동 자체에 혼돈을 면치 못할 것이다.

그러나 맑스주의에 의하여서만도 무산계급해방운동이 아무 장해 없이 건전히 계속될 것이니 씨는 무용의 염려를 말고 안심하기 바란다.

"이러한 소설(박영희씨의 소설을 지적)로는 씨 자신이 주장하는 선전적 효과도 도저히 나타내지 못할 것이다."

씨는 이런 말로 박영희씨의 창작이 예술적 조건을 구비치 못한 관계상 소설로도 실패하였고 선전용으로도 실패하였다고 단언하였다. 또한 선전적 효과를 나타냈다면 한 기적적 사실이라고까지 설파하였다.

박씨의 작품이 씨의 논조대로 예술적 조건을 구비치 못한 그런 류의 소설로는 실패하였는 지 모르지만 단지 선전적 효과만을 충분히 발휘하였으리라고 추측된다. 왜? 현시 조선사회사정이 …… 우리의 주위와 환경이 그런 선전적 효과와 선동적 가치가 농후한 작품을 이 시대(비상기)에 처한 일반민중이 요구하는 까닭이다. 그래 작품에는 반드시 시대성을 띠우는 것이다.

박영희씨의 근작 「지옥순례」를 고학당에 있는 학생들이 읽고 감격에 넘쳐 주먹으로 책상을 쳤다는 말을 들었다. 그들의 처지와 환경이 그 작품을 읽고 소극적 행동이나마 선전적 효과를 나타낸 것이다. 다시 생각하면 그것이 소극적 행동이 아니다. 그 주먹에는 장차 적극적 행동을 취할 잠재적 세력이 충분히 포함되어 있는 것이다.

'부르'경지에서 '부르'의 사상, 감정, 기분 등에 지배를 받는 사람은 선전적 가치를 부정하거나 선적적 효과의 힘을 입지 못하나 프롤레타리아로서는 프로문예의 선전적 효과를 충분히 힘입어 결국 행동화하는 것이다. 그리고 선전적 효과를 인정한다.

비상기에 처한 사회는 언제든지 긴장된 공기에 지배되어 나가고 새

사회를 동경하는 민중은 언제든지 예민한 감정, 긴장된 기분에 싸여 움직여 나아간다.

이 까닭에 예술적 조건을 구비치 못한 선전용의 문예품이라도 일반 민중의 사상을 자극 충동하기에 넉넉하므로 혁명전기의 프로예술은 전반운동선상에 일 부대의 사명을 다하기에 노력할 뿐이다.

자연발생기에 속하였던 프로문예(조선 프로문예운동의 오늘날까지 밟아온 경로 ― 빈궁문학, 반항문학 ―)는 사회주의적 목적의식에 도달하였다.

이만큼 조선의 프롤레타리아문예운동은 조직적으로 나날이 성장하여 나아간다. 자연생장적 무산계급해방운동과 보조를 같이 하며 이론적 투쟁을 계속하는 가운데 새로운 이론을 세워 나간다. 조선의 프로문예운동은 이만치 전개되어 있다.

"새로운 예술은 묵은 표현형식으로 나타낼 수 없다. 진부하고 무기력한 자연주의 수법이 의연히 조선 문단에 횡행한다."

씨의 이 말만은 나로서 수긍한다.

새로운 술은 새 부대에 넣어야 그 술의 새로운 맛을 안다는 격으로 신흥예술도 반드시 새로운 표현방식을 취하여야 한다. 조선 프로문단에 오늘날까지 발표된 작품은 의연히 자연주의 경지에서 벗어나지 못하였던 것은 사실이다. 그러나 프로문예운동에 뜻 둔 이로는 누구나 이 점에 고려 아니하는 바가 아니다. 그 점에 유의함으로 미구(未久)에 내용과 같은 생기발랄한 신표현방식이 출현하리라고 확신한다.

더구나 창작가로서는 이 점에 유의할 뿐 아니라 표현방식을 새롭게 하려고 노력할 것이다.

나는 씨가 구태여 다다이스트가 아니라고 극력변명한 것을 어째서

'따따 김화산씨에게'하고 이 박문(駁文)을 썼다는 것을 언명코자 한다.

먼저도 말하였지만 씨의 일관된 논조가 아나키즘 견지에서 그 일문을 논의한 것 같다. 사실 아나키즘경지에 들어가 아나키스트의 태도로 논평하였다면 극히 적은 부분에라도 아나키즘문예에 대한 이론이 표현되었을 터인데 아무리 찾아보아도 전혀 없을 적에는 씨의 태도가 사이비적 아나키스트로 밖에 아니 보인다. 내가 먼저 씨의 근본적 논조가 횡설수설이고 무조리한 억설이라고 까지 한 이유도 이 점에 있다. 씨는 처음부터 끝까지 맑스주의에 의하여 논의되는 프로문예의 선전적, 선동적 효과를 주장하는 프로문예를 근거 없는 이론으로 부정, 공박하기에만 능사로 삼았다.

그러면 씨가 맨 처음에 "…… 나의 태도를 선명히 하고자 한다. 본지(『조선문단』) 2월호에 발표된 소설 「악마도(惡魔道)」를 읽은 사람은 나를 다다이스트로 생각할지 모르나 나는 결코 다다이스트가 아니다"하고 구차한 변명을 한 것도 현하 조선에서 논의되는 프로문예를 덮어놓고 부정하려는 본의에서 나온 것으로 볼 밖에 없다.

나는 여기서 단언한다. 씨는 틀림없이 다다이스트라고…….

다다이스트가 아니고서는 프로예술론을 지지한다면서 도리어 프로문예의 본질을 부정하거나 공박할 이치는 만무하다.

그러면 현시 논의되는 프로문예를 논박할 만한 상당한 이유를 가지고 선전적 예술론을 부정하였는가? 그렇지도 않다.

다만 다다의 일시적 발작이었는지는 모르지만 막연한 경지에서 아나키즘문예의 이론을 세워 보려는 의도만은 다소 있다고 보나 그것이 씨의 「계급예술론의 신전개」란 말은 천부당 만부당이다. 계급예술론의 새로운 전개를 보여준 것이라고는 일자반개(一字半開)의 표현이 없다.

이것이 소위 다다식 문예론인가 보다. 나는 다다이즘을 개념으로라

도 자세히 모르지만 모순을 사랑하고 존재를 부정한다는 다다이스트
의 명론인가 보다.

다다이스트는 자기 자신이 다다이스트이면서도 다다이스트가 아니
라는 것이 다다의 본색이요, 다다의 가치 있는 행동이요, 다다이즘의
근본적 의의인지 신조인지 모르지만 씨는 무엇으로 다다가 아니라는
것을 증명하려는가?

도저히 다다로는 인증할 수 없으되 비다다로는 증명할 수 없는 것이
사실이 아닌가.

씨의 작품이 다다로 증명하는 한 세상사람들이 김화산하면 벌써 '방
따따'로 인정하는 데야 내하(奈何)오?

나는 마지막으로 씨의 말한 바 "…… 나는 도리어 사상적 방면에 있
어 퇴영적이며 환멸적이며 절망적인 다다이즘을 극력 배제하며 동시
에 명일의 사회를 초래할 확신한 신념 하에 진출하는 무산계급해방운
동에 좌단(左袒)한다. 그러므로 나는 예술론의 견지에 있어서 프롤레타
리아예술론을 지지한다."고 한 그대로의 태도를 파악하여주기 바란다.

사상, 감정, 기분 등이 우리와 합치되어 동일한 보조를 취(取)코자 할
진대 이름부터 다다식의 김화산이라고 하지 말고 방화산(方華山)이든가
그렇지 않으면 딴 이름으로 개명하여 주기 바란다. 그때에야 비로소
우리로서는 한 동지를 얻게 되고 씨 자신으로는 완전히 다다의 경지에
서 벗어났다고 할 것이다.

그래 씨의 태도가 진정한 '아나'이면 우리(맑스주의자)는 정책(政策)상
상위(相違)되는 점에서 이론적으로 논전하기를 마지않을 것이다.

1927. 3. 20. 경도에서
『조선일보』 1927년 3월 25일-3월 30일

상호비판과 이론확립
- 영웅주의자의 망론을 일축함

■ ■ 1 ■ ■

계급적 이론이 없이는 계급적 행동이 있을 수 없는 까닭에 우리는 완전한 행동을 감행하기 위하여 완전한 이론확립에 노력하는 것이다. 이 곳에 상호비판의 진정한 의의가 있고 이론투쟁의 필요를 느끼게 되는 것이다.

맑스주의적 방법론에 의한 변증법적 해석이 여하한 기능을 발휘하겠는가? 단결하기 전에 완전한 단결을 하기 위하여 같은 진영 내에 분열로부터 시작해야 한다. 또한 비맑스주의자를 배격하거나 막연한 경지에서 무산계급운동 운운하는 제 반동분자를 가장 합법적으로 극복할 수 있는 것이다!

이러한 철칙 하에서 진정한 맑스주의자만이 결성된 좌익 진영이 계급적 행동에까지 비약적 진출을 단행하게 되는 것이다.

현하 조선의 객관적 정세가 조합주의적 경제투쟁에서 전무산계급적 정치투쟁으로 방향전환을 하지 않으면 아니 될 현단계까지 진출하였다.

그러나 <사회운동단체중앙협의회>가 비상설 기관으로의 집회금지를 당하고 말았다. 이 사실은 무엇을 의미하는 것인가? 방향전환기에 당면한 현단계의 진출이 표면적으로 전개되지 못하고 만 것은 조선의 특수사정이 가장 웅변적으로 증명하는 바이다.

일원적 이론을 파악한 무산계급문예운동자로서는 이상 문제에 당면하여 프로문예로서의 어떻게 방향전환을 해야할 것을 구명하지 않으면 아니 될 필연적 과정에 이르렀다. 먼저 무산문예로서의 방향 전환을 해야만 할 것이냐가 문제되는 것이 아니라 어떻게 방향전환을 할 것인가가 문제인 이상 정치이론의 기계적 야합이론의 공식적 적용 등을 피하기 위하여 무산계급 문예이론을 확립해야 할 현시기에 직면하였다. 그래 현발전단계에 대한 비판, 분석, 구명(究明) 등으로 상호비판에 의하여 프로문예이론의 확립이 우리 무산문예운동자로서의 당면한 임무이다. 다시 말하면 선전, 선동을 여하한 방식과 여하한 내용으로 어떻게 해야만 가능할 지 이에 대한 구명이 제일 필요하다.

그런데 이에 관한 상호 비판적 이론투쟁이 전개되기 전에 '따따?' 대 '볼셰비키'의 논전인지, '아나?' 대 '볼셰비키'의 이론투쟁인지 여하한 상대편의 정체가 미상(未詳)하고 태도가 애매모호한 자와 무용(無用)의 논전을 재삼 반복한다는 것은 우리의 취할 바가 아니지마는 한쪽의 논조가 순전한 도전적 태도로 좌익진영을 혼란케 하는 데에는 그대로 묵과할 수 없다.

『현대평론』6월호에 게재된 김화산군의 「뇌동성 문예론의 극복」이란, 조중곤군과 나에 대한 반박론이 우리 진영 내에 여하한 영향을 끼쳐 주었는가? 과연 우리가 뇌동성 문예론자로 군의 지적한 이론에 의하여 극복되지 아니치 못하고 결국 무산계급 문예운동을 양기(揚棄)하고 말는지 태도 불선명한 군이 도리어 나의 표명한 이론에 피극복자가 될는지? 이 아래에 군의 박문(駁文)을 분석 검토하는 데 따라 명백히 해결될 것이다.

또한 나의 태도가 과연 소부르조아지의 소시민성을 파악하고 있는지 자칭 맑스주의인 내가 군의 비과학적이요, 아무 근거 없는 이론에 의하여 좌익전선에서 배제를 당하고 의식적으로 반동행위를 감행하는지? 그렇지 않고 사이비적 '아나요', 영웅주의자(비과학적, 비합리적 해석 하에 뇌동성 운운한 이유)의 태도를 파악한 군이 도리어 부르조아의 정체가 여지없이 폭로되어 군이 배격하고자 하던 우리에게 도리어 배격을 당하거나 또한 진정한 맑스주의에 극복될 지?

이것도 내가 이 아래에 군의 박문(駁文)을 부분 부분 분석, 검토, 구명하는데 따라 합리적 해결을 인식할 수 있을 것이다.

「계급예술론의 신 전개」(『조선문단』. 3월호)와 「뇌동성 문예론의 극복」, 이 두 논문을 읽은 사람으로는 누구나 그 내용에 있어서 아나키즘 이론을 해독치 못하였을 것이다. 더구나 후자에 있어서 아나의 이론이 극히 빈약한 것만은 숨길 수 없는 사실이다.

또한 군이 진정한 '아나'라면 그런 도전적 태도에 겨운 비명에 가까운 탈선적 논조로 이론을 전개할 것이 아니라 한 걸음 더 나아가 냉정한 두뇌와 침착한 태도로 아나키스트가 파악하고 있는 예술론—예술관—을 구체적으로 표명할 것이 아닌가 한다. 그래 군이 파악하고 있는 정당한 '아나'이론 —합리적, 합법적—으로써 우리 이론의 구성적 결함을 검토한 후 맑스주의 이론을 극복할 것이 아닌가 생각한다.

그러나 군은 '아나'의 이론으로 우리들을 극복시키려 하지 않고 도리어 맑스주의이론으로 우리를 극복시키려고 한 불순한 의도가 나변(那邊)에 재(在)한 지 누구나 의문일 것이다. 그래 우리가 파악하고 있는 이론을 차용(借用)하기 위하여 우리의 태도와 사상 등을 반박문 하나로써 경솔히 결정적 태도를 취하여 소부르조아지니 자칭 맑스주의자니 하는 비과학적 폭언망론을 거리낌 없이 토하였다.

이와 같은 사실이 무엇을 의미하는 것이냐? 군의 '아나'에 대한 이론은 전후를 통하여 빈약하고, 우리를 극복시키려는 데에도 제2기적 비약이니 방향전환 —정치를 부정하고 자유연합의 사회를 몽상하는 '아나'의 용어는 아니다— 맑스주의 이론으로 소위 뇌동성 문예론자를 극복시키려고 노력한 것만 보더라도 첫째로는 빈약하던 '아나'의 이론이 근본적으로 파탄(破綻)되고, 둘째로는 오히려 맑스주의의 극복된 것을 군 자신이 폭로하고 만 것이다.

'따따'에서 '아나'로, '아나'에서 '맑스주의' 이론에 극복된 김화산군을 우리 진영 내에 영접함, 맑스주의자로……. 그러나 진정한 맑스주의자인가 아닌가는 상호 비판적 이론투쟁을 어느 시기까지 계속하지 않으면 모를 일이다.

■ ● 2 ● ■

이상 논의한 것은 김군의 논문 중 (1)만을 지적해서 분석, 검토, 구명하였으나 다음은 (3)의 부분 부분을 엄정한 견지에서 철저한 비판을 가하여 김군의 본질적 오류와 무산계급문예에 대한 시행착오 등을 합리적으로 표명하여 군을 완전히 극복하고자 한다.

처음에는 (2)도 논평코자 하였으나 지면관계와 시일문제로 논급하지 못하게 된 것은 유감이다. 그러나 (2)만은 순전히 조군(趙君)에 대한 반박문이기 때문에 내가 논평치 않더라도 조군의 구체적 박론(駁論)이 어느 곳에든지 발표되어 직접 김군과 논전할 것을 믿고 나에 대한 (3)만을 검토하기를 하였다.

(1) "××전기에 있어 프롤레타리아문예운동은 ××을 촉진하는데 한 도움이 된다면 거기에 만족한다." "투쟁기에 재한 프로문예의 본질이란 선전적 선동의 임무를 다하면 그만이다."

이와 같은 나의 파악하고 있는 바의 이론이 프로문예에 대한 비본질적이요, 소시민성의 문예이론인지 아닌지를 프로문예운동 자체를 위하여 한 번 검토할 필요가 있다.

무산계급예술 ─무산계급문화의 일부분─이 성립될 수 없다고 트로츠키는 열렬히 주장하였다. 그 이유는 무산계급 존재의 과도기의 시일이 짧은 관계상 무산계급 독특의 예술이 성립할 수 없다고 역설한 것이다.

이에 대하여 마이스키는 아래와 같은 반박을 하였다.

자본주의사회에서 사회주의로의 성립과정이 결코 단시일이 아니다. 프롤레타리아의 독재의 과정을 밟는 노동 러시아에서도 농민문제, 대외 문제가 있고 또한 전 세계가 일시에 투쟁을 시작하는 게 아니라 장소와 시일을 따라 나라와 나라가 동일하지 않을 것이다. 그래 무산계급과정이 반세기 내지 일세기 이상 존재할 것이다. 여기에 무산계급예술이 성립할 수 있다.

트로츠키는 또 말하기를 "무산계급이 한 개의 계급으로 존재하는 과도기가 비교적 짧은 것은 사실이다. 이 짧은 사이에 계급투쟁을 위하여 격렬히 싸울 필요가 있을 뿐이다. 신문화 건설 보다가 구시대에 종사하지 않으면 아니 되기 때문에 도저히 자기계급의 문화를 건설할 수 없을 것이다."

과연 마이스키의 주장대로 무산계급문예가 성립할 수 있다면 전기 이론과 후기이론이 상이할 것이다. 여기에 나의 이론이 비본질적이라고 하면 그야말로 무산계급 문예운동의 본질적 이론을 모르는 사람들의 말이다.

현하 우리 앞에 가로놓인 문제는 어떻게 선전 선동할 것인가, 문예로서의 여하히 방향전환을 할 것인가가 존재할 뿐이다. 이에 대하여 김군은 아래와 같이 반박을 하였다. "……경제조직의 상부구조란 말을 여하히 해석하는가?" 먼저 내가 대답하기 전에 군의 해석한 바를 지적해서 군이 파악하고 있는 바의 부르주아 사상을 폭로하기로 하자.

군이 해석한 바에 의하면 "사회조직을 토양이라 하면 예술은 기상(其上)에 생장하는 초(草)이다."

변혁의 필요를 전제로 하는 사회조직상에 예술품이 화초가 될 수 있을까? 만약 있다고 하면 순전한 부르주아 두뇌에서만 발견할 수 있는 것이다.

부르주아의 대변자 김화산군이여! 나의 상부구조에 대한 해석을 들으라.

우리는 사회를 어떻게 해석하려는 것이 목적이 아니다. 맑스주의 방법론에 의하여 세계를 변혁하려는 데에 궁극 목적이 존재한 것이다. 그래 우리는 그 시일단축에 노력하는 의식적 전위분자이다.

상부구조와 경제적 하층구조는 상호간 유기적 관계가 분리치 못할만치 긴절하다는 것을 군도 지적한 바이지마는 이러한 관계상 하층구조가 동요되는 시기에 상부구조만이 현상유지를 못할 것은 명확한 사실이다.

여기에 대하여 우리는 의식적 행동을 취하는 것이다. 상부구조에 속하는 문예가 하층구조변혁에 적극적 참가로 문예로서의 변혁기의 임무를 다하는 것이다.

이것이 곧 무산계급문예운동이다. 예술품이 화초로서의 사회조직상에 임할 시기는 우리가 동경하는 이상사회에 도달하지 않으면 불가능한 것이다. 이것이 가능하다고 믿는 사람은 부르조아 이데올로기에 지배를 받는 그야말로 예술지상주의이다.

투쟁기의 예술은 나팔이요, 예술가의 코커스라고 할 수 있을지언정 도저히 프로예술을 화초로는 간과할 수 없다.

또한 군의 논문 중 아래와 같은 논조가 여하한 태도를 폭로하였는가?

"이제 사회를 토대로 삼는 예술이 사회변혁의 일 분야로서의 예술혁명의 임무를 다하지 않고……" 운운한 것은 군의 이론이 이원성 내지 다원성을 파악하고 있다는 것을 반증하는 것이다. 그러면 이원론적 이론을 파악하고 있는 군이 정치투쟁, 경제투쟁, 문예운동 등을 분리하지 말라고 주장한 것은 무엇을 의미하는 것이냐? 여기에 군의 이론적 파탄이 폭로되고야 만 것이다.

또한 예술××을 사회××의 일 분야로 취급한다는 것은 군 자신의 무식과 인식착오를 표명하고야만 것이다. 군의 논조대로 사회××을 떠나서 예술혁명이 가능할 것이냐? 설령 예술××만이 가능하다손 치더라도 사회××에 근거를 두지 않은 예술××이 무슨 의의가 있다고 생각하는가? 군은 이 점을 내내 주장한다면 부르주아사회에서 기생충의 생활을 영위하는 예술지상주의자와 다를 것이 없다. 프롤레타리아문예운동이란 예술만을 혁명하기 위하여 존재한 것이 아니라 사회운동의 일 분야로의 존재적 의의와 가치가 있는 것이다.

(2) ××전기의 프로문예란 예술적 요소를 구비치 못한 비예술품이라 해도 좋고 계급해방을 촉진하는 한낱 수단에 불과해도 좋고 다만 역사

적 필연으로 전개되는 해방운동의 임무만을 다하면 그만이다.

이것은 내가 파악하고 있는 바의 프롤레타리아 예술이론이다.

프롤레타리아예술이란 일개의 문제를 우리가 앞에 놓고 생각할 때에 우리가 망각해서는 안 되는 것은 예술이란 기본관념이다. 프로예술도 결국은 예술에 관한 문제이기 때문이다. 예술이란 즉 다른 문화관념과 구별되는 어떠한 특수관념을 떠나서 우리는 프로예술을 고찰할수 없기 때문이다. 문제의 핵심은 '사회××'에 있는 게 아니라 '예술' 그 자신에 있는 것이다. 적어도 예술 그 분야에 있어서 예술 —그것이 최대 관심사인 것이다.

이것이 김군이 파악하고 있는 바의 프롤레타리아예술이론이다.

여기에 상대적 이론에 대한 검토가 비롯된다. 나의 이론이 프롤레타리아문예운동 자체에 대하여 비본질적 오류를 범한 과연 비상식적 폭언을 토한 것인지? 김군의 이론이 과연 정확한 프로문예이론에 해당한 것이지?

나는 두 이론에 대하여 객관적 분석을 시작하겠다.

××전기의 프로문예가 계급해방의 임무를 다할 수 있고 또한 그 기능을 완전히 발휘할 가능성이 있는가? 계급투쟁이 근절되기 전에는 예술은 계급투쟁의 일익이 되지 않으면 아니 되겠다는 것은 내가 말하지 않더라도 이미 객관적 정세가 표명하고 있는 바이다. 그러면 프로예술이 계급투쟁 일익으로서의 사명을 다하려면 긴요한 문제는 예술자체에 있는 게 아니라 계급×× —계급××에 있을 것이다. 그래 계급투쟁을 위한 예술을 제삼자의 눈으로 보아 예술적 요소를 구비치 못한 비예술품이라 해도 좋다는 말은 일반 프롤레타리아문예운동자의 의식적

용어일 것이다. 이에 반대자가 있다면 그는 틀림없이 초계급론자이요,
순수한 예술의 특수성을 주장하는 예술지상주의자이다.

김군이 지적한 바의 청야(靑野)의 평론 중 "……문학적 약속을 무시
하라고는 하지 않았다."하는 문학적 약속이라 하는 말은 순수예술 ―
곧 사회×을 내용으로 하지 않겠다는 말은 아니겠지? 또한 김군이 주장
하는 바와 같이 "문제의 핵심의 사회××에 있는 것이 아니라 예술 그
자신에 있는 것이다."라고 한 우리의 가장 중요한 계급××을 망각한 말
은 아니겠지? 만약 청야(靑野)의 문학적 약속이란 말이 김군의 주장한
이론과 합치되어 그것을 의미한 것이라면 청야(靑野)란 사람이야말로
비맑스주의자요, 부르의 문예평론가일 것이다. 그러나 청야의 논점은
군의 이론과 배치되었다.

김군은 또한 나와 박영희 양인을 비맑스주의자로 몰기 위하여 곡일
(谷一)의 평론을 아래와 같이 인용하였다.

아등은 물론 감정의 사회화를 예술의 특수성을 망각한 것은 아니다.
프로문예운동이 부르의식에 대한 투쟁 즉 전 사회관계에까지 넓혀진
계급투쟁의 일익이라는 데만 의미가 있다는 것이 아니다.

김군은 이상의 것만 지적할 줄 알았지 내가 이 아래에 전개시키려는
부분은 어째서 지적하지 않았는 지 모르겠다. 물론 김군으로서는 군이
주장하는 바의 이론을 유력하게 하기 위한 편견의 태도이겠지? ……
그러나 김군은 이 점에서 자기 자신의 약점을 폭로하고 말았다.

프로문예운동이 대중의 ××주의적 정치투쟁의 현발전 단계에 노력하
지 않고 전혀 예술권 내에서만 편견, 고집, 자기도취에 빠지고 만다면

아등은 그들의 프로문예운동 당면의 임무를 해석치 못한 자로 인증하고 그들의 오류를 바로 잡지 않으면 아니 되겠다.

곡일(谷一)의 이 논문은 무엇을 의미한 것이냐? 계급투쟁이 지양되지 않은 현재에 있어서 예술은 계급××운동에 적극적으로 참가하지 않으면 아니 되겠다는 말이 이에 프롤레타리아 문예운동이 의의 있게 진전되는 것이다.

군의 이른바 '프로예술도 결국은 예술에 관계한 문제이기 때문에 예술이란 기본관념을 망각하여서는 안 된다'는 것은 내가 이상 구명한 바에 의하여 극복되었는 지 아니 되었는 지 이상 검토함에 따라 명확히 증명될 것이다.

과연 예술이란 —즉 다른 문화관념과 구별되는 어떠한 특수한 관념을 떠나서 우리는 프로예술을 고찰할 수 있을까? 물론 충분히 고찰할 수 있다.

특수관념이란 근본적으로 변혁되지 않으면 아니 될 비상시기에 모든 관념이 동요되지 않을 리 없다. 이에 따라 새로운 문화가 수립되리라고 —김군도 지적한 바이지만 프로문예운동의 본질적 요소는 계급××운동에 대하여 방관적 태도를 취하는 게 아니라 직접 참가한다는 데에 상위점(相違點)을 발견할 수 있다.

김군의 해석하는 바와 같이 —예술이 최대 관심사요, 문제의 핵심은 '사회××'에 있는 것이 아니라 '예술' 그 자신에 있는 것인지 또한 프로예술이 사회××의 선전, 선동적 기능을 발휘하지 못할는지 또한 프로문예로서의 선전, 선동이 대금물(大禁物)인지 나는 이에 대하여 한 말로써 단언한다. —우리는 현사회를 어떻게 해석하려는 게 목적이 아니라 하루 바삐 변혁하려는 게 가장 긴요한 목적이기 때문에 예술분야에 있어서 무산계급운동 일익의 임무를 다하고자 한다. 나는 거듭 말한다. 문제와 핵심은 예술에 존재한 것이 아니라 사회×× 자신에 함유하여 있다. 이러한 의미하에 예술이 제 이의적(二意的)이지 절대로 사회×× 이 제이의적(二意的)은 아니다.

김군은 또 아래와 같은 말로 우리를 비난하였다.

피등(彼等)은 프로예술은 예술적 요소를 구비치 않아도 성립할 수 있다고 말한다. 과연 이렇게 예술적 요소를 구비치 못한 예술이란 것이 존재할 수 있을까?

우리가 해석하는 바에 예술적 요소와 김군이 해석하는 바의 예술적 요소는 근본적으로 다르다. 김군에 의한 것은 예술을 위한 예술의 순수예술적 요소요, 우리에 의한 것은 ××주의적 목적의식 곧 계급적 사실 내지 계급적 행동들을 내용으로 한 다만 예술적 형식만을 차용하는 것뿐이다. 우리의 표현은 예술적 요소를 위한 표현이 아니다. 계급적 해석에 의한 모든 사실, 행동 등을 주관적으로 표현하는 게 중요한 점이다. 그래 우리는 역사적 과정을 가장 합법적, 합리적으로 과정하기 위하여 당의 이론도 그대로 좇으려 하는 것이다.

"원래 피등(彼等)이 '선동적 임무'니 '사회××의 수단'……이니 하는 것은 결국 그네의 부화뇌동성(附和雷同性)의 발작에 불과하니까"

이 점을 볼 것 같으면 군이 지적한 바의 부화뇌동성이란 말도 믿을 만한 말이 못되는 동시에 군 자신에 골계(滑稽)를 연출하였을 뿐이다.

(3) '소부르주아니', '가장(假裝) 맑스주의자니', '소시민성이니'하는 비과학적 언사에는 나로서 구태여 대답하고자 하지 않는다. 그 이유로 는 두 가지가 있다. 첫째는, 제삼자의 엄정한 비판 세밀한 해석에 맡기

는 것이고, 둘째는, 내 자신이 이 앞으로 여하한 태도를 취하는가에 의하여 정확히 표명될 것이다. 그러나 일개의 프롤레타리아가 되라고 한 말은 무엇을 의미하는 말인지 전혀 모르겠다. 유산자로서 무산자가 되라는 말인지 부르주아 의식을 버리고 프롤레타리아 의식을 파악하라는 말인지 그 정체를 모를 말이다.

결국 프롤레타리아계급 일원으로의 사명을 충실히 하라기 위하여 한 말을 한 것이다. 그러면 프롤레타리아계급 일원으로의 사명을 어떻게 충실히 하라는 말인가? 이에 대한 과학적 구명도 없이 비상식적 우론(愚論)을 토한 것은 부르주아의 태도이거나 근거 박약한 '가(假)아나'의 착각적 언사임에 틀림없다.

"우리는 일개의 예술가, 철학가, 과학자, 교육가, 정치가가 되기 전에 먼저 일개 프롤레타리아가 되어야 한다." 그러면 일개 프롤레타리아가 된 후에는 어떻게 해야만 할 것인가? 나는 언명한다. 자기 계급을 완전히 해방하기 위하여 역사적 필연의 과정을 단축하기 위하여 프로경제학자, 프로정치가, 프로예술가가 되는 것이다.

이와 같이 혁명전기(革命前期)에는 의식투쟁, 관념투쟁, 이론투쟁 등이 좌익진영내에 전개되는 것이다. 그러나 이론이 행동화되는 혁명기에 당면하여서는 프로계급이 총동원이다. 이에 프로예술가로서 참전한다는 말이 소부르주아의 언사일까? 아니다. 이것을 정(定)하고 소부르주아라고 단정하는 사람이야말로 진정한 부르주아인 것이다.

여기에서 김군의 정체는 여지없이 폭로되었다. 부르주아인 김화산군으로……

(4) "프롤레타리아문예도 어느 시기에 이르러서는 필연적으로 소멸—해체는 소멸의 오기(誤記)—되고야말 운명을 프로문예 자체가 함유하고 있다." 이 말이 과연 김군이 지적한 바와 같이 나의 무지와 저능을

폭로하고 말았다는 것이 합리적 사실일까?

자본주의 사회의 상부구조인 모든 부르주아문화가 소멸될 것인가?
"절대로 소멸되지 않는다." —이 말은 부르주아 이데올로기를 파악하고
있는, 역사적 필연을 모르고 자기계급 옹호에만 몰두하는 자의 말이다.

그러면 계급적 해석에 의하여 부르조아문화는 결국 소멸되고 만다.
동일한 이론 하에 프롤레타리아문화도 프로계급이 해체됨을 따라 필
연적으로 소멸을 면치 못할 것이다. 이 점을 부정하는 사람도 역시 계
급적 이론을 모르는 그야말로 부르주아이다.

(5) "프롤레타리아문예운동이란 그 시기, 그 시기 ××전기(반항, 선동,
선전)로, ××기(전투, 파괴)로, ××후(정리, 건설)에 역사적 필연임무를 충
실히 하면 그만이다." 이와 같은 나의 말에 대하여 김군은 "문예는 혁
명전기, 혁명 후에 의하여 그 역사적 필연의 임무를 다하는 것이 아니
라 문예는 그 시기 그 시기의 역사적 필연의 전개에 의하여 그 형태를
교환하는 것이다. 또 예술가는 그 시기 시기의 특수한 임무를 행하여
야 한다는 그러한 공식적, 괴뢰적, 기계적 존재가 아니다."

과연 김군의 이론대로 문예는 그 시기 시기의 역사적 필연의 전개에
의하여 아니 추수적(追隨的) 태도로 변천되기를 기다려서 그 형태를 교
환하기만 한다면 의식적으로 프롤레타리아문예운동이 불필요할 것이
아닐까? 사실 불필요하다면 제일 부르주아작가의 대두로 부르예술에
마취되는 대중 —다수의 무의식 분자—을 여하히 조처하여 프로문예
로서의 전무산계급적 정치투쟁의 일 구성분자로 일익의 임무를 다한
다는 말은 결국 무의미한 이론에 귀착되고 말 것이다.

그러나 사회변혁기에 처한 프롤레타리아문예가 문예를 위한 문예라
든지 그 형태만을 앉아서 교환되기를 고대하지 않고 한걸음 더 나아가
무산계급운동에 적극적 참가로 일익적 임무를 다하기에 노력할 것이

다. 이것이 진정한 프롤레타리아문예운동인 것이다.

우리가 이렇게 말하면 김군은 또 가장 극좌당을 대표하는 듯이 이러한 비상적(非常的) 폭언을 토한다고 그야말로 비상식적 부르주아의 해석을 두려울 줄 모르고 감행할 것이다. 그러나 여기에 대한 정확한 비판은 제삼자의 엄정한 이론투쟁에 있는 것이다.

■● 3 ●■

제한초과다. 이제부터 간단히 결론으로 들어가자. 과연 조선에는 프로문사가 너무나 많다. 사실 너무나 많은 것이 아니라 진부(眞否)를 판단할 수 없다는 말이다. 김군이 뇌동성 문예론의 극복을 주장하는 데에는 나도 동감이다. 나부터라도 뇌동성 문예론자이면 정당한 이론에는 여지없이 극복을 면치 못한 것이요, 뇌동성 문예론의 극복을 주창한 김군 자신도 극복되고야 말 것이다. 이러한 사실, 이러한 이유 하에서 상호비판에 의한 이론확립을 열렬히 주장하는 바이다.

김군이 최후에 토한 바 망론에 의하면 "프로문예를 진정한 무산 계급적 정신하에 집중하는 것이 현하(現下) 최대의 급무이다."

그러한 막연한 무산계급적 정신하에 집중하는 것이 최대급무가 아니라 과학적, 변증법적 해석에 의한 이론적 전개가 가일층 최대 급무이다.

나는 마지막으로 비본질적 이론을 극복하기 위하여 상호비판기(相互批判期)를 의의 있게 맞자고 동지들에게 제언한다.

1927.6.9

『조선일보』, 1927년 6월 15-6월 20일

생활, 의식, 동지
- 최근의 단상

　나는 여기에 비록 짤막한 글이나마 내 개인의 생활 관념을 쓰고 싶지 않다. 쓴다고 해도 실직자의 신신치 않고 짜증만 나는 무기력한 하소연뿐일 것이다. 날마다 줄어드는 살림살이의 빈궁타령 뿐일 것이니 이것이 무슨 우리가 생각하는 일에 도움이 될 것이냐?

　나는 우리들의 빼앗긴 생활을 도로 찾기 위하여 오직 씩씩하게 싸워 나갈 뿐이다. 안으로 이 세상과 싸우기 위하여 세 때의 밥을 얻어먹으려고 싸우며 밖으로는 우리가 열망하는 ○○○이상적 사회를 하루라도 더 속히 앞으로 당기기 위하여 가장 합리적 합법적으로 투쟁하여 나갈 뿐이다.

　이것이 오로지 나의 전적 생활이다. 나는 내 개인의 생활을 위하여 생활하고 싶지는 않다. 그래서 내 자신이 룸펜이 되는 날까지 프롤레타리아 생활의지와 합류하여 생활하련다. 나 한 사람의 임무를 다하기 위하여…. 그런데 현 단계에 있어서 프롤레타리아 생활의지란 두말할 것 없이 정치투쟁 의지인 것은 물론이다. 생활! 나의 생활은 오직 이 길 하나만을 밟아나갈 뿐이요 이 몸뚱이를 살려나가도록 애쓸 뿐이다.

나는 때때로 나의 의지를 저울(질)해본다. 그러나 짓눌린 놈의 의식이 되어 그런지 점점 무거워갈 뿐이다. 다시 말하면 심화(深化)된다는 말이다. 그러면 나 한 사람이 짓눌린 생활을 계속하지 않는 다음에야 이 땅덩어리 안에서 같은 처지와 같은 환경에 지배를 받는 모든 사람이 어찌 의식적으로 의식이 심화되지 않을 것이 목적의식인 것은 물론이다.(Sic.)

우리-프롤레타리아 예술운동자-가 파악하고 있는 바의 의식이란 반듯이 프롤레타리아 생활의지와 합류해야만 한다. 그렇다면 과연 나의 의식이 프로 생활의지와 합류되어 나가는가? 이것은 나의 이론, 나의 작품, 나의 행동 등이 증명하겠지마는 또한 옆으로는 때때로 나의 의식이 혹시 엷어지지나 아니하나 반동적으로 무의식적으로 휩쓸려가지 아니하나 개인의 이해로 계급행동을 잊어버리는 것 같은 순전한 개인 행동에 편중하지나 아니하나, 이것을 살피는 동시에 내 자신을 ○○하여 나갈 뿐이다.

동지여!

나는 동지가 무한히 그립다. 먼 곳으로 떠나보낸 동지도 그립고 철창 안에 영어의 몸이 된 동지도 그립기는 그립지마는 아직까지 만나보지 못한 수많은 동지들이 더한층 그립기 짝이 없다.

동지여!

미지의 수많은 동지여! 그대들은 그리운 동지의 얼굴을 서로 만나보지 않으려는가?

우리의 작업을 강대하게 만들지 않으려는가? 동지들의 개인의 힘도 크기는 크지마는 한데 뭉치고 뭉치는 곳에서 일층 더 커다란 힘이 생기는 줄은 우리가 벌써 명확히 아는 사실이 아닌가?

동지여!

그리운 얼굴을 서로 만나기 위하여 우리의 힘을 가일층 확대키 위하여 같은 진영내로….

『조선일보』, 1927년 9월 28일

최근 문예 잡감 (기 1)

작품 행동 ·········

우리는 최근에 이르러 작품 행동이란 말을 자주 하게 되고, 자주 쓰게 되었다. 그러면 과연 작품이 한낱 행동으로 인증될 것인가? 또한 인증된다면 그 이유와 조건이 어디 있는가를 간단히 구명하여 보겠다. 문예 작품을 한 개의 행동으로 인식할 수 있는가? 물론 우리로서는 한 개의 작품을 한 개의 행동으로 인증할 뿐만 아니라 작품의 행동화를 의식적으로 주장하기 때문에 문제는 오직 간단하여질 뿐이다. 다만 나머지 문제는 어떠한 이유와 어떠한 조건이 작품으로써 행동화를 주장하게 되고, 작품 행동으로 인증받게 되더라도 비합법적, 비합리적, 비과학적이 아니라는 것을 구체적으로 논평하여 보겠다.

우리는 벌써부터 무산계급 문예와, 무산계급 문예운동을 명확히 구별하여 왔다. 무산자의 문예! 프롤레타리아의 예술! 이 말은 막연한 경지에서 무산계급을 위한 문예(아나키즘 상띠칼리즘 등)라든가 노동자의 생활을 주제로 한 문예라든가, 또한 무산 계급에게 예술을 위한 예술

품으로서 감상시키기 위한 문예품이라든가, 또한 자연 발생기에 속한
문예품(빈궁 문예, 비조직적 반항 문예, 개인 행동적 ××문예 등등)은 초기
에 있어서 무산계급 문예라고는 인정할 수 있으되 절대로 무산계급 문
예운동은 아니었다고 볼 수밖에 없다. 그러면 무산계급 문예운동은 어
떠한 조직 형태로 진출되었는가? 또한 진전되어 나가는가? 무산계급
문예운동이 과연 운동다운 운동으로 형태를 갖추게 되기는 문예 영역
에 있어서 목적 의식성을 고조한 때부터 비로소 완전한 운동 형태로
진출하였다고 볼 수밖에 없다. 그러면 목적 의식성을 운위하기 전에는
문예운동이 없었던가. 아니다. 있기는 이었으나 엄정한 의미에 있어서
완전한 문예운동이 아니었던 것은 사실이다. 질적으로 운동다운 운동
의 조직 형태를 구비하지 못하였던 관계상 우리는 목적 의식기 이후의
운동을 진정한 의미에 있어서 문예운동이라 하고 또한 무산계급 문예
와 무산계급 문예운동의 구별을 하고자 한다.

그러면 목적 의식기에 당면한 과연 운동다운 운동이라 할 만한 문예
운동은 어떠하였는가? 또한 어떻게 진전되어 나가는가?

문예 영역에 있어서 맑스주의적 방법론 인식하에 조직적으로 지도
이론의 확립을 힘써 왔다. 문예로서의 목적 의식성을 고조하게 되었다.
이 까닭에 진정한 의미에 있어서 무산계급 문예운동이 ×××××××××
× 내에 일익의 지위에 처하게 되는 것이다. 또한 문예운동으로써도 효
과가 크든 작든 간에 ××××의 임무를 수행하려고 의식적으로 노력한
다. 또한 예술 운동 내부의 모든 활동이 같은 ×××지(志) 하에 움직여
나가기 때문에 객관적 정세가 훌륭히 문예 운동으로 하여금 전체성을
통한 부분 행동으로 인정받게 하는 것이다. 여기에 문예운동이 질적
전환을 한 이후로는 무산계급 운동의 일익적 행동으로 진출하게 되었
고 또한 일반이 인증하게까지 되었다.

프롤레타리아 문예운동이 무산계급 운동의 일익적 임무를 다할 수 있게 되었고 또한 전체성을 통한 부분적 행동을 능히 담당할 수 있다는 이유는 어디 있는가?

문예가 문예로서 이에만 그치지 않고—문예운동이 문예 영역에만 국한되지 않고—한 걸음 더 나아가 현 단계(×××××)의 과정을 과정하고 있는 프롤레타리아 생활의지(×××)와 합류되어 진전되기 때문에 일익적 임무, 부분적 행동으로 거리낌 없이 인정되게 되는 것이다.

여기까지의 이론 전개를 종합하여 본다면 내가 위에서 말한 바 작품이 한 개의 행동으로 인정 될 것인가 아닌가의 문제는 간단하게 결과를 맺을 것이다. 절대적으로라도 조직적 행동화를 잊어서는 무산계급 문예운동의 본질을 망각하는 비합리적 비합법적 행위로 간파하지 않을 수 없다. 이 까닭에 문예 운동이 무산 계급 운동에 있어서 일익적 임무의 기능을 완전히 발휘할 수 있으려면 다만 ××××× 이론 전개하에 행동화를 보게 되지 않으면 안 된다. 이 곳에 문예 운동의 전체성적 부분 운동으로서의 진정한 의의가 존재하여 있는 것이다.

그러면 문예운동 부문 내에 작품이란 어떠한 지위에 있는가? ×××론(論)으로서의 문예이론이 있고 그 이론에 의하여 작품을 쓰게 되는 것이다. 문예운동에 있어서 작품이란 한 개의 중요한 부분이기 때문에 문예운동내의 모든 활동이 현단계에 이르러 모조리 행동으로 인정하게 되었다면 물론 한 개의 작품도 훌륭한 행동으로 간주할 수 있을 것이다.

이 까닭에 우리 진영 내에서는 최근에 이르러 작품 행동이란 말을 자주 쓰게 된 것이다.

단문의 태도 ....

나는 때때로 잡지사에 있는 동지에게서나 신문사에 있는 동지에게서 아래와 같은 주문을 받게 되는 일이 있다.

"이번 호에 감상문이나 수필 같은 것 하나 써 주시오."

나는 이러한 경우를 당할 때마다 의례히

"감상문이나 수필이요?…"하고 주저하기를 마지않는다. 그 이유는 잡문이나 수필이나 감상문 같은 것이 창작(소설)이나 평론보다 어려운 까닭이다.

사실 나로서는 한 개의 소설이나 문예이론 투쟁에 한 도움이 되는 평론보다도 잡문이나 수필 같은 것이 더 한층 어렵게 생각된다. 이삼백 페이지 내외의 양으로 되는 평론보다 수필이나 잡문 같은 것이 양으로 적다고 소홀히 생각하다가 혹시 무책임한 소리나 하지 않을까 하는 두려움이 앞서는 까닭에 창작이나 평론 이외에는 주저하기를 마지않게 되는 것이다.

나는 간혹 동지가 쓴 잡문이나 수필 같은 단문 중에서 무책임한 소리와 탈선되는 논조와 배격 당할 만한 내용의 글을 발견하게 된다. 그럼에 따라 우리는 그 글의 양이 비록 적으나 질적으로 다대한 영향이 있을 것을 생각하고 같은 진영내의 통일을 위하여 그들의 오류를 지적해서 이면적으로는 서로 만나 격렬히 논쟁하여 왔다. 그러나 그 방법이 옳은 방법은 아니었다. 우리의 주의자의 가까운 행동은 아니었다. 맑스주의자는 한 개의 오류를 발견하는 때에는 반드시 표면적으로 공공연하게 이론투쟁을 전개하게 된다. 그럼에도 불구하고 소극적 행동을 취하게 된 이유는 두 가지가 있다. 하나는 구체적 글이 아닌 단문이라는 데 있고, 또 하나는 수필이나 잡문 한 개로써 같은 진영 내에 혼란을 일으킬 필요가 없다는 데에 내면적으로만 서로 주의하여 왔다.

그러면 우리로서는 내내 이러한 태도를 취할 것인가, 절대로 그런 비과학적 태도를 취하여서는 안 된다. 한 개의 수필, 한 개의 잡문이라도 근본적 오류가 있는 때에는 적극적으로 지적 구명하여서 비본질적 오류를 발표하여 바로 잡지 않으면 안 된다. 이래야 한 개의 잡문과 수필이라도 무책임하도록 쓰지 않게 되고 개인주의에 흐르지 않는 글을 쓰게 될 것이다.

일인 일문 ·········

『조선일보』에 연일 계속해서 기재되는 「일인일문」중 김동환의 「명문장」이란 제목하에 발표된 글은 우리로서는 그대로 묵과할 수 없는 착각적 내용이므로 한 번 검토할 필요를 느끼고 이 붓을 들게 되는 것이다.

먼저 김동환에게 묻노니 당신의 생각하는 바의 명문장이란 어떠한 것을 지적해서 운위하는 것이며 또한 명문장의 표준이 나변에 재한 지 알고 싶다. 나는 그 글을 한숨에 읽고 나서는 그의 두뇌를 의심하지 아니치 못하게 되었다. 그 글의 내용이 또한 명문장이 되어 소위 명문장을 감상할 줄 모르는 사람이 그 글-과연 명문장?-을 읽어서 그랬는 지는 모르지마는 나로서는 김동환의 두뇌의 혼란을 반증한 것이라고 밖에 더 호의로 해석할 수 없다.

나는 지금부터 그 글의 내용을 부분 부분 지적 검토하여 그의 혼란된 두뇌를 바로잡고자 한다.

"…이광수씨의 문장에는 역시 세론(世論)은 있으나 「민족 개조론」과 「인생 향기」가 제일 명문이었다. 안광천씨의 「정우회(正友會) 해체 선언」도 고귀한 문헌이자 조리정연한 명문장이다."

김동환의 이와 같은 논조는 무엇을 의미하는 것인가? 내용은 어찌되었든지 간에 표현하는 문장만이 명문장될 만한 요소를 구비한다면 명문장으로 인증하고 뿐만 아니라 명문장이라고 추천하여 선전까지 하는가 보다.

그러나 그가 추천한 바의 「민족 개조론」도 명문장이요, 「정우회 해체 선언」도 명문장이란 말은 결국 그의 무절조를 일반에게 표시하고만 것뿐이다. 과연 절조 있는 사람이라면 춘원의 「민족 개조론」이 명문장이라고 인증하게 되는 때에 「정우회 해체 선언」은 반드시 비명문장으로 여길 것이요, 「정우회 해체 선언」을 명문장이라고 생각하는 사람은 자연히 「민족 개조론」을 비명문장으로 볼 것이다.

정확한 이데올로기를 파악한 사람이라면 배치되는 내용의 두 가지 글을 다 각각 명문장으로 보지 않을 것이다. 비록 표현의 기교가 울리고 감격하게 되고 의분을 일으킬 만한 충분한 요소를 구비하였다고 하더라도 어느 편으로든지 의식 있는 사람이라면 서로가 반동적 내용의 글에는 아무리 충분한 요소가 있어도 그 요소의 힘을 상실하게 된다.

김동환의 입을 빌어 문장은 과연 명문장이나 내용이 우리가 요구하지 않는, 썩어진 내용이라면 명문장의 의의라든가 가치 등이 무엇에 필요하고 무슨 소용이 있겠는가? 마치 오장육부가 썩어들어 가는 사람이 얼굴에다 분칠을 하고 온몸에다가는 비단옷을 입고 나다니는 것과 같다. 또한 냄새나는 송장 몸에다 값진 금의(錦衣)를 입혀 놓는 것과 무엇이 다를 것인가?

이러함에도 불구하고 김동환은 이광수의 글이나 안광천의 글이 다 각각 명문장이라고 열거하였으니 도대체 명문장의 가치 표준이 알고 싶다. 또한 춘원의 글을 논박한 회월의 「문예쇄담을 읽고」란 논박문이 명문장이라고 지적하였으니 과연 어느 편짝의 글이 명문장인지 갈피를 잡을 수가 없다. (2행 해독불가)

내가 이렇게 말하면 김씨는 혹시 이렇게 생각 할지도 모른다.

"이씨의 「민족 개조론」은 그 시기에 명문장이었고 박씨의 「문예쇄담을 읽고」라는 반박문도 그 시기에 명문장이기 때문에 내용은 어찌 되었든지간에 시대를 초월한 명문장이다. 시대가 바뀌면 바뀔수록 명문장은 어느 때든지 명문장으로 인정되기 때문에 진정한 명문장의 가치가 있는 것이다." 김 씨의 본의가 이곳에 있다면 씨의 근본 논지가 예술의 영원성을 고조한 데 불과하다. 사실 그러하다면 우리로서는 더 논의할 여지가 없지 않은가? 그러나 씨의 의식은 그 경지를 벗어난 지 이미 오래이리라고 생각된다.

나는 이 아래에 김씨가 지적한 명문장 등을 재기록하여 과연 명문장인가 명문장이 못 되는가를 독자 제씨의 엄정한 비판에 맡기고 또한 나로서 재검토를 하여 보겠다.

천재의 글이란 읽고 또 읽고 싶으며 한 번 읽은 뒤에 그 인상의 뚜렷함을 가르친 것일까. 어떤 글이나 한 번을 겨우 읽고 마는 내 성품에도 두 번 세 번 본 것이 있으니 문예 작가 중에 이것을 찾는다면 시가에 춘원의 「님」, 요한의 「대동강 불놀이」, 포석의 「하늘이 웂메 땅이 웂메 운운」, 김려수의 「원산 해변에서」, 무애의 「해곡삼장」, 안서의 「애별」 등이요, 소설로는 춘원의 「가실」, 상섭의 「만세전」, 동인의 「감자」, 빙허의 「불」, 포석의 「낙동강」, 서해의 「홍염」, 독견의 『승방비곡』 중

「배교자」이며 문예평론으로는 팔봉의 「춘원 제 일기, 상섭 제 이기 운운」하는 그 글과 회월의 「문예쇄담을 읽고」 등이다.

현하에 프롤레타리아 운동자인 우리로서는 내용이 형식을 규범한다는 말을 그대로 실행하려고 한다. 또한 다원론을 주장하려고 하지 않는다. 이같은 진영 내에 우리는 일원론자로 자처하니 않는가? 일원론자로 자처한다는 말은 현단계에 있어서 전체성적으로 집중하여 조직적 행동을 감행한다는 의미이다.

그러면 춘원의 「님」이라든가, 안서의 「애별」 등이 우리가 요구하는 내용이었던가? 형식이었던가? 또한 김동환의 말마따나 만인을 울리고 웃기었는가? 천만에…. 내용이나 형식이 우리가 요구하지 않는 것은 물론이지만 그들의 시가가 의식적 전위 분자를 울리고 웃기었는가? 아니다, 아니다. 전위 분자들은 그와 센티멘털하게 애상적 기분에 흐르지 않는다. 뿐만 아니라 울리고자 하는 문구에 이르러서는 도리어 코웃음치며 비웃게 되고 웃기고자 한 곳에 이르러서는 불쾌를 느낄 뿐이다. 이 까닭에 내용의 근본적 오류가 있으면 아무리 문장이 묘하고 힘 있다고 하더라도 그 문장이 아무리 명문장이라고 하나 감염되지 못하는 것이다.

또한 춘원의 소설이 명문장? 포석의 소설이 명문장? 동인의 소설이 명문장? 빙허의 소설이 명문장? 서해의 소설이 명문장? 누구누구의 글이 명문장? 이와 같이 명문장을 지적하였으니 우리는 다 같이 그들의 글을 명문장으로 인정하고 있는가? 그가 지적한 바의 소설이 거개 내용을 표준한 것 같다. 그러면 내용이 형식을 규범하게 되는 동시에 또한 내용이 문장을 결정하기 때문에 포석과 서해의 소설이 명문장이라는 것을 김동환 자신이 반증하고 말았다.

이상에 구명한 논지가 합리적 귀결이라면 김동환의 주장에는 수긍할 수 없다. 뿐만 아니라 이론의 파탄을 폭로하였고 우리는 그것을 발견하였다. 나는 맨 먼저 그의 글이 착각적 내용이라고 하였고, 두뇌의 혼란을 반증하였다고 단언하였다. 과연 나의 단언이 독단적 행위가 아니라는 것을 증명하기 위하여 이 아래에 한 구절을 더 인용하겠다.

"요지간 공산당 공판 첫날에 『동아일보』 제 이면에 쓰인 서설(序說)은 누가 썼는지 잘 쓴 글이더라. 그 밖에 중외(中外)의 신일선양 약혼 때에 쓴 로맨스 기사도 멋지고 능란하고 호화로워 독자를 광취케 하는 좋은 글이었고…."

공산당에 대한 글도 명문장이고, 신일선에 대한 글도 명문장이라고 하였으니 그래 명문장의 표준을 무엇으로 결정하는지? 도대체 어떠한 것을 명문장이라고 인정하는지? 이보다 더 심한 두뇌의 혼란은 없을 것이다.

김씨의 명문장에 대한 정의를 한 번 들어보자.

"대체 명문장이나 명연설이 어째 좋으냐. 전대에 긍하도록 그 글이 길고 또 만인을 울리고 웃기고 하는구나."

그러면 명문장의 요소는 전대에 긍할 만한 영원성이 있어야 한단 말인가? 그렇다면 김씨는 우리가 배격하고자 하는 부류에 속한 사람이다. 그러나 김씨는 예술의 영원성을 찬양하고 모순에 찬 현실과 싸우는 투사이겠지….

또 한 가지 요소는 "만인을 울리고 웃기고 하는구나."하였으니 그러면 지금의 우리가 요구하는 문장이 울게 되고 웃기 위한 글이던가? 아니다. 우리는 울고 앉았거나 웃고 드러누웠을 때가 아니다. 오직 우리 앞에는 ………… 전개되고 있다는 것을 김씨도 잘 아는 사실이 아닌가?

김동환씨의 이번 글을 그 자신이 오류로 인정하지 않고 내내 그대로 주장한다면 김씨의 이번 글이야말로 일생일대의 <명문장>이 될 것이다.

그러나 '현명한' 김씨는 이번 글을 취소하실 터이지….

1927.9.25
『조선지광』, 1927년 10월

최근 문예 잡감 (기 2)

문 단 침 체 ········

순문예지 『조선문단』이 계간 3호에 재차 휴간되고 조선 프롤레타리아 예술동맹의 기관지격인 『문예운동』이 수삼 차 검열 불통과로 조선 무산계급 문예운동에 한 도움이 될 만한, 우리로서는 남다른 의의가 있는 잡자마저 여러 가지 사정하에 발생중지가 되고 말았다. 또한 문예잡지인 『문예시대』도 정월호인 제2호가 종간호로 되고 만 듯싶다. 이와 같이 현금에 있어서는 한 개의 순문예잡지가 없고 약간의 문예품을 기재하던 『동광』마저 휴간상태에 있다. 이러한 현상에 비추어 보아 발표기관이 없어지는 동시에 문단침체를 보게 되었다. 그러면 우리는 이와 같은 문단침체의 현상을 어떻게 볼 것이며 어떻게 해석할 것인가? 잡지의 수효가 많아서 양으로 풍부한 작품이 발표된다고 그것이 반드시 문단육성으로는 인증할 수 없다. 다시 말하면 발표기관이 부족하다거나 전혀 없다손 치더라도 우리로서는 소위 문단침체라고 보지 않는다. 문단침체!

이와 같은 말은 일년 전만 하더라도 몇 안남은 부르 문인의 입에서 거의 절망에 가까운 어조로 오르내리게 되었다. 그러나 일년을 경과한 오늘날에는 그때 이상의 침체인 것 같으나 문단침체에 대한 논의가 없이 그대로 지나가는 것은 무엇을 의미하는 것인가?

'나도 문단인의 한 사람인 다음에는 일부의 책임이 없지 않고—'하는 소위 문단인의 한 사람은 지금 어느 곳에서 무엇을 하고 있는지 이처럼 문단침체가 우심한 이때에 아무리 한 대책이 없는가? 소위 문단이라는 것을 우상화하려고 신성시하려하고 자기의 전 존재를 허구적 문단에 부치려는 무리들이 대책이 없다면 침체는 제2문제이고 먼저 근본적 붕괴가 없을 것이다. 이와 같이 추이 전개되는 것이 당연 이상의 당연이다. 그들의 생활이 ××××을 과정하고 있는 것이 사실이라면 그들의 유일의 활무대인 문단이 또한 붕괴되지 않을 이유가 없다.

바로 일 년전 일이다. 문예에 종사하는 사람들이 모두가 문단침체를 논의할 때에 박영희씨는 아래와 같은 말을 하였다.

신흥문단의 과학적 창작은 유물적 근거의 관념 ××의 창작이다. 모든 정서와 미의식의 가치 생활의식에 따라서 변화하는 까닭이다. 모든 정서는 병인이다. 모든 과학적 창조는 침체되지 않는다. 그럼으로써 침체된 문단은 오직 신층계급의 과학적 창조로써 정복을 당할 것이며 신흥문단은 다시 그 생명이 발자하게 될 것이다. 신흥문학은 신흥사회 문화의 하나인 까닭이다.

그러면 과연 박영희씨의 논평한 바가 그 뒤에 전개되어온 사실과 틀림이 없었는가? 신년호 창작부터 지적해보자—최서해씨의 「홍염」, 「가난한 아내」, 「전아사」, 「낙백불우」 등과 이기영씨의 「실진」, 「농부의집」,

등과 송영씨의 「석공조합대표」와 김영팔씨의 「검은손」, 「부음」 등과 조명희씨의 「새거지」와 주요섭씨의 「개밥」, 조중곤씨의 「아이스크림」과 박길수씨의 「그날 밤」 그 뒤로는 조명희씨의 「농부 사람들」, 「낙동강」, 이기영씨의 「호외」(삭제)와 「민며느리」, 최서해씨의 「이중」(삭제)와 필자의 「빙고」(삭제)와 이량씨의 「고진동」, 「또 어디로 가나」와 송영씨의 「군중정류」, 한설야씨의 「뒷 걸음질」, 김영팔씨의 「사직단」 ― 이외에 생각나지 않아서 쓰지 못한 것이 많을 것이다.

논평으로는 김기진씨와 박영희씨와의 평적 태도에 대하여 이론 투쟁적 논쟁은 우리로서의 얻은 것이 많았다. 또한 김화산씨와 우리(조중곤, 한설야, 임화, 필자)와의 논쟁은 단순히 <'아나'>와의 이론투쟁만이 아니라 우리의 이론 확립에 다소간 도움이 된 것도 사실이다. 김기진씨의 「문단침체의 사회적 의의와 신흥문예의 구도에 대하여」(『조광』), 「무산문예 작품과 무산문예 비평」(『조문』)과 박영희씨의 「문예운동의 방향전환」(『조광』), 「문학의식구성과 계급문학의 진출」(『조광』), 한설야씨의 「계급대립과 계급문학」(『조광』), 권구현씨의 「계급문학과 비판적 요소」, 「전기적 프로예술」(『동광』), 조중곤씨의 「낙동강과 제2기 작품」 ―이 모든 것이 발표될 때마다 문예운동 부분 내에서 적지 않은 영향과 파문을 일으킨 것을 숨길 수가 없는 사실이다.

이와 같은 과정을 과정하여 오는 동안에 조선 프롤레타리아 예술동맹도 방향전환을 하는 동시에 전무산계급 해방운동 진영 내로 일익적 임무를 다하기 위하여 의식적 지도하에 꺼리김 없이 진출하게 되었다. 또한 문호개방에 의하여 ―동경은 물론, 지방, 동경지부― 맹원이 날로 증가되는 상태에 있다. 도처에 동지가 불어간다. 동경지부 창립 당시에 그곳 맹원만이 오십여명이다.

이상의 사실적 전개를 종합하여 본다면 일 년간 박영희씨가 지적한 바와 같이 침체되었던 ,<'부르'>문단을 신흥문단이 과연 정복하고 말았다.

신흥문단!

이와 같이 신흥문단만이 육성하는 이유는 어디에 있는가? 신흥문단은 문예만을 위하여 구성되어 나아가는 문단이 아니기 때문에 또한 문단이라는 허수아비를 위하여 존재해 있는 신흥문단이 아니기 때문이다. 이 까닭에 우리는 문단이라는 것을 부정한다. ××전기에 있어서 프롤레타리아 문예운동이란 예술품을 창조하기 위하여 진전된다든가 신흥문단을 구성하기 위하여 움직여 나가는 것이 아니라 전체성적 운동에 일익적 임무로서 진출하기 위한 역사적 운동이다. 우리의 운동은 예술운동, 문단운동이 아니라 … 생활을 과학적 방법에 의하여 합법적, 합리적으로 ……………………………… 등의 일부문의 ××××이다. 이 까닭에 우리는 무산계급에게 예술품다운 예술품을 감상시키기 위하여 작품을 만들어내지 않으며 문단구성에 노력하지 않는다. 노력하지 않을 뿐만 아니라 염두에 두지 않고 부정하는 데까지 이르게 된 것이다. 제3자의 눈으로 보아서 우리의 일체의 행동을 문단인의 행동으로 보고 우리의 진영을 문단으로 인증하는 지는 모르나 무산계급 문예운동의 본질이 초문단운동이기 때문에 우리로서는 신흥문단이란 말도 부정하게 된다. 여기에 우리로서의 무슨 문단침체가 있을 것인가? 조선에 있어서 소위 문단침체란 말은 부르문인과 함께 사라지고 말 것이다.

제 2 기 준비 ‥‥‥‥

조선의 무산계급 문예운동이 금년에 들어서서는 완전히 제2기의 준비를 하여 왔다. 같은 진영 내에 격렬한 이론 투쟁과 상호비판에 의하여 지도이론 확립에 노력하여 왔다. 작년까지도 소위 부르문사와의 논쟁을 계속하던 것이 신년(1927년)벽두부터 동지간에 이론투쟁이 전개되었고 <아나키스트>대 <맑시스트>의 논쟁이 거의 반년 이상이나 이어져 왔다. 이외에 여러 동지가 발표한 수많은 논문이 거개 제2기를 과정하려는 준비적 행동이었던 것은 사실이다. 이것은 작년에 비교하여 문예운동으로서의 질적 전환을 의미하는 것이다.

또한 문예운동이 제2기의 과정을 과정하고 있다는 명확한 증거로는 조선프롤레타리아 예술동맹이 전 무산계급 운동과 함께 방향전환을 하지 않고는 안 되게 된 것이다. 그러면 방향전환을 하였다는 오늘날에 있어서 문예운동부분 내에 한 개의 중요한 부분 행동인 작품 행동은 과연 방향전환을 한 흔적을 보여주었는가? 아니다. 금일까지의 작품은 제2기적 작품도 아니며 방향전환의 작품 행동도 아니다. 다시 말하면 현 단계에 처한 우리가 요구하는 작품은 한 개도 발표되지 않은 것이 숨길 수 없는 사실이다.

이 점에 대해서는 본지 10월호에 기재된 「낙동강과 제2기 작품」이란 조중곤씨의 평론이 비록 짧기는 하지만 구체적으로 구명하였기 때문에 나로서는 더 논의하기를 피하였거니와 사실 금일까지 발표된 작품 중에는 제2기 작품을 발견해낼 수 없다.

그러면 작품 행동만에 있어서는 제2기의 과정을 과정하고 있는 것이 아니라 제1기에서 제2기로의 비약을 전제로 한 준비행동으로밖에 볼 수 없다.

제2기 준비!

이와 같은 과정이 얼마나 계속 되려느냐? 또한 제1기에서 활약하던 제작가와 새로 나오려는 무수한 작가가 얼마만한 포부와 어떠한 계획을 세우고 있는지?

최서해씨는 「홍염」을 발표한 이후, 「이중」에 와서 된서리를 한번 맞더니 지금까지 침묵! 우리로서는 서해씨의 창작을 고대하지 않을 수 없을 만큼 초기운동에 잊지 못할 투사이다. 수많은 독자는 아니 조선의 동지들은 물론 서해씨의 제2기 작품 ─ 현단계에 배치되지 않는 작품행동 ─을 요구하기를 마지않을 것이다. 그동안에 오랜 침묵은 제2기에서 또 다시 활약할 준비였던가? 사실이 그렇다면 오랜 침묵이 도리어 이득이 될 것이다. 그렇다고 반드시 계획하고 생각하고 ……… 이와 같이 제2기의 준비를 게을리하지 않았을 것이다. 신년! 우리는 올 일년 동안 모든 것을 준비하는 동안에 또 다시 신년을 맞이하려 한다. 그러면 우리로서는 신년을 무엇으로 새롭게 맞이 할 것인가? 신년부터는 작품행동을 의식적으로 유의하여 보자.

제2기 작품이라고 제목되었던 「낙동강」의 작자 조명희씨는 남과 다른 계획하에 완전한 제2기 작품을 준비하고 계실 것이 틀림없다. 과연 「저기압」과 「농촌 사람들」과 「낙동강」 등은 제1기를 과정하여 온 작품 중에도 뛰어난 문예품이었다. 자연발생기에 있어서 의의 있는 작품들이다. 그러면 조명희씨는 앞으로 어떻게 작품 행동을 취할 것인가? 우리는 이 점을 주목하면서 이 앞으로의 문예 운동을 움직여 나아가야만 하겠다.

이기영씨는 서해씨와 함께 초기에 있어서 성공한 작품이면서 투사이다. 이씨의 작품 「농부의 집」, 「실진」, 「민며느리」 등은 금년 창작

중에 뛰어난 작품이라고 아니 할 수 없다. 이상의 작품을 만들어내신 이씨는 장차 여하한 계획 하에 제2기를 맞이하시려는지? 그 동안에 침묵 중에 어떠한 준비를 하시는지? 우리는 이씨의 목적의식적 작품 행동이 하루라도 더 일찍이 감행되기를 기대하기 마지않는다.

김영팔씨, 송영씨, 한설야씨 등에게도 반드시 제2기적 준비가 확실히 있으리라고 믿기를 마지않는다. 이 앞으로 진정한 의미에 있어서 방향전환후의 작품행동은 이상에 지적한 제씨와 지금부터 준비하고 생각하고 있는 미지의 동지 손으로 감행되리라고 믿는다.

작품 행동! 제2기적 작품 행동을 감행하기 위하여 우리는 하루라도 더 속히 비약을 하지 않으면 안된다. 이와 같이해서 제2기적 준비는 지나간 역사도 돌려보내고 새로운 투쟁 ×선을 우리 앞에 전개시키자 ┄┄.

인식착오 ┄┄

"전기의 프로문예란 예술적 요소를 구비하지 못한 비예술품이라 해도 좋고 ×××××××× 한낱 수단에 불과해도 좋다. 다만 역사적 필연으로 전개되는 ×××××임무만을 다하면 그만이다"

이와 같은 나의 이론에 대하여 김용준씨는 아래와 같은 논조로 씨의 소위 프로예술관을 표명하였다. "예술적 요소를 구비하지 못한 비예술품은 비프로예술품이요, 프로예술품은 아니다. 계급 ×××××하는 수단에 불과하다면 그것이 도저히 예술이란 경역에 들어갈 수 없는 것이다."(『조선일보』) 이러한 예술이론은 김씨 일 개인만이 파악하고 있는 것이 아니라 전기가 무엇인지 현 단계란 여하한 과정인지 전혀 모르는 부르주아 문화관념에서 아직 비약하지 못한 순정예술가들의 소론이다. 또한 프로예술이라고 운운하니까 재래의 예술이 부르계급의 향락적 오락품으로서 인증되듯이 프로계급에서 예술품으로써 감상시키기 위하여 작품을 만드는 줄 안다. 이곳에 현 단계에 대한 인식부족, 인식착오가 있는 것이다. 전기의 프로문예란 예술적 요소를 구비치 못한 비예술품이라해도 좋다는 말은 부르주아예술가들의 해석하는 예술적 요소를 운운함이다. 우리의 손으로 창작되는 목적의식적 작품을 그들의 눈에 비추어본다면 기교를 위한 기교가 없고 예술품만을 만들기 위한 표현적 표현이 없기 때문에 반드시 예술적 요소를 구비치 못한 비예술품이라고 단언할 것이다. 이 까닭에 우리는 그들이 어떻게 해석하든지 무방하다는 말이다. 그들의 눈으로 보아 예술적 요소를 구비하지 못한 비예술품이라고 인증을 받들수록 우리 편으로는 그만한 의의가 있고 가치가 있는 것이다.

또한 우리가 생각하는 바의 내용을 표현하기 위하여 새로운 형식과 새로운 기교에 유의해서 새로운 예술품을 만든다는 말은 전혀 목적의식적 작품을 좀더 효과있게 표현하기 위한 행동이다. 이러함에 불구하고 김용준씨는 이렇게 말한다.

"계급 ×××××하는 수단에 불과하다면 그것이 도저히 예술이란 영역에 들어갈 수 없는 것이다." 이 말은 다시 한번 해석한다면 프로예술은 프로예술이고 계급 ××을 계급 ××이지 예술로써 도구나 수단으로 쓴다는 말을 천부당만부당이라는 의미이다. 그러면 무산계급이 현재의 자기계급을 만족케 한다는 말인가? 만약 그렇지 않다면 프로예술의 존재의의가 ××××××있을 것이다. ×××에 있어서 프로예술이 의식적으로라도 ××××××××××으로 하지 ××하지 않으면 전기의 진정한 프로예술이 아니다.

현단계를 인식하지 못한 김용준씨는 또 말한다.

"볼셰비키의 예술이론은 나와 정반대된다. 그들은 예술을 선동과 선전수단에 이용하기 위하여 도구시하고 있다. 그들은 이러한 예술을 훌륭한 프로예술 혹은 민중예술이라 한다. 그러나 그것은 큰 오해로 볼 수밖에 없다." 우리는 여기서 김씨의 정체를 발견할 수 있다. 예술상 자유주의자인 소부르주아임에 틀림없다. 김씨는 아직까지 프로예술의 본질이 무엇인지 인식하지 못한 모양이다. 프로예술은 프롤레타리아 의지표현이다. 현 단계의 프롤레타리아 의지는 어떠한 곳으로 집중되어 움직여나가나? 물론 ×××××××××인 것은 명확한 사실이다. 그러면 전기 프로예술은 현단계의 프롤레타리아 의지표현임에 틀림없을 것이다. 이러함에 불구하고 우리의 이론을 도리어 오류로 인증하느니 만치 그들의 오류를 표명하는 한 옆에 인식부족이거나 인식착오를 반증하는 행위이다. 우리가 파악하고 있는 바의 예술이론을 오류로 지적하기 전에 어째서 예술품에다가 ××××××× 띄게까지 이르렀는가를 과학적으로 검토, 분석, 구명 등에 의하여 현단계의 예술이론을 파악해 보라. 그곳에 과연 진정한 오류가 있는가 없는가를…….

우리는 전기의 전체성적 부분운동인 예술이론 확립을 위하여 이론 투쟁을 감행하게 되고 현 단계에 적합한 작품 행동을 감행하기 위하여 목적의식적 프로예술품을 창작하게 되는 것이다.

1927.10.28
『조선지광』, 1927년 11월

최근 문예 잡감 (기 3)

특수체계 ·········

　조선에 있어서 무산계급 문예운동이 자연생장기를 지나서 목적의식기에 도달하였다. 이와 같은 말은 곧 반드시 과정해야만 할 과정을 과정하여 왔다는 의미이다. 또 다른 한 옆으로는 문예운동이 시작된 지극히 짧은 시일에 급격히 질적 전환을 하였다는 의미이다. 투쟁기에 있어서는 모든 문화작용이 양적으로 쌓이는 것보다는 단시일에 질적 변동을 계속하여 나갈 뿐이다. 그래서 문예운동에 있어서도 양적으로 모여 있는 것보다 운동 자체의 진전 상태가 순간 순간 비약을 거듭하여 질적으로 전환하는 편이 더 한층 많은 것은 사실이다.

　이러한 객관적 조건에 의하여 발전과정을 과정하여 온 문예운동 진영 내에서는 맑스주의적 방법론 인식하에 일원적으로 전체성을 통한 부분운동인 문예의 기능을 발휘하게 된 것이다. 이와 같이 무산계급 문예운동을 일원론적 인식하에 움직여 나가고자 우리는 의식적으로 노력하는 것이다. 이러함에도 불구하고 아래와 같은 다원론적 인식 방법의 이론답지 못한 이론을 간혹 듣게 된다. 이것도 또한 ××전기가 무엇인지, 현 단계란 어떻게 과정해야만 하는 단계인지를 전혀 인식하지 못한 태도이다. 여기에 인식부족과 인식착오의 오류를 우리로서 인증하게 되는 것이다. 우리는 이것을 분석하고, 검토하고, 폭로하고, 구명하여 근본적 오류를 바로 잡지 아니하면 아니 될 임무가 있는 것이다.

나는 지금부터 우리가 간혹 듣게 되는 비맑스주의적 이론인 다원론의 본질적 근거를 지적하겠다.

정치, 법률, 철학, 예술 등은 경제조직의 상부구조로써 형식되어 있는 것은 사실이다. 그럼으로써 하층구조의 근본적 토대, 곧 경제조직이 이때에 모든 상부구조도 함께 ××된다는 사실은 우리-아나 문예상 자유주의자, 상띠칼리스트 등-도 인증한다. 그러나 정치, 법률, 철학, 예술 등이 다같이 경제조직을 기초로 한 의식형태라 하여 각자의 특수한 독립체계를 무시하고 이것을 혼동하여서는 절대로 아니 된다. 예술에는 예술로서의 독립적 특수체계가 있으며 정치로서는 정치로서의 독립적 특수체계가 있는 것이다. 이와 같이 각자의 구별은 엄밀히 존재해 있지 않으면 아니된다. 이 까닭에 예술이론으로써 정치를 규범할 수 없다. 동시에 정치이론으로는 또한 예술을 규범할 수 없는 것이 명확한 사실이다.

이와 같이 정치는 정치로서의 특수체계가 있고, 경제는 경제로서의 특수체계가 있고 문예는 문예로서의 특수체계가 있다고 각자의 특수성만을 고취하고 주장하는 다원론적 이론은 무엇을 의미하는 것인가? 절대로 문예가 정치영역 내에서 그 기능을 발휘할 뿐이고 문예는 문예

영역 내에서만 그 기능을 발휘할 뿐이지 절대로 문예가 정치영역 내에 침입할 수 없는 동시에 정치가 또한 문예영역 내에 들어갈 수 없다. 다시 말하면 문예운동으로서의 정치적 진출을 할 수 없다는 의미이다. 그러나 객관적 정열은 훌륭히 무산계급 문예운동으로 하여금 정치적 진출을 하게 하였다. 전기에 예술운동은 그 기능이 예술영역에만 그치고 말기를 객관적 정세와 일반 대중이 요구하지 않는다. 다시 말하면 역사적 필연의 과정을 과정하고 있는 조선의 대세가 다원론적 이론을 요구하지 않는다.

예술운동에 있어서 예술의 독립적 특수체계를 주장하는 이유는 전 무산계급운동과 문예운동을 의식적으로 분리하고자 하는 행동이다. 소위 프롤레타리아의 예술이라고 운운하면서 전 무산계급운동과 합류되어 진전되지 않는다면 그것이 무슨 프로예술이 될 것인가? 예술의 특수체계만을 고취하고 주장하는 태도는 반드시 새로운 예술지상주의자의 행동이다. 적색 상아탑 속에서 소위 영속성 있는 사이비적 프로예술품을 제작하기에 노력하는 것이다. 우리는 이와 정반대로 한 개의 작품, 한 개의 평론이라도 현단계에 적합한 목적의식적 내용을 주입하여 문예운동자로서의 임무를 다하고자 한다.

양대 계급이 대립해있는 이원사회에 있어서 프롤레타리아○○○○ ○○○존재할 수 없다. 예술품다운 예술품만을 위하여 작품을 제작할 수 없다. 여기에 특수체계를 고취하여 정치, 경제, 법률, 철학, 예술 등의 각자의 특수성을 주장한다는 것은 확실히 인식부족이거나 인식착오에 기인된 오류이다.

우리도 정치, 경제, 예술 등이 각각 다른 점은 안다. 각자의 특수체계 내지 특수성을 인증하기도 한다. 그러나 맑스주의적 방법론 인식 하에 진전되어 나아가는 문예운동이 특수성만을 인증하고 움직여 나간다면 이것은 반드시 예술상에 있어서 분파운동인 것에 틀림없다. 그러나 우리의 운동은 문예상에 있어서 분파운동이라거나 주의(이즘)운동이 아닌 것은 물론이다. 이 까닭에 무산계 ××××× 전체성을 통한특수성만을 인증할 뿐이다. 전기에 있어서 모든 문화작용은 특수체계를 세우고자 노력하는 것이 아니라 일체의 문화작용이 한군데로 집중되어 진행되는 것이다.

그래서 문예운동으로서의 손쉽게 방향전환을 한 이유도 이곳에 있다.

연극과 영화 ....

연극운동!

무산계급 예술운동 진영 내에 있어 연극운동이란 한 중요한 부분행동인 것은 물론이다. 연극이 어느 시대, 어느 장소, 어느 민중을 보든지 중대한 의의가 있었던 것은 사실이다. 민중교화 상으로 관찰하든지 직접 ×××× 어떠한 사상을 ××××는데 가장 유효한 점으로 보아 ××××하여 ×××××임무를 가일층 효과 있게 감행할 수 있다.

그러나 조선에 있어서는 아직까지 연극다운 연극운동이 일어나지 않았다. 반드시 있어야만 할 연극을 감상할 수 없는 까닭에 어느 곳에 있는가?

이유로는 여러 가지가 있을 것이다. 제일은 경제문제가 앞설 것이다. 그 다음에는 경제문제가 해결된다고 하더라도 우리가 하고자 하는 연극운동은 조선이란 특수사정하에 흐르고 있는 객관적 정세가 허락하지 않을 것이다. 그렇다고 우리가 반드시 해야만 할 연극운동을 그대로 묻어둘 것인가? 아니다. 우리는 해야만 할 운동은 어떠한 형태를 띠든지 하고 말 것이다.

나는 일전 종합예술협회 제1회 공연을 보았다. 그때에 상연한 각본으로 말하면 현재에 우리가 요구하는 각본이 아니었던 것은 사실이다. 외국 작품 중에서도 우리 요구에 응할 만한 각본이 없는 것도 아니다. 그러나 조선의 객관적 정세가 허락지 않을 것도 잘 안다. 외국 작품 중에서도 「뺨맞는 자식」 같은 신비주의에 가까운, 우리 생활과의 거리가 먼 작품을 상연하려거든 차라리 우리의 손으로 된 작품을 상연하는 편이 낫지 않을까 생각한다. 우리의 생활상, 우리의 고민상, 우리들의 ×××××××××××××××××××으로라도 표현하는 편이 낫지 않을까? 우리가 요구하는 연극은 향락적 기분을 띠는 오락품이 아닌 것은 물론이다. 또한 신비를 찾는다거나 철학적 사색을 하기 위하여 연극을 감상하는 것은 더구나 아니다. 연극운동에 있어서 일체의 행동 등(각본으로부터 무대감독, 등장배우, 무대장치 등)이 계급적으로 운전되어 나가지 않으면 안된다. 가까운 일본만 보더라도 프롤레타리아 연극운동이 전체성을 통한 부분행동의 상당한 역할을 수행하고자 진출하였던 것이다.

<일본 プロレタリア예술동맹> 동경지부 연극부인 <プロレタリア극장>과 노농예술가연합직계인 <전술좌>의 활동은 가장 맹렬하였다고 아니 볼 수 없다. 전기 <프롤레타리아 극장>이 북해도 지방순회공연을 하고자 한 제1일에 공연금지를 당하였고 <전술좌>는 대판에서 공연을 하려다가 이것마저 금지를 당하고 말았다. 그래서 4, 5개월이 지난 오늘날까지 연극운동을 위하여 적극적으로 투쟁을 계속하고 있다.

이와 같은 사실이 무엇을 의미하는 것인가? 재래의 연극운동과 새로

운 연극운동이 근본적으로 다르다는 것을 표명하는 것이다. <전술좌>에 있어서 2, 3회의 공연을 거듭하여 상당한 효과를 나타낸 일이 있다. 이 앞으로라도 반드시 프롤레타리아가 요구하는 연극행동이 일본 무산계급 예술운동 진영 내에 감행되리라 확언한다. 일본 동지에 ×××대한 ××운동이 ×××× 때문에……

1927년도 바야흐로 넘어가려 한다. 신년! 우리도 신년을 새롭데 맞기 위하여 연극운동에 새로운 유의를 하고 동지 간에 연극행동을 감행하자.

영화에 대하여!

현재에 조선은 영화시대라고 할만큼 외국명화와 조선영화가 상당히 유입도 되고 제작도 된다. 그래서 영화계에 있어서 황금시대, 홍수시대라고 할 만큼 전성을 극하고 있는 것이 사실적 현상이다. 이와 함께 다수한 관중을 포용하고 있는 것도 숨길 수 없는 사실이다. 나는 여기에 외국영화는 논의하기를 피하고 조선영화만을 개념적으로 간단히 써보겠다. 외국영화를 의논삼아 봤자 러시아 영화 같은 것은 일본에서도 상연을 못하고 퇴출을 당하는 터이니까, 러시아 것은 염두에도 두지 못한다. 다만 대부분이 결혼으로 끝을 막는 미국영화가 논제에 오를 것이다. 이것이 우리 생활과의 얼마만한 밀접한 관계가 있겠는가? 우리가 생각하고 있는 바의 얼마만한 도움이 될 것인가? 오히려 반동이요, 해가 될 것이다.

그러면 조선영화란 어떻게 제작되어나가는가? 나는 최근에 조선 영화 세 개를 보게 되었으니 순서를 따라서 적으면 「먼동이 틀 때」, 「뿔 빠진 황소」, 「잘 있거라」등이다.

우리는 이 세 개 영화에서 무엇을 얻었는가? 또한 대중은 그와 같은 영화를 요구하고 있는가? 「먼동이 틀 때」로 말하면 ××운동이 있은 이후로 허다한 젊은 사람들이 혹은 영어의 몸, 혹은 부랑인, 혹은 아편쟁이, 혹은 책을 팔아가면서도 정조를 지키며 살아가는 여인 …… 이와 같은 현상을 보여주는 한 옆에 마지막으로는 두 젊은이에게 앞날의 희망을 붙여 먼동이 트이는 때에 새로 뜨는 해를 안고 걸어가게 하였다. 그 두 젊은이는 이 앞으로 장차 무엇을 할는지 모를 일이다. 그러나 원작자의 의도는 계급으로 투쟁하게 만든 인물이 아니라 「먼동이 틀 때」라는 제목부터 보더라도 막연한 여명운동인 것이 틀림없다. 이 까닭에 이 영화도 우리가 정히 요구하는 것은 못된다.

「뿔 빠진 황소」로 말하면 노동자의 맨 밑바닥 생활을 어느 정도까지 표현한 점으로 보아 다소 수긍은 하나 그 표현방식이 너무나 야비하여 불쾌한 감을 일반 관중에게 일으키게 하였다. 원작자는 무엇을 표현하려고 애를 쓰기는 썼으나 결국 실패하고 말았다. 또한 목적의식이 움직이지 않는 것도 사실이다. 그리고 노동자로 하여금 그저 벌기만 하면 그 돈을 가지고 내외주점으로 인도한 것은 대실책이다. 노동자 생활 속에서 주색에 대한 문제도 적지 않은 문제이지만 더 커다란 것은 먹는다는 것이다. 일반 영화 작자는 이 점에 가일층 유의하지 않으면 아니 된다. 그리고 영화에 있어서도 이 앞으로는 우리가 요구하는 목적의식의 색채가 장면 장면 또한 전편을 통하여 상징, 혹은 암시로 표현되지 않으면 아니 된다.

「잘 있거라」로 말하면 「아리랑」에 비하여 얼마나 떨어지는 작품인지 모르겠다. 오히려 「풍설아」만도 못하다. 그리고 마지막에 가서는 억지로 비극을 만들려고 애쓴 것이 불쾌하다. 우리는 값싼 눈물로써 만족하고 있을 때가 아니라는 것을 알아야 한다. 먼저 두 작품도 실패한 작이지만 「잘 있거라」도 완전히 실패한 작이다.

이와 같은 현상은 무엇을 반증하는 것인가? 어째서 우리가 요구하는 작품을 제작하지 못하였는가? 그 이유로는 두 가지가 있으니 하나는 영리적 흥행정책에 있고 또 하나는 검열관계에 있는 것이다. 나는 흥행가치에 원인이 있다는 것은 말하고 싶지 않다. 다만 검열문제에 대한 것만을 한 말로써 운위하고 그만두겠다.

문예운동에 있어서도 검열이 중대한 문제이지만 영화에 있어서는 한층 더 할 것이다. 이 까닭에 우리는 조선 영화의 내용이 반동화하지 않을까 우려하기를 마지않는다. 원작은 영화의 중요한 가치를 결정하게 됨으로써 원작자는 유의의 유의를 거듭하지 않으면 아니된다. 일본에 있어서도 점차로 계급적 색채가 농후한 영화 등이 제작 상영된다고 하며 러시아영화도 세계적으로 진출한다고 한다. 계급영화-조선에 있어서도 ×××××××가 ×××야만 하겠다. 이것은 곧 ××××하기를 마지않는 것이다.

생활의지 ·······

생활의지는 작가의 태도, 평론가의 태도를 결정하게 된다. 이 까닭에 무산계급 문예운동에 있어서 일반 운동자의 행동은 그들이 파악하고 있는 바의 계급적 생활의지의 표현이다. 그리고 생활의지란 가장 중대한 문제이다.

어째서 생활의지는 작자와 평론가의 태도를 결정하게 되는가? 부르주아 사회에 처하여서는 이중의 생활의지가 어느 시기까지 교호작용을 하고 있다. 확연하게 무산계급적 의지가 결정되기까지는 너무나 종래의 부르주아 의식과 부르주아 관념이 괴롭게 하는 것은 사실이다. 이와 같은 과정을 과정하여 진정한 프롤레타리아 생활의지를 파악하게 된 때에야 비로소 프로작가로서의 임무를 다할 수 있고 문예운동자로서의 인증될 것이다.

그 다음에는 대중의 생활의지와 합류되어 나아가지 않으면 아무리 무산계급 문예운동자라도 임무를 다하였다고 인증할 수 없는 것이다.

우리는 1927년인 과거 일 년을 과연 대중의 생활의지와 합류되어 발전과정을 과정하여 왔는가? 어느 과정까지는 합류되어 진전되었다고 말할 수 있으나 부족하고 미진한 점이 헤일 수 없을 만큼 허다하다. 1927년은 가고 1928년인 신년은 우리들이 새로운 행동을 기대하고 있다. 무산계급 문예운동은 전 무산계급운동과 함께 방향전환을 하게 되었고 목적의식적 지도하에 움직이는 것은 과거 일 년 동안에 운동과정이 증명한다. 그러나 실질에 있어서 운동 자체의 기능이 미미하였던 것은 사실이다. 이론으로는 전체운동과 함께 방향전환을 했으니 ×××진출을 했느니 하고 떠들기만 하였지 실천에 있어서는 이렇다 할 행동을 발견할 수 없었다. 신년! 우리는 신년부터 진정한 생활의지, ×××××××××와 합류되어 ××××××××××× 않으면 아니 되겠다. 반드시 그래야만 한다. 그러면 조선 사람의 생활 의지는 어느 곳으로 움직여 나갈 것인가? 또한 ××××××××××××여 나갈 것인가? 우리는 이것을 주목하여 보자.

　　×××××××××××××××××××××….

1927.11.14

『조선지광』, 1927년 12월

무산문학가의 창작적 태도
- 현단계에 처하여

■■ 1 ●■

조선의 무산계급문예운동은 역사적 필연과 객관적 정세와 의식적 전위분자 등의 계급적 행동에 의하여 ----- 전무산계급 해방운동과 함께 현단계에까지 진출하게 되었다.

그러면 당면한 현단계란 어떠한 단계며 어떠한 과정인가? 또한 여하한 이론과 여하한 행동으로 여하히 가정해야만 할 단계인가?

나는 먼저 현단계를 규명하지 않으면 아니 될 곳에 이르렀다. 조선의 무산계급운동은 자연생장적 의식기를 벗어나서 완전히 목적 의식기에 도달하였다. 목적 의식기에 도달하였다는 말은 조합주의적 경제투쟁에서 전 무산계급적 정치투쟁으로 방향전환을 하였다는 의미이다. 다시 말하면 국부적 투쟁에서 전선(全線)적 투쟁으로 진출한 것이다. 그러면 현단계란 말은 방향전환기를 지나선 순전한 대중적 정치투쟁을 목표로 하고 투쟁하여 나아가는 투쟁이다.

무산계급 운동에 있어서 이와 같은 단계를 당면하게 된 이 때에 또한 과정하려는 이 때에 문예운동은 어떻게 움직여나갈 것인가?

프롤레타리아 문예운동이 예술문제에만 국한되지 않고 한 걸음 더 나아가 전무산계급적 운동의 일익(一翼)적 임무를 다하고자 하는 운동이라면 방향전환을 해야 한다는 것이 합리적 귀결일 것이다.(나는 문예로서의 어째서 방향전환을 하지 않으면 아니 되겠다는 이유를 이 아래 (四-에 구체적으로 논평하겠다.)

그러면 무산계급운동을 어떻게 움직여 나갈 것인가 하는 문제는 간단해진다. 왜? 맑스주의적 방법론 인식하에서 집중되어 나아가는 우리들의 정치는 정치로서의 특수체계가 있고 문예는 문예로서의 특수체계가 있다고 각각 분리해서 특수성만을 고집하고 주장하는 그런 다원론자의 이론을 비합리적 비합법적으로 인증하기 때문에 문예운동도 무산계급 운동과 함께 방향전환을 하게 된 것이다. 다시 말하면 우리의 문예운동과 무산계급 운동이 이원적 성질을 띠우지 않고 진전되는 관계상 문예로서의 정치적 진출을 하게 되는 것이다.

그래 우리는 이곳에 주체적 목표를 세우고 이론투쟁을 하게 되었다. 그러나 특수사정하에 있는 조선이라는 물론 객관적 정세가 허락하지 않기 때문에 오늘날까지 구체적 이론 전개를 볼 수 없게 되었다. 문예로서의 방향전환을 했느니 정치적 진출을 했느니 하고 나부터라도 떠들기만 했지 방향전환을 했으니 실질에 있어서 어떻게 해야 하겠다는 이론은 세울 수 없다는 것이 환경에 대한 솔직한 고백이 되겠다.

그렇다고 우리는 방향전환 한 것이 도리어 침묵기에 들어가 버리고 말 것인가? 아니다. 어느 한계 내에서 현 단계를 과정하는 데 가장 적합한 이론을 확립하기에 노력하기를 마지않을 것이다.

▪▪ ● 2 ● ▪▪

나는 위에서 불충분하나마 현 단계를 간단히 구명하였다고 생각한다. 한 말로서 요약해 말한다면 전 무산계급운동이 정치적 투쟁 하나만을 목표로 하고 한 군데로만 집중하는 시기에 당면하였다. 그러면 이러한 현단계를 과정하는 무산문예가는 어떻게 창작적 태도를 가질 것인가? 어떠한 작품을 쓸 것인가?

나는 이 문제를 대답하기 전에 어째서 창작적 태도라든가 작품---운운하였다는 것을 먼저 말하지 않으면 안 된다. 문예운동에 있어서 이론 확립이란 말은 그 이론에 의하여 작품을 쓰게 된다는 말이다. 그래서 이론이 작품보다도 항상 앞서 나가는 것이다. 문예이론이 문예운동 자체 내에 재하여 일체의 행동을 규범하는 기본 행동이기 때문에 우리는 그 이론에 의하여 창작적 태도를 결정하게 되는 것이다. 문예운동 부분 내에 있어서 작품 행동이란 중요한 부분이기 때문에 작품을 운운하고 창작적 태도를 논급코자 하는 것이다. 나는 이런 의도 하에 무산문예가는 어떻게 창작적 태도를 가져야만 현 단계에 배치되지 않는, 과연 프롤레타리아 생활 의도에 의한 작품을 쓸 수 있을까 하는 문예운동으로서의 중대한 문제를 논의하여 보고자 한다. 그러면 먼저 현 단계에 배치되지 않는 작품은 어떠한 작품이며 프롤레타리아 생활에 의한 작품은 어떠한 작품인가를 구명하겠다.

(1) 현단계에 배치되지 않는 작품이란 물론 정치적 사실을 내용으로 한 작품을 지적해 말하는 것이다. 정치적 폭로로써 무산예술 운동이 전 무산계급운동의 일익적 행동을 감행하는 데 있다. 먼저도 작품 행동이란 말을 하였지마는 문예운동의 기본적 요소인 작품이 한 개의 행동으로 인증되는 까닭은 문예운동이 무산계급 운동의 일익적 지위에

있기 때문이다.

그러면 방향전환 후에 목적의식적 작품이란 정치투쟁의 요소를 구비해야만 현단계에 어그러지지 아니한 작품으로 볼 수 있다.

이런 이유로 당면한 작품행동은 맑스주의적 인식하에 강제적으로라도 통일하지 아니하면 안 된다. 현단계에 처하여 맑스주의적 방법론에 의하여 인식한다는 말은 당면의 정치적 투쟁 목표를 향하고 작품 행동을 한다는 말이다. 그 이유는 거듭 말하는 것 같지마는 무산계급운동이 정치투쟁에 총역량을 집중하고 투쟁하여 나가기 때문에 문예운동도 정치투쟁을 목표로 하고 방향전환을 거리낌 없이 하게 된 것이다. 그러면 전무산계급의 총력량을 집중하여 투쟁하는 목표가 유독 정치에 있는 이유는 어디에 있는가? 정치투쟁은 무산계급의 최상의 유리한 운동이며, 최선의 민첩한 수단이기 때문이다. 그래서 문예운동으로의 방향전환한 이유도 이 곳에 있다.

(2) 프롤레타리아 생활 의지에 의한 작품이란 어떠한 것인가? 나는 먼저 <프롤레타리아>의 생활의지란 어떠한 것인가를 구명한 다음에 그 생활의지에 의한 작품은 어떠한 것이라는 것을 간단히 써보겠다.

양대 계급이 대립해 있는 이원적인 현존 사회에 있어서 프롤레타리아 생활의지란 어느 때까지 프롤레타리아적으로 생활을 계속하겠다는 것이 아니라 자기 계급을 하루라도 더 속히 해방하겠다는 데 있다. 이와 같은 의식이 현단계에 이르러 일층 농후하여졌고 일층 격렬하여진 이유도 프롤레타리아 생활의지에 의한 계급적 요구가 필연적으로 전개되는 데 있다. 다시 말하면 자연생장기를 지나서 목적의식기를 과정하는 무산계급의 생활의지란 현존 사회를 근본적으로 부정하는 데 있다. 아니다. 부정하는 데 있는 것이 아니라 한 걸음 더 나아가 전세계를 개조하고자 하는 데 프롤레타리아 생활의지가 집중되어 있다. 개조를 전제로 한 행동이 현존 사회에 있어서 프롤레타리아 생활의지의 진정한 발로다. 발로라기보다 역사적 필연이다. 이와 같이 변혁적 행동으로 집중되는 이유는 무산계급이 자기 계급을 해방하기 위한 당연한 생활의지이다.

그러면 위에 말한 바와 같은 프롤레타리아 생활의지에 의한 작품이란 어떠한 것인가? 어떠한 것이어야만 할 것인가? 프롤레타리아 문예운동이 예술운동에만 그치고 만다면 모르거니와 그렇지 않고 계급적 해방의 일익적 임무를 다하고자 한다면 또한 일 분야의 행동을 하지 않으면 안 되게 되었다면 물론 작품도 프롤레타리아 생활의지에 의하여 표현될 것이다. 보라! 초기 -자연발생기-에 있어서 일반 작품이 비조직적 반항, 증오, 살육 등으로 일관한 이유도 그 시기에 프롤레타리아 생활의지의 표현임에 틀림없다. 그러나 목적 의식기에 이르러서는 이중의 힘이 교호작용을 하고 있다. 하나는 본질적 생활의 힘이요, 또 하나는 강제적으로라도 목적의식을 주입해서 표현하게 되는 힘이다. 이 두 사실은 이 모두가 계급 해방에 있고, 변혁 행동에 있는 것은 재론을 기다리지 않는다. 그러면 이상에 논의한 것을 종합해서 한 말로 단언한다면 프롤레타리아 생활의지에 의한 작품이란 변혁적 행동을 내용으로 하는 데 있다. 이유로는 거듭 말하는 것이지마는 현 계급에 처한 프로의 생활의지란 자기 계급의 생활을 만족하지 않고 전적으로 부정하기 때문에 계급해방의 수단으로 변혁적 행동을 감행하게 되는 것이다. 그래서 전무산계급의 행동이 한군데에 집중되는 이 때에 작품 행동도 동일 행동을 감행해야만 한다.

나는 위에서 먼저 현단계를 구명하였고 다음에 구명한 단계를 과정하는 무산문예가로서는 의식적으로 변혁의 사실을 내용으로 하고 작품을 쓰지 않으면 안 되겠다는 것을 간략하게 표명하였다. 그러나 위에 논의하여 온 사실이 현 과정을 과정하는 무산문예가로서의 취할 바 창작적 태도는 아니다. 다만 어떠한 내용을 가져야 하겠다는 것을 개념적으로 서술한 데 불과하다. 그러면 나의 근본의도가 여기에 그치고 말 것인가? 아니다. 나는 지금부터 근본 의도를 구체적으로 토의하여 보겠다. 다시 말하면 현 단계에 처한 무산문예가는 어떻게 창작적 태도를 가져야만 할 것인가를 구체적으로 구명하여 보겠다는 것이 나의 근본의도이다. 나는 먼저 자연발생기에는 창작을 어떠한 태도로 하였는가부터 시작하겠다.

(1) 자연발생기의 창작적 태도

조선에 있어서 초기의 프로문학 작품이란 거지 불평, 불만, 증오 반항, 살육, 빈궁, 분노 등으로 일관되었던 것은 사실이다. 그래서 프로문예하면 벌써 빈궁문예, 반항문예, 살육문예 등으로 인증받게 되었다.

이때에 프로작가의 창작적 의도는 어떠하였는가? 한 개의 작품을 쓰는 데도 반드시 그 작품의 내용이 무산계급의 비참한 생활을 그리거나 무산자가 유산자에게 반항하는 사실을 그리거나 또한 부르주아와의 ○폭한 행동에 극도로 흥분되어 그 작품의 주인공이 결국 사람을 죽이고 말게 된다. 이외에 또 다른 내용이 있었다면 계급의식을 고취하기에 힘을 썼다.

이기영씨의 작품 「쥐 이야기」는 계급의식을 고취하는 데 가장 교묘

한 듯하면서도 가장 힘 있는 작품이었다. 그 뒤에 이씨 작품은 대부분
이 프롤레타리아가 아사하는 데까지 이르는 비참한 생활의 원인이 사
람의 팔자소관이라든가 소위 운명이라는 데 있는 것이 절대로 아니라
그 원인이 다른 곳에 있다는 것을 계급적 입장에서 우리에게 보여 주
려고 노력하여 왔다.

최서해씨의 작품 「탈출기」는 프롤레타리아의 빈궁을 가장 심각하게
표현한 작품이었다. 「기아와 살육」은 제목과 같이 기아와 싸우는 주인
공이 무의식중에 여러 사람을 살육하는 데까지 이르는 경로를 그린 것
이야말로 자연발생적 작품이었다. 또한 최근의 작 「홍염」으로 말하면
자연발생기에 있어서 최후의 작품인 동시에 대표작이라고 인증 아니
할 수 없을 만큼 무게 있는 작품이었다. 비록 한 사람의 집에 불사르고
도끼로 한 놈의 호인(好人)을 찍어 죽였다는 행동이 부르계급에 크나큰
치명상을 주지 못하였고, 전 무산계급에게 그다지 큰 영향을 주지 못
했다손 치더라도 자연발생기의 작품으로는 성공하였다고 볼 수밖에
없다. 또한 주인공이 대상인 호인을 단순한 호인으로만 보아서는 큰
오해이다. 물론 작자의 의도도 호인에게만 있지 않았을 것이다. 이 점
으로 보아 방향전환의 색채를 약간 표시한 작품이라고 할 수 있다.

이와 같은 서해씨의 작품은 거개 빈궁 속에서 살아온 씨의 자신의
체험적 심각한 필치로 비록 개인행동에 그치나 프롤레타리아의 반항
하는 사실과 현실에 반역하는 행동 등을 그렸고 조선 사람의 비참한
생활-프로계급의 빈궁을 가장 인상적으로 가장 심각하게 표현한 점으
로 보아 초기 성공한 작가라고 인증 안할 수 없다.

송영씨의 작품 「용광로」로 말하면 조직적 착취기관하에 노동하는
노동자의 생활을 그린 점으로 보아 또한 주인공 자신이 선전 선동을
목적하고 무겁게 움직여 나가는 점을 보아 목적의식기에 진전을 보여

주려는 흔적이 있는 작품이었다. 한 공장의 내부들 그리고 거기에 종 사하는 착취군의 노동자를 그린 점으로 보아 조합주의적인 듯하면서 도 조합주의적이 아니었다. 그렇다고 완전한 제2기적 작품은 아니었다. 방향전환기의 작품은 더구나 아니었다. 말하자면 비조직적, 목적의식 의 작품이다. 여하간 자연생장기에 있어서는 좀 앞선 작품이었던 것은 사실이다. 또한 최근의 작 「군중정류」로 말하면 주인공의 행동이 개인 적에 그치지만 않았다는 것만은 취할 점이 있지만 그 외에는 모두가 자연발생기에 속한 내용이다.

김영팔씨의 작품 「싸움」으로 말하면 ○○혁명에 있어서 가장 취할 만한 희곡이었다.

박영희씨의 작품 「지옥순례」로 말하면 자연발생기의 작품으로 나의 감격성을 가장 힘있게 자극한 것이다. 인간의 맨 밑바닥 생활의 분위 기를 그린 점으로 보아서 빈궁이라는 것이 인간으로 하여금 이만치 악 착한 짓을 감행하게 한다는 점으로 보아서 가장 감명을 주는 작품이라 고 아니할 수 없다.

조명희씨의 작품 「저기압」으로 말하면 저기압에 짓눌린 프롤레타리 아의 고뇌를 가장 무겁게 그린 작품이다. 이외에는 많은 작품이 거개 프로의 참담한 생활을 그렸고 계급적, 반항의 사실 이해의 탐구 등을 내용으로 한 표현이었다. 또한 개인적 분노에 의한 상해, 살인, 방화 등을 내용으로 한 작품이 자연발생기의 특색이었다. 그러면 이상의 사 실을 제재로 한다면 반드시 프로 작품으로 인증될 것인가? 아니다. 프 롤레타리아의 생활을 내용으로 한 작품이라고 그것이 모두가 프로작 품은 될 수 없다. 또한 노동자들 제재로 한 작품이라고 그것이 반드시 프로문학이라고는 할 수 없다. 또한 노동하는 사람이 창작한 문학이라 면 그것이 프로 작품으로 인증될 것인가? 그것은 더구나 아니다. 그러면 어떠한 작품이 진정한 프로작품이 될 수 있는가? 한마디로 단언한다면 프롤레타리아 이데올로기를 파악한 작가라야만 진정한 프로 작가이며 진정한 프로작품을 만들 수 있는 것이다. 계급적 입장에서 인생관, 사회관, 세계관 등을 계급적으로 하지 않으면 도저히 프로작품을 쓸 수 없다.

이와 같은 사실이 구체화된 때에 목적의식기로 질적 전환을 보게 된 것이다. 다시 말하면 문예상에 자유주의자들이 무정부적 상태로 자연발생적 작품을 제작하던 것이 맑스주의적 인식하에 목적의식을 목표로 하고 동일진영 내에 결성되어 문예품을 만들려는 것이 곧 문예운동이다. 이 까닭에 무산자 문예란 말과 무산자 문예운동이란 말이 근본적으로 다르다. 문예운동의 본질이란 문예행동에만 그치지 않고 전선운동에 일익적 임무를 다하려고 노력하는 운동이다. (어째서 문예운동도 무산계급운동에 일익적 임무를 다해야만 하겠다는 것은 이 아래-4의-에 가서 구체적으로 논의하겠다) 자연발생기의 창작적 태도를 간단히 말하자면 무산자 문예만을 만들기에 노력하였다.

여기에서 두 가지 분파가 생기에 되었으니 하나는 프로 작가가 예술을 예술품답게 쓰려고 하는 태도며 또 하나는 자기계급을 해방하기 위한 변혁적 행동을 주제로 하는 태도이다. 그러면 초기-자연발생기-의 작품을 창작하려는 무산문예가의 태도로 말하면 빈궁만을 그리려고 하였고 또한 개인적 행동에 그치는 비조직적 비맑스주의적 반항의 사실을 그렸고 무엇을 쓸까 보다는 어떻게 써서 작품으로서만 완성하려는 새로운 예술파의 행동을 감행하였다. 그러나 무산문예운동은 목적의식기로 질적 전환을 하지 않으면 아니 될 단계에까지 이르렀다.

(2) 목적의식기의 창작적 태도

목적의식기에 당면한 무산문학가는 어떻게 창작적 태도를 가져야 할 것인가? 목적의식이란 물론 변혁적 행동에 근거가 있는 것이다. 그러면 무산문예가는 변혁적 의지에 의하여 작품 행동을 하지 않으면 아니 된다. 변혁적 의식을 완전히 파악하려면 진정한 맑스주의자가 아니고서는 아니 된다. 자연발생기에 있어서는 비맑스주의자라도 계급적 반항의 사실을 쓰거나 무산자의 생활을 그리기만 하여도 프로작품으로 보아왔다. 이곳에 근본적 오해가 있고 모순이 있기 때문에 우리는 자연발생적 작품을 부정하고 목적의식기로 질적 전환을 손쉽게 하게 된 것이다. 이 까닭에 목적의식기에 있어서는 맑스주의자가 아니면 절대로 프로작품을 쓸 수 없다. 그러면 맑스주의자인 무산문예가는 창작하는 데 어떠한 태도를 가져야 할 것인가? 우리는 현실을 어떻게 해석하려는 데에 목적을 두는 것이 아니라 어떻게 변혁할까 하는 태도를 파악하게 된다. 또한 작품 하나라도 어떻게 쓸 것인가 하고 고심하는 것 보다 무엇을 써야만 계급해방에 도움이 될까 하는 변혁적 행동에 노력하는 태도를 가져야만 한다. 그리고 목적의식기에 처한 창작가란 한 개의 작품을 위한 작품만을 만들려고 하는 데 그치지 않아야 한다. 다시 말하면 그들의 손으로 된 작품이라는 것은 먼저 ○○○○○○○라도 생활의지에 의한 ××적 요소를 구비하였는가 아니 하였는가가 문제의 초점이다. 위에서 말한 계급해방 하나만이 무산계급 앞에 가로 놓여있을 뿐이다.

그러함에도 불구하고 지금까지도 같은 진영 내에 두 가지의 커다란 과제가 잠재하여 있다. 이와 같은 근본적 문제의 태도를 바로 잡기 위하여 좀 구체적으로 구명하겠다.

하나는 한 개의 작품이라도 어떻게 쓸까-어떠한 형식 어떠한 기교로

묘사를 위한 묘사를 해서 어떻게 아름다운 예술품을 만들까 하는 태도
이며 또 하나는 무산계급의 고유의 예술을 만들려고 하는 태도이다.

(A) 어떻게 써야만 할 것인가를 중요시하고 예술품다운 예술품을 만
들었다면 그것은 예술문제에만 그치고하는 것이다. 이와 같이 예술적
요소만을 구비한 작품표준, 작품편중을 하는 문예로서만 완성하여 보
겠다는 데 근본적 오해가 있는 것이다. 그러면 어떠한 태도를 취하여
야만 될 것인가. 현 시기에 제작가는 반드시 무엇을 쓸 것인가가 가장
중요한 문제이다. 무엇을 쓸 것인가를 위하여 어떻게 쓸 것인가를 염
두에 두어야 한다. 다시 말하면 계급××을 위한 변혁적 작품을 쓰는데
어떻게 표현할 것 같으면 근본 의도를 잘 발휘할 수 있을까가 문제의
초점이 된다는 말이다. 또 한번 거듭 말한다면 목적의식적 선전, 선동
을 더한층 효과 있게 할까하는 태도를 가져야만 한다.

(B) 무산계급의 고유한 예술을 만들려고 하는 태도를 어째서 과제로
인식하게 되는가? 현 사회에 있어서 프롤레타리아를 위하여 문예품을
만든대야 예술품답게 감상할 수 없다. 현 시기란 신문화를 건설하여나
가는 과정이 아니라 새로운 문화를 건설하기 위하여 구문화를 파괴하
는 과정을 과정하고 있다. 이러한 과정에 있어서 순전히 프로계급에게
감상시키기 위하여 작품을 쓴다는 태도는 현단계를 인식하지 못한 어
리석은 짓이다. 그러한 행동은 현단계를 과정하여서도 인식부족, 인식
착오에 원인이 있는 것이다. 절대로 프로계급에게 예술품으로 보여주
기 위하여 작품을 만들어서는 안 된다. 오직 현단계(급)에 적합한 예술
행동이 있을 뿐이다.

나는 아래에 같은 진영 내에서도 현단계의 인식착오, 인식부족으로
부터 기인된 오해가 목적의식기에 얼마나 어그러졌는 것을 지적하고

다음에 현 단계에 처한 창작가의 태도를 철저히 구명하여 보겠다. 어떠한 분은 프로작품의 내용을 ××조선의 생활상으로 하라고 한다. 그러면 ××된 조선을 그리기만 한다면 어떻게 된다는 말인가? 자연주의 작가 모양으로 현실을 그대로 그리기만 한다면 불합리한 현실이 고쳐지겠다고 어리석게 믿는가? 아니다. 재현만으로는 절대로 현실의 모순이 고쳐질 리 없다. 오직 한 가지 방법으로는 ○개가 있을 뿐이다. 어떠한 분은 예술본능이 움직이는데 표현욕이 생겨 예술품을 제작하게 된다는 등 고전문학도 가치를 시인하며 연구와 비판의 필요를 느낀다고 하는, 아주 현단계를 망각한 그야말로 우○를 거침없이 토하였다. 나는 이외에 더 길게 논평하기를 피하거니와 같은 진영 내에 약간의 오해는 상호비판에 의하여 맑스주의적 인식하에 통일되리라고 확실히 믿는다. 어떠한 분은 상호비판에 의하여 이론확립을 기한다는 말을 오해해서 확립한 예술이론으로 프로예술품을 제작하는 줄만 안다. 현재에 있어서 문예이론확립이란 투쟁이론이며 변혁적 예술행동의 전제조건이다.

또 한 가지 오해는 무산계급 문예를 창작하여 프로문예가로서의 임무를 다하려고 하는 데 있다. 또한 문예인으로서 만족하려는 듯한 경향도 없지 않다. 우리는 이와 같이 오해를 바로 잡지 않으면 아니 되겠다. 무산계급 문예운동의 출발점이 초문학적 행동으로부터 시작한 것이 사실이라면 문예가로서만 완성을 기하려는 행동은 철저히 배격해야만 한다. 또한 무산문예 운동의 본질이란 단순하게 문예만을 위한 문학운동, 문단운동이 아니라 한걸음 더 나아가 생활운동, 사회운동, 전무산자계급운동 등의 일익적 임무를 다하는 데 있다. 무산계급의 세계변혁의 의지와 미래사회를 동경해마지 않기 때문에 목적의식기인 현 단계에 처한 창작가의 태도란 어떻게 해서 사회주의문학을 건설하겠다는 게 아니라 변혁적 의지를 파악하고 아니한 데 있다. 무산계급

운동이 프로 작가의 임무인 것은 물론이다. 이와 같은 임무를 구체화
하고자 하는 것이 이 곳 문학운동한계 내에 변혁적 의지를 의식적으로
주입하여 작품 행동을 감행하게 되는 것이다. 여기에 전체성을 통한
특수성을 인증하게 된다.

목적의식기의 문예가로서 파악해야만 하는 태도는 작품을 위한 의
지를 맑스주의적 인식 하에 조직적으로 표현하기를 노력해야만 한다.
강제적으로라도--------또한 계급운동을 망각하고 소위 예술운동에 의
하여 작품을 쓰려고 하는 순수예술가에 속한 태도로 창작을 하여서는
절대로 아니 된다. 먼저도 말하였지마는 무엇을 쓸까를 생각한 다음에
그것을 일층 효과를 내기 위하여 어떻게 표현할까 하는 태도를 취하여
야 한다. 다시 말하면 목적의식적 작품을 어떻게 표현해야만 변개적
행동에 더 큰 효과를 발휘하여질까 하는 것이 문제의 초점이요, 현 단
계에 처하여 가장 긴요한 창작적 태도이다.

(신문 연재분 일 회 누락)

(1) 문예운동이 무산계급운동에 일익적 임무를 어째서 다하게 되어
있는가? 나는 이 위에서 무산계급 문예란 말과 무산자 문예운동이란
말의 그 의의가 근본적으로 다르다는 것을 지적했다. 무산자 문예는
비목적 인식인데 반하여, 문예운동은 목적의식적 행위이다. 목적의식
적 행위라는 말은 전체생활적인 계급 해방적 행위, 변혁적 행위인 것
은 물론이다. 문예운동이 목적의식적 행위를 감행한다고 그 운동만이
계급해방을 할 줄로 믿는다. 무산운동자는 물론 예술의 효과를 과중평
가하는 것 같은 새로운 예술지상주의자들은 절대로 아니다. 이 까닭에
전체성을 통한 일익적 행위라고 한다. 여기에 일관적으로 임무를 다하

려 노력하는 것이다.

(2) 일익적 임무를 어째서 다하지 않으면 안 되게까지 되었는가? (2)는 (1)과 교호관계가 있다. 문예로서의 일익적 임무를 다하려고 노력하는 사람-그런 태도를 파악한 사람- 은 이원적 성질을 인식하지 않는다. 다시 말하면 문예운동과 무산계급 운동을 이원적으로 해석을 하려고 하지 않는다. 예술은 예술로서의 특수한 체계가 있고 경제는 경제로서의 특수체계가 있고 정치는 정치로서의 특수체계가 있다고 비과학적, 비변증법적 해석을 하는 다원론자가 아니기 때문에 예술을 독립특수 체계를 고취 주장하지 않고 전체성적 운동에 일익적으로 참가하게 된 것이다. 투쟁기에 있어서 프롤레타리아 생활의지란 변혁적 목표 이외에 아무것도 없다. 프롤레타리아 생활의지에 의한 문예운동이라면 문예로서의 일익적 임무를 다하지 아니치 못할 것이다.

(3) 정치투쟁과 문예운동

나는 위에서 문예로서도 반드시 방향전환을 해야만 할 이유를 지적해서 논평하였다. 그러면 현 계급에 당면하여서는 문예로서의 정치적 진출을 해야만 한다는 것이 합리적 사실이라면 어떻게 진출할 것인가가 문제이다. 이것은 상호 비판적, 이론투쟁에 의해서 구명될 것이다. 정치투쟁기에 문예이론 확립이란 정치 투쟁적 사실, 정치적 폭로 등을 내용으로 한 작품 행동에 그치는 것이다. 방향 전환한 현 단계의 작품 행동이란 전체성을 내용으로 한 정치적 활동이어야만 한다.

(4) 프로예술의 특수성

무산계급 문예운동 진영 내에서는 프로예술의 특수성을 부정하는

가?

우리는 계급이란 전체성을 전체성 그대로 망각한 특수성을 인증하지 않을 뿐이다. 프롤레타리아의 전목표인 변혁행위는 무산계급운동의 전체성이다. 이와 같은 전체성을 통한 특수성이면 부정하게 되지 않는다. 그 까닭은 프로문예 운동이 전체운동 가운데 부분적 지위를 점령하고 전개되어 나가기 때문이다.

또한 예술의 특수성만을 고집해서 예술은 예술로의 독립적 특수체계가 있다고 현단계를 인식하지 못한 맹목적 주장을 열렬히 하는 반면에 예술행동을 과중시하여 문예운동이 곧 실제운동인 줄 오해하는 경향도 없지 않다. 이것은 모두가 현 계급의 인식부족, 인식착오에서 기인되는 오류이다. 우리도 정치형태와 예술형태가 각각 다른 것은 안다. 그러나 이원사회에 있어서는 무산계급은 정치행동 하나만이 자기 계급 해방하는 데에 유일한 수단이다. 완전한 해방의 투쟁목표이다. 이러한 시기에 있어서 예술형태의 특수성을 고집한다는 것은 전체성을 모르는 행동이다. 그러므로 전체성을 저버린 예술의 특수성만은 성립할 수 없다.

■● 5 ●■

간단히 쓰겠다는 것이 너무나 길어서 지루하여졌다. 지금부터는 될수 있는 대로 요령만 따서 간단하게 결론을 쓰겠다. 현단계에서는 여하한 이론 여하한 작품을 요구하는가? 이것은 곧 작가의 태도를 결정하는 것이다. 이론투쟁은 이론 확립을 위하여 감행되는 것이요, 창작가

로서는 현 계급에 확립된 문예이론에 의하여 정치적 활동을 내용으로
한 작품행동을 하게 하는 것이다. 나는 이 위에서 목적의식기에 처한
무산문예가의 창작적 태도는 어떻게 해야만 된다는 것을 표명하였다.
그러나 투쟁목표가 정치적 행동에 있는 현단계에서는 어떠한 태도를
파악해야만 할 것인가?

목적의식기를 논의할 때와 조금도 다를 것이 없다. 거듭 말한다. 작
품을 위한 작품을 쓰려고 하지 않는 태도와, 어떻게 쓸까를 중대시하
지 않고 어떠한 것을 쓸까 하는 데에 전력을 하는 태도를 가져야만 한
다. 프롤레타리아에게 예술품으로 감상시키기 위해서 작품을 쓰지 말
고, 정치적 운동, 정치적 투쟁을 요소로 한 작품이 만들어져야 한다.
또한 무엇을 어떻게 써야 할까를 염두에 두어야 한다. 어떻게 써야 할
까 하는 것도 무엇을 좀 더 효과 있게 표현하기 위한 태도이다. 새로운
형식과 새로운 기교로 어떠한 것을 쓰기 위하여 거기에 규범되지 않으
면 안 된다. 현단계에 당면하여 무엇을 쓸까, 어떠한 것을 쓸까 하는
것은 모두가 정치투쟁 범위 내에서 취할 것이다. 그러면 우리 앞에는
어떠한 것이 가로놓여 있는가? 현단계에 처해서는 오직 해방문제가 있
을 뿐이다.

『조선일보』, 1927년 10월 9–10월 20일

1927년 문단의 총결산
- 그 발전과정의 검토문

■●1●■

　조선에 있어서 프롤레타리아 문예운동은 전 무산계급-----과 함께 반드시 과정하게 된 발전과정을 의식적으로 과정하여 현단계에까지 진출하게 되었다. 조선의 특수사정이란 객관적 정세는 전체성적 부분운동인 문예운동에까지 다대한 경향을 끼치고 있는 것이 명확한 사실이다. 이러함에 불구하고 우리의 운동자체가 상당한 진전을 보여준 이유로는 의식적----- 자 등의--------에 의함이라고 인정할 수밖에 없다. 무의식적 행동인 자연발생기의 운동은 활동자체의 오류와 결함이 존재하였음으로 이것이 구명된 때에 목적의식적 행동인 제2기의 운동을 촉진하게 되었다. 이와 같이 제1기인 자연발생기의 운동으로부터 제2기인 목적의식기로의 질적 전환을 감행하게 되었다. 여기에 제2기적 임무를 다하기 위하여 문예운동으로서의 방향전환을 하게 되어 의식적으로------ 진출을 보게 되었다. 그러나 제2기의 운동이 목적의식적 행동이니만치 또한 투쟁 목표가 --------인 만큼 모든 행동에 있어서 미미하였던 것이 사실이다. 문예운동이 방향전화를 하였으니------출을 하였느니

하지마는 실질에 있어서 이러하다 할 만한 기능을 발휘하지 못하였고, 소리칠 만한 효과를 나타내지 못하였다. 더구나 작품 행동에 있어서는 현단계에 요구하는 작품이 한 개도 발표되지 못하였다. 이와 같은 제 현상이 무엇을 의미하는 것인가? 물론 조선이란 특수사정이 작품 행동으로부터 일체의 행동을 허락하지 않았던 까닭이다.

이상에 지적한 발전과정이 과거 일 년간 문예 운동진영 내에 얼마마한 영향을 끼쳐주었는가? 또한 동지 간에는 여하한 방법으로 여하히 의식적 행동을 감행하여 왔는가? 이것을 구체적으로 토의하여 보는 것도 문예운동 진전 상 무의미한 일이 아닐 것이다. 다시 말하면 1927년의 문예운동을 회고하여 1928년의 운동을 가일층 의의 있게 조직적으로 더 효과 있게 움직여 나가자는 것이다. 나는 지금부터 과거 일 년간의 평론계, 소설단, 시단, 기타 행동 등을 부분적으로 지적 구명하여 신년운동에 한 도움이 되기를 힘쓰겠다.

■ ● 2 ● ■

1927년으로 말하면 조선무산계급 문예운동에 있어서 가장 의의 있고 역사적 필연의 임무를 어느 정도까지 감행하였고 가장 중요한 계단을 과정한 일 년임에 틀림없었다. 자연생장기에서 목적의식기로의 비약을 하여 질적으로 전환을 하게 된 것도 과거 일 년의 일이요, 문예로서의 방향전환을 하여-----진출을 보게 된 것도 또한 과거 일년에 일어난 의식적 행동이었다. 다시 말하면 과거 일 년간에 전체성적인 조선의 -------이 조합주의적 경제 투쟁에서 전 무산계급-----으로 방향전환을 하게 되어 국부적----이 전선적---으로의 비약적 진전을 보게 되었다.

여기에 전체성을 통한 부분운동으로의 임무를 다하고자 하는 문예운
동도 반드시 의식적 노력에 의하여 방향전환을 하지 않으면 아니 될
단계를 과정하게 되었던 것이다. 그러나 일반 문예운동자로서는 기계
적 공식적으로 문예운동을 진전시키지 않기 위하여 문예영역 내의 주
체적 지도 이론 확립에 노력하여 왔다. 그래서 같은 진영 내에서도 동
지 간에 격렬한 이론투쟁이 시작되었고 상호비판에 의하여 비본질적
오류를 바로잡기에 노력하였다. 또한 <아나>와의 이론투쟁, 자유주의
자 배격, 현 단계에 대한 인식착오, 인식부족한 동지의 극복 등등을 감
행하여 왔다. 이와 같이 이론확립, 이론투쟁, 상호비판, 오류적발 등을
하지 아니치 못하게 되었음으로 1927년이란 과거 일년을 과정하는 동
안에 평론계만이 문예운동 진영 내에서 활약을 거듭하여 다대한 수확
이 있었던 것은 사실이다.

1) 나는 먼저 1927년인 신년 벽두부터 같은 진영 내에서 동지 간에
격렬한 이론투쟁을 검토하겠다. 그것은 김기진씨와 박영희씨와의 평적
태도에 대한 미증유의 논쟁이었다. 두 분에 대한 논쟁의 발단은 1926
년 12월호에 발행된『조선지광』(12월호인 제62호에) 기재된 김기진씨의
「문예월평」이란 창작비평문에서부터 시작되었고, 문제의 초점은 평적
태도에 대한 근본적 오류에 있었던 것이다.

먼저 김기진씨의 비평적 태도를 수삼 지적하겠다.

신민에 실린 염상섭씨의 「미해결」은 미완성인채로 발표된 것이니
끝까지 읽기 전에는 무엇이라 말할 수 없는 일이나 이미 읽은 부분만
을 가지고서도 작자의 목적과 주제는 대강 짐작하겠다. 사건의 연결과
묘사의 기교는 항상 보는 바와 같이 감히 타인의 추종을 허하지 않는
바가 있다. 그리고 이 작품에는 무엇이 있다.------

박영희형의 「철야」 「지옥순례」 두 편에 대해서도 나는 내가 마땅히 말하여야만 할 말을 다해야겠다. 먼저 「철야」에 대해서 간단하게 말하면 이 소설의 구상은 가장 논리적으로 된 것 같다. -----작자는 <인생이란 무엇이냐? 생활이란 무엇이냐? 빈부의 차별이란----한 것이냐? 아니다. 우리는 빈한하다. 우리는 무산계급자다. 무산계급은 자계급의----과----하지 않으면 안 된다>는 것을 말하기 위하여 너무도 쉽사리 간단 간단하게 처리하였다. 그 결과 이 일편이 소설은 아니요 계급의식, 계급투쟁에 대한 추상적 설명에 시종하고 말았다. 일언일구가 이것을 설명하기 위하여서만 사용되었다. 소설이란 한 개의 건축이다. 기둥도 없이 석가래도 없이 붉은 지붕만 입히어 놓은 건축이 있는가?----작자는 최후의 <계급 운운>의 말을 쓰기 위하여 명진이를 썼고 이 글을 썼다고 보았다.

다음으로 「지옥순례」 역시 소설이 요구하는 요건을 구비하지 못한 실패한 작품이다. 작품 「지옥순례」가 작품으로 성립되기 위하여서는 칠성이 아버지 진달이의 그 단말마적 기갈에 대한 실감의 고조가 무(無)하고는----묘사의 공과는 실감을 줌에 있다. 그런데도 여기에는 묘사가 없다.

이상에 열거한 김씨의 원문이 무엇을 의미하였던 것인가? 이것을 한번 검토하여 보자. 염씨의 기교만을 운운한 것이라든가 박씨의 작품을 <계급운운>하기 위하여 쓴 것이라고 좀 불쾌한 듯이 논평한 것이라든가 또한 기교만을 편중하여 실감의 고조를 역설한 점으로 보아 그때에 김씨의 태도를 순계급적 입장에서 작품을 평한 비평가라고 인증할 수 없는 것은 사실이다. 그때에 동지 간에는 이와 같은 기대도 없지 않았다. 김기진씨나 박영희씨 혹은 새로운 평론가 등이 엄정한 맑스주의 입장에서 일선 작품에 대하여 계급적 비평을 내리기를 고대하기마지 않았었다. 이와 같은 기대가 있었음에도 불구하고 김기진씨는 의연히 염상섭씨와 같은 묘사에만 전력하는 기교만능주의자의 작품을 호의로써 비과학자의 태도로 비평하였던 것이다.

여기에 박영희씨와의 논전이 비롯된 것이다. 일년 전에는 부르작가 염상섭씨와 박영희씨 간에 격렬한 논쟁이 있었던 것이 이 때에는 같은 진영 내에서 동지 간의 이론투쟁이 전개되었던 것이다. 그래 일 년간 이만한 진경을 보여 준 것이다.

『조선지광』 신년호(1927년)에 기재된 박영희씨의 논문 「투쟁기에 있는 문예비평가의 태도」는 문예운동을 위하여 무엇을 말해 주었는가?

문예상에 있어서 내재적 비평과 외재적 비평을 구명하여 투쟁기에 당면하여서는 외재적 비평에 치중하지 않으면 안 되겠다는 단언을 내렸다. 다시 말하면 작품의 구성요소만을 분해하여 묘사가 있다 라든가 기교가 없다 라든가 하는 단순히 문학사적 비평을 떠나서 사회적 의의를 결정하는 문화사적 비평에 주목점을 두지 않으면 안 되겠다는 것이다.

여기에 대하여 박영희씨는 말한다.

그러나 나는 이곳에서 단언한다. 프롤레타리아의 작품은 김군의 말과 같이 독립된 건축물을 만들려는 것이 아니다. 레닌의 말과 같이 큰 구조의 한 치륜인 것을 또 다시 말한다. 프롤레타리아의 전 문화가 한 건축물이라면 프롤레타리아의 예술은 그 구성물중에 하나이니 석가래도 될 수 있으며 기둥도 될 수 있으며 기와장도 될 수가 있는 것이다. 군의 말과 같이 소설을 소설로서 완전한 건축물을 만들 시기는 아직 프로예술에서는 시기가 상조한 공론이다.-----

이와 같이 김기진씨와 박영희씨의 논조가 근본적으로 달랐다. 그러나 박영희씨 자신도 한 가지를 망각하고 넘긴 것이 있으니, 그것은 곧 기둥이나 석가래를 어떻게 제작하겠는가? 다시 말하면 외재적 비평을 위한 내재적 비평에 대하여 아무런 논의가 없었다. 한 개의 작품을 사회적으로 의의 있게 창작하기 위하여-문화사적으로 더한층 효과 있게 표현하기 위하여-새로운 형식과 새로운 기교를 요구하게 될 것이다. 이 점에 대해서는 『동광』(2월호)에 기재된 권구현씨의 논문 「계급문학과 그 비판적 요소」 중에 다소 논의되었다.

나는 이것을 입증하기 위하여 한 개의 작품[작술(作述)]을 -김군은 건축에 비하였고, 박군은 치륜에 비하였음에 반하여-장검(長劍)에 비유하겠다. 내가 말하는 이 장검은 결코 당시에 애검가가 가지는 그와 같은 장검은 아니다. 급격히 몰아들어오는 -----을 물리치기 위하여 만든 장검이다. 그럼으로 이것은 피갑도 없고 자루도 험하고 칼등도 함부로 굽었다. 광택도 물론 없다. 그러면 애검가가 이 장검을 볼 때에 뭐라고 평할 것인가. 장검이 요구하는 요건을 구비하지 못한 불완전한 장검이라고 말할 것은 물론이거니와 이게 무슨 장검이냐고 발길로 차 내버리지 않았으면 만행(萬幸)이겠다. 그러나 생각해 보라. 미구에 지쳐 들어올----을 방비하기 위하여----하기 위하여 응급하게 제작하는 이 장검에서 무엇을 요구할 것인가. 아로 새기는 세공을 요할 것인가. 정제한 전형(典型)과 광택 있는 맵시를 구할 것인가. 피갑을 구할 것인가.

아니다. 아무 것도 요하며 요하지 않는다. 여기에서 오로지 바라는 것은 먼저 양호한 강철을 취택한 다음에 낙락장송이라도 일도에 참단(斬斷)할 날카로운 백도(칼날)뿐이다. 우리가 취택하는 제재는 강철이다. 표현은 백도이다. 목적은 다같이 -----을 물리침에 있다. 애검가는 춤을 취도 좋다. 예술비평가는 어떠한 악평을 내리든지 자유에 맡긴다. 장검은 그의 임무만 마치었으면 그만이다. 작품은 프롤레타리아의 문화적 사명만을 다함에서 족하다. 여기에서 참된 프롤레타리아 예술비평가가 있다 하면 먼저 그 강철의 양부를 심사하고 다음으로 검도를 만져 봄에 그칠 것이다. 그러고 여분의 요건은 평화기에 가서 찾을 것이다.

이것은 재래의 부르비평가들이 취한 태도를 비난, 부정하는 한 옆에 새로운 비평가를 요구한 것이다. 강철, 백도 등을 운운한 것은 새로운 형식, 새로운 묘사를 말한 것이요, 새로운 묘사와 형식을 요구하는 것은 맑스주의적 기준에 의한 작품을 더 한층 효과 있게 표현하기 위하여 취하는 태도이다.

그래서 김기진씨는 『조선문단』(2월호)에 기재된 「무산예술작품과 무산예술비평」이란 논문 중에서 아래와 같은 의사를 표명하는 동시에 김씨의 근본적 태도를 성명하였다.

"----그리하여 나는 나의 결론을 말하면 우리 문예비평가는 소위 내재적 비평을 취입한 외재적 비평이어야만 한다는 것이다"

"----박군 일개인 뿐 만아니라 우리 동지의 대부분이 나의 비평가적 태도에서 소위 <프로 문예비평가가 되기 전에 계급의식 운운에 호감>을 가져야만 할 만큼 불선명한 점이 있는 것이 사실이라면 공인하는 사실이라면 마땅히 나는 동지들의 앞에서 고개를 숙이고 사죄하고 앞날을 맹서하겠다." 이것은 진정한 과학자의 태도가 아니고 무엇인가? 이와 같이하여 일시에 격렬하였던 같은 진영 내의 이론투쟁은 문예운동 진도 상 중대한 의의를 남기고 일단락을 고하게 되었다.

2) 『동아일보』지상에 기재된 권구현씨의 신년호 창작평은 어느 정도

까지 과학자적 태도의 비평이었고 다소 새로운 진경을 보여주었던 것
도 사실이다. 하여간 묘사를 위한 묘사, 기교를 위한 기교를 평하던 비
평적 태도에 비하여 일대비약이었다. 어떻게 표현했는가를 검토하기
전에 작자가 무엇을 쓰려고 했는가, 무엇을 말하려고 하였는가를 계급
적 입장에서 비평하였다. 다시 말하면 작가의 근본의도가 사회적 의의,
문화사적 가치 등에 얼마만한 영향을 끼쳐 주었는가를 상고(詳考)하기
에 치중하였다. 이 점으로 보아 내재적 비평 기준에서 외재적 비평 기
준으로의 신경지를 개척할 평론가이었다. 그러나 권씨 태도에 있어서
진정한 맑스주의적 기준에 의한 비평인가를 의심하게 되었다. 여기에
대해서는 한설야씨의 검토문이 『조선일보』지상에 발표되었으니, 그것
은 무엇을 의미하였고 무엇을 결정하였는가? 권구현씨의 평적 태도에
대하여 중간파적 비평이라고 단안을 내렸다. 사실 한설야씨가 구명한
바에 의하면 진정한 맑스주의적 비평이 아니었다.

3) 『조선문단』 3월호에 기재된 김화산씨의 논문 「계급예술론의 신전
개」는 문예운동 진영 내에 일대 파문을 일으켰던 것은 사실이다. 그
평론에 의하여 일반 문예운동자로서는 그대로 묵과할 수 없었던 까닭
에 이론투쟁이 거의 조직적으로 시작되었던 것이다. 「계급예술론의 신
전개」를 중심으로 한 반격문이 『중외일보』, 『조선일보』지상에 일시에
발표되었으니 하나는 동지 조중곤군의 「선전과 예술」이요, 또 하나는
필자의 「계급 예술론의 신전개를 읽고」였다. 그 뒤미처 동지 한설야군
의 박문(駁文)이 『동아일보』지상에 기재되었으니 이와 같은 논쟁이 무
엇을 의미한 것이며, 어떠한 효과를 나타내었는가. 제일은 <아나>와
의 투쟁, 그 다음에는 문예이론확립에 다소 도움이 되었던 것이다. 우
리는 이와 같은 행동을 의식적으로 감행하였다.

수삼 개월이 경과한 후『현대평론』지상에 김화산씨의 박문에 대한 박문「뇌동성 문예론의 극복」이 발표되었으니 그 글의 내용은 우리를 비맑스주의자로 지적하였다. 그러나 이론 근거가 박약하였고 또한 문예운동의 본질을 모르는 맹목적 행동이었다.

우리는 여기에 대하여 <아나>와의 투쟁보다도 제1의적인 문예이론 확립에 또한 현계단 구명에 의식적으로 노력하였다. 그래서 조중곤군은 또 다시『중외일보』지상에 재반박문인「비맑스주의적 문예론의 배격」을 발표하였고, 필자 역시『조선일보』지 상에「상호비판과 이론확립」이란 재반박문을 발표하게 되었다. 그 뒤에『중외일보』지상에는 순전히 조중곤군을 상대로 한 강허봉씨의 반박문이 기재되었고,『조선일보』지상에는 전혀 필자 일 개인만을 상대로 한 김화산씨의「속 뇌동성 문예론의 극복」이 발표되었다. 그러나 우리는 더 논쟁하기를 피하였다. 그 후에 임화씨의 검토문이『조선일보』에 기재되었으니, 제목이「착각적 문예이론」인 만큼 김씨의 착각적 문예이론, 본질적 오류를 맑스주의 입장에서 지적, 구명하였다. 이와 같이 하여 반년 이상의 격렬한 논쟁은 서로 미진한 점이 많으면서 종막을 고한 듯싶다. 그러나 어느 때에 또 다시 재전개될른 지 모를 일이다.

『조선일보』지상에 유엽씨와 김태수씨와의 논쟁이 수차 거듭하였다. 또한 유씨의 단말마적 행위, 형이상학적 정신주의자의 망론은『조선지광』8월호에 기재된 박영희씨의「문예시평과 문예잡감 중에서 여지없이 정체 폭로 치명상의 검토를 당하였으므로 나는 이곳에서 유씨와 김씨와의 논쟁한 내용을 검토하기를 피한다. 유엽씨의 소위 이론이라는 것을 이 시대의 민중-더구나 조선의 대중-이 요구하지 않는다. 그러나 요구하거나 기대하지 않는 것만큼 우리는 그러한 이론답지 못한 이론에 대해서는 의식적 지도 하에 적극적으로 배격하지 않으면 안 된다.

4) 『조선지광』 8월호에 기재된 김기진씨의 「시감2편」 중 조명희씨의 「낙동강」을 아래와 같이 비평한 것을 보았다.

이 만큼 감격으로 가득찬 소설이- 문학이 있었던가. 이 만큼 인상적으로 우리들의 눈앞에 모든 것을 보여준 눈물겨운 소설이 있었던가. 이것은 어떤 개인의 생활기록이 아니라 이것은 현재 조선-1920년 이후 조선 대중의 거짓 없는 인생기록이다.

이 점에 대해서 박영희씨는 『조선지광』 9월호에 「감격!」이란 제목으로 아래와 같은 의사를 표명하였다.

----그러나 보라 예술가의 그 순진한 눈으로서는 다만 현실을 소극적 퇴폐로 옮겨 놓고 말 것을- .회의, 낙망, 무기력과 한 가지, 예술가의 눈물은 어마나 큰 해독을 사회에 남기어 놓는다는 것을 알아야 한다. 이 해독을 지적하며 이 눈물의 궁전을 파괴하며 예술의 사회적 임무를 주장하는 작가 혹 평가들도 때때로 이 퇴폐된 유물에게 그 의지의 침략을 당하게 되는 것을 본다. 눈물 어린 '로맨틱'한 애조를 읊을 때 마다 이것을 파괴하지 않고, 파괴하기 전에 먼저 안가(安價)의 감격이 발동해서 이 애조를 찬미한다. 얼마나 주장 없는 예술가! 얼마나 의식 없는 예술가랴! 예술가여! 감격의 눈물로서만 사회를 보려하지 말자! 이것은 아무런 가치도 같지 못하였다.

이상에 지적한 부분을 본다면 김씨의 비평이 현단계에 있어서 다소

오류를 범하였던 것은 이론전개가 증명하는 명확한 사실이다. 이것보다도 더 한층 커다란 오류를 침범한 것이 있으니 그것은 곧 작품 행동에 있어서 제2기 문제이다. 그래서 동지 조중곤의 검토문이 『조선지광』 10월호에 「낙동강과 제2기 작품」이란 제목으로 발표되었다. 그 글의 내용은 두 가지로 구별할 수 있으니, 하나는 조명희씨의 「낙동강」이 사실 제2기적 작품이 아닌 만큼 김씨의 비평이 오류를 범한 것이라고 지적하였고, 또 하나는 제2기 작품은 여차여차한 구체적 요소를 구비해야만 되겠다는 것을 구명하였다.

문예운동에 있어서 작품행동이 한 개의 중요한 부분 행동이니만치 현 단계에 요구하는 작품 기준, 작품 규범 등의 이론 확립이 필요하였던 것이다. 그래서 조중곤씨는 「낙동강과 제2기 작품」을 발표하여 현 단계의 임무를 다하려고 노력하였고 필자는 『조선일보』지상에 「무산문예가의 창작적 태도」를 발표하여 문예운동 상 제2기에 있어서 한 도움이 있기를 의식적으로 힘썼다.

5) 미술이론에 대해서 다소 논의하여 오기는 미지의 동지 김용준씨를 들 수밖에 없다. 처음 발표한 「화단개조」(『조선일보』)에 대해서는 많은 호감을 가졌었고 앞으로 미술이론 확립에 노력하여 주기를 기대하였었다. 그 후 『조선일보』지상에 동씨의 「무산계급회화론」이 기재되었는데, 전번에 비하여 다소 불만족한 점도 없지 않았으나 그대로 넘겼다. 그러나 셋째 번 발표된 「프롤레타리아 미술 비판」은 그대로 묵과할 수 없는 내용이기에 필자는 『조선지광』 11월호에 김씨의 인식부족, 인식착오 등을 지적, 구명하였다. 뒤미처 『조선일보』지상에 「미술영역에 재한 주체이론 확립」이란 제목으로 임화씨의 김씨에 대한 반격문이 발표되었다. 이와 같은 사실이 무엇을 의미하는 것인가? 미술에 있었

어도 미술을 규범할 만한 미술이론 확립을 위하여 이론 투쟁을 하지 않으면 아니 될 필연의 과정을 과정하게 된 것이다. 무산계급 예술운동에 있어서 연극 부분이 중대한 역할을 감행할 수 있는 만큼 미술 부분도 중대한 역할을 감행할 수 있다. 감행할 수 있는 것이 아니라 반드시 감행하기를 의식적으로 노력할 것이다. 임화씨는 이 점을 파악하였고 본질적 이론을 표명하였다. 그래서 임화씨는 말한다.

우리의 미술가는----포스터를 제작할 것이다. 그리하여 석판가에게 보낼 것이다. 그래서 대량으로 만들어야 할 것이다. 이와 같이하여 가두에다, 극장에다, 공원에다, 전차에다 우리는 우리의 미술품 전람회를 열 것이다. 우리의 미술가는--------가는 물론 일면 운동의 ------할 것이다. 여기에 프롤레타리아 미술의 ------이 있다.

이와 같이 임씨는 현 단계의 프로미술을 구명하였다. 여기에 공명되는 동지는 이와 같은 이론을 파악한 미술 동지는 같은 진영 내로 집중하여 금년부터 새로운 미술 행동을 감행하자 할 것이다.

6) 『중외일보』 신년호(1927)년에 기재된 박영희씨의 평론 「신흥 문학 건축의 여명적 운동」은 과거 운동을 파악하기에 가장 요령을 얻을 만하고 또한 운동진전상 중대한 의의, 다대한 효과를 나타낼 논문이었다.
김기진씨의 논평 「문단침체의 사회적 의의와 신흥 문예의 구도에 대하여」(『조선지광』 신년)는 전에 보지 못하는 가장 조리 있고 가치 있는 논문이었다.
조선의 문학사적 개관을 논하여 재래의 문단 침체의 원인을 역사적 필연의 귀결이라고 지적하였고 신흥문학의 융성을 과학적으로 표명하였다. 무산계급 문예운동이 조선 사회의 일대 현상으로 적극적으로 진출될 것을 역설하였다.『동광』3월호에 기재된 권구현씨의「전기적 프로예술」이란 논문이 무엇을 말하였으며 문예운동에 어떠한 효과를 나타냈는가? -----전기의 예술적 기능, 예술적 임무 등을 운운한 것이 현단계 구명에 대하야 다소간 도움이 된 것은 사실이다.

박영희씨의「문예비평의 형식파와 맑스주의」(『조선문단』3월호)는 러시아의 문예 진전상 중대한 문제가 되어온 <형식파>와 <맑스주의파>의 논쟁을 단편적으로 소개한 것이다. 그러나 박씨의 근본 의도는 소개에만 그친 것이 아니라 조선에서도 문제되었던 내재적 평과 외재적 평에 대한 근본적 의도를 구명하고자 한 것이다. 동씨의「문예 의식 구성과 계급 문학의 진출」(『조광』6월호)「문예운동의 목적의식론」(『조광』7월호)은 문예 가치와 의의가 중대한 평론이었다. 그러나 객관적 정세는 박씨로 하여금 할 말이 다 못하게 하였던 관계상 방향전환에 대한 이론이 구체적으로 되지 못하였던 것도 사실이다. 또한『중외일보』지 상에 기재된 김태수씨의「방향전환에 입한 문예운동」이란 평론도 제2기를 과정하는 문예 운동에 한 도움이 되었다.

『중외일보』지상에 이북만씨와 송순일씨와의 논쟁 또한 이북만씨의「일본문예 조감도」(『조선일보』)『조선지광』2월호에 기재된 박영희씨의「신경향파 문학과 무산파 문학」과 문원태씨의「제2기 투쟁기는 재래하였다」와 동지 3월호에 박영희씨의「무산예술의 집단적 의의」, 한병도씨의「계급 대립과 계급 문학」동지 4월호에 기재된 박영희씨의「문예운동의 방향전환」과 김기진씨의「문예시평」(『조선지광』2월호에서 5월호까지) 등이 문예이론확립에 중대한 임무를 감행하였다. 또한 이상에 지적한 논문이외에 잡지 혹은 신문지상에 발표되었으나 지면관계,

시일문제로 더 쓰기를 피한다. 그러나 이 모든 시평이 과거 일 년간 문예운동 진영 내에 적지 않은 영향과 부분 행동으로의 역할을 감행하게 되었던 것이다.

이와 같이 과거 일 년간에 평론계만이 전에 보지 못하던 활약을 정(로)하게 되었고 문예운동에 있어서 반드시 과정하게만 된 단계를 과정하기 위하여 의식적으로 이론투쟁을 하지 아니치 못하게 되었던 것이다.

■ ● 3 ● ■

1927년의 소설단으로 말하면 평단에 비하여 양으로나 빈약하였던 것은 사실이다. 양적으로 보아서 신년호 이후의 창작은 매월 한두 개에 불과하고, 질적으로 보아서는 과연 현단계에 요구하는 작품을 발견할 수 없었다. 다시 말하면 매월 한두 개씩 발표되는 소설도 제2기적인 방향전환 이후의 작품 행동이 아니었던 것이다. 다소 목적의식적 색채를 띤 경향이 보이기는 보였으나 그것이 진정한 방향전환기의 작품은 아니었다. 이론에 있어서는 제2기를 운운하게 되고, 방향전환을 논의하여 왔으나 작품에 있어서 그 이론을 실천하지 못하였다. 나는 지금부터 과거 일년 간에 발표된 소설을 한번 검토하여 보겠다.

『동광』 신년호에 기재된 이기영씨의 「실진」, 최서해씨의 「錢迓辭」, 주요섭씨의 「개밥」 등도 전부가 제1기에 속한 작품이었는데, 그 중에서도 주요섭씨의 「개밥」은 자연주의 작가의 창작적 태도로 제작된 소설이었다. 우리는 그때에 벌써 그런 류의 소설을 요구하지 않았고, 그런 류의 작가를 배격하고 있었다. 그래서 진정한 프롤레타리아 이데올로기를 파악한 무산작가를 환영하게 되었다. 여기에서 프롤레타리아의 생활을 그렸다고 그것이 진정한 프로작품이 아니라는 것을 증명하게 되는 것이다.

『조선문단』 신년호에는 최서해씨의 「홍염」, 김영팔의 「여성」등이 기재되었다. 그러나 김영팔씨의 「여성」으로 말하면 발표하지 않았더라면 좋지 않았을까 할 만큼 우리의 기대를 등지고 만 희곡이었다. 1928년부터는 이와 같은 희곡을 발표하지 않을 터이지----좀더 계급적이고 또한 현 단계에 요구하는 무산계급 생활의식의 발로인 진정한 의미의 프로 희곡을 발표하리하고 믿는다.

최서해씨의 「홍염」으로 말하면 자연발생기에 있어서 가장 우리가 취할 만한 작품이다. 「홍염」이란 작품 속에서 움직이는 인물 중에 호인은 누구를 상징한 것이었던가? 여기에서 우리는 방향전환기로의 질적 변환을 보여주려는 것을 넉넉히 짐작할 수 있다. 그 후 『현대평론』 5월호에 기재하였다가 세상에 나오지 못하고 그대로 삭제되고만 「이중」으로 말하면 제2기적인 방향전환기가 요구하는 작품으로서의 일부분의 것을 표현하였다. 그러나 객관적 정세는 어느 정도까지 제2기 작품이라고 수정할 만한 문예품을 말살하였던 것이다. 여기에 작가로서의 고민이 있고 작품 행동을 감행코자 하는데 난관이 되는 것이다.

『문예시대』 신년호에 기재된 송영씨의 「석공조합대표」, 조중곤씨의 「아이쓰크림」, 최서해씨의 「낙백불우」, 필자의 「새살림」, 박길수씨의 「그날 밤」, 김영팔의 「부음」 등은 거의 같은 경향을 보여준 작품이다. 그 중에 송영씨의 「석공조합대표」로 말하면 주인공의 움직임이 목적의식적 행위였고 제1기에서 제2기로의 질적 전환을 최서해씨와 함께 보여주었다.

『조선지광』 신년호에는 최서해씨의 「가난한 아내」, 김영팔씨의 「검은 손」, 이기영씨의 「농부의 집」, 조명희씨의 「새 거지」 등이 발표되었다.

최서해씨의 「가난한 아내」로 말하면 어느 편으로 보든지 실패한 작품이었다. 실패한 작이라느니 보다도 우리에게 불쾌를 느끼게 하는 작품이었다. 의식적-----자로서 그런 무책임한 작품을 발표하지 아니치 못하게 된 이유가 어디에 있겠는가? 금년부터는 여하한 이유, 여하한 조건이 있다손 치더라도 그런 무책임한 작품은 발표하지 않기를 동지들에게 제언한다.

이기영씨의 「농부의 집」으로 말하면 조선의 농촌, 조선의 농민을 여실히 그린 점으로 보아 가장 취할 곳이 많은 작품이었다. 그 후에 발표된 것을 열거하면 현대 평론의 「농촌사람들」(조명희)-「어머니의 마음」(이기영)-등 이었다. 조명희씨의 「농촌 사람들」은 이씨의 「농부의 집」과 같은 경향을 보이는 의의 있는 작품이었다.

송영씨의 「군중정류」(『현대평론』 3월호)로 말하면 주인공의 행동이 개인적이 아니고 집단적임에 취할 점이 있다. 또한 의식분자가 아닌 사람으로 하여금 의식적 행동을 감행하도록 한 것에 제2기적 작품과는 다소 간극이 있다고 볼 수밖에 없다.

이양씨의 「새로 찾아낸 것」(『조광』 3월호), 조명희씨의 「동지」, 김영팔씨의 「어떤 광경」(『조광』 3월호)- 조명희씨의 「한 여름밤」(『조광』 5월호), 한설야씨의 「그 전후」(『조광』 5월호), 이기영씨의 「민며느리」(『조광』 6월호), 이양씨의 「고진동」(『조광』 6월호), 조명희씨의 「낙동강」(『조광』 7월호), 김영팔씨의 「사직단」, 한설야씨의 「뒷 걸음질」(『조광』 8월호), 이양씨의 「또 어디로 가오?」(『조광』 10월호) 등이 발표되었으나 별반 진전을 보여주지 못한 것은 유감이라고 아니 할 수 없다. 다시 말하면 작품에 있어서 제2기로의 질적 전환을 못하였고 또한 도약을 못하였다.

그래서 완전한 제2기의 작품이 발표되지 못하였다. 그러나 『조선지광』 10월호에 기재된 이기영씨의 「해후」만은 목적의식기를 과정하게 되는 작품행동이라고 인증할 수 있다. 그렇다고 방향전환기의 작품행동이란 의미는 아니다. 다시 말하면 현단계가 정히 요구하는 작품이 아닌 것은 사실이다.

이상에 지적한 것을 종합하여 본다면 작품에 있어서는 완전한 제2 기의 작품이 없었고 작가에 있어서는 최서해씨의 노력이 부족하였다. 과거 일 년간에 최씨의 작품이 신년 이후에 한개도 더 볼 수 없었는데 비하여 이기영씨와 조명희씨의 작품 행동은 문예운동진전 상 많은 도움이 되었다. 김영팔씨, 한설야씨, 이양씨의 작품 행동도 문예운동에 적지 않은 영향을 끼쳤다고 아니 볼 수 없다. 이런 노력이 있었음에도 불구하고 현단계가 요구하는 작품을 얻어 볼 수 없는 이유가 어디 있는가? 물론 조선이란 특수사정, 다시 말하면 객관적 정세는 우리가 요구하는 작품 행동을 감행하지 못하게 하였다. 그러면 신년부터는 감행할 수 있는가? 나는 이것을 보증할 수 없다.

■■ ● 4 ● ■■

시단으로 말하면 소설단에 비해 보더라도 얼마나 빈약하였는지 모르겠다. 시에 있어서 수확이라고는 그다지 많지 못하였다. 과거 일년 간에 이상화씨의 시를 얻어 볼 수 없었고, 김려수씨의 시로 말하면 다소 다다의 기분을 띄우고 나왔던 것은 사실이다.

김창술씨, 김해강씨의 시가 간혹 신문 지상에 발표되었으나 눈에 띠고 마음에 드는 것이 없었다. 그 중에도 김해강씨의 시는 우리 요구에 어그러지는 것이 많았다. 다시 말하면 계급적이 아니요-----이 아니다. 시 속에서 움직이는 감정이 불순하여 계급적 감흥을 느끼지 못한다. 여기에 반하여 김창술씨의 시는 다소 우리의 요구에 응하는 점이 있었다.

『조선일보』에 기재된 「지형을 뜨는 무리」 같은 것은 가장 취할 만한 형식이요, 가장 귀를 기우릴 만한 내용이었다. 우리는 김창술씨에게 많은 기대를 가지고 있는 것도 사실이다.

적구씨의 시를 한참 동안 볼 수 없더니, 근래에 『조선일보』지상에 기재된 것을 두세 개 발견하였다. 그러나 어느 곳인지 부족한 감이 없지 않다. 신년호부터는 많은 노력, 많은 활동으로 정히 우리가 요구하는 무산계급 시인이 되어 현 단계가 요구하는 프롤레타리아 시를 제작하여 주기를 바란다. 작품 행동에 있어서 일부분의 임무를 다하고자 함에 의식적으로 노력할 것을 믿는다.

『예술운동』 창간호에 기재된 임화씨의 「담-1927년」, 홍양명 씨의 「붉은 처녀지에 드리는 송가」 등은 얼마나 힘 있고 열이 있고 표현 형식이 새로운 시였던가? 나는 같은 진영 내에 이러한 동지를 가진 것을 자랑한다. 또한 이러한 동지가 수없이 나기를 충심으로 바란다.

「×××들에도 봄은 오는가」이와 같은 시를 발표한 이상화씨는 지금 무엇을 하고 있는지? 그래 한번 영탄만 하고 말 것인가? 아니다. 영탄만으로 현실이 고쳐지지 않는다. 우리는 앞으로 이씨의 의식적 활동을 기다린다. 신년부터는 이상화씨, 김려수씨, 류적구씨, 임화씨, 홍양명씨, 김창술씨 등의 전에 없는 노력이 있기를 바란다. 아니 반드시 있으리라고 믿는다. 그래서 금년 일년 동안은 새로 나오는 시인과 함께 조선의 무산계급 시단을 움직여 나가기를 바란다.

■● 5 ●■

기타 행동에 대해서는 조직적 형태를 띠는 조선 프롤레타리아 예술 동맹의 행동을 검토할 수밖에 없다.

一, 신간회지지

一, 사회단체 중앙협의회에 참가

一, 방향전환

一, 교육 주간 반대

一, ----------------가맹(동경지부)

一, ----------------(동경지부)

一, 조선 프롤레타리아 예술동맹 기관지 발행(동경지부)

一, 일본 프로 예술동맹과 유기적 관계

이와 같은 일체의 행동이 무엇을 의미하는가? 무산계급 예술운동이 작품 행동에만 국한치 않고 전체성적 운동에------하게 되었던 것이다. 현단계가 이와 같은 의식적 행동을 예술운동 영역에 요구하게 되었고 예술가로서의 이와 같은 행동을 감행하게 하였다. 여기에 금년 운동은 신전개를 보여 주리라고 확언한다. 작품 행동이 감행되지 못하면 못할 수록 기타 행동으로의 ----- 볼 것이다.

1928년!

우리는 금년 일년 동안을 어떻게 지낼까? 동지여 우리는 유의에 유 의를 거듭하여 조선의 무산계급 예술운동을---------------------- 이곳에 우리의 임무가 있고 전체성적 부분운동인 문예운동을 운동답게 진전 시킬 수 있는 것이다. 나는 1928년인 신년벽두를 당하여 1927년 과거 일년에 전개된 무산계급 문예운동을 회고하였다. 그러나 나의 근본 의 도는 회고에만 그치는 것이 아니라 회고하는 가운데 좋은 것만은 취하고 낮은 것만을 버리어 신년 운동에 한 도움이 되려고 하였다. 하나 근본 의도를 그대로 수행했는 지도 모르고 논의한다는 것도 구체적으로 되지 못하였다. 또한 마음에 아닌 오류를 범하고 있는 지도 모른다. 이 점에 대해서는 여러 동지의 양해를 빈다.

1927. 11. 28
『조선지광』, 1928년 1월

현단계 조선사람은 어떠한 문학을 요구하는가

- 문학 아닌 문학

현하 조선 사람은 어떠한 문학을 요구하는가. 이 문제에 대하여서는 우리가 벌써 오래 전부터 논의하여 온 것이다. 그래서 현금에 있어서는 조선 대중이 여하한 문학을 요구하고 있다는 것을 명확히 알게 될 것이다. 현하 조선 사회의 일현중으로 결정적 사실이다.

이와 같은 결정적 사실을 다시 한번 간단히 구명하여 본다면 현재의 조선 사람이 여하한 문학을 요구하는가를 생각하기 전에 먼저 지금의 조선 사람은 다 같이 무엇을 요구하는가를 염두에 두지 않고서는 안된다. 이처럼 조선 사람이 다 같이 요구하는 사실은 문학상으로 표현되고야 만다. 또한 일반 대중이 그러한 문학을 요구하게 되고 작가는 의식적으로 그러한 내용의 작품을 제작하게 된다. 여기에 문제는 다시 한번 전회하게 된다.

"현하 조선 사람은 어떠하나 문학을 요구하는가?"

"현하 조선 사람에게는 어떠한 문학이 필요한가"

이처럼 변하고 만다. 의식이 박약한 대중이 아무리 반동적 문학을 요구한다고 하더라도 의식 분자들은 역사적 사실이 요구하는, 조선의 객관적 대중이 요구하는, 과연 조선 사람에게 필요한 문학을 제작하지 않으면 아니 되겠다. 이 까닭에 요구하는 문학이면서도 필요한 문학이어야만 한다. 그러면 필요한 문학이란 어떠한 문학인가? 정히 지금 조선 사람에게 필요한 문학은 과연 어떠한 문학이어야만 되겠는가?

조선의 무산계급 문예운동은 이것을 말하고 있다. 그러면 필요한 문학은 ××××××문학이다. 현 단계의 프로 문학은 다시 말하면 전기 문학은 ××문학이요, ××문학이다. 여기에 우리가 요구하는 문학은 프롤레타리아 문학으로 ×××있다. 또한 필요한 문학도 ××적 ××문학은 문학이 아니라고 한다. 또 어떠한 사람은 ××××의 문학은 문학이 아니라고 한다. 더구나 방향전환기의 문학은 비문학이라고 한다. 이와 같은 프로문학을 지적하여 문학일 아니라고 한다. 그렇지만 우리의 문학은 그들의 눈으로 보아서 문학이 아닌 만큼 절대의 의의가 있고, 절대의 가치가 있는 것이다. 문학이 아닌 문학!

현하 조선 사람은 문학이 아닌 문학을 요구하게 되었고 문학 아닌 문학을 필요로 하는 것이다.

1927. 11. 28
『조선지광』, 1928년 1월

실천적 행위

'1928년인 신년 벽두를 당하여 조선의 문단을 어떠한 방식으로 움직여 나아갈 것인가?'

조선에 있어서는 문단 형성의 운동인 예술이 아니라 생활 운동 ××× 운동 등의 무기로서의 예술이 존재할 뿐이다. 그러므로 나는 문단이란 말을 피하고 예술운동을 금년 일년 간 어떻게 움직여 나아갈 것을 간단히 논의하겠다.

예술운동을 어떻게 움직여 나아갈 것이냐 하는 데 대하여서는 조선 프롤레타리아 예술 동맹을 말하지 않을 수 없다.

그러면 조선 프로 예술 동맹으로서의 하지 않으면 아니 될 것은 무엇인가?

이것이 곧 1928년의 예술 운동에 대하여 논의되고 실천될 줄 믿는다.

1. 합법적 합리적으로 널리 조직에 힘쓰지 않으면 아니 되겠다. 더욱 지부 설치에 노력을 해야 하겠다.

2. 본부, 지부를 물론하고 시기와 장소를 따라 일어나는 당면 투쟁에 적극적으로 참가하여 전선적 진출을 하지 않으면 아니 되겠다.

3. 문학 전문부를 두고 작품이나 평론을 충분히 토의하여 발표하지 않으면 아니 되겠다. 공동 제작의 형식도 취하는 것이 좋을 것 같다.

4. 미술 전문부를 두고 선전 포스타를 만들어 현 단계에 적합한 미술 행동을 감행하도록 유의할 것이다.

5. 연극 전문부를 두고 연극 운동을 하지 않으면 아니 되겠다.

1928. 1

『조선일보』, 1928월 1일 1일

이론투쟁과 실천과정
- 문예영역 내의 신전개

■● 1 ●■

조선의 무산계급운동이 1927년을 과정하여 오는 동안에 일찍이 보지 못하던 격렬한 이론투쟁으로 일관되었다는 것은 누구나 부인치 못할 사실이다. 문예운동진영 내에 있어서 이와 같은 사실이 무엇을 의미하는 것인가? 격렬한 이론투쟁은 이론확립을 위하여 감행되었고 이론확립은 전체성적 운동을 위하여 중요한 역할을 수행할 수 있게 되는 것이다. 여기에 문예운동으로서의 과거 일 년간 이론투쟁을 계속한 이유가 있고 또한 역사적 의의가 존재한 것이다.

나는 이 아래에 1927년인 과거 일 년간 이론투쟁이 얼마나 격렬하였었다는 것을 반증하기 위하여 논전한 것을 간단히 지적하여 보겠다.

■● 2 ●■

박영희씨, 김기진씨, 권구현씨 등의 비평가의 태도를 맑스주의적으로 규범하기 위한 논전은 일찍이 보지 못하던 이론투쟁이었다. 이와 같이 하여 같은 진영 내에서 동지 간의 논전은 시작되었던 것이다. 문예운동에 있어서 주체적 지도확립을 위하여 의식적으로 움직이는 동지들의 활동-계급적 행동을 넉넉히 엿볼 수 있었다.

김화산씨를 중심으로 한 조중곤씨, 한설야씨, 임화씨, 필자 등의 이론투쟁은 '아나'적 문예이론, 허다한 비맑스주의적 문예이론을 배격하고 극복시키기 위한 논전이었다. 이와 같은 과정을 과정하여 오는 동안에 문예영역 내에는 나날이 전체성적 운동과 합류되어 가는 새로운 진전이 보였다. 다시 말하면 이론투쟁의 결과는 이론확립을 낳게 되었고 이론확립은 새로운 과정을 규정하게 되었다. 그러면 새로운 과정이란 어떠한 과정을 지적하여 운위함인가?

물론 이론투쟁 과정에서 실천과정으로의 비약을 의미한 것이다. 이론에서 실천을 밟게 되는 것은 필연적 과정인 동시에 또한 의식적으로 그렇게 하지 않으면 아니 될 단계이다. 그러나 과거 일년 간에 문예운동은 완전히 실천과정을 과정하지 못하였고 이론투쟁기를 과정하여 왔던 것은 사실이다. 그렇다고 전혀 실천이 없었던 것은 아니다.

권구현씨의 「신년창작평」에 대한 한설야씨의 박문(駁文)은 무엇을 지적, 검토하였으며 문예운동진영 내에 여하한 영향을 끼쳐 주었는가?

권씨의 평적 태도는 순정한 맑스주의 입장에서 일반작품을 비평한 것이 못 된다는 것을 구체적으로 구명한 다음에 중간파적 평이라고 지적하였다. 사실 중간파적 비평인 것을 폭로하였다. 우리는 작품행동에 있어서 맑스주의적 비평기준을 기대하였고 필요로 하였던 것이다.

문예운동이 전체성적 부분운동으로 완전히 진출하기 위하여 방향전환을 하지 아니치 못하게 되었다. 그래 여기에 대한 이론투쟁이 또한 격렬하였던 것은 사실이다. 『조선지광』 7월호에 발표된 박영희씨의 논

문을 비롯하여 『중외일보』 지상에 기재(記載)된 김영수(金榮秀)씨의 「방
향전환기에 입(立)한 문예운동」과 그 외에 여러 동지들의 발표한 논문
등은 우리가 반드시 과정해야만 할 과정에 있어서 중대한 역할을 감행
하였다. 다시 말하면 문예운동으로서의 방향전환을 기계적 공식으로
수행하지 않기 위하여 이론투쟁을 전개하였고 일반 문예운동자는 여
기에 대하여 의식적으로 노력하였다.

'조선프롤레타리아예술동맹' 기관지인 『예술운동』 창간호에 기재된
두 동지 —박영희, 이북만의 글을 보더라도 얼마나 방향전환기에 있어
서 그 단계에 적합한 이론투쟁을 게을리 하지 않았다는 것을 넉넉히
엿볼 수 있다.

박영희씨의 평론 「무산계급문예이론의 정치적 역할」도 방향전환기
에 있어서 이론투쟁에 적지 않은 도움이 되었다. 비록 짧기는 하였으
나 할 말은 어느 정도까지 다하였다고 볼 수 있는 구체적 논문이다.

또한 이북만씨의 논문 「예술운동의 방향전환론은 과연 진정한 방향
전환론이었던가?」는 과연 무엇을 말하였는가? 방향전환에 대한 이론을
분석 검토하였다.

먼저 조선의 현단계를 구명하였고 다음에 제3동지의 글을 검토하여
오류, 인식부족 등을 지적하였으니 제1은 김영수씨의 이론이 기계적
야합인 것을 표명하였고, 또한 속학자적 의식의 발로라고 지적한 다음
에 우리는 이와 같은 이론과 투쟁하지 않으면 안 되겠다는 것을 단언
하였다.

그러면 김영수씨가 과연 그와 같은 오류를 범하였던가? …… "새로
대두하는 애국문학파와의 공동행위를 필요로 한 것만큼 벌써 시간적
역할을 마친 프롤레타리아예술연맹도 해체됨이 당연할 줄로 믿는다."
이와 같은 김씨의 논조는 무엇을 의미한 것인가? 프롤레타리아문학은

현단계에 있어서 불필요하다. 오직 애국문학이 있을 뿐이다. 민족단일 당은 이와 같은 행위를 요구하고 있지 않느냐? — 여기에 김씨의 오류가 존재한 것이다. 이북만씨는 이것을 여지없이 폭로시켰다.

장준석씨의 이론은 예술을 과중 평가한 것이라고 논평하였다. 또한 박영희씨의 논문과 김기진씨의 논문이 또한 여러 동지들의 논문이 거개(擧皆) 이론투쟁에만 그쳤고 실천적 효과가 없었다는 것을 설파하였다. 과연 실천적 행위에 있어서는 소리칠 만한 효과를 나타내지 못하였던 것은 명확한 사실이다. 이 점으로 보아 과거 일년간의 문예운동은 이론투쟁기를 과정하여 왔다는 것을 반증하게 되는 것이다.

이북만씨의 평론 역시 이론투쟁기에 있어서 중대한 역할을 감행하였고 역사적 의의, 계급적 임무를 다하였다고 말할 수 있다. 같은 진영 내에서 작품행동에 대한 이론투쟁이 전개되었으니 조명희씨의 「낙동강」을 제2기적 작품이라고 김기진씨가 지적한 데 대하여 조중곤씨는 제2기적 작품이 될만한 요소를 구비하지 못하였다고 반박하였다.

과연 「낙동강」은 제2기적 작품이 못되었던 것이요, 현단계가 요구하는 작품행동이 아니었었다. 그러나 두 동지의 논전으로 말미암아 우리는 작품한계에 있어서 실천을 위한 이론투쟁을 같은 진영 내에서 발견할 수 있었다.

조중곤씨의 「낙동강과 제2기 작품」이란 평론은 작품행동을 감행하는데 있어서 중요한 이론투쟁이었고 실천적 이론전개로 생각할 수 있다. 필자의 『조선일보』 지상에 발표한 「무산문예가의 창작적 태도」란 논문도 이상에 지적한 바와 같이 현단계가 요구하는 작품을 제작하기 위한 작품규범의 이론이었다. 그러나 과연 제2기가 요구하는 작품은 한 편도 발표되지 않았다. 이와 같이 과거 1년 간의 문예운동은 작품행동에 있어서까지 이론투쟁기를 과정하였다 뿐이지 실천과정을 과정하지 못하였던 것은 사실이다.

이외에도 여러 동지들의 격렬한 이론투쟁이 전개되었으나 여러 가지 관계상 일일이 매거(枚擧)할 수는 없다(여기에 대하여서는 『조선지광』 신년호에 기재된 필자의 졸론(拙論) 중 평단을 논의한 부분을 참조하여주기 바란다.)

1927년 말하면 무산계급문예운동에 있어서 확실히 이론투쟁기를 과정하였다. 그러면 우리의 운동이 금년에도 내내 이론투쟁만을 계속할 것인가? 아니다. 문예운동 진영 내에 실천적 신전개를 의식적으로 감행하기를 노력하여야 한다. 어느 동지는 말하였다.

이론이 없는 실천은 망동이요, 실천이 없는 이론은 공상이다. 위대한 실천을 낳기 위하여는 그 이론적 근거가 명확하여야 하고, 그 이론적 근거가 명확하려면 이론확립을 위한 부단한 이론투쟁이 있어야 할 것이며, 이론이 가치판단을 하기 위하여는 그 이론이 규범한 실천의 검토를 필요로 하며, 그 실천의 검토를 정(正)을 잃지 않게 하기 위하여는 비평가의 객관적 태도를 요하는 것이다. 그러므로 무산계급문예운동에 있어서도 이론확립을 위한 이론투쟁이 존속하는 것이며 그 실천의 비평을 필요로 하는 것이다.

이와 같은 논리가 오류를 범하지 않은 정당한 이론이라면 과거 일년간 이론투쟁에 대한 실천적 효과가 반드시 있어야만 할 것이다. 또한 문예영역 내에서 이론확립에 의한 실천적 행위가 없이는 문예의 기능을 전혀 발휘할 수 없는 동시에 전체성적 운동을 위하여 발랄한 투쟁을 할 수 없는 것이다.

이러한 이유하에 우리는 신년 벽두부터 실천행위를 감행하지 않아서는 아니 된다. 1927년인 과거 1년간은 이론투쟁을 하기 위하여 한군데로만 집중되었으나 1928년인 금년 1년간 어느 정도까지 확립되었다고 볼 수 있는 투쟁이론에 의하여 실천적 행위에 유의하자. 그래 금년 1년간 조직적 행동화를 나타내게 할 것이다. 그렇다고 이론투쟁을 전혀 중지하라는 의미는 아니다. 반드시 하지 않으면 아니 될 이론투쟁이면 어디까지 격렬한 논전을 전개시켜 맑스주의적 방법론에 의한 주의적 지도이론 확립에 노력해야만 할 것이다. 이것도 또한 가치 있고 의의 있는 역사적 계급적 임무를 완전히 수행하기 위한 일반 문예운동자의 태도이어야만 한다.

무산계급 문예운동이 무산계급 해방운동과 합류되어 현단계의 임무를 부분적으로 다할 수 있다는 것은 누구나 인증하는 사실이다. 그래 예술운동도 전체운동도 전체성운동에 일익적으로 진출하게 되었다는 것은 우리의 손으로 벌써 구명된 지 오래이다.

그러면 어떻게 해야만 일익적으로 진출하게 된 임무를 다할 수 있겠는가?

나는 이 아래에 네 가지 행동을 구별하여 신년부터 실천과정을 과정하는 데 한 도움이 되고자 한다. 그래 동지와 같이 조직적 통일의 행동을 감행코자 한다.

1) 미술영역에 있어서는 포스터 운동을 일으키어 모든 선전의 행위를 도모할 것이다. 여기에 유의하는 미술 동지는 '조선프롤레타리아예술동맹'으로 집중되기를 바란다. 그래 맹원으로서의 현단계가 요구하는 미술행동을 수행하자.

2) 연극운동, 무산계급예술운동에 있어서 연극부문이란 한 개의 중요한 부분인 것은 다 아는 사실이다. 연극행동이 예술운동에 있어서

중대한 역할을 감행할 수가 있고 현단계운동에 일층 효과를 맡아낼 수 있는 것도 우리가 다같이 인증하는 바이다. 연극과 선전! 이것은 서로 떨어지지 못할 관계가 있는 것이다. 여기에 유의하는 연극동지는 조선프롤레타리아예술동맹으로 모이어 우리 운동에 가장 효과 있는 연극행동을 수행하자.

3) 작품행동 — 나는 이 위에서 과거 일 년간 이론투쟁을 과정하는 가운데 제2기적 작품을 제작하기 위하여 작품기준, 작품규정의 이론이 어느 정도까지 논의되기는 되었으나 작품행동에 있어서는 과연 제2기인 방향전환기의 작품이 한 개도 없었다는 것을 말하였다. 이 점으로 보아 작품에 있어서는 더구나 실천적 행위를 다하지 못하였던 것이다.

그러므로 우리는 1928년인 신년부터 제2기적 작품, 방향전환기적 작품을 제작하여 현단계에 적합한 작품행동을 의식적으로 감행하자.

4) 기타행동, 무산계급 문예운동의 기능이 작품행동뿐만 아니라는 것은 우리의 손으로 구명된 지 오래이다. 다시 말하면 같은 진영 내에 동지들의 행동이 예술에만 국한되어 있지 않고 한 걸음 더 나아가 전체성적 투쟁이며, 적극적으로 투쟁하며 맑스주의적 방법론 인식 하에 조직적 통일행동으로 진출하게 되는 것이다. 여기에 문예이론으로서의 투쟁이론인 것이 증명되는 동시에 이론과정에서 실천과정을 밟게 된다.

이와 같은 의미에 있어서 1927년인 과거 1년간을 이론투쟁기라고 한다면 1928년은 실천과정기로 맞이하기를 동지들에게 제언한다.

『중외일보』, 1928년 1월 10일 ~ 1월 12일

이기영씨의 창작집 『민촌』을 읽고
- 우수한 초기적 작품 등

　과연 신흥하려는 조선의 민중은 재래의 무기력한 예술을 거부하고 새로운 예술 새로운 문학을 요구하였던 것이다.

　이 까닭에 조선의 프롤레타리아 문학은 사회운동과 보조를 같이하여 불같이 일어나는 누구의 기세는 누구의 힘으로도 막을 수 없었던 것이다. 나날이 강대한 힘으로 발흥하여 왔다. 초기의 작품 등은 이것을 역력히 말하고 있으니 우리는 그 때의 작품을 다시 한번 돌이켜 본다는 것이 무의미한 일이 될까?

　아니다, 그때의 제 작품을 다시 한번 읽음으로 새로운 예술을 베풀자-현계단이 요구하는, 정히 조선 대중이 현실에 요구하는 작품행동을 하자는 말이다.

　나는 이러한 의미에 이어서 이기영씨의 창작집 『민촌』을 역사적 유물이라고 소홀히 보지 않고 기뻐하기를 마지않을 것이다.

　현재 조선에 있어서 검열문제는 글쓰는 사람이 아니고서는 진정한 괴로움을 모를 것이다. 이 땅덩어리 안에서 동지 한 사람의 창작집이 출간되었다는 것을 어찌 기뻐하지 않고 견디리오. 얼마전 서해 최학송 형의 창작집 『혈흔』이 단행본으로 출판되었을 때에 무한히 기뻐하였더니 이번이 두 번째로서 감격하기를 마지않았다. 앞으로 계속하여 동지들의 창작집이 출간되기를 충심으로 바란다.

나는 이제부터 독후감을 간단히 쓰기 시작한다.

▪「민촌」

농촌에서 일어난 일을 취재한 것이니 농부의 심리 내지 순후(淳厚)한 인생관과 농촌 처녀들의 행동과 농촌처녀들의 연애심리를 여실히 묘사하여 ○토 기분이 농후하게 표현되었다. 백 페이지 가까운 중편을 처음부터 끝까지 읽는 동안에 조금도 지루함을 느끼게 되지 않고 의분, 증오, 흥청흥청한 기분, 흥미 등 교차 가운데 단숨에 읽어진다.

내용으로 말하면 빈농의 가정, 그 집에는 늙어가는 부부 외에 20세 전후되는 남매가 있다.

오라범은 점동이요, 누이는 점순이었다. 그 이웃에 점순이 동무가 하나 있으니 그는 순영이었다. 또한 서울서 공부하고 내려와 전에 들어 보지 못하던 이상한 소리를 농부들 집으로 찾아다니며 하나, 자세히 들려주는 논리에 합당하다고는○ 서울댁이라고 부르는 호의(好意) 집중의 청년 하나가 있다. 그리고 이 마을 안애는 첩을 둘 씩 셋 씩 갈아들이는 부자의 아들이 있다.

점동이는 순영이를 사랑하였고 순영이는 서울댁을 흠모하기 마지않았다. 어느 달 밝은 밤, 참외밭 근처 원두막에는 네 젊은이들이 서로 만나게 되었다. 그래 원두막 안과 밖에는 한 건의 연애 제일막이 전개되었다. 그러나 나중에는 서로 맞붙들고 울었다. 앞으로 장차 닥쳐올 생활고와 모든 ○○등이 일어날 것을 생각하고---순영이는 미구에 돈 많은 집으로 시집가게 되었다는 말을 하고 울었다.

그 뒤에 그들의 모든 꿈은 깨어지고야 말았다. 점순이 부친은 병들어 누웠고 먹을 것은 없다. 처음에는 동리 사람들에게 도움을 받았으나 그것도 오래가지 못하였다. 그래 할 수 없이 부잣집에 가서 양식을 얻어다가 먹었다. 이것이 곧 비극을 연출하게 된 것이다.

더럽힘이 없는 처녀 하나는 있는 자의 첩으로, 고깃덩어리가 팔려가게 되는 것이다. 서울댁은 의분에 떨고 있었다. 그러나 별다른 도리는 없다.

우리는 이 작품 속에서 무엇을 찾을 것인가?

무산계급에 속한 수많은 여성들이 도처에서 얼마나 많이 마음에 없이 정조를 더럽히며 뜻 없는 고깃덩어리를 팔고 있는지 모른다.

"이와 같이 무산계급에게는 어느 해까지 참된 사랑이 없을 것인가?"

- 「외교원과 전도부인」

이 작품은 노서아 작가 체홉의 작품을 읽는 듯한 감이 난다. 하여간 표현기법에 있어서 눈이 번쩍 뜨일 만치 새로운 맛이 난다.

전편을 통하여 풍자의 기분이 농후하니 우리들의 작품 속에는 유모어가 없다는 말을 넉넉히 공격하고도 남을 것이다.

- 「쥐이야기」

이 작품으로 말하면 어디서도 내가 한 번 말하였지마는 계급의식을 고취하는 데에 있어서 가장 교묘하면서도 가장 힘 있는 작품이다.

그때에 있어서 유일의 무산계급 문예잡지였던 문예운동 창간호에 이 작품이 한 번 발표되자 일반이 경이의 눈으로 대하였던 것은 사실이다. 이만큼 프로작품에 있어서 일대 센세이션을 일으킨 것이 무리가 아니라는 것을 다시금 느끼게 된다.

- 오남매 둔 아버지

3행 해독 불가-편집자

아버지로서 자기가 낳은 자식들을 혹은 굶겨 죽이고 혹은 얼려 죽여 그것이 마음에 키어 그것이 죽은 자식들과 이야기하는 ○○는 참으로 눈물을 흘리지 않고는 견디지 못한다.

"그러면 무산계급은 어느 때까지 눈물만 흘리고 살아갈 것인가?"

"아니다 아니다 ××××××에는----."

조선의 신흥문학을 알려는 분과 조선 무산계급 문예운동에 뜻 둔 이는 반드시 창작집 『민촌』을 한번씩 읽어 주기 바란다. 나는 이 나는 이 계기로 수많은 동지가 생기기를 충심으로 빈다.

『조선일보』, 1928년 3월 21일-3월 22일

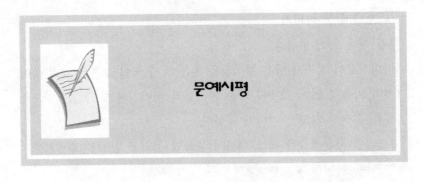

문예시평

1. 작품문제

새로운 비난은 아니지마는 1928년도에 들어서는 프로예술을 극력 반대하는 사람이나 다소 지지하는 사람들 중에도 작품이 없었다든가 적었다는 것으로 더한층 비난하는 것을 보게 되었다. 비난할 뿐만 아니라 공박의 유일한 구실과 재료를 삼아 프로예술운동을 완전히 부인하려는 ××××행동 등을 명확히 간파할 수 있다.

그들이 문제를 삼는 바와 같이 과연 예술운동에서 작품이란 그다지도 중대한 문제가 아니면 안 될 것인가? 작품이 전혀 없었다든가 또한 작품이 가치적으로 보잘 것이 없고 양으로 적다고 프로 예술운동을 근본적으로 거부한다는 것이 과연 할 일인가? 다시 말하면 프로 작품다운 작품이 없었으니 예술운동이 없었다 라는 그러한 단안을 내리는 것이 정당하냐 정당치 않으냐 하는 두 가지 의미이다.

그들은 말한다.

'작품하나 없는 예술운동이 무슨 예술운동이냐' '이론투쟁도 작품 있어 가지고 이론투쟁이지' '작품 없는 프로 예술운동은 아무리 떠들

어도 그 존재를 인증할 수 없다' '이론만으로 떠들고 작품이 없으니 운동이 무슨 운동이냐'

이와 같이 프롤레타리아 예술운동에 있어서 작품지상주의, 작품만능주의를 주창한다. 작품만이 운동에 있어서 전체적 요소요 예술운동의 전적 생명으로 아는 모양이다.

그들은 이처럼 예술운동을 이해하지 못하고 맹목적으로 떠드는 사람들이다. 프로 예술운동이 작품 운동이 아닌 다음에야 어찌 작품만으로 운동의 본질을 삼겠는가. 그렇다고 우리는 절대로 작품운동을 중요시하지 않는다는 것은 아니다.

조직 문제에 있어서 이론과 실천. 프로 예술에 대하여 비판××××. 사이비예술에 대하여 배척과 극복. 다른 진영 내에 자기비판과 청산. 작품에 있어서 내용과 형식 문제 등이 ××××예술운동상으로 보아 각각 중요하지 않으면 안 되는 것과 동일한 의미로 작품이 또한 중요한 지위에 있지 않으면 안 될 것이다. 그러나 예술운동이 초기에 있어서는 필연적으로 이론투쟁으로 일관되었던 것이다. 이제서 이론이 작품보다 앞서지 않으면 안 되며 다소 앞선다고 하더라도 그처럼 이론 투쟁만으로 ××××주류가 되다시피 되었던가. 우리가 요구하는 내용과 새로운 형식을 규정하지 않고는 도저히 작품의 효과를 나타낼 수 없다. 수백 편, 수천 편의 작품을 제작한다 하더라도 전체적 운동에 그다지 큰 영향이 있을 수 없다. 그래서 먼저 내용과 형식을 어떻게 규정해야만 할 것인가를 문제 삼아 가지고 이론투쟁을 먼저 하게 되었던 것이다. 또한 프로 예술에 관하여 엄정한 비판×××××××이 없이는 진정한 프로 예술을 확립할 수 없기 때문에 먼저 프로 예술가들과 투쟁하지 않으면 안 된다. 여기에 비로소 프로 예술이론과의 격렬한 이론투쟁이 전재되는 것이다.

동지 간에 상호비판은 운동 진전상 가장 중대한 문제이다. 상호비판으로써 자기 자신을 비판하고 청산하는 것이 작품보다 앞서지 않으면 안된다. 프로의식과 낡은 이데올로기를 완전히 극복, 양기하지 않고는 절대로 진정한 프로작품을 제작할 수 없는 것이기 때문에 이곳에서 비로소 같은 진영 내에 이론투쟁이 감행되는 것이다. ×××× 우리는 작품 하나만을 완전히 제작하기 위하여 프로의식과 낡은 이데올로기를 극복, 양기하려고 노력한 것으로 오해하여서는 안 된다. 우리는 작품 이외에도 허다한 일이 있지 않은가. 조직문제! 프로 예술운동에 있어서 조직문제란 가장 중요한 문제이다. 무수한 기술자-화가, 배우, 연출자, 음악가, 영화배우, 영화감독, 촬영기사 등-를 어떠한 방식으로 조직하여 어떻게 움직여 나갈 것인가 또한 예술 층에 있는 대중을 어떻게 집단적으로 조직할 것이며 한 입으로는 ×××××× 예술 층을 ××××× ××××× 예술 활동을 하기 위하여 먼저 근본방침을 확립해야만 한다. 기술자들을 어떻게 조직하며 ××× 어떻게 조직할까? 이 문제를 해결하며 실제화하려면 먼저 이론이 앞을 서게 된다. 여기에 또한 이론투쟁이 없을 수 없다. (이 문제는 앞으로도 상당히 논의되지 않으면 안된다) 사이비계급예술이론-그중에도 아나예술이론-에 대하여 우리로서 어찌 그대로 간과하고 말 것인가. 아니다 어디까지 적극적으로 배척하지 않으면 아니 될 ××× 임무가 우리에게 부여된 것이다. 이 까닭에 동지 간에는 아나와의 이론투쟁을 게을리 하지 않았던 것이다.

이상에 열거한 사실을 본다면 누구나 작품은 별로 없이 이론투쟁만 하였다고 예술운동전체를 부인하려는 무모한 짓은 감히 하지 않을 것이다. 우리는 반드시 해야만 할 사명을 다하는데 불구하고 비난한다는 것은 반동적 역선전이라는 반증 밖에는 되자 않는다. 다소간 프로 예술운동을 이해하고 기술한다는 사람으로서 비난하는 것은 운동의 필연성과 내적 발전을 모르고 다만 피상적 관찰만을 하였다는 것을 명확히 알 수 있다.

우리는 작품이 없다고 운동전선을 거부하려는 비난에는 극력반대하지만 다만 작품이 희소하다는 비난은 감수하지 않으면 안 된다. 우리로서도 이론 투쟁을 하는 가운데 그다지 많지 못한 작품-원고지로 묵살된 작품도 적지 않지만- 이 발표 된 것을 예술운동 상 큰 손실이라고 인정하는 바이다.

계급 예술운동에 있어서 각 부분의 기술자가 필요하고 요구되는 만큼 작품이 필요하고 요구되는 것이다. 우리는 작품을 무수히 제작하여 널리 대중에게 읽혀야 하겠다. 일반이 알아보기 쉽고 이해하기 쉬울 만큼 소설을 쓰고 시를 짓자. 그 중에도 시는 기회 있는 대로 여러 사람 앞에서 낭독하기를 잊지 말자. 여러 사람이 아니고 단 두 사람이나 세 사람 앞에서도 좋다.

연극 운동에 있어서도 좋지만 우리의 손으로 된 희곡이 더 한층 필요하다. 반드시 해야만 할 연극 운동을 앞으로 시작하려면 먼저 희곡이 요구된다. 여기서 누가 작품이 필요하지 않다고 감히 말할 것인가.

영화운동에 있어서도 연극운동과 같이 원작이 요구된다. 영화예술에 있어서는 원작도 중요하기는 하지만 각색이 묘하게 표현되지 않으면 영화예술로서의 효과를 나타낼 수 없다. 이 까닭에 각색도 완전히 독립한 한 개의 작품이다.

시, 소설, 희곡, 영화원작, 영화 각색 등 이 모든 작품이 다량으로 제작되지 않으면 아니 되겠다. 이러한 의미에 있어서 작품문제가 프로예술운동상 한 부분으로 중대하게 취급되어야만 하겠다.

2. 유식 무식

가장 유식한 체를 하지마는 기실은 무식하다는 것을 여실히 폭로하고야마는 검측한 어리석은 사람들을 우리는 간혹 발견할 수 있다. 이러한 시대적 우물인 우스운 사람을 문제 삼아 논의할 시간이 있다면 오히려 그 시간에 책 한 자라도 더 읽는 편이 훨씬 낫다고 생각한다. 그런데 미지의 동지 이성로 씨는 본지 9월호에 근본적으로 문제가 안 되는 것을 새삼스럽게 논평하였으니 그것은 씨 자신으로서의 헛된 수고에 지나지 못하는 것이다. 이정섭씨란 어떠한 인물이며 그가 발표한 논문 「조선 예술 이론가에게」란 일문의 내용을 다시금 생각해본 사람이라면 이번 이성로 씨의 박문을 그다지 중요하게 보지 않을 것이다. 중요하게 보지 않으니 만큼 효과도 없고, 효과가 없느니 만큼 다만 시간 소비가 있을 뿐이다. 그러면 이정섭씨란 어떤 명사며 그의 『조선 예술 이론가에게』란 논문의 일관 논조가 나변에 있기에 우리는 전혀 문제를 삼지 않고 그대로 간과하여 왔던가.

먼저 그의 논문 「조선 예술 이론가에게」란 일문부터 시작하기로 하자------이씨는 그 논문에 있어서 우리를 부르예술가나 부르예술 계승론자로 잘못 보았던 것이다. 이렇게 잘못 보았다는 것이 그로서는 절대로 무리가 아니다. 어째서 그러냐하면 여기에는 두 가지 이유가 있으니 하나는 부르주아 어용학자인 이씨이니까 색안경을 쓰고 모든 사물을 사고하기 때문이요, 또 하나는 매년 정기적으로 발작하는 것이 분명하다.

1927년 춘기에는 <학해편린> 가운데 「맑스에 대한 일 의문」이란 신발견성인 ××발표하여 이우적에게 프랑스 파리 유학생 이정섭씨의 정체가 여지없이 폭로되더니 1928년 춘초에는 우리를 부르예술론자로 잘못보고 <돈키호테>식 대 기염을 토하였으니 이것이 분명한 발작적이 아니고 무엇인가. 이 까닭에 우리는 그 논문에 있어서 반박할 만한 아무런 근거를 찾아내지 못하였다. 먼저도 말하였지마는 이정섭씨를 단순히 파리유학생만으로 알아서는 안된다.--부르------------------------------------유식 박식한 기실은 시대에 뒤떨어진 무식자인 소위 프랑스 문학자이다. 이것이 내가 먼저 말한 유식한 체 하는 무식한 사람들 중에 하나를 지적한 것이니 그런 류의 사람을 논의할 시간적 여유가 있다면 차라리 책 한 권을 더 읽겠다는 생각으로 우리는 그 논문에 대하여 문제를 삼을까 하다가 중지하여 버린 것이다.

3· 창작개평

금년에 들어서는 창작이라고 불과 몇 편 못 읽었다. 더구나 한 여름 동안은 한 편의 창작을 읽어볼 기회가 없을 만큼 발표기관은 없고 따라서 작가는 침묵을 지키게 되었다. 본지 5월호에 발표된 이기영씨의 「원보」와 송영씨의 「석탄 속의 부부들」이 두 편을 읽은 기억이 가장 새롭다. 그때에 「석탄 속의 부부들」은 송씨에게 있어서 확실히 역작이었다.

『조선지광』 9월호가 발간되었다. 창작난에는 포석 조명희씨의 소설과 석산의 희곡과 시인 박팔양 씨의 첫 시험같은 작품이 개재된 것을 다른 때 보다 더 큰 기대를 가지고 한숨에 내리 읽었다.

지금부터 세 작품에 대해서 감상적 개평을 쓰기 시작하기로 하자

박팔양 씨의 「오후 여섯시」는 가벼운 듯하면서도 다시금 생각하면 가운데 납덩어리같이 묵직한 그 무엇이 숨어있는 인상 깊은 <콩트>이다.

나라는 주인공은 여직공인 누이를 가졌기 때문에 무직자요, 게다가 병까지 갖게 된 몸뚱아리를 살릴 수 있게 되었다. 어린 누이동생이 열두시 간이나 열세 시간 동안을 노동한 그 대가로 밥을 먹을 때마다 오라비 가슴은 찢어지는 듯이 쓰라릴 것이다. 작자는 이 점을 여실히 표현하였다.

하루는 자기 생명의 열쇠인 복순이를 마중하러 처음으로 공장문 앞에 이르렀다. 의외의 사실을 목도하였다. 그것은 남녀직공의 신체검사다. 제조품인 담배를 한개라도 감추었을까봐 세밀히 검사를 하는 것이다. 작자의 말을 빌리면 "그들의 손가는 곳에 만질 곳과 못 만질 곳이 있다." 심지어 말 못할 곳까지 만진다. 물론 덕순이도 이런 관문을 벗어나오게 되었다. 집으로 돌아오면서 덕순이는 입을 열었다. "오빠도 그이가 내 ××지고 만지는 것을 보셨우?" 아까 그 모양을 볼 때와 지금 이 말을 들을 때에 오라비의 마음은 어떠하였겠는가?

조선의 많은 오라비는 그 보다도 더한 환경에서 헤매는 많은 누이동생들을 한시라도 잊어서는 안된다. 이 작품에 있어서 끝 구사가 가장 묘하다고 보았는데 잘 해석하면 소부르주아 심리를 조장하기 쉬운 우려가 없지 않다. 또한 노상을 기피하고 허영심에 사로잡히기 쉽다. 다만 하는 일 없이 호화롭게 음악회에 가는 계집이 있다는 것을 덕순이와 대조해 보여준 것만은 퍽 효과가 있다고 생각한다.

조명희씨의 「아들의 마음」편은 근자에 들은 노작이라고 할 소리칠

만한 작품임에 틀림없다. 씨가 발표한 창작 중에 「저기압」이나 「낙동 강」보다 떨어지지 않는 그보다 한걸음 더 나아간 소설이다. 「아들의 마음」이란 제목부터 호기심을 일으킬 만큼 마음에 든다. 조씨가 생각 한 조선의 아들은 어떠한 아들이었으며 그 아들의 마음은 어떠하였는 가? 이 작품에 있어서 주인공 같은 인물이 조선 안에 시시각각으로 늘 기를 바라는 마음으로 작자는 붓을 들었으리라.

나라고 하는 주인공은 조선을 떠나간 아들이며 어머니의 품을 벗어 난 아들이다. 그는 아무 것도 가지지 못한 다만 노동력을 팔아 자기 목 숨을 살리고 약간의 돈을 어머니에게 보내다가 하루 아침에 팔이 부러 지는 병신이 되고 말았다.

그래서 동경 어느 조그마한 병원에 입원하게 되었다. 이곳에는 자기 와 똑같은 처지에서 울고 헤매던 사람들이 병신이 된 몸으로 모여들게 되었다. 그들은 서로 마음이 합하고 손이 으스러지도록 서로 맞붙잡게 되었다. 팔이 부러진 주인공은 ××을 위하여 사랑하는 어머니를 아주 잊어버리기로 결심하였다. 옛날 그리운 고향에서 첫 사랑을 속살거니 던 연인 금순이가 중국 ×××××× 비행사로 북벌군에 참가하였다는 신문을 보게 될 때에 그는 한층 더 새로운 힘을 얻게 되었다.

그래서 그날 밤에는 ×××××××참가하여 뜻있게 걸어 나가는 꿈을 꾸었고 얼마 후에는 팔 하나 없는 몸으로 꿈 아닌 현실의 커다란 <데 몬스트레이션>에 참가하여 씩씩하게 걸어 나가면서 중국 공중을 횡행 하는 금순의 자태를 눈앞에 그려보며 도처에 동지가 ××××××××× 기뻐하였다.

나는 이 작품을 읽고는 ××××××××××××× 전편을 통하여 꿈 을 그리는 데에 가장 취할 점이 있고 거기에 큰 효과가 있으리라고 믿 는다. 아들의 마음은 이처럼 변하였다. 어머니×××××××× 귀중한 길을 가지 않으면 안 될 길을 찾아들어가게 되었다.

표현형식이 퍽 새로운 데 효과가 더 크다. 묘사에 있어서는 간편하면서도 묘한 곳이 많은 것을 찾아낼 수 있다. 예를 들면,

"나의 가슴 속은 돌던 기계가 딱 서고 전등불이 탁 꺼진 공장 속 같이 갑자기 어둡고도 아팠다." 가장 마음에 드는 새로운 묘사가 아니고 무엇일까. 여하간 여러 사람에게 널리 읽힐 만한 힘 있고 의의 있는 성공한 작품이다. 이 앞으로 이런 창작이 지속 발표 되기를 애심으로 바란다.

석산의 희곡 「두 여성」은 그다지 성공한 작품이라고는 인정할 수 없다. 작자의 처음 의도만은 다소 수정한 점이 있으나, 희곡 전편을 통하여 부족한 감이 없지 않다. 더구나 끝이 <노라> 식으로 되어 버린 것은 유감이다. 조선여성이 그만큼이라도 자각한 여자들이라면 반드시 여성××× 한걸음 더 나아가 전인류 해방에 몸을 바칠 것이다. 작자의 의도도 여기에 있는 것을 엿볼 수 있다. 그러나 집을 나온 뒤 두 여성의 행동을 보여주지 못하였기 때문에 <노라> 식이 되고 말았다. 여직공의 몸으로 어느 장소에서 ××하고 있는 모양을 가장 인상적으로 표현하였더라면 큰 효과가 있었을 것이라고 믿는다. 구상과 대화가 묘하기 때문에 상연하기 적당한 희곡이라고 생각한다. 앞으로 이 희곡작가에게 많은 기대를 아니할 수 없다.

『조선지광』, 1928년 11월 12월 합병호

당면문제의 數三

조선예술운동의 당면문제란 물론 3에 그치지 아니 한 허다한 문제인 줄 확신한다. 그러나 나는 이곳에서 당면문제 중에도 당면문제인 가장 중요하고 시급한 문제만을 몇 가지 지적하여 간단히 논의하겠다.

1928년인 과거 1년간에 조선에 있어서 예술운동은 어떠하였나? 작품의 희소이론가들의 침묵 또한 실천운동인 예술각부간-연극운동, 미술운동, 영화운동, 음악 등-의 활동이 전혀 없었으니 이것이 지나간 1년 동안에 우리들의 운동기록이라면 얼마나 부끄러운 일이며 얼마나 우리들 자신의 자살행위이냐……

여기에 조금이라도 깨달은 바가 있다면 우리는 반드시 새로운 방향 새로운 국면을 전개하지 않으면 안된다. 이것을 또한 당면문제로 삼지 않으면 안 된다.

1. 집회 출판 ××××

조선예술운동상에 있어서 조선프로예술동맹 전국대회 금지와 조선

프로예술동맹 경성지부 설립 대회 금지는 예술운동 발전상 큰 영향을 미쳤다고 아니할 수 없다.

조선예술운동의 근본문제와 운동방침을 구체적으로 토담하고 각 지부 대의원이 한자리에 앉아 모든 문제를 함께 규정하려던 전당대회가 금지되고만 것이라든지 각 전문부문 문학, 미술, 음악, 연극, 영화 등을 두어 각 부문의 예술운동을 시작하여 보려던 경성지부 설립대회가 금지되고만 것은 우리들 운동에 치명상이라고 아니할 수 없다. 또한 機關紙가 조선 안에서 발행되지 못하고 동경에서 발행되었기 때문에 여러 가지 불편한 점이 많았던 것도 사실이다. 기관지가 정기적으로 발행되지 못한다든가 아주 발행할 수 없이 된다면 운동이 통일을 ○망할 수 없으며 조직적 기능을 강화할 수 없다. 이 까닭에 우리는 하루 바삐 조선 안에서 우리들의 기관지를 보유하기에 노력하지 않으면 안 된다.

이상에 지적한 집회와 출판×××편집을 당면문제로 잡지 않아서는 당면문제로서 해결을 짓지 못한다면 1928년의 무력한 역사를 재차 반복할 따름일 것이다. 그러면 우리는 예술운동상 새로운 현상을 가져오기 위하여 ××××××× 조선의 일체 집회 출판×××획득하자!

2 . 실제활동

우리는 당면문제의 하나로써 실천적인 예술 각 부문의 실제활동을 들지 않을 수 없다. 작품행동은 물론이지마는 연극운동, 영화운동, 음악운동, 미술운동 등-여기에 관하여 필자의 예술운동의 제문제를 참조-이 가능한 범주 내에서 시작되지 않으면 안 된다.

3. 지도자 양성

예술운동을 가장 효과적이며 가장 강력적으로 전개시키려면 우수한 기술자가 필요하다. 앞으로 예술운동 각 부문에 있어서 각각 전문적인 기술자가 ○○으로 필요하며 요구될 것이다. 이처럼 기술자가 다량으로 요구되며 필요한 것이 사실이라면 우리는 명목의 예술운동을 위하여 모든 활동분자-음악가, 연극배우, 연출자, 화가, 영화감독, 영화배우, 촬영기사 등-를 올바른 의식 아래 개별적으로 양성하지 않으면 안된다.

이와 같이 세 가지 당면문제가 과연 당면문제로서의 가치가 있으려면 반드시 실천적 효과가 하루 바삐 조선예술운동상에 나타나야만 할 것이다.

1928. 12. 22
『조선지광』, 1929년 1월

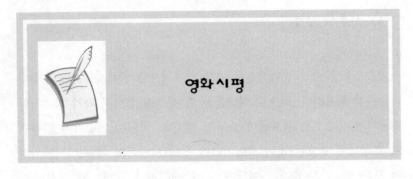

영화시평

1. 원작문제

조선영화사 상에서 1928년이란 그다지 큰 수확을 남겨놓지 못한 해라고 아니할 수 없다. 양으로 보아 불과 열 편 내외요, 질적으로 보아서는 더구나 우리들 기대에 일그러지는 것이 사실이다. 물론 여기에도 조선 사람이 다가서려 하는 정치적 내지 경제적 조건을 들지 않을 수 없을 것이다. 그러나 우리는 영화제작상에 있어서 근본적 태도라든가 가능한 범위 내에 영화운동을 문제 삼지 않고서는 안 될 것이다. 이런 의미 하에 1928년인 신년벽두부터 봉절된 조선영화 수 편에 대하여 먼저 원작만을 검토하고 다음에 표현(기술)을 부분적으로 논평하겠다.

다른 부분의 예술과 같이 영화예술에 있어서도 내용이 형식을 규범하고 또한 형식이 내용을 규범하지 않아서는 안 될 것이다. 다시 말하면 미술품이나 문예품에 있어서 내용과 표현의 일원적 근거를 찾는 것과 같이 영화에 있어서도 스토리와 표현(제 기술)의 일원적 근거를 문제 삼게 되는 것이다. 그러나 스토리가 한 개의 영화의 생명을 좌우한다는 것을 특별 사정 하에 있는 조선 사람으로서 잊어서는 안 된다. 아무리 지나친 기교와 남이 따르지 못할 기술 — 과연 영화로서의 구비할 조건과 요소 — 로써 한 개의 완전한 영화를 제작했다손 치더라도 결국 사회적으로 의의가 없을 뿐만 아니라, 사회적 존재까지 인증할 수 없게 되는 것이다. 이 까닭에 영화제작상 원작이란 부분이 가장 중요하게 문제되지 않아서는 안 되겠다. 영화상의 모든 기교와 기술은 원작을 여실히 표현하는 데, 좀더 효과적으로 표현하는 데 무기가 될 뿐이다. 만약 조선 안에서 조선 사람의 손으로 된 영화가 내용을 제2의적으로 생각하고 기교와 기술 방면에만 치중하여 결국 한 개의 영화로는 수긍 내지 완성이라고까지 하더라도 스토리가 우리의 요구하는 바가 아니라면 단연히 항거할 것이다.

독일영화 <곡예단>은 제8예술의 정화요, 영화예술로서의 더할 나위 없이 완성한 작품이라고 한다. 그러나 조선 사람에게는 그다지 큰 감명을 주지 못하였다. 오히려 <최우의 인>이나 <제7천국>이 조선 사람의 심금을 다소 찔렀을 것이다. 이것이 일종의 스토리 문제로 돌아가지 않을 수 없다. 우리는 오늘날까지 제작된 영화 중에 가장 많이 돈을 들였다는 <벤허>를 볼 때에 한 사람도 그 영화에 공명한 사람은 없었을 것이다. 다만 그 영화가 상영되어 관중을 얻은 바 이익이라는 것은 고대 유태민족의 ×××민족 생활상을 볼 수 있는 것과 종교의 해독과 마취성을 깨닫는 것뿐이다. 한 걸음 더 나아가 생각한다면 자본주의 사회제도하에 제작되는 영화가 얼마나 반동성을 띠고 돌아다니는 것을 알 수 있다. 따라서 제작비를 일천 육백 만원이나 들였다는 점으로 보아 그들이 얼마나 예술정책을 대규모로 한다는 것을 엿볼 수 있다. <벤허>는 확실히 반동영화였다. 그럼으로 우리는 예술정책권 내에 끼여서 그 영화를 감상하게 되었고, 전반의 그만한 내용을 담은 영화를 조선 안에서 상영하게 되었던 것이다.

이만큼 영화의 스토리란 중요하고 또한 중대한 것이다. 그러함에 불구하고 조선영화의 스토리란 반동적이 아니면 지나치게 부끄럽도록 빈약한 것이다. 신년 이래에 봉절된 영화만 보더라도 반동적이 아니면 비속, 빈약한 것뿐이다.

나운규군이 감독한 <벙어리 삼룡이>와 강호군의 작품 <암로(暗路)>와 김철군의 작품 등 <혼가(昏街)> 이상 세 작품이 거의 일시에 봉절되다시피 한 것은 조선영화계를 위하여 기뻐할 일이다. 그러나 세 작품의 원작을 검토한다면 기뻐야만 될 일이 오히려 비판되고 증오의 마음을 일으키게 한다. 그렇지만 이상 세분의 제작상 태도가 근본적으로 변한 것을 믿고 세 작품의 스토리를 간단히 분석하겠다.

<벙어리 삼룡이>

이 영화의 원작은 故 나도향군의 작품인 것을 누구나 잘 알 것이다. 내용으로 말하면 봉건 사상의 화신이다. 거역은 부당이요, 반항은 금물이라는 것을 힘 있게 표현한 작품이다. 이만치 반동적인 원작을 취하여 영화화 시켰다는 나운규군의 심사와 또한 제작상 근본적 태도를 비난하지 않을 수 없다. 앞으로는 이와 같은 영화를 제작할 생각이라면 하루 바삐 영화계를 떠나주기 바란다. 제일은 영화계 아니 조선 사회를 위하여 다음은 나군 자신을 위하여.

<암로>

이 영화의 원작은 강윤희군의 것인데 원작으로 대단히 실패하였다. 다만 취할 것이라고는 물레방아간이 정미소로 변하여 봉건시대의 생활이 날로 몰락되어 간다는 것을 보여준 것뿐이다. 이것도 좀더 구체적으로 표현되었으면 다소 원작의 골자를 찾았을 것을 너무나 '사랑!

사랑! 하고 애욕에만 기울어졌다.

<혼가>

이 영화는 김철군의 원작으로 된 것인데, 이 작품 역시 원작으로 실패하였다고 아니 볼 수 없다. <혼가>에 있어서 원작으로 실패한 세 가지 원인이 있으니 하나는, 중심 사상이 다시 말하면 작품 전체에 흐르는 굵다란 줄거리가 없는 것이요 둘째는, 너무나 산만해서 통일성을 잃어버린 것이요. 셋째는, 중요 인물의 성격이 잘 나타나지 못하여 실감을 주지 못한 것이다. 이 작품에서 취할 것이라고는 오직 의식의 과거 생활 묘사뿐이다. 좀더 그의 내압을 표현하였으면 좋을 것을 너무나 짧은 것이 유감이다.

이상의 세 개 작품이 전혀 원작으로는 수긍할 수 없을 만치 반동적이요, 무식, 빈약하였다. 여기에 원작 문제를 고려하지 않아서는 아니될 시기에 당면하였다. 그럼으로 일반 영화인은 더구나 제작의 직접 책임을 질 것이다. 우리는 위대한 영화 원작자의 출현을 기대하여마지 않는다.

2. 기술자 개평

<벙어리 삼룡이>

영화의 각색은 될 수 있는 대로 원작에 충실하려는 노력이 잘 나타났다. 그러나 감독에 있어서는 그다지 눈에 띨만한 수법이 발휘되지 못하였다. 혼인집에 모여든 군중들 사용한 몇 장면만은 다소 성공하였으나 불났는데 뛰어가는 군중과 한군데로 모여든 사람들을 움직이는 데는 어색하였다. 이 까닭에 영화에 있어서 많은 군중을 쓰는 것은 실패하기 쉬운 점이다. 훌륭한 감독만 있다면 군중을 많이 쓰면 많이 쓸수록 그만한 효과가 나타나는 것이다. 벙어리 삼룡이 역으로 출연한 나운규군은 기대한 것보다는 벙어리 역으로 성공하지 못하였다. 이것도 원작이 펄펄 날뛰어야만 성공할 나군의 성격을 죽이고 만 것이다. 천대받고 굴종하는 벙어리가 아니라 반항하고 날뛰는 벙어리였으면 나군 자신으로서 성공하였을는지 모른다.

주삼손군은 전에 보지 못하던 연기를 발휘하였다. 이 영화에 있어서 주군만큼 자기의 역을 살리어 큰 성공을 할 사람은 없다.

유춘방군은 <사나이>에 출현할 적 보다 실패하였다. 동작이 부드럽지 못하여 마치 인형노는 감을 일으키게 하였다.

윤봉춘, 박정섭 두 분도 눈에 띄울만한 연기를 발휘하지 못하였다. 이번 영화에 있어서 두 분은 확실히 실패하였다.

이금룡군의 노인 역은 여전하다. 그분의 역만은 언제든지 믿음성이 있다. 촬영에 있어서는 아무런 신경지를 보여준 것이 없다. 이것은 촬영기사 손용진군이 갈수록 퇴보한다는 반증이겠다. 자막만은 쾌감을 주었다. 앞으로 많은 노력이 있기를 바란다.

<암로>

각색에 있어서 전혀 실패하였다. 각색이 혼란하고 전체가 어근버근해서 관중으로 하여금 정신을 차릴 수 없게 된다. 한 씬에서 다음 씬으로 옮겨가는데 전혀 연락이 닿지 않은 곳이 많다. 감독의 수완이 이 작품에서는 별로 나타나지 않았다. 앞으로 많은 연구가 없어 가지고는 다시 감독하기가 어려울 것이다. 이 영화에 있어서 감독의 책임도 있지만은 출연자로서 성공한 사람은 한사람도 찾아낼 수 없다. 그 중에도 '니마이매'격인 강장희군은 동작과 표정이 전혀 어색해서 이 영화를 영화로서 살리지 못한데 중대한 책임이 없지 않다.

강호, 박경옥, 차남곤 세분에 있어서도 이러타 할 만한 연기를 발견할 수 없다. 오직 이명래군 만이 다소 어색한 곳이 있으면서도 간간이 연기에 수긍할 점이 있다. 이군의 체격과 인물이 상당한 감독만 만나면 반드시 출연자로서 앞으로 성공할 날이 있을 줄 믿는다. <암로> 한편에서 취할 것이 있다면 오직 자막과 촬영뿐이다. 자막의 내용을 말하는 것은 물론이다. 촬영기사의 공적이 아니면 이 영화를 전혀 살릴 수 없었을 것이다. 문우양군으로 말하면 이번이 처녀촬영임에도 불구하고 그만한 효과, 그만한 성공을 하였다는 것으로 보아 앞날의 큰 기대를 아니 할 수 없다. 조선영화계를 위하여 앞으로 많은 노력이 있기를 바란다. 그래 우리들의 큰 기대를 저버리지 말 것이다.

<혼가>

각색은 새로운 수법을 보여주려고 애쓴 흔적이 있다. 그리고 전체로 그리 성공한 각색법이라고 할 수 없다.

김유영군은 이번이 두 번째 감독이다. 물론 <유랑>보다는 많은 진전이 보인다. 그러나 대담해야 할 곳에 대담한 수법을 쓰지 못하였다.

임화군의 화장은 완전히 실패하였다. 뜨거운 태양을 쏘이고 다니는 마부의 얼굴로서는 너무나 희다. 이번 실패는 자기의 역을 생각하지 않고 미남자로만 나타내고자 하는 것이 그 원인이 된 것이다. 또한 동작에 있어서도 선이 너무나 가늘고 표정도 심각한 곳이 없다.

남궁운군은 절뚝바리 역으로 성공하였다. 동작이 자연스러워서 관중으로 하여금 실감을 준다. 표정에 있어서 임군보다 투철이 뛰어난 곳이 많다.

추용호군은 중요한 곳에 활약은 하였으나 그다지 인상을 주지 못한다. 추군은 이 영화에 있어서 군더더기 같은 감이 없지 않다. 그래서 그런지 실패한 편이다.

정순의 역으로 출연한 이영희는 제일 관중에게 호감을 주지 못하고 동정을 끌 수 없는 얼굴이다. 이 까닭엔 반드시 동정을 끌어야 할 역인데 동정을 끌지 못하고 내려가기 때문에 긴장미가 없고 흥분이 되지 않는다. 이 영화의 반 생명은 정순이 역이 죽여놓았다고 해도 과언이 아니다.

인웅이 역은 대성공하였다. 이 영화에서 인웅의 역이 없었다면 지리 파멸을 가져올 뿐이다.

정희의 숙부 역은 이 영화 중에서 그중 성격이 잘 나타났다고 볼 수 있다. 처음 출연이나 그리 어색한 곳이 없고 분장도 잘되었다. 어느 정도까지 출연에 성공하였다고 볼 수밖에 없다.

강경희군은 격투장면에서 동작과 표정에 그의 연기가 다소 있다는 것을 나타내었다. 그러나 강군에 있어서는 조소하는 표정이 너무 많았다.

자막은 실패하였고 촬영은 과히 실패하지 않았다. 이동 같은 것이 군데군데 눈에 띄는 곳이 있다. 촬영기사 손용진군의 애쓴 흔적이 보인다.

1929. 2. 4

『조선지광』, 1929년 3월

1. 조선영화의 위기

　현하 조선영화계에 있어서 조선영화를 제작하는 데 한 위기를 당면
하게 된 것이 한 개의 현상으로 나타난 명확한 사실이다. 그러면 이른
바 당면한 위기란 어떠한 것이며 이러한 위기를 타개하여 새로운 진전
을 보여주려면 어떠한 용의와 어떠한 실천적 행위가 필요할 것인가?
　과연 조선영화가 위기를 당한 것이 이 아래에 구명됨에 따라 사실로
증명된다면 조선영화 제작에 유의하는 사람으로서는 반드시 그 위기
를 공동적인 집단적 행위로써 적극적 타개에 노력하지 않아서는 안 될
시기에 이른 것이다. 이것도 조선예술운동의 일부인 영화활동을 위하
여 우리로서 문제삼게 되는 것이다. 조선영화가 위기를 당면하게 되었
다는 것은 다름이 아니라 초기에 있어서 조선영화라면 조선사람의 손
으로 활동사진이 제작되었다는 일종 호기심으로 일반민중이 무조건하
고 환영하던 것이 최근에 이르러서는 그러한 경향이 현저히 변하여졌
다. 이와 같은 현상을 두 가지의 의의가 있다고 해석할 수 있으니 하나
는 조선영화가 일반관중에게 비판을 받을 만큼 생장하였다는 반증이

요, 또 하나는 조선영화가 질적으로 신경지를 개척하지 못하고 현상유
지에 머물러 큰 진보를 보여주지 못한 관계상 조선영화에 기대를 가졌
던 관중이 새 영화가 대체될 때마다 기대하였던 바가 깨어지고 오히려
실망을 느끼게 하였던 까닭이다.

그래 최근에는 조선영화를 대체할 때보다 歐米의 영화가 상영될 때
에 흥행성적이 오히려 양호하다고 한다. 이것만 보이더라도 조선영화
에 대한 일반영화는 ○○○○○○○○○○○○히 엿볼 수 있다.

"조선영화는 번번이 그 모양인데 구경은 가서 뭘해. 이번도 또 그럴
걸."

"이번에야 물론 우수한 영화를 제작하였겠지, 하고 고가의 입장료를
내고 들어가 보면 번번이 속고 말았으니까 또 속기 싫어……. 차라리
서양사진 좋은 것을 보지."

최근에 조선영화가 새로 제작되어 대체될 때마다 여러 사람들에게
이러한 이야기를 들었다.

이만큼 조선영화 제작상에 있어서 한 난관인 위기에 직면되어 있다
는 것을 사실로써 증명할 수 있다. 이처럼 조선영화가 조선사람의 기
대로부터 차차 벗어져 나아간다고 하면 결국은 한 개의 영화도 제작되
지 못할런 지도 모를 일이다. 수요자가 없는 생산품이 무슨 소용이 있
으며 다소의 수요자가 있다손 치더라도 생산비에 대하여 이익은커녕
도리어 손해를 보게 된다면 이 제작에 있어서는 영화제작이란 도저히
불가능하게 될 것이다.

이 까닭에 조선사람의 기대가 없이는 조선영화가 제작되지 못하고
결국 영화계란 존재가 없어질 것이다. 그러면 이러한 위기를 당면하게
된 영화인들은 얼마만한 용의와 어떠한 계획을 가지고 있는가? 물론
당사자이니 만큼 남다른 고민이 있고 多大한 계획이 있을 줄로 믿는다.

"조선영화가 앞으로 신경지를 개척하고 새로운 진전을 보여주려면 비약적인 실적 전환이 없이는 안될 것이다." 이 말은 어느 영화인의 신국면 타개에 대한 이론의 일단이다. 과연 그렇다. 조선영화가 질적 전화이 없이는 일반관중의 기대가 없을 것이며 또한 위기는 파멸을 가져오고 말 것이다.

어째서 조선영화가 실적 전환을 요구하게 되었으며 위기를 맞이하게 된 원인은 어디에 있는가?

제1은 한 개의 완전한 영화를 제작하는 데 필요한 우수한 기술자들이 모이지 못한 까닭이요,

제2는 영화제작상 태도라든가 영화에 나타나는 근본정신이 너무나 지나치게 개인주의에 입각한 영웅적 행위의 반영이었던 까닭이요,

제3은 설비의 불완전(촬영소 하나 없는 영화계이니까 물론 설비의 불완전은 말할 것도 없지만)으로 화학적 기술이 영화제작 상에 많은 도움을 주지 못한 것이다.

이상에 지적한 세 가지 조건이 조선영화의 발전을 저해하였고 또한 위기를 가져오게 한 원인이 된 것이다. 그러므로 將來할 조선영화가 씩씩한 보조로 민중과 함께 걸어 나아갈 만큼 진전을 보여주려면 이 시기에 있어서 질적 전환을 하지 않으면 안될 것이다.

먼저 시나리오에 유의하는 사람이 많이 생겨야 하겠다. 시나리오란 영화의 내용을 결정하는 가장 중요한 부분인 만큼 영웅심이나 명예심에 좌우되는 개인주의자는 몇 만 명이 시나리오를 쓴다고 하더라도 아무 소용이 없다.

감독이나 배우나 촬영기술 등이 우수한 기술자라고 인증되기 전까지는 영화제작에 참가하지 말고 자신이 있을 때까지 자체의 기술을 연마하지 않아서는 안 되겠다. 그리고 영화제작 당사자는 일시적 사정이

라든가 친분관계에 끌리지 말고 과연 기술자다운 기술자를 엄밀히 考選해서 그 任에 맡기지 않으면 아무리 과대한 비용이 들었다고 하더라도 완전한 영화가 될 수 없는 것이다.

조선영화의 레-벨이 일반관중에게 영합되지 않으면 않을수록 거액의 자본과 함께 우수한 기술자가 생각나는 것이다.

영화제작상 근본적 태도란 한 개 영화의 생명을 좌우하게 되는 것이니 최근의 예를 들면 이경손군의 「淑英娘子傳」과 나운규군의 벙어리 三龍이」 등이 순전히 돈벌기 위한 태도였으나 흥행성적도 별로 좋지 못하고 남겨놓은 것은 다만 반동성의 발로뿐이었다.

더구나 「淑英娘子傳」에 있어서는 흥행에 대한 이해를 더한층 생각하였을 것이다. 그렇다고 나로서도 흥행성적을 전혀 무시하는 것은 아니나 너무 이해에만 기울어져서 무슨 내용이든 생각지 않고 영화를 제작하는 데에 반대한다는 것이다.

그러므로 영화를 제작함에 있어서 의식적으로 반동성이 농후한 내용을 영화화할 수 있는 것이다. 이 까닭에 제작자의 근본태도란 중요하게 문제삼지 않으면 안될 것이다.

감독이나 배우나 촬영기술 등이 한 개의 영화를 제작함에 당하여 그 영화가 가진 내용이 반동적이라면 기술적 활동을 당연히 거절하거나 중단할 것이다. 이만한 권리가 그들에게 부여되지 않아서는 안되겠다. 이와 같은 일은 반드시 기술자의 ○○○행동으로 나타나야만 할 것이다.

촬영소의 필요!

이것은 영화인으로서 누구나 시급한 문제로 생각하고 있는 바이지마는 하루바삐 소규모의 촬영소가 한 개라도 설치되어야 하겠다. 이것의 실현이 없이는 조선영화의 새로운 진전을 볼 수 없을 것이다.

이것을 실현하는 데에는 영화인의 조직적, 집단적 행동이 필요하다. 영화제작소와 제작소의 힘을 합하고 영화인과 영화인의 힘을 합하여 촬영소 期成운동을 일으켜 금년내로 공동촬영소를 설치하도록 노력할 것이다.

소규모의 촬영소와 소규모의 내부설비가 없어가지고는 조선영화의 새로운 발전이 없을 것이요, 새로운 발전이 없이는 조선영화계가 날로 위기에 빠지다가 마침내 영화계라는 존재까지도 없어질 것이다.

현하 조선영화계의 저기압적 위기를 타개하는 데에는 사회과학에 理解가 있고 건실한 필치의 소유자인 <시나리오>작가의 출현이 많아야 할 것이며 우수한 기술자(물론 개인주의자가 아닐 것)와 현사회 사정에 다소라도 이해를 가진 건전한 제작자의 출현이 필요하다.

그리고 다음에는 촬영소 건설문제이다. 이와 같은 일이 여의하게 된다면 조선영화의 성장과 발전을 기대할 수 있을 것이다.

2. 반동영화의 재상영

조선영화계에 새로운 기적이 나타나게 되었으니 그것은 반동영화의 전형적 표본인 『벤허』의 재상영이다. 한 개의 영화가 재상영은 말고 3·4회 거듭 상영을 한다고 하더라도 기적될 것이 없겠지마는 이 영화가 신흥 중국 광동에 가서 하루의 공개도 못하고 도로 쫓겨온 것인데 조선에 와서는 재상영까지 되는 것이 기적이 아니고 무엇일까?

이와 같은 기현상이 절대로 기적은 아니다. 다만 민중운동이 그러한 불순한 영화를 추방, 항거, 상영금지 등에까지 미치지 못한 것이다.

그러면 반동적 영화인 「벤허」의 내용은 어떠한 것인가?

본지 2월호에 게재된 영화시평 중에서 「벤허」에 관한 부분을 인용하면 대개 내용을 엿볼 수 있다.

……(벤허)를 볼 때에 ××사람으로서는 한 사람도 그 영화에 공명한 사람은 없었을 것이다. 다만 그 영화가 상영되어 관중의 얻은 바 이익이라는 것은 고대 유태민족의 ×××민족생활상을 볼 수 있는 것과 종교의 해독과 마취성을 깨달을 것뿐이다. 한 걸음 더 나아가 생각한다면 자본주의 사회제도 하에 제작되는 영화가 얼마나 반동성을 띄우고 돌아다니는 것을 알 수 있다. 따라서 제작비를 일천 육백 만 원이나 들였다는 점으로 보아 그들이 얼마나 예술정책을 대규모로 한다는 것을 엿볼 수 있다. 그러므로 우리는 예술정책권 내에 끼어서 그 영화를 감상하게 되었고 전반의 그만한 내용을 담은 영화를 조선 안에서 상영하게 되었던 것이다.

그러면 초반은 어떠하였나? 불같이 타오르던 반항심은 예수의 출현으로 말미암아-종교의 마취성으로 말미암아-여지없이 식어버리고 말았다. 『벤허』라는 유태의 청년은 일시의 열렬하였던 복수심, 반항심이 종교 때문에 봄눈 녹 듯 사라지고 말았다.

이러한 내용을 가진 영화가 중국에 가서는 민중의 힘에 못 이겨 추방을 당하고 말았다. 당연한 일이다. 그러나 조선에서는 중국에서 쫓겨온 사진이 무사히 재상영까지 하게 되었으니 우리들의 무자각, 무능력의 반증이 아니고 무엇일까?

조선의 중앙인 경성에서 이러한 사건이 있는 데에도 아무러한 물의가 없었다는 것은 일반 영화인의 부끄러움인 동시에 모든 민중의 수치이다.

그와 같은 사건을 그대로 묵과한다든가 미연의 방지를 못하였다는 것은 우리들의 조직의 힘이 미흡한 까닭이다. 그리고 일반영화인의 조직적 기능이 집단적으로 나타나지 못하였기 때문이다.

앞으로는 반드시 영화비판회와 영화인의 총결성인 조직형태를 띄운 단체가 조직되어서 집단적 행동이 있기를 바란다.

『조선지광』, 1929년 4월

文壇時言
- 최근 문예 단상

1. 연작소설에 대하여

연작소설이란 저널리즘에 영합하는 일종의 기형적 산물인 것은 물론이다. 그래 조선에 있어서도 신문이나 잡지에서 간혹 연작소설의 발표를 보게 되었다. 최근에는 잡지 『학생』에 소위 三崔 연작소설이 게재되고 『동아일보』 예술난에는 「여류음악가」란 연작소설이 끝나자마자 즉시로 거의 중편인 연작 「황원행」이 ················ 최독견씨로부터 시작되어 제2회로는 팔봉 김기진씨가 집필 중에 있다. 우리는 이상에 지적한 세 작품을 어떻게 볼 것이며 집필자를 어떻게 비판해야만 정당할 것인가?

도대체 당초 연작소설이란 무엇이며 그처럼 진실성을 잊어버린 잡지 경영자의 희작적 정책에 집필을 응락한 세 분의 태도를, 아니 그 중에도 최서해씨의 계급적 양심을 의심하지 않을 수 없다. 이 아래에 가서도 구체적으로 논의하겠지마는 사상 경향이 같지 않은 세 사람이 집필한 그 작품이 기형적으로 나타날 것은 물론이지마는 과연 프롤레타리아가 요구하는 또한 필요한 작품이 될 것인가? 필요하며 요구하는 작품이라고 만약 믿는 사람이 있다면 그 사람은 반드시 어리석은 사람이 아니면 안 될 것이다. 그렇지 않다고 생각한 사람은 사상 경향이 같지 않은 사람과는 연작에 집필하지 않을 것이다.

……………………………………………… 문화를 위하여 자기의 역할을 다하려는 …………행동이며 프롤레타리아 예술가의 정당한 행위일 것이다.

팔봉, 서해 두 분이 동지들과 함께 집필한 「여류음악가」는 어떠하였나?

여기에 먼저 문제 삼지 않으면 아니 될 것은 최서해씨이다. 우리는 그 작품에 대하여 털끝만한 기대도 갖지 않은 것은 물론이었지만 제1회분의 내용은 어떠하였나? 프롤레타리아 이데올로기가 조금도 표현되지 않은 것은 차치하고라도 처음 시작하는 태도가 너무나 범속한 데에 다음을 볼 용기가 나지 않았다.

이것을 쓴 사람이 우리들의 작가라고 인증하고 앞으로 ………………………… 기대하기 마지않던 서해 최학송씨라면 누구나 그의 양심을 의심하지 않을 수 없게 될 것이다.

「여류음악가」란 일편의 연작소설이 여러 사람의 두뇌로 되느니만큼 결국은 어떠한 반동 작품이 되어 반동적 역할을 다할는지 모르지만 처음 시작한 서해씨만은 확연한 의식이 표현되어야만 할 것은 물론이다. 여기에 최서해씨로 하여금 가장 짧은 글이나 중대한 책임이 있지 않으면 안 되는 것이다. 그러므로 제1의 실책은 의식부동한 작가들과 함께 집필한 데 있고 다음은 제1회분의 내용이 그처럼 된 것은 서해씨로 하여금 …………………………치명적 사실이며 …………………될는지도 모른다.

「황원행」의 집필자씨명을 열기한다면 최독견, 이익상, 현진건, 염상섭, 김기진, 제씨이니 팔봉은 그네들과 합류하여 여하한 작품을 제작하려고 했는지?

우리는 한 개의 연작소설을 문제 삼느니 보다도 팔봉 자신이 어째서 그들과 같이 위대한 반동의 작품이 될는지 어떨지? 미지의 작품을 공동제작하게 되었는지 모르겠다. 물론, 그들과 함께 제작한 작품이 ⋯⋯⋯⋯성을 띄운 우리들이 요구하는 작품이 되지 않을 것은 명료한 사실인 것이다. 팔봉 일 개인만이 전력을 다하여 노력한다손 치더라도 절대 불가능이다.

이러함에 불고하고 팔봉 자신이 그들을 상대로 ⋯⋯⋯⋯⋯⋯⋯⋯⋯⋯ 그들과 합류하여 공동 제작하는 근본적 의도가 나변에 재한가?

우리는 팔봉이 발표욕이나 명예욕이 없으리라는 것을 믿느니만큼 원고료와 친분관계를 말할 줄 안다. 그러나 생활을 위하여 원고료를 받지 않지 못할 경우라 하더라도 그 작품이 반동적이라면 斷然히 집필을 거절해야만 한다. ⋯⋯⋯⋯⋯⋯⋯⋯⋯⋯⋯⋯⋯⋯⋯⋯⋯⋯⋯ 또한 친분관계는 더구나 문제가 되지 않는다. 반드시 싸워야만 할 것과의 친분관계란 있을 리 없다. 그러므로 원고료나 친분관계는 처음부터 문제도 되지 않는 것이다.

그러면 연작소설 「황원행」에 있어서 팔봉이 쓴 내용은 어떠하였나?

사건의 추리라든가 표현에 있어서 별로 최독견씨와 다른 점을 발견할 수 없다. 팔봉이 평론에 있어서 간혹 말한 바와 같이 팔봉이 쓴 「황원행」중에 ⋯⋯⋯⋯⋯⋯⋯⋯⋯⋯⋯⋯ 아니다. 팔봉의 주장이란 조금도 표현되지 않았을 뿐 아니라 오히려 반동적 예술의 생산이며 부르주아 작가의 통속소설에 지나지 못한다.

신흥예술 영역에 있어서 일체의 예술품이 각 부문의 예술가, 작가 등의 행동의 표현(⋯⋯⋯⋯ 예술운동에 있어서 일체의 작품이 행동으로 인식되고 규정된 지는 이미 오래인 사실이다. 그래 작품행동설은 같은 진영 내에서 누구나 공인하는 바이다)이라면 팔봉의 작품행동은 씨의 이론과 배치되는 것이 사실이다.

그러면 프롤레타리아 예술운동 하는 사람은 이론과 행동이 상이한 것이 정당한 것인가? 아니다. 천번 만번 아니다. 한사람의 이론과 행동에 있어서 배치되고 모순이 있다면 우리는 당연히 그 이론 (이론만은 정당하면) 보다 이론가를 배척할 것이다.

먼저도 말한 바이지마는 금번 동지 팔봉의 근본적 과오를 범한 것은 소위 연작소설이라는 작품에 있다느니 보다도 저들 의식 부동한 작가들과 합류하여 공동제작에 집필한 데 있는 것이다. 「여류음악가」가 그리하고 「황원행」이 치욕적 반동의 작품이 되고 만다면 부분적 책임이 있지 않으면 안 된다. 우리들의 유용한 작품이 되지 않을 것은 물론이므로 서해, 팔봉 두 동무의 ················양심 ··············· 책임을 묻고 싶다.

나는 더 쓰고 싶지 않다.

저들과 휩쓸려 그러한 치명적 행동을 감행한 서해와 팔봉은 점차 어디로 가는가?

2. 잡지의 역할

수삼 삭 내로 우리는 다종의 잡지를 대하게 되었다. 그 중의 순 문예지 『문예공론』과 『조선문예』를 비롯하여 민족 사상을 고취하려는 『삼천리』와 동경에 발행소를 둔 우리들의 기관지는 각각 어떠한 역할을 하고 있으며 장차 우리들은 어떠한 행동을 취해야만 할 것인가?
··················

먼저 『문예공론』을 비판의 대상으로 하자.

이 잡지는 ·························· 숭전 교수 문학사 양주동씨와
·························· 춘해 방인근씨와 공동편집 하는 문예잡지
이다.

편집원의 한 사람인 양주동씨가 우향? 중간? 부르주아 작가? 조선문
단형성노력자? 어느 편에 속하는 것은 별 문제로 하고 양씨의 노력의
결정인 「조선문단의 환멸 총집필」이란 그 내막을 한 번 살펴보자
············.

'···········나는 무저항 ×××(춘원의 머릿속에만 있는 환상 ××××)가
되리라'고 한 투쟁회피, 무저항주의, 인도주의인 춘원 이광수씨를 비롯
하여 ······················ 육당 최남선씨와 ···············
··············인 염상섭씨 이하 ······························작가의
총집합이 소위 「조선문단의 환멸 총집필」이란 흉흉한 슬로건을 내세
우게까지 된 전체의 조건이다.

염상섭씨는 ····················· 오늘날까지 대립적 행위를 취해온 우
리들에게 여러 동무를 보고 집필을 강청하였다. 이렇게 한 것이 양씨의
이른바 문단상(주동씨의 형성하려는 문단은 우리로서 투쟁의 대상, ××의
대상밖에는 안된다.)의 불편부당이란 것이다.

소위 불편부당이란 과연 불편부당이라 할까?

『문예공론』 창간 후에 게재된 양주동씨의 창간선언으로 보아도 좋
은 「발간의 취지 삼아서」중 일부분을 검토하면 양씨의 주장한 불편부
당의 전 비밀도 결국은 폭로되고 만다. 보라!

"·············· 먼저 불편부당의 중립적 견지에서고 공정 관대한 금도를 가져서 모든 주장과 의견을 그대로 취합하기에 힘쓰려 한다. 말하자면 문예적 온갖 태도를 그대로 수납하고 발표하는 문단적 「公器」로 되려함이 본지 발간의 최초·최종이라고는 하지 않는다.-사명이라 할까" (방점은 필자)

결국 최종이라고는 하지 않는다는 것은 비열한 잡지정책으로 우리들의 글을 게재하려다가 안되면 최종에는 우리들과 싸우려는 각오를 한 것이 염씨의 근본의도이다.

여기까지 이르러서는 우리가 논조를 더 진전시키지 않는다고 하더라도 『문예공론』은 현하 정세인 위대한 반동기에 있어서 그들의 모인 사람으로 보아 어떠한 역할을 할 것이라고 우리는 잘 알고 있다. 그러므로 우리는 오직 그들과 싸울 뿐이다. 그 중에도 중간적 태도를 취하는 듯하면서도 기실은 반동작가와 합류하고 『문예공론』과 같은 잡지의 산파역을 다하는 양주동씨와 우리는 ···········된다.

다음으로 『조선문예』는 어떠한가?

이 잡지 역시 우리들의 기대하는 과연 우리들의 기관지는 아니다. 그렇다고 전체적으로 보아 위대한 반동은 아닌 것이 사실이다. 그러나 우리들의 글이 ·············· 한 편의 시, 한 편의 평론이 발표되느니만큼 우리는 엄정한 비판을 게을리 하여서는 안 된다. 소개에 있어서는 더한층 왜곡적이 아닌가 하는 주의를 요하는 것이다.

이와 같이 일체 내용에 있어서 반동적 경향이 보인다든가 모든 작품이 ···············

1호, 2호에 있어서도 내 자신의 글부터 다대한 불만이 있다. 불만이라기보다도 양심이 찔리는 부분이 적지 않다.

그리고 제2호에 게재된 문예좌담회의 기록은 최근에 우리들이 과오를 범한 중에 가장 큰 과오이다. 그 기록의 내용을 보면 조금도 …
…………………… 처음부터 끝까지 일관되지 못한 것이 사실이다.
거기에는 두 가지 원인이 있으니 하나는 검열관계를 생각하고 소극적
태도를 취한데 있고 다음은 사상, 감정, 기력 등이 통일 못되는 곳에
있다. 그러나 몇 분만은 자기의 의사, 자기의 주장이 삭제된 한이 있더
라도 …………………… 그렇게 되지 못한 곳에 오류가 있었
던 것이다.

그러한 모임이 있으면 우리는 반드시 ……………… 끌고 나아갈 것
이 정당한 길이다. 그러므로 조선문예좌담회를 우리는 근본적으로 거
부하는 것이 우리의 견지로 보아 당연한 것이다.

다른 작품들도 여지없는 묵살을 당할 것이 적지 않은 것이 사실이
다.

거기까지 이르지 않는 작품이라고 하더라도 프롤레타리아의 작품은
못된다. 그러므로 『조선문예』 1, 2호는 우리들이 집필한 것이니만치 악
영향이 있으면 더욱 큰 것이며 책임이 더욱 중대하다고 아니할 수가
없다.

우리들의 진정 ×××××위하여 『조선문예』 1, 2호를 근본적으로 말
살하고 다같이 잊어버리자!

『삼천리』는 어떠한가?

이름부터 민족주의적이지만은 창간호의 표지와 비화를 보면 더한층
강렬하게 그 주의가 표현되어 있다.

××××말살하려는 의도는 그만두고라도 편집내용이 너무나 혼돈
무쌍하다. 통일이 되지 않고 체계가 서지 않은 갈피를 잡을 수 없는 비
빔밥식 잡지라고나 할까? 이러한 편찬내용을 가진 『삼천리』가 앞으로
어떠한 역할을 할는지 모르지만 조금 타락하면 소위 저급의 취미오락

잡지류에 들어가고 그렇지 않고 다소 발전한다면 결국 ×××말살의 ×
×회피적 민족주의에 더 나가지 못한다······························.

『무산자』는 이러한 반동의 탁류 중에 있어서 어떠한 역할을 감행할
것인가? 우리들의 작품을 생산하여 발표할 것은 물론이지마는 한편으
로는 부르작가의 작품 등을 예리한 비판으로써 반동성을 폭로하는 동
시에 ··· 또한 관념론자, 부르주
비평가, 문단지상주의자 등과 적극적으로 항쟁하여 대중으로 하여금
그들 이론에 현혹케하지 않기를 당면의 한 프로그램으로 할 것이다.

이와 같이 하는 데에는 우리들 예술가의 힘으로

3. 예술운동의 성장

『조선일보』 학술란에는 7월 12일부터 동14일까지 3일간을 계속하여
기괴한 글(평론도 아니요, 사신도 아닌 글)이 게재되었으니 그들의 제목
은 『예술운동에 대하여』요, 필자는 KW생(이와 같은 가명도 초일은 ◇◇
생이었던 것을 너무나 무책임하다는 비난이 있기 때문에 KW생으로 고친
것이다)이란 분이다.

『예술운동에 대하여』란 일문의 내용이 조잡 무쌍하여 체계가 서지
않고 내용적 근거가 지나치게 박약하고 운동이란 무엇인지 정의조차
모르는 후안무치한 사람이 사회적 일개 현상인 프롤레타리아예술운동
을 거부, 말살하려는 한 의도에서 나온 가증한 태도와 무모한 행동은
가히 일소의 자료밖에는 더 되지 않는다. 그러므로 우리는 KW生이라
는 유령체의 횡설수설을 문제 삼아 논의하고 싶지는 않다.

그러면 나는 이 글을 왜 시작하게 되었는가?

프롤레타리아예술운동이란 과연 운동으로 인증할 수 없고 존재성이 태무하다고 하더라도 한 개의 현상을 묵살시키려는 이론을 발표하는 사람이면 ◇◇生이라든가 KW생이라는 가명으로 일관된 비겁한 행동은 감히 하지 않을 것이다.

또한 소위 KW생은 예술이란 무엇인지, 운동이란 무엇인지, 예술운동이란 어떠한 것인지 전혀 이해치 못하는 사람인 것은 불고하고 '예술이란 천상의 예술을 불결한 지상에 인하여 계급운동에 이용---' 운운한 것은 우리로서 문제도 안 되는 예술지상주의자의 언사이다. 그러니 어찌 우리들의 예술운동을 프롤레타리아예술운동의 본질을 털끝만치라도 이해할 것인가.

그러므로 나는 KW생의 글을 분석 검토하려는 것이 최초의 의도가 아니라 내용의 공허와 이론적 근거가 없는 그러한 무주의, 무정견의 글을 조선에서 대신문이라고 자처하는 조선일보에 게재하였다고 하는 것을 문제 삼고자 하는 것이다.

그러한 유의 글을 쓴 사람보다 그러한 내용의 글을 거리낌 없이 발표하여주는 편집자의 심사가 더한층 가증하고 또한 --------반동의 행위가 아니면 안될 것이다.

이 세상에는 KW생과 같은 두루뭉수리로 된 인간도 있으며 예술지상주의자도 있으며 또한 우리들의 운동을 비난, 중상 내지 적대행위를 취하는 사람도 있는 것이 사실이다. 그러므로 그들의 행동과 이론을 가히 문제됨직한 때에는 우리로서 싸우지 아니치 못하게 되는 것이다. 이 까닭에 그들의 주장하는 바의 이론적 근거가 다소간 표현되는 때에는 극복을 위한 이론이 전개되는 것이다. 그러나 KW生의 글은 과연 두루뭉수리식인 것이 명확한 사실이므로 『예술운동에 대하여』란 일문의 책임을 필자보다 학술면 편집자에게 있는 것이며 또 신문전체에 있지 않으면 안 되는 것이다.

여기에 문제는 다시금 전개된다.

아무러한 이론적 근거가 없이 프롤레타리아예술운동을 근본적으로 부정하고 말살하려는 반동적 내용의 글을 쓴 ◇◇생과 그 글을 독자대중이 보게까지 만든 사람은 동일한 자이 ------------------이다.

만약 예술운동이 그 글의 내용과 같이 운동으로서의 촌분의 가치가 없고 사회적으로 한 개의 운동형태로서 인식되지 않는다고 하더라도 예술에 종사하던 사람들이 일조일석에 죽지 않고 살아 있는 이상에는 그러한 자와 최후까지 싸울 것이다.

그러므로 우리는 한때의 반동으로 나타나는 그러한 류의 글과 비겁한 KW생과 같은 사람과 또한 원고에 대한 비판이 없고 반동세력과 합류하는 편집자 등은 그다지 문제가 되지 않는 것이다.

어떠한 글 어떠한 인물이 최선의 방법과 최선의 노력으로 우리들의 행동을 중상, 조해, 근절시키고자하나 우리들의 예술운동은 정당한 길로 발전하며 성장하고 있다.

1929. 7. 15
『조선지광』, 1929년 8월

예술 활동의 제 문제
- 실천적 계단 전개

1. 이론과 실천

이론이 이론을 위하여 있다든가 이론만에 그치고 만다면 아무리 조리 정연하고 명쾌 탁월한 체계가 선 가치 있는 이론이라도 결국은 휴지 공론이 되고 마는 것은 누구나 인정하는 명확한 사실이다.

이 까닭에 이론 전개, 이론 투쟁의 근본적 의의가 어디에 있는가 하면 다만 통일된 조직적 행위와 좀 더 위대한 실천을 낳기 위하여 이론 전개가 필요하며 이론 투쟁을 하지 않을 수 없게 되는 것이다. 또한 가장 효과 있는 위대한 실천을 감행하기 위하여서만 이론 확립이 필요하지 않으면 안 된다.

그러면 조선 프롤레타리아 예술운동사상에 있어서, 1927년 이후에 일어난 현상과 운동 자체의 과정을 어떻게 규정해야만 정당할 것인가?

1927년 이후의 우리들의 이론은 예술 각 부문에 관한 이론 전개가 되지 못하고 다만 문예 영역에 국한되어 확실히 문예 이론 투쟁기였었다. 그 일관된 논조의 주류를 검토한다면, 새로운 우리들의 문예를 창조하기 위하여, 한편으로는 낡은 이데올로기의 청산과 부르주아 문학의 배격 극복의 투쟁이었고 또 한편으로는 프롤레타리아 문학이 선전 선동 조직 등의 효용을 위한 문학으로서 창작되기를 힘써 왔었던 것이다.

이러는 동안에 우리로서는 예술 각 부문의 이론 전개가 부분적으로 중요하게 논의되지 않고 등한히 지나쳐 온 것은 한낱 오류이었다. 그러면 우리들은 무슨 까닭으로 이러한 과오를 범하였던가?

여기에 중요한 원인의 2-3을 지적한다면 이러하다.

첫째는 문예 이론에만 치중하고 다른 부문의 예술(연극, 미술, 영화, 음악)을 원칙적으로 부분 부분이 문제 삼아 논급치 않은 것.

여기에도 두 가지 원인이 있으니 하나는 우리를 진영내에 이론가인 동무들이 거개 문학가이니만큼 문학만을 문제 삼아 논의하게 된 것이요, 또 하나는 조선에 있어서 미술, 연극, 영화, 음악 등이 실제적 좌익 운동으로 전혀 나타나지 않았던 까닭이다.

그러나 앞으로는 각 예술 부문의 전문가(이론과 실제)가 출현하기 전까지는 통활적 이론을 문예가로서 논의하지 않으면 예술 운동에 있어서 새로운 국면을 타개하기에 곤란할 것이다. 그러므로 모든 예술적 활동의 실천을 위하여 또한 실제적 운동을 하루바삐 진전시키기 위하여 먼저 방법론적 견지에서 조직 문제와 기술자 등의 계급적 행동에 관한 이론 전개가 가장 필요할 줄 절실히 느끼는 바이다.

둘째는 예술 운동상 방향 전환론이 적지 않은 경우에 기계적 공식주의에 기울어지고 만 중대한 과오를 범하여 예술 활동이 발랄한 진전, 강력적 효과가 나타나지 못한 것.

이와 같은 원인으로써 과거의 예술 각 부문의 이론 전개와 실제적 활동이 지나치게 빈약하였던 것이다.

그리고 문예 영역에 있어서도 그 역시 이론을 위한 이론, 이론에만 그치고 만 이론이 적지 않았으므로 문학적 활동이 또한 빈약하였다.

우리들은 과거의 문학적 활동이 여하한 이유로 활기를 띠우지 못하였나를 다시금 생각해 보자!

첫째는 누구나 당하고 있는 일제 검열 기관의 억압이요,

둘째는 실천에 가까운 방법론적 견지에서 문제 삼은 실제적 이론이 적었던 것.

다시 말하면 무엇을 어떻게 써야만 우리들이 요구하는 효과적 유용한 작품이 제작될까 하는 내용과 형식 문제와, 문예품을 어떠한 방법으로 어떻게 보급시킬까 하는 대중 획득 문제와, 일체의 예술품을 여하히 노동자 농민 속으로 가지고 들어가야만 할까, 프롤레타리아 예술의 본질적 효과를 나타내려면 과연 그들의 예술로 어떻게 하면 될 수 있을까 하는 무기인 예술 문제 등이 이론상으로 중요하게 또한 다량으로 논의되지 못한 곳에 프로 예술 운동상 실천적 효과가 빈약한 적지 않은 오류가 있었던 것이었다.

이상에 지적한 몇 가지 원인이 1927년 이후에 있어서 프로 예술 운동상 위대한 실천을 나타내지 못하고 그만 이론에만 머무르고 만 것이 적지 아니하다. (물론 위에서도 말한 바와 같이 객관적 특수 정세가 우리들이 하고자 하는 바 참된 예술 운동, 강력적 효용적 예술 활동을 촌보도 허락하지 않은 것도 가장 중요한 원인이 될 것이다.) 그러나 조선 프로 예술 운동에 있어서 본질적 근본 문제를 해결하였고, 또한 앞으로는 어느 방향으로 어떻게 움직여 나아가겠다는 것을 프로 예술가, 또한 일반 대중에게 알린 점으로 보아 과거의 문예 이론 투쟁이 얼마나 역사적 의의가 있다는 것을 반증하는 것이다. 지금에 있어서 어떠한 반동

이론이 대두한다 하더라도 우리들의 원칙적 프롤레타리아 예술이론은 조금도 흔들림 없다. 오히려 철칙인 우리들의 이론이 일체의 반동 이론을 결국 극복하고야 말 것이다. 이것이 역사상 필연적 귀결이다. 이처럼 되는 것은 몇몇 예술가의 힘으로써가 아니라 프롤레타리아의 거대한 힘이 그와 같은 결과를 가져오게 하는 것이다.

우리들의 과거 운동은 문예 운동에 국한되었고, 문예 운동도 또한 인민이 요구하는 수준에까지의 적극적 행동에 이르지 못하였다. 그러므로 우리들은 1930년인 신년을 계기로 하여 예술 활동의 실천적 행위를 조직적으로 전개하지 않으면 안 된다. 앞으로는 한 개의 이론이 이론에만 머무르지 아니할 실제 운동과 직접 관계가 있고 예술 각 부문 활동에 곧 영향이 미치는 실천적 이론만이 발표되지 않으면 안 되겠고, 또한 한 개의 작품이라도 예술 활동에 있어서 효용을 위하여, 실행을 위하여 가장 효과적으로 제작되어야 한다.

그래 우리들은 신년부터 손과 손이 으스러지도록 맞붙잡고 1929년인 과거 일 년 동안의 반동을 극복하기 위하여, 또한 반동군-양주동, 정노풍 아나키스트 등-의 발호(跋扈)를 박멸하기 위하여, 문예 영역에서는 적극적 행동을 취할 것이며, 연극, 영화, 미술, 음악 등의 각 부문에는 실제 운동을 하루바삐 일으키자! 경제에 쪼들리는 우리들이니 예술 활동을 규모로부터 시작하자!

이렇게 함으로써 우리들의 예술 운동은 질적으로 전환하여 의식적 진전이 있을 것이다.

여기에 대하여 나의 견해를 지금부터 간단히 적기로 하겠다. 이것도 금년부터 예술 각 부문의 실제적 계단을 전개하는 데 한 도움이 될까 하는 미표에서 나온 소위이다.

2. 작품 문제

문학적 활동에 있어서 시, 희곡, 소설 등이 노동자 농민을 상대로 하고 제작할 것은 물론이다. 여기에 작품 대중화 문제가 문제되는 것이며 우리들의 내용과 형식 문제가 앞으로 정당하게 규정되지 않으면 창작 태도상 큰 오류를 범하기 쉽다.

여기에 대한 근본적 토의와 원칙적 규정은 미구에 형성될 조선 프롤레타리아 작가 동맹에서 문제되겠기로 이만 그친다.

3. 미술 운동

'조선에는 프로 미술가가 없다.'

이렇게 주장하고 나오는 사람이 있다.

'프롤레타리아는 시간상으로나 경제상으로 보아 도저히 화가가 될 자격이 없다. 다소 시간의 여유가 있더라도 한 폭의 그림을 그리려면 적지 않은 비용이 들기 때문에 아무리 예술가의 소질이 있더라도 그의 기술을 발휘할 수 없다. 그러므로 프로 미술가란 있을 수 없는 것이다.'

그러면 프롤레타리아는 과연 영영 미술가가 될 수 없을까?

여기에 우리로서 새로운 회화 문제에 당면하게 되는 것이다. 프롤레타리아에게 감정과 정서가 있는 이상 또한 회화상에 나타날 수 있다. 공장 안에서 시인, 소설가들이 출연하는 것과 같이, 프로 예술가가 생길 수 없으리라고 단언은 못할 것이다.

그러면 아무것도 소유하지 못한 그들은 어떠한 수단과 방법으로 미술가로서의 출발을 할 것인가?

회화를 가장 짧은 시간에 제작하되, 가장 비용이 적게 들도록 용의하면 때와 장소를 물론하고 가능할 것이다.

1. 선이 복잡하지 않고 색이 간단하되 자극성이 풍부하도록 강렬한 색채를 써서 선전 포스터를 제작할 일.

2. 한 자루의 연필과 한 장의 양지로 간단한 스케치 만화를 제작할 일.

이러한 범위 안에서 제작된 그들 감정의 발로인 미술품을 다량으로 재생산하여 같은 계급에게 선전 선동의 무기로서 가장 효과적으로 보급시키기에 유의하지 않으면 안 된다.

다량으로 재생산을 하려면 석판과 활판의 인쇄물을 이용하지 않으면 안 된다. 이것이 얼마나 부르주아에게 비장되어 있는 고가의 명화보다도 사회적으로 가치가 있고 의의가 있는가….

'조선에는 프로 미술가가 없다.'

이와 같이 말하면 한편에서는 아래와 같이 반박을 할 것이다.

'조선에 프로 미술가가 없다고 하는 말은 피상적 관찰에 지나지 못한다. 프로 문예가가 엄연히 존재한 거와 같이, 프로 미술가도 내재적으로 성장하고 있다. 프롤레타리아 이데올로기를 파악한 화가가 있고, 계급의식이 농후한 투쟁적 미술가가 도처에 산재한 데 불구하고 조선에 프로 미술가가 없다는 것은 억측이요, 일종의 유견(謬見)이다.'

그러나 우리는 그들의 존재를 인정할 수 없다. 사회적으로 기능을 볼 수 없고 프로 계급을 위하여 예술적으로 효과가 없는 이상, 다시 말하면 그들이 표면으로 나타나지 않았으므로 그 존재를 인식할 수 없다는 것이다. 여기에 개인 개인의 출현도 필요하지마는 더 한층 필요한 것은 집단적 행동이다. 재래에 있는 전람회 등에 반감을 가진 미술가 무리들과 재래의 미술-예술 지상 주의적 귀족적 고답적 일체 부르주아 미술-에서 뛰어 나와 딴길을 걸으려는 새로운 의식에 눈뜬 젊은 화가의 무리들은 한데 뭉치라.

그래 적어도 한 달에 한 번씩은 정기적으로 작은 장소에라도 만화 전람회, 포스터 전람회, 새로운 의식, 감정 또한 새로운 인식 방법에 의하여 제작된, 과연 우리들의 미술 전람회 등이 개최되어, 무료 공개로 일반에게 보이지 않으면 안 된다.

이와 같이 전람회가 서울을 비롯하여 지방 지방에 개최되고 또한 공장과 농촌에도 같은 방법으로 공개되기를 힘써야 한다.

그러면 이러한 미술 활동을 대중적으로 전개시키는 데에는 먼저 좌익 미술가의 결성체가 제일 필요하게 된다. 같은 의식 아래에 움직여 나가는 화가 동지들의 조직 형태가 출현해야 조선에 있어서 현단계가 요구하는 미술 운동을 대중적으로 가장 조직적으로 전개할 수 있다는 것을 숨은 미술가 동지들에게 제언한다.

먼저 2-3인의 동지라도 한데 모여서 집단적 행동을 시작하라. 이것이 좌익 미술가 총결성의 초보가 될 것임에 틀리지 않을 것이다.

2-3인이 모인 미약한 그들의 행위는 어디서부터 시작해야만 될 것인가?

1. 미술가 동지의 규합.
2. 새로운 미술가 양성.
3. 자체의 기술 연마.
4. 효용적인 작품 제작.(선전 포스터, 풍자만화, 무대 장치, 장정 등.)
5. 정기적 전람회 개최.
6. 이동 전람회.

이러한 계단을 밟아 가장 강력적으로 조선의 미술 운동을 전개시켜 프로 예술 운동의 부분적 역할을 다하기를 바란다.

(새로운 미술가 양성은 여하한 방법으로 할 것이며 자체의 기술 연마는 무엇을 배우기에 노력할 것이며, 효용적인 작품은 무엇을 어떻게 제작해서 여하히 보급시킬 것인가 등의 근본 문제는 앞으로 상당히 구체적으로 논의되지 않으면 안 될 것이다.)

4. 음악에 대한 의견

나는 여기에서 음악의 필요와 음악의 효과가 어떠한 때에는 다른 예술보다도 더 크다는 것을 말하고 싶지는 않다.

이것은 누구나 다 아는 사실이며 오래 전부터 논의되어 규정되다시피 한 까닭이다. 사람의 청각에 부딪쳐 감정과 감정을 시간적으로 격동시키는 데는 가장 민속한 기능을 가진 가장 효과적인 음악이, 조선에 있어서 미술이나 문예보다도 더 한층 빈약한 것은 누구나 다투지 못할 사실이다. 현재에는 조선이 가진 바의 연극만큼이나 음악에 있어서도 보잘 것 없다.

이렇게 말하면 일 개월에 적어도 일이 차씩은 음악회-고가의 요금을 받는-가 개최되고 기악, 성악 등에 있어서 각각 전공한 사람들이 적지 않고, 해마다 불어 가는 현상임에 불구하고 하잘것없다고 소위 악단을 무시하는 것은 독단적 행위라고 할 것이다.

그러나 한 사람의 작곡가가 변변히 없고, 조선의 땅덩어리를 밟고 있으면서 현실을 피하여 구미식으로만 달아나려는 경향이 농후한 소

위 악단이니, 대중으로서는 그 존재를 인식하지 않는 것이 정당한 길
일 것이다.

유흥적 향락 기분이 농후한 썩어져 가는 조선의 악단과 부르주아 소
부르주아에게 영합(迎合)하려는 가증한 음악가들을 배격하지 않으면 안
된다. 여기에 대한 구체적 운동을 일으키려면 우리들의 새로운 음악적
활동이 필요한 것이다.

그러면 음악적 활동에 있어서 우리들의 실재는 어디서부터 출발할
것인가?

1. 신흥(新興)해야만 할 조선의 악단을 위하여 헌신하려는 동지들의
   결속, 다시 말하면 현재의 악단과 악사의 음악회 등에 반감을 갖
   고 있는 음악가들이 새로운 조직 형태를 띠고 나오기를 바라는
   것이다. 계급의식에 눈뜬 신진 음악가들의 집단이 필요하다.

2. 훌륭한 작곡가가 출현하기 전까지는 문예가들이 작가(作歌)를 하
   여 재래에 있는 작곡에 맞추어 대중적으로 보급시키기로 노력할
   것.
   (문예가들의 가사는 물론 조선의 현실을 정당히 인식하거나 파악하여
   조선 사람 생활 의지에 적합해야만 한다. 그러나 절망적이어서는 안
   된다. 어디까지 투쟁적이어야 한다. 농민이 부를 노래와 노동자가 부
   를 노래를 가장 씩씩한 곡조에 맞추어 가사를 썼으면 좋겠다.)

3. 음악의 밤을 수시로 개최하되 두 가지 성질과 두 가지 종류로 할
   것. 옥외(屋外)와 실내를 전부 무료 공개로 하되, 실내에서는 대부
   분 공장 노동자의 위안 음악회로 하고, 옥외에서는 일반 대중에
   게 공개할 것이다. 이와 같은 일은 새로운 집단에서 유의하여 실
   행하지 않으면 안 된다.
   (무료 공개는 가능한가? 물론 가능하다. 악사들은 현재에도 대부분이

유료 출연이 아니니 악사는 문제없고, 장소는 실내만이 문제인데 활동 여하에 따라 장소도 무료로 얻을 곳이 있을 것이다. 간혹 10원이나, 20원이 든대도 이것은 한 단체에서 변출할 수 있을 것이다. 이렇게 해서 우리들의 음악 행동을 최소한도로부터 하루바삐 시작해 나아가자.)

5· 연극 운동

연극은 예술의 예술이라고 누구나 하는 말이다.

그 이유는 종합 예술인 까닭이다.

사람이 사는 곳에 반드시 연극이 있을 것이라고 한다. 그래 연극은 생활의 반영이니, 사회상의 거울이니 한다. 그런데 최근에 이르러 싹트려던 신극 운동도 오늘에는 극히 적게 밖에 찾아 볼 수 없게 되었다. 여기에는 여러 가지 원인과 여러 가지 조건이 반드시 존재할 것이다. 모든 원인과 조건을 추구하는 것보다는 차라리 우리들의 새로운 연극 운동의 실제를 위하여 방법론적 견지 위에서 근본 문제를 구체적으로 논의하는 편이 낫다.

연극이 우리 생활과 밀접한 관계가 있느니만큼 선전과 선동에 절대 필요한 것이며 효과상으로 보아 다른 부문의 예술보다도 가장 훌륭한 것은 누구나 부인치 못할 것이다.

이처럼 효용적인 연극-연극 운동-을 어디로부터 출발시켜야만 과연 우리들의 연극을 만들 수 있고, 또한 무기로서의 예술 활동을 다할 수 있을까. 우리는 연극을 논의하게 될 때에 먼저 이상 두 가지 문제를 당면 문제로 하지 않아서는 안 된다. 그러면 우리가 문제 삼을 실제의 연극은 어떠한 방법으로 어떻게 진전시킬 것이며 어디서부터 출발해야

할 것인가.

1. 좌익 연극 동지(프로 희곡 작가, 연출자, 배우)의 결성. 이것은 시급한 문제인 만큼 속히 실행하자.

2. 프롤레타리아 연극 연구회 설치. 이것은 연극의 제 구성 요소를 결성하는 가장 중요한 기술 양성을 필요로 하는 것이다.

3. 정기 공연(소극(小劇)운동)

적어도 일 개월 일 회 이상씩은 정기적으로 공연하되 장치에 있어서나 의상에 있어서나 도구 등에 있어서 가장 간단하게 가장 적은 비용을 들이기에 용의하지 않으면 안 된다. 그래 소규모로부터 속히 시작하자.

4. 이동 극장.

의상, 도구, 장치 등이 간편하면 간편할수록 이동 극장의 실현이 쉬울 것이다.

(연극 운동에 관해서는 다음 기회에 체계 있는 구체적 논문을 발표하겠기에 여기에는 이만 그친다.)

6. 영화 운동

영화가 연극 이상으로 효과를 나타낼 수 있는 것은 연극보다도 한 걸음 더 나아가 대중적인 까닭이다.

그러나 영화 운동에 있어서 실제 문제란 가장 난관에 직면하게 되는 것이니, 제일은 적지 않은 제작비용이 드는 까닭이요, 다음은 검열 문제이다.

당분간은 우리가 생각하고 있는 바 영화 운동을 적극적으로 전개할 수.는 없으나 가능한 범위 안에서 좌익 영화인 등의 제진적(濟進的) 진출을 도모하자.

1. 기술자, 감독, 배우, 기사 등 양성

앞날의 우리들의 영화를 진정한 의미에 있어서 제작하기 위하여 예비 행동으로 좌익적(의식상)인 기술자들을 양성할 것이며, 또한 가능한 범위 안에서 사실주의적 내지 암시적으로 만들어지는 우리의 영화를 위하여 기술자 양성이 필요로 하지 않으면 안 된다.

2. 영화 비판회

이 모임은 내외국 영화를 계급적 입장에서 엄정(嚴正)히 비판할 것은 물론이다. 부르주아 영화가 상연되는 날까지는 그 존재가 엄연히 권위 있게 지속되지 않아서는 안 된다. 더구나 반동 영화가 상영될 때에는 날카로운 비판과 예리한 필치(筆致)와 적극적 행동으로써 상영 반대 운동을 대중적으로 일으키자. 그래 대중으로 하여금 영화에 대한 각성을 촉(促)하자!

3. 실사(實寫) 촬영

소촬영기(꽈데삐삐)를 이용하여 노동자 농민의 생활상, 수시로 일어나는 계급적 사실 등을 촬영하여 노동자, 농민 속에 가지고 들어 갈 일.

4. 좌익 영화인의 결성

재작년 하기 경부터 신흥 영화 예술가 동맹이라는 한 개의 소형태인 새로운 영화 집단이 몇몇 동지의 손으로 발기되려다가 여러 가지 사정으로 중지되었다.

그러나 우리들은 이와 같은 조직 형태를 아니가지지 못할 절박한 시기에 당면하였던 것이다. 그래 결국은 계급의식을 파악한 영화인 동지의 결성을 보게 되었다. 새로운 의식과 굳은 결심 아래에 최후까지 싸워 나아갈 신흥 영화인의 집단이 출연되고야 말았다. 우리들은 현실적 요구와 과학적 입장에서 신흥 영화 예술가 동맹을 힘있게 움직여 나아갈 것이다.

X

나는 이상에서 예술 각 부문의 실제적 활동을 위하여 간단간단히 논의 하였다. 이것은 다만 문제 제출에 지나지 못한 것이다.

우리들은 1930년인 금년부터 문학적 활동을 비롯하여 연극, 영화, 미술, 음악 등의 새로운 실천 과정을 혹은 적극적 강력적으로 기타 일체의 가능한 범위 안에서 의식적으로 전개시켜 프로 예술가로의 예술 각 부문에 속한 계급적 임무를 다하기로 노력하자! 이것이 우리 예술가들에게 부여된 역사적 사명이며, 계급투쟁의 일익적 임무인 것을 일시라도 잊어서는 안 된다.

모든 부문의 예술 활동은 조선의 프롤레타리아 예술가들을 기다리고 있다. 이처럼 조선의 예술 운동은 날로 전진하고 있다.

1930. 1
『조선 강단』, 1930년 1월

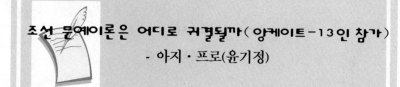

조선 문예이론은 어디로 귀결될까(앙케이트-13인 참가)
- 아지·프로(윤기정)

귀사의 물으심에 간단히 대답하겠습니다.

우리로서는 문예이론에 있어서 대체로 이미 귀결된 바가 있으니 그것은 계급적 ××의 일익적 임무를 다하기 위하여 일체의 문예 영역에 있어서도 선전선동 이외에는 아무러한 것도 절대로 인정하거나 용납하지 않는다.

그리하여 우리들이 말하는 바 예술적이라든가 논의되어 온 형식 문제 같은 것도 아지·프로에 있어나 좀더 강력적이고 효과적인 것을 바라기 때문이다. 이 까닭에 조선에 있어서 허다한 문예이론이 전개된다고 하더라도 우리들이 규정한 바의 원칙적 문예이론에 배치된다면 투쟁의 대상으로 오직 극복이 있을 뿐이다. 그것은 반동적이기 때문에 ----.

지금 우리들의 앞에는 다만 문에로서의 아지·프로를 어떻게 하겠는가? 하는 실천 상의 방법론이 남아 있을 뿐이다.

『대조』, 1930년 5월

조선영화의 제작경향
- 일반 제작에 고함

한편의 영화가 얼마만큼 사회적 영향과 사회적 기능을 발휘한다는 것은 여기에 새삼스럽게 논평하지 않는다 하더라도 최첨단을 뚫고 지나가는 1930년도에 처한 현대적 청년 계급적 사회인으로서는 누구나 인정하는 사실이며, 누구나 사회적 효과, 대중적 효과, 아지 프로의 효과를 부르짖는 바가 아닌가.

이러한 당연한 사실이 있음에도 불구하고 조선의 영화제작자가 사회적 임무를 망각하면서 계급적 행동을 모반하면서 다만 개인의 영리만을 위하여 한 개의 영화가 사회적으로 다대한 악영향을 미치게 한다면 우리들은 계급적 의분에 의하여 어디까지 절대적 항쟁을 하지 아니치 못할 것이다.

까닭에 최근 몇몇 동지의 영화에 대한 계급적 비판이 있었던 것이며 앞으로도 적극적 투쟁을 조금도 게을리 하지 않을 것이다. 또한 비판만이 우리들의 임무는 아니다. 우리들은 모든 예술의 형식적 가능을 어디까지 될 수 있는 대로 이용할 임무를 등에 지지 않았는가. 더구나 가장 대중적이요 가장 효과적인 영화예술을 아지 프로와 조직에 있어서 무기로서 사용하지 않고 견디겠는가. 우리들의 앞에는 실천행동인, 우리들의 영화라고 인정할 만한, 과연 우리들의 영화라고 부를 만한 영화제작이 가로놓여있다.

그러므로 제일은 영화제작이 필요하다. 그러나 가장 중요한 문제는 무엇을 제작하겠느냐가 최대의 관심을 요하는 것이며 다음은 현하 제도에 있어서 어떻게 기묘하게 표현하겠느냐 하는 곳에 우리들 제작자의 용의가 집중될 것이다. 그리하여 과연 우리들의 영화가 대중 앞에 나타나게 하기를 노력하지 않으면 안 될 것이다.

우리들의 앞에는 실천문제가 가로놓여있다. 새로운 경향의 영화제작이 있을 뿐이다.

1930년!

조선에 있어서 조선 사람의 손으로 되는 영화가 어떠한 경향을 보여주며 소위 일반제작자의 태도는 어떠한가.

제작 경향을 본다면 내가 여기에 구명하지 않는다 하더라도 대중의 정당한 눈과 거기에 좇아 일어나는 일반의 여론이 이미 규정하고 있지 않은가.

순 영리만을 생각하고 제작하는 소위 흥행 본위의 작품이 현하 조선사회에서 일부의 지지와, 한걸음 더 나아가 환영을 받는다면 이것은 확실히 부르주아 근본성에서 나오는 향락이 아니면 악착한 현실고(現實苦)를 잊어버리려는, 안가(安價)의 오락을 맛보고자 하는 무의식분자의 이리 쏠리고 저리 쏠리는 무정부상태의 얼크러짐에 지나지 못하는 것이다.

■ ● 2 ● ■

일부의 향락군(享樂群)을 제외하고 이 현실에서 부대끼는 생활고에
쪼들리는 그들에게 다시 말하면 무의식 대중에게 현실을 여실히 표현
한 작품을 보여준다면 그들은 소리치며 환영할 것이다. 영사막(映寫幕)
을 뚫고 들어갈 의기가 그들에게 복받칠 것이다. 그렇다고 아리랑 후
편 상영시에 나운규군이 영사막을 힘 있고 기운차게 뚫고 나와서는 결
국 사오인의 기생과 휩쓸려서 야속하고 ○○하게 엉덩춤을 추며 노래
를 부르는 것 같은 의미로서 말하는 것은 아니다.

더구나 금년에 들어서 조선 영화의 제작경향을 본다면 확실히 영리
본위요 흥행본위였다. 그만치 빈약한 내용을 가지고 무리로 꾸며놓은
기형적 작품인 「아리랑 후편」을 보라. 「아리랑」(전편)에 비하여 다대한
손색(遜色)이 있고 수준 이하요 문제 이외인 스토리를 가지고 또한 나
군 자신도 이 점을 어느 정도까지 인식하면서 대담하게 제작하였던 것
은 다만 「아리랑 후편」이란 제목을 팔아 대중을 기만하면서라도 영리
만을 생각한 데 지나지 못하는 것이다.

우리들은 「아리랑 후편」에 대하여 얼마만치 큰 기대를 가졌었던가.
「아리랑」이 우리들의 작품이 아니라고 하더라도 어느 정도까지 계급
적 대립을 표현한 점이라든지 다소의 암시적 의도가 존재하였던 까닭
에 「아리랑 후편」이 「아리랑」 이상의 향상, 진보적 작품이 될 줄로 믿
었던 것이다. 과연 기대가 컸었다. 기대가 컸던 만큼 실망이 크다.

■ ● 3 ● ■

「아리랑 후편」이 「아리랑」 이상의 작품이 될 줄 믿었던 것이 오히려

영화 「아리랑」이 「아리랑 후편」 때문에 이름을 더럽히고 말았으니 조선영화의 발전을 위하여 슬퍼할 일이며 나운규군 자신을 위여 크게 반성할 일이었던 것이다.

조선영화의 제작경향은 영영 삐뚤어져 가고 말 것인지?

보라! 「철인도(鐵人都)」를.

「아리랑 후편」에 이르러 막다른 골목을 당하였던 나군이 영화계를 은퇴한다면 모르거니와 그렇지 않고 계속하여 영화를 제작한다면 반드시 신국면을 타개하려는 부단의 노력이 있어야 당연할 것이다.

그러함에 불구하고 비현실적 반계급적 반동의 영화를 제작하였다는 것은 우리들이 지적하여 말하지 않는다 하더라도 대중이 증오의 화살을 겨눌 것이다.

아래에 가서 세밀히 구체적으로 논의하겠지마는 「철인도」로 말하면 철저한 개인주의에 입각한 전형적 영웅심의 발로이다. 이처럼 조선영화의 제작경향이 개인적이요, 순 영리적으로 기울어진다면 한 부분의 사회적 현상으로 보아서 그대로 묵과할 수 없는 일이다. 반드시 사회적 제재(制裁)가 있을 것이다.

조선영화제작의 근본적 경향이 오락본위의 작품을 제작하지 않으려는 것은 일반 작가, 영화계의 종사하는 사람으로서 누구나 입으로서는 따르면서, 깊이가 있고 무게가 있고 암시가 있는 현실적 작품을 왜 만들지 못하는가 말이다.

■ ● 4 ● ■

나운규군으로 말하면 조선영화계에 한 큰 존재이다. 조선 영화제작

에 있어서 작품을 가장 많이 제작-금년 이래 3개중 2개가 나군의 제작-
하고 앞으로도 만난(萬難)을 불고(不顧)하고 꾸준한 노력이 있을 것을 믿
기 때문에 우리는 나군의 영화행동을 주목하는 것이며 나군을 문제 삼
게 되는 것이다.

아리랑 아리랑 아라리오
발빠진 장님아 욕을 마라
제눈이 어두워 못본 것을
개천은 나무래 무얼하리
(방점은 기정)

이 노래를 아무리 호의로 해석한다고 하더라도 현실을 회피하려는
것밖에 더 되지 않는다.
장님은 눈 먼 것만 한탄하고 역경에서 헤매는 무리들은 국운만을 믿
고 없는 놈은 생활이 참담할수록 운명으로만 돌리라는 말이지---처지
와 환경이 그렇게 된 이상에 반역은 해서 무얼 하며 반항은 해 무얼
하느냐 말이지---.
그러니까 불합리한 현실에 대해서는 보고도 못 본 체하고 듣고도 못
들은 체 하면서 노래나 부르고 춤이나 추며 개인 향락이나 하라는 말
인가?
「아리랑 후편」에 있어서 완전히 해결하지 못하고 나군이 생각한 바
를 그대로 표현하지 못하여 결국 영사막을 찢고 무엇을 호소하려고 나
군 자신이 무대 위로 뛰어 나온다.
그러면 나군 자신이 관중 앞으로 힘있게 뛰어나온 보람이 어디 있는
가? 내가 위에서 말한 바와 같이 나군은 두어 마디의 독백이 있은 후

아리랑 노래를 부르는 사오인의 기생 앞으로 뛰어올라 가서 그들과 휩쓸려 입으로는 합창을 하며 조금도 진실미가 없는 어깨춤을 추는 정경은 추태폭로 이외에 아무 것도 아니었다. 그레도 나군은 그와 같이 한 데에 만족하려는가?

혹시 군은 이렇게 말할는지 모른다. 확실히 이렇게 말하리라. 자기가 뛰어올라간 곳은 아리랑 고개요 이 땅덩어리에 살아가는 온 백성의 희망의 고개요 때는 동경의 날, 희망의 날이 와서 노래 부르고 춤추는 것을 표현한 것이라고----.

그런 것을, 무식하고 저속이어서, 상징적 표현을 이해치 못하였다고 하리라. 또한 노래를 들으라고 하리라.

동무야 설운 꿈 어서 깨라
아리랑 고개로 붉은 해가
두 팔을 벌리고 날라드네

나는 여기에 대하여 두 가지 해석을 갖는다. 하나는 투쟁이 없는 곳에 승리의 날, 희망과 동경의 날, 노래 부르고 춤출 날이 절대로 오지 않는다는 것이다. "장님이 눈멀었다고 개천을 나무래 무엇 하리" 하듯이 우리가 요렇게 된 이상에 떠들어대면 무엇 하리 하고 현상유지에 인종(忍從) 내지 굴종한다면 이것은 확실히 투쟁 회피가 아니고 무엇인가. 그러므로 무엇을 암시하고 상징하였다는 아리랑 고개가 대중을 기만하는 수단과 정○ 이외에 아무 것도 아니다.

그리고 또 한 가지 해석은 나군이 무대로 뛰어나왔다면 붉은 해가 솟아오르는 소위 희망의 고개-투쟁이 없으면 아리랑 고개는 결국 계룡산 등극과 정도령의 출현을 믿는 것과 방불하지만 -를 최종까지 응시

하면서 "우리들은 하루바삐 저 고개를 어서 가자고 부르짖으며 막을
내렸다면 다소간 상징적 암시로 보였겠으나 나군 자신이 기생 틈에 뛰
어들어 그런 저열한 추태 연출을 하고만 것은 소위 영리적 흥행가치를
생각하였기 때문이며 달리 해석하면 장님이 허방을 빠지고도 개천을
나무라지 말고 제 눈먼 것만 한탄하듯이 기위(旣爲) 이 처지로 되었으
니 이러니 저러니 떠들지 말고 춤추고 노래 부르는 개인 향락이나 실
컷 하라고 한 것이나 아닌지? 근본 의도는 그렇지 않았다고 하더라도
그 장면을 조금이라도 생각이 있는 사람이 보았다면 누가 근본 의도를
의심하지 않을 것이며 누가 타락하지 않았다고 하겠는가. 그리고 군의
영화제장 태도를 다시금 생각하지 않고 견디겠는가?

나군 그 장면을 예술영화로 촬영하여 영화막에 비친 것은 나군 자신
이 본다면 그대도 반드시 실망하지 않고는 못 배길 것이다.

■● 5 ●■

작일 게재한 본 기사 이전에 이하 기사가 누락되었으므로 이데 보충
하오니 독자 제씨는 문맥을 취해서 읽으시기 바랍니다.(기자)

나는 위에서 조선영화의 제작 경향을 간단히 말하였음으로 지금부
터 제작자의 태도를 검토하여 그들의 근본적 의도를 대중 앞에 구명
폭로하는 동시에 일반 제작자의 고려와 반성이 있기를 절실히 바라는
바이다.

조선의 영화제작자는 현실을 도피하려고 하지는 않을 터이지--- 그
렇다면 불합리한 현실에 대하여 왜 눈을 가리느냐는 말이다. 그리고

생활고로 악바리같이 아우성치는 소리를 왜 듣지 않으려고 귀를 틀어막느냐 말이다.

과학적 계급적 입장에서 나온 정당한 평을 왜 부정하며 개인주의 의식을 양기하고 인류의 공통된 행복의 날을 가져오기 위하여 줄달음치는 투사인 평가(評家), 자신을 희생하면서라고 대중을 위하여 싸우는 영화인을 왜 사갈시(蛇蝎視) 하느냔 말이다.

우리들은 현하 조선영화 제작자의 비할 데 없는 여러 가지 고민을 잘 알며 일반 ○○○의 말할 수 없이 비참한 생활을 체험도 하였고 목도도 하였으며 경제적 정치적(중요하게 검열)기타 무수한 난관을 모르는 바 아니다.

그처럼 고민이 있고 어려움이 있고 난관에 있기 때문에 단 한 개의 작품이라도 소홀히 만들지 말자는 것이다. 좀더 의의가 있고 가치가 있는, 보람이 있고 대중에게 이익이 있는 작품을 내놓자는 말이며 제작자로서는 좀 더 깊은 생각에서 나온 진지한 태도로서 제작에 임하라는 말이다. 조선영화는 절대적 오락본위에서는 안된다. 현실적 대중적 계급적 요구에 의하여 사회적 의의가 있고 계급투쟁에 적극적 내지 소극적 도움이라도 있는 작품이 아니어서는 존재가치를 절대로 인증할 수 없다.

현하 조선영화 제작자여!

그대들의 제작태도가 과연 현실을 망각한 작품이 아니었으며 그대들의 제작 태도가 과연 진지하였던가? 털끝만치라도 양심이 있거든 마음 깊이 굽이치도록 생각해보라. 어느 한 구석에 찔림이 있을 것이요 뉘우침이 있을 것이다. 둔감이어서 깨닫지 못하고 우리들의 비판을 내내 사감으로만 간과한다면 우리들의 평을 그릇된 것이라고 오인한다면 나는 이 아래에 몇 가지 사정을 지적해서 대중에게 호소하여 엄정한 대중적 판단에 맡기고자 한다.

「아리랑 후편」에 있어서 노래와 나군의 개인태도가 불미, 불순하였
고 내용아 「아리랑」에 비하여 말할 수 없는 각색이었음에도 불구하고
「철인도」 역시 촬영만은 다시 눈에 띠는 진전을 보였으나 원작, 각색,
○○에 있어서는 조금도 진전이 없다. 더구나 원작에는 다대한 불만과
반 계급적 행동에는 오히려 계급적 증오가 복받침을 억제할 수 없었
다.
   어느 곳이 반계급적 행위라고 반문하리라. 나는 이 아래 뚜렷한 사
실을 지적하여 「철인도」가 가진 바 반동적 내용과 나군의 에둘러저가
는 제작태도, 그것은 변명하려는 상상(尙尙)한 「제작자로서 일언」을 중
요한 부분만 검토하겠다.(동지 서광제군이 비평한 부분만은 될 수 있는 대
로 중복을 피하겠다)

   나군은 말한다.
   "----그러나 현실을 망각하였다든지 발전하여가는 사회에 있어서 과
정을 부인하는 작품이라는 그런 의미의 불구가 아니란 것이다"
   "현실을 제작한다. 그럼으로 어떤 작품을 낸다"
   과연 「철인도」는 나군의 역설을 배반하지 않는 작품이었는가?
   독자 제씨여!
   여기 주의를 늦추지 말라. 개고기(尒古器)라는 무뢰한이 광산에 들어
가서 ○칠이와 합력하여 광산노동자 수십 명을 이삼 인의 힘으로 싸워

서 승리하는 장면이 있다. 광산노동자는 그처럼 약자만 모인 집단이던 가? 아니다. 절대로 아니다. 광산노동자라고 하면 다른 어떠한 노동자 보다도 강대한 힘을 가졌다. 누가 이 사실을 부인하겠느냐?

그 장면은 확실히 의식적으로 노동자의 힘을 약하게 만들었고 집단 을 무시하였다. 이것이 반계급적 행동이 아니고 무엇이냐----이것이 개 인행동의 영웅심리 발로이다. 확실한 반동이다.

이러고도 현실을 망각하지 한앗다고 주장하려는가. 나군이여! 광산 노동자는 그처럼 제웅만 모인 줄 알았는가? 수십 명 수백 명이 단 두 세 사람을 이기지 못하는 약자들만 모인줄 알았는가? 군이 털끝만치라 도 계급적 양심이 잇다면 「제작자로서 일언」이니 하고 호기스럽게 구 차한 변명을 안할 것이다.

■●7●■

나군은 「철인도」 속에 위대한 내용이나 숨어 흐르는 듯이 과장을 한 다.

"「철인도」의 이여기가 조선 현실에는 없는 이야기라고 하자. 그러나 작자는 조선현실에 이런 작품이 절대로 필요하다고 생각한다. 왜 그러 냐 하면 관객 대중이 평가(評家) 서군과 같이 「철인도」를 껍질만 보고 있지 않으리라고 확신하기 때문이다."

이처럼 「철인도」는 과연 내용을 자랑할만한 작품이었던가? 속 깊이 숨어 흐르는 굵다란 힘이 있는, 나군의 입을 빌면, 소위 풍자극을 서군 이 수박 겉핥듯 겉만 핥고 말았는가?

그처럼 「철인도」란 작품이 소리쳐 과대평가할 만큼 훌륭한 영화였던가?

선과 악을 설교하는 목사의 존재가 내세울만한 내용은 못되겠지---
그리고 목사의 종교적 감화가 우리로서 긍정할 점은 못될 것이다.
'종교는 아편이다'
나군! 이런 부르짖음에 귀를 가리는가?

나군이 운위한 바
"이 작품은 풍자극이다. 더욱이 작품 첫 막에 그것을 명백히 말하는
것이다. 전체를 통하여 한 마디로 말한다면 갑과 을은 같은 사정이 있
으면서도 모르고 싸운다. 그것 때문에 병은 그것을 이용한다. 그러나
두 사람에게 병은 공통의 적인 줄 알았을 때에 갑을은 악수하지 아니
할 수 없으리라. 그 악수한 힘은 병을 이기고도 남는다. 그러나 악수하
기 전에 갑을의 싸움은 병에게 이익을 줄 수 있었으리란 이야기다"
이와 같은 말이 「철인도」의 표현된 내용과 어떠한 관련이 있으며 얼
마나 거리가 있는가?
갑은 개고기요 을은 ○칠이라고 하면 병은 원 십장으로 볼 수밖에
없다. 그렇다면 원 십장의 공동의 적으로 대할 만한 근거가 무엇이며
이유는 어디 있나?
대대로 싸움하던 아랫마을 윗마을 사람들이 싸움을 아니하려면 그
만한 이해문제가 있지 않으면 안 된다. 두 마을 사람의 사활문제가 생
겼다면 모른다.
그러나 문제의 발단의 마리아라는 조그마한 계집아이에서부터이다.
이것이 공동의 적이 될만한 근거이며 두 마을이 싸움하지 않게 된
이유인가? 그리고 이것이 나군이 말하는 바 풍자극인가?

풍자극이란 철저한 개인주의 사상의 표현이며 극단의 이기주의자의 행동을 묘사한 것이라면 풍자극 자체를 위하여 재삼 곡할 일이다. 그리고 풍자극은 노동계급의 위대한 집단적 힘을 무시하면서라도 개인의 영웅적 힘만을 발휘하게 만드는 극인지 나군에게 반문하고 싶다.

이처럼 계급적 양심이 없으면서도 현실을 말하고 과정을 운위할 수 있는 용기만은 가졌는가?

나군이 과연 현실을 망각하지 않고 발전하여 가는 사회의 과정을 참으로 이해하려면 무엇보다도 모든 사물을 계급적으로 관찰하는 데 있다. 계급적 이데올로기를 파악하지 않고는 참으로 대중의 이익을 위하는 영화를 제작하지 못할 것이다. 참으로 대중을 위하는 영화는 프로영화 이외에 아무 것도 아니다.

조선의 영화제작자여!

그대들은 영화제작에 있어서 진지한 태도를 가지라. 그리고 재래에 말하는 소위 영리적 흥행 가치를 제일의적으로 생각하지 않기를 바란다.

「무엇이 그 여자를 그렇게 만들었느냐?」 이 영화는 일본 동경서 칠팔 주일간이나 장기흥행을 한 센세이션을 일으킨 일본프로영화이다. 세상은 움직인다. 재래의 영화를 압도하는 프로영화를 보라. 조선의 제작자도 이 점에 착안한다면 재래의 흥행가치와 별다른 의미의 흥행가치가 교차될 것이다.

나는 마지막으로 나운규군에게 나의 충심에서 나오는 간절한 부탁을 하고자 한다. 이 말은 나군 개인을 만나서라도 하겠지만 앞으로는 감독의 한 사람으로서만 배우의 한 사람으로서만 꾸준한 노력이 있기를 바란다.

이렇게 함으로써 당분간 나군 자신으로 하여금 탈선이 없을 것이다.

1930. 5. 6

『중외일보』, 1930년 5월 6일 – 1930년 5월 12일

문예시평
- 5월 창작개평

문학적 활동!

조선프로예술운동이 각 부문-문학, 연극, 영화, 미술, 음악-의 기술자 등의 예술적 활동이 아니었던 것은 누구나 부인치 못한 명확한 사실이다.

조선에 있어서 과거에 우리들의 예술운동을 엄정한 의미에서 본다면 부르예술운동이라기보다 프로예술운동이라는 것이 타당할 것이다.

그러나 우리들이 살아 나아가는 사회가 유물변증법적으로 발전되는 것과 같이 우리들 예술운동에 있어서도 모든 행동이 어느 때까지 고정되어 있지 않고 전체의 운동을 위하여 새로운 계단으로! 진전에 진전을 거듭할 것은 당연한 일이다.

1930년!

최첨단을 계급적으로 걸어가는 우리들의 연장으로서의 일체 예술을 이용하지 않고 그대로 둘 수는 없었던 것이다.

보라, 수원동지들의 과감한 투쟁으로 된 조선 최초의 프롤레타리아 미술전람회를 ---- 그리고 영화계에 있어서 여러 동무들의 부절한 이론 투쟁을---- .

이와 같이 우리들이 예술운동은 원칙적 규범 하에 부분적 기술적으로 절대로 통제를 잃지 않고 날로 성장한다. 아지, 프로, 조직 등 이 세 가지를 위하여 효과적, 강력적 표현이 아니어서는 연장으로서의 예술이 아무런 가치와 의의가 없고 예술적 기능이 말살되기 때문에 우리들은 새로운 프로 예술가-각 부문의 계급적 기술자-를 다량으로 요구하게 되었다. 이것은 새로운 계급에서 새로운 계급으로 향하려는 준비행동이다.

이처럼 중요한 '모멘트'에 있어서 과거에 유독 발전하여 가장 많이 업적을 남긴 문예영역에는 어떠한 활동이 있으며 장차 어떠한 예비행위가 있는 지 같은 진영 내의 여러 동무와 더욱 미지의 동지들에게 듣고 싶다.

여기에 문학적 활동이 새삼스럽게 문제되고 논의하지 않으면 아니치 못하게 되는 것이다. 더구나 수삼년 이래로 여러 동지 간에 계속적으로 이론전개를 보게 되든지 간에, 무산문예의 대중화문제, 프로문예의 내용과 형식문제 등이 현하 문예 영역에 어떠한 영향을 줄 것이 되어 어느 정도까지 규정을 보여주었기 때문에 문학적 활동에 있어서는 더 한층 신국면을 타개해야 하며 문예 제작상, 적극적 활동을 감행하지 않아서는 안 된다.

문학적 활동에 있어서 긴급한 당면 문제는 어떠한 것인가?

1. 아지, 프로, 조직 등에 효과성이 있는 작품을 제작할 것은 물론이지마는 이러한 연장으로서의 문예품을 어떻게 노농대중 속으로 가지고 들어가서 그들에게 읽힐 수 있을까 하는 것이다. 이것은 우리들의 기관지를 발행함으로써 가능하다.

2. 같은 진영 내의 동지들은 반동문예이론의 극복을 위한 이론투쟁. 시, 소설, 희곡 등 일체 작품에 대한 엄정한 계급적 비평. 작품행동에

있어서 만난(萬難)을 배제하고 의식적으로 창작에 힘쓸 것. -그렇다고 제작만을 생각해서 질적으로 우수한 작품을 무시하는 것은 절대로 아니다. 우수한 작품을 매월 한두 개씩이라도 계속하여 제작하기를 서로 힘쓰자는 말이다. 한 개의 작품으로서 수천수만의 대중을 아지·프로하고 또한 조직할 수 있는, 현계단이 요구하는, 과연 위대한 작품을 우리들은 다량으로 제작하여 우리들에게 부여된 계급적 임무를 다하기를 노력하자.

이것이 프롤레타리아 시인, 소설가, 창작가 등이 반드시 해야만 할 정당한 과업이 아니냐. 그러함에 불고(不顧)하고 우리들의 활동은 최근에 와서 과연 미약하였다. 우리들은 먼저 자체의 강대화를 힘쓰자. 그리고 거듭 말하지만 만난을 배제하고 문학적 활동에 노력하지 않으면 안 된다. 우리들 작가의 활동이 미약하면 미약할수록 무산문예운동의 강대화를 도모할 수 없다.

문학적 활동!

연장으로서의 일체의 예술은 바야흐로 그 가치와 기능을 발휘할 시기가 왔다. 우리들은 손과 손이 으스러지도록 맞붙잡고 강력히 효과적인 문예행동을 적극적으로 적의 앞에 전개시키자. 이것이 우리들의 -전체운동으로 보아 미미하나마- 계급적 행위인 문학적 활동이다.

1930년!

이렇게 하여 조선 프로예술운동은 최후 승리의 날을 바라보고 싸우는 가운데 날로 성장하고 진전되는 것이다.

3. 문예영역에 있어서 새로운 동지의 규합은 우리들의 일 가운데 어느 때든지 부분적 중요한 일인 것은 사실이다. 그러나 과거에 우리들의 기관지가 없던 만치 신진의 획득이 어려웠고 또한 신진에 대하여 유의하는 점이 소홀하였던 것은 한낱 오류가 아니라 할 수 없다. 그럼

으로 신진획득에 다대한 관심과 적극적 활동을 하지 않으면 안 된다.

프롤레타리아 작가!

신진 가운데에서 프로작가가 많이 나오면 나올수록 우리들 문예운
동은 그만치 강대하여진다.

프로문예는 과연 오락일까?

"예술은 오락이다. 문예도 오락이다. 창작하는 사람도 오락으로 쓰
고 독자도 오락으로 읽는다. 오락 중에는 고상한 오락이다."(강조점-기
정)

이상에서 지적한 문구는 본지 5월-문예이론특집-호 중 『조선의 문예
이론은 어디로 귀결될까?』란 제목 밑에 주요섭씨의 주장이다. 주장이
라느니 보다도 씨의 예술관, 문예관인 듯싶다.

씨의 논문 가운데 프로문학을 운위하였고 우리들 운동에 있어서 선
전의 방편으로 일체의 예술을 이용할 것이라 하며 ××을 선전하는 것
이 가한 것임을 역설까지 하였기 때문에 우리로서는 더 한층 문예의
오락설이 문제되는 것이다.

과연 프로문예는 오락일까? 더구나 창작하는 프롤레타리아 작가의
태도가 오락에 있는가?

아니다. 천부당만부당이다. 예술의 본질이, 문예의 본질이 오락일지
는 모른다. 그러나 우리가 일체 예술의 모든 형식적 가능을 이용하게
된 때에 그 예술품은 벌써 훌륭한 무기이다. 그리고 일반 프로 작가는
붓을 들고 창작에 임할 때에 그 기분과 감정은 전지(戰地)에 나아간 투
사와 같은 것이다. 왜 그러냐하면 프롤레타리아의 생활로 하고 프로의
격정을 격정으로 하기 때문이다.

만약 한 사람의 프로작가가 오락 기분 내지 오락적 태도로서 한 개

의 작품을 제작한다면 그 작품의 결과는 오락에 그치고 말 것이다. 그리고 한 개의 문예품은 프롤레타리아가 읽어서 일시적 오락에 머물렀다면 프로문예는 아무러한 사회적 기능을 발휘하였다고 할 수 없다. 또한 프로문예 자체가 프롤레타리아에게 끼친 영향이 오락 이외에 아무 것도 없다면 프로작가는 당연이 붓을 꺾어 버릴 것이다.

나는 지금 이 아래 주요섭씨가 본지 지상에 미국 프로작가 미카엘 골드씨를 소개한 일문 중 가장 중요한 골드씨 자신의 말-문예관인-을 인용하겠다.

"지금 나는 나 개인으로서 이 세계적 ××운동에 일조라도 되게 함에는 문학이 최상의 방도라고 신앙한다".

이러한 작가의 작품과 그를 소개하는 씨로서 문예의 오락설, 더욱 창작상 태도에 있어서 오락 운운은 주씨의 한낱 오류가 아니면 안 된다.

프롤레타리아 작가로서는 한 사람도 작품제작을 오락으로 하지 않는다. 절대로 우리들의 작품 행동이 오락은 아니다. 그러므로 현명한 주씨는 금번 과오를 범한 프로문예창작 상 소위 오락설을 반드시 취소할 줄 믿는다.

프로예술은 절대로 오락이 아니다.

나는 지금부터 5월창작의 개평(槪評)-개평이라기보다 작품을 읽고 느낀 바 감상을 간단히 기로 하겠다.

이효석 작 「추억」(『신소설』)
이태준 작 「은회부처」(同上)
채만식 작 「산동이」(同上)

최인준 작『하나님의 딸』(同上)

이담(李澹) 작「 두 죽음」(同上)

유기석 작「그의 수기」(同上)

안필승 작「모자」(同上)

송순일 작「쑥」(『대조』)

최승일 작「거리의 여자」(同上)

송영 작「지하촌」(同上)

전무길 작「허영녀의 독백」(同上)

김안서 작「그 여름의 하숙생활」(同上)

이효석씨의「추억」(『신소설』)

이 작품은 친우요 동지인 노군을 그리움에 못 이겨, 지나간 일의 한 토막을 추억하는 것이다. 노군은 전위적 인물이다. 가정을 등지고 정든 고향을 떠나 큰 뜻을 품고 북으로 갔다.

이러한 인물은 다른 사람보다 독특한 에피소드가 많을 것이다. 딴 길을 걷는 사람의 행동은 어느 모에든지 비범함을 발견할 수 있다.

영하 삼사십도 눈보라치는 북국 너른 벌판에서 자기 일 개인의 생명을 내어놓고 전 인류의 행복의 날, 평화의 날을 가져오기 위하여 헤매고 의논하고, 계획하고 싸우는 노군도 자본주의사회제도하에서 가장 증오하는 도적질, 이 사회의 도덕이 조금도 용납지 않는 도적질을 자기 자신이 연극으로 꾸밀 만큼 딴 길을 걷는 사람의 행동을 하였다.

그 일의 목적이 개인주의적 이기심에 있는 것이 아니고 집단적 일을 위하여 감행한 데에는 다시금 생각 아니 할 수 없다. 이것은 확실히 반역이었다. 자기 가정에 대한 반역이오, 이 제도와 도덕에 대한 반역이었다.

이러한 인물을 추운 겨울 눈 오는 밤에 내지에 아직까지 편안히 앉아있는 동무로서는 그의 안부를 생각 아니 할 수 없을 것이다.

밤은 깊었다. 화로불을 마저마저 이스러지고 창밖에 눈송이 더욱 깊다. 생각나는 노군.

그는 지금 눈구덩이에 가서 파묻혀 있을까. 깊은 밤 추운 거리를 잠잘 곳 찾아서 헤매이고 있을까. 혹은 방울 소리 딸랑딸랑 개에 매인 설매 타고 눈 깊은 벌판을 달리고 있을까. 그렇지 않으면 북국의 거리 으슥한 회관에 모여서 낯선 동지들과 일을 꾀하고 있을까---. 어디를 가 있든 비나니 건재하라! 잘 싸워라

이것이 「추억」 일편의 마지막 구절이다. 얼마나 동지애에 그윽한 말이냐. 이 작품 속에 '나'라는 인물이 그런 말을 하였다고 우리들일의 동정자는 아니다. 그도 노군과 같은 인물이다. 싸우는 전위의 인물인 것이 틀림없다. 이런 점에서 보아서 우리들이 요구하는 작품에 가깝다고 할 수 있다.

나는 이 작품을 읽고 북쪽으로 간 동지 포석(抱石)의 생각이 새삼스럽게 간절하여진다.

이태준씨의 「은희부처」(『신소설』)

아무 것도 취할 점이 없는 가벼운 콩트이다. 내용은 콩트에서 흔히 볼 수 있는 연애, 삼각관계 등이다.

나는 이 작자에 대하여 많은 기대를 가졌었다. 이분의 역작이라 할 만 한 『오몽녀』(시대일보지상에 연재)를 재독까지 한 나로서는 큰 기대를 아니 가질 수 없었다. 사오 년이 지난 오늘까지 그 작품의 인상이

나의 머리에서 쉽사리 사라지지 않는다.

금일까지 씨의 의식이 전환되지 않았는가? 나는 그때 『오몽녀』를 읽고 반드시 의식전환이 있어 앞으로 프로 작가로서의 상당한 활동이 있으리라고 믿었었다. 그러나 오늘에 있어도 기교의 향락을 하려는 형식주의자인 씨를 대하게 될 때에 나로서는 실망하지 않을 수 없다.

채만식씨의 「산동이」(『신소설』)

이 작품에 있어서 오직 취할 점이라고는 부르주아의 생활 중 한 부분인 음분(淫奔) 뿐이다. 그들의 패퇴하는 생활, 가증한 생활을 좀더 세밀하게 구체적으로 표현했더라면 효과가 컸을 것이다. 이 소설 속에 산동이의 행동은 개인적 분노에서 출발해가지고 개인적 복수로 그치고 만다. 그렇기 때문에 신문사회면 기사식 같은 '一'의 부분은 이 소설에 있어서 오히려혀 없느니만 같지 못하다.

일 개인에 대한 복수를 위하여 머나먼 북쪽서 와가지고 피를 흘리며 싸우다가 귀중한 생명을 바친다는 것은 이 사건의 모순된 일이다.

작자가 '一'의 부분을 쓴 것은 이 소설을 과장하려는 있는 것 같으나 그것이 오히려 이 작품을 우습게 만든 원인이 되었다고 아니할 수 없다.

우리는 순결한 여성 하나가 부르주아에게 유린을 당하는 장면을 묘사하는 데 있어서 어디까지 객관적이며 인정적으로 냉정해야한다. 그렇지 않다면 ○○○○○○ 그 작품 속에 휩쓸려 들어가서 자기도취 자아향락에 기울어지기 쉽다.

최인준씨의 「하나님의 딸」(『신소설』)

이 작품은 도대체 무엇을 표현하려고 했는지 모르겠다. 그리고 사건

전개에 있어서 통일을 잃어 산만하고 문장이 서툴러서 읽기에 여하간 곤란한 작(作)이 아니다.

내용과 형식에 있어서 두 가지가 다 취할 것이 없는 레벨 이하의 작품이다. 이러한 습관에 가까운 것을 거리낌 없이 발표한다는 것은 작자 자신의 앞으로 창작 생활을 위하여 마땅히 삼갈 일이 아닌가 한다.

이담씨의 「두 죽음」(『신소설』)

이 작(作)은 살 길을 찾아서 북쪽 나라에서 헤매다가 그래도 생활의 안정을 얻지 못하고 결국 죽어가는 몸을 이끌며 고국을 바라보고 돌아오다가 두 사람이 일시에 죽어버리는 것을 그린 것이다.

주림, 추움, 학대 등들 유랑민으로서 이처럼 ○한다는 것을 여실히 표현하였다. 그러나 죽음의 길을 스스로 취한다는 것은 약자의 행위이다.

처지 환경이 그럴수록 좀더 씩씩하게 살고 장하게 살자고 외침이 작자로서의 반드시 취할 길이다. 그들의 비참한 생활만을 보여주는 것은 우리로서 긍정할 수 없다.

유기석씨의 「그의 수첩」(『신소설』)

이 작(作)은 어느 정도까지 성공한 작이라고 볼 수 있다. 자기의 연인과의 관계를 계급적으로 대립시킨 데 효과가 크다.

확연한 계급적 이데올로기의 파악 건실한 필치 등 이것이 우리로서 씨의 장래를 기대하게 한다.

"나는 좀더 굳세야 한다. 너희들의 모든 환락을 빼앗아 와야 한다."

최후의 일정은 씨의 사상을 말하는 것이 확실하다.

중간에 있어서 연인을 생각하는 것이 지나치게 비열하고 가증하다고 할 만치 전개시키는 것이 이 작자의 수뇌(首腦)였던 것이다.

앞으로 작품행동에 있어서 큰 활동이 있기를 바란다.

안필승씨의 「모자」(『신소설』)

너무나 인정에 기울어진 작품이다.

계급적으로 아무 것 취할 게 없다. 인호의 행동이 너무나 소극적이
오, 보수적인 데 이 작품은 실패하였다. 그리고 표현형식의 새로운 맛
이 조금도 없다.

빈한한 생활의 한 토막을 여실히 묘사한댓자 사회적으로 아무러한
의미를 갖지 못한다. 오히려 일 개인의 빈궁의 원인이 불합리한 사회,
경제조직의 결함에 있다는 것을 표현하느니만 같지 못하다.

송순일씨의 「쑥」(『대조』)

이 분의 작품은 수삼년 전 『조선지광』에 게재하였던 「서기생활」과
「윤별장의 사환」 등 두 편의 소설을 읽은 뒤로 나로서는 이번 「쑥」이
라는 작품을 처음 대하게 되었다.

「쑥」 일편에 있어서 작자는 빈한으로 말미암아 인생비극을 낳게 한
다는 것을 표현하였다. 농촌 프롤레타리아였던 홍서방이 남의 땅을 얻
어 소작인으로서 근근이 생활하다가 눈코 뜰 새 없는 일에 파묻혀 자
식은 원두막에서 떨어져 죽고 아내는 미치고 해서 결국은 소작하던 농
토까지 빼앗기고 하는 수 없이 조과부라는 가장 몰인정한 사람의 집
행랑살이를 하게 되었다. 하루는 주인마님이 모깃불을 놓기 위하여 홍
서방더러 쑥 한 짐을 져오라고 한다. 홍서방은 장차 닥쳐올 비극을 모
르고 자시의 손으로 스스로 빚어낼 인생 비극을 예상치 못하고 쑥 짐
을 지어다 한 옆에 놓았다. 이때에 아내는 주인의 심부름을 가고 홍서

방은 밖에서 쌀 값을 졸리는 사이에 하나 밖에 남지 않은 어린 것이 쑥 짐에 치어 그날로 죽어 버린다.

그 뒤 홍서방은 어느 수리조합공사 하는 데서 품팔이를 하다가 아내가 또 발광을 해서 이리저리 뛰돌아다닌다는 것으로 끝을 막는다.

이 작품은 일 개인의 생활을 단편적으로 그리는 데 있어서 생활이 비참한 것과 시시로 일어나는 인생비극을 숙명적으로만 돌리기 때문에 사건 전개에 무기력하였다.

우리는 「쑥」 일편 중에서 한 가지 배운 것이 있다. 그것은 프롤레타리아 일 개인의 비참한 생활만을 여실히 묘사하여 표현한다고 그 작품이 반드시 프로작품이 못된다는 것이다.

「쑥」 일 편은 확실히 프로 작품을 제작하려다가 완전히 실패한 작품이다. 전편을 통하여 표현형식이 리얼리즘인 것은 사실이다. 그것은 프롤레타리아 리얼리즘은 못된다.

묘사에 있어서 순전히 사실주의 묘사에 그치고 말았다. 그래 프롤레타리아인 홍서방이 개인행동에서 출발해 가지고 결국 개인행동에 그치고만 것이다. 홍서방을 살 길을 잃어버린 농촌 프롤레타리아이다, 그러므로 프로작가가 이러한 인물을 취급할 때에는 반드시 사건전개에 있어서 지주와 소작인과의 이해상반의 관계, 여기에 좇아 일어나는 반항의식, 행동으로서의 투쟁 등을 전적으로 표현할 것이다.

또한 이해가 동일한 소작인과 소작인 간에 집단적 행위, 도회 노동자와의 제휴 등 이러한 사건의 전개가 없이는 진정한 의미의 프로 작품이 될 수 없다.

그러나 「쑥」 일편의 내용은 이와 상반되어 있다. 소작권을 빼앗긴 데 대해서는 하등의 관심이 없고 자식이 죽은 데만 유의하게 된 것은 개인 생활의 편중 내지 전적으로 생각하는 것이다.

작가는 이 작품의 주인공 홍서방을 허잽이로서의 출발을 시켜가지고 결국 허잽이로 종결시켰다. 빈궁에 쪼들리고 아내가 미치고 자식을 둘씩이나 실수로 죽인 경로를 밟고도 홍서방은 의식 상, 행동 상 아무러한 변천이 없었다는 것은 작자의 제작 태도를 의심 아니 할 수 없다. 그러므로 작자의 근본 의도가 자기 손으로 해온 쑥 짐에 자기자식이 치어 죽는다는 표현상 기교에 있는 듯하다. 사실 그렇다면 이것은 기교를 위한 기교에 지나지 않는 것이다. 그러한 참극의 연출을 계기로 주인공의 행동에 있어서 소리칠 만한 전환이 있지 않으면 안 된다.

그러나 그 뒤에도 작품의 주인공을 이리저리 떠돌아다니는 사람으로 만들고 말았다.

작자는 여기에서 더한층 실패의 원인을 가져오고 말았다. 소설 「쑥」은 확실히 우리들의 작품이 못된다.

최승일씨의 「거리의 여자」(『대조』)

제목에 다소 호기심이 끌려서 단숨에 읽었다. 그러면 거리의 여자란 어떠한 여자였나?

도회에서만 볼 수 있는 소위 '모던 걸' 유형의 전형적 표본이다.

카페에 들어가서 양식을 먹으며 이 남자 저 남자○○ ○○○○○를 하면서 ○회가 어떠니 문학이 어떠니 연애가 어떠니 하고 기염을 토하는 여성, 본정(本町) 책점을 순례하는 여성, 거리로 코론타이의 「赤戀」을 옆에 끼고 돌아다니는 여성, 이 사람의 집 저 사람의 집을 방문할 기회를 억지로 만드는 여성, 밤에는 극장에서 볼 수 있는 여성--- 이것이 <거리의 여자>의 정체이다.

우리는 이러한 소위 '모던 걸'을 흔히 볼 수 있지 않은가. 작자는 이것을 '나'하는 사람을 통하여 될 수 있는 대로 기교나 문장에 있어서

'모던'적으로 표현하기를 힘쓴 흔적이 보인다.

여기는 서울 장안 종로 네거리 뒷골목 카페 흑취(黑鷲)의 아래층 네
모가 반듯한 방안이다. 때는 입춘이 지난 지 며칠 후 대지는 맑고도 깨
끗한 호흡을 하고 있는 어느 날 오정이 지나서 한 시 가까운 때이다.

방안의 공기는 쩨즈의 레코드가 커피차의 쌉쌀한 냄새와 강렬한 위
스키에 취하여 원무곡을 주며돌고 있다. 밖에는 현대의 행진이 끈이지
아니라고 연대여 있다. 나는 점심을 먹고 있다.(「거리의 여자」 중의 소절
이다)

그 아래를 계속하여 읽으면 확실히 이 일 편은 작자 자신의 신변잡
사에 지나지 않는다.

카페 안에서 홍청거리는 기분은 소부르주아 유홍 등, 이것을 우리에
게 여실히 보여주었을 뿐이오. 그것이곳 작자 자신의 계급적 이데올로
기를 의심하게 하는 것이다.

「거리의 여자」는 의도만으로도 프롤레타리아 작품을 만들겠다는 생
각이 없었던 것은 사실이다.

이 작품은 왜 이러한 전형적 소부르의 작품을 거리낌 없이 발표했는
가를 묻고 싶다.

송영씨의 「지하촌」(「대조」)

이 작품에 있어서 가장 중요한 부분-클라이맥스-인 하반이 전부 삭
략(削略)된 것은 이 작품의 생명을 거의 죽였다고 하여도 과언이 아니
다.

이렇게 반신불수가 되다시피 한 불구의 작품을 논평한다는 것은 나
의 양심이 허락지 않는다.

전무길씨의 「허영녀의 독백」(『대조』)

이 작은 계속물이기 때문에 지금 내용이 어떻게 전개될 지 모른다. 허영녀이든 일개의 여성이 고무공장의 여직공이 되기까지 그 경로를 그린 작품인 것은 사실인데 소설에 있어서 이러한 표현방식을 취하는 것이 새로운 수법은 아니다. 그리고 과거의 허영생활을 되풀이한다는 것이 오히려 독자로 하여금 어떤 영향을 줄는 지 모르겠다.

김안서씨의 「그 여름의 하숙생활」(『대조』)

이 작품은 소학교 교원의 한 여름 동안의 하숙생활을 그린 것인데 너무나 인정에 기울어진 작품이다. 다시 말하면 우리로서 취할 게 못되는 일 편의 인정소설에 지나지 않는다.

이 작자에 있어서 취할 점은 표현형식에 건실미가 있는 것이다. 그리고 사상적으로 고민하는 것만은 숨길 수 없는 사실이다. 하루바삐 확연한 계급적 이데올로기를 파악하여 진정한 의미의 프로 작품을 제작하여 주기 바란다.

1930.5.22

『대조』, 1930년 6월

각계척후(各界斥候)

　1932년에 접어들면서 우리가 가장 많이 관심을 갖게 되고 전력을 써야할 일이 두 가지 있다.

　첫째, 문화운동 전체에 대한 어떠한 통일적 조직을 가질 것.

　둘째, 신인의 획득에 적극적으로 노력할 것.

『비판』, 1932년 1월

영화이론과 비평의 근본적 의의
-영화영역의 악영행 극복

■● **1** ●■

예술운동의 ×××× 즉 「-----예술의 확립」은 우리들이 당면한 가장 중대한 중심적 과제이다.

1930년은 이상에 지적한 중심적 과제를 제기한 점으로 보아 예술운동사상에 특기할 도약적 계기를 지은 해라고 볼 수 있다. 그러나 문제의 핵심은 제기에 있는 것이 아니라 실천에 있지 않으면 안 된다.

그러므로 1931년을 당한 우리들은 역량을 집중하고 가능성을 이용하여 의식적으로 예술운동을 통제 있게 일보 전진시킬 것이다!

■● **2** ●■

예술운동에 있어서 다른 부문도 그러하지마는 영화부문에 있어서는 더구나 작품제작이 없이는 영화운동의 전(全)의의가 없어지는 것이다.

그러함에도 불구하고 1930년인 과거 1년간에 영화영역에 있어서 영화작품 제작보다도 영화이론이나 영화비판 등을 일부에서는 전적으로 유일한 운동인 것 같이 해석하고 그 결과 작품제작의 문제가 오히려 부차화하게 되는 최악 경향을 나타낸 것은 사실이다. 이러한 중대한 오류가 어디서 발생하였는가 하면 그 이유로 세 가지를 들 수 있으니

1. 객관적 정세의 불리와 경제적 조선의 불비, 또한 정당한 계급적 영화인의 조직이 말할 수 없이 빈약하였기 때문에 우리가 요구하는 영화작품은 제작하기 불가능하였다는 것.

2. 저널리즘을 이용해서 최고의 개인주의적 공명심과 이기심을 충족시키려는 ○○○영화이론가와 소위 계급 영화인 등인 소 부르주아군의 무질서적 언행으로 통제착란에까지 이른 것.

3. 영화운동의 점차적 제이의적 역할을 감행할 수 있는 영화이론과 기성영화에 대한 영화비판이 무조직적 무계획적 무통제적으로 발표되었던 것.

이상에 지적한 세 가지 조건이 영화운동사상에 ○○ 수 없는 오점을 남긴 불순한 경향이 원인을 가지고 오게 된 것이다. 그러나 이것을 극복함으로서만이 부분적으로 영화운동의 일보를 전진할 수 있는 것이다.

■ ● 3 ● ■

과거 일년 간에 악영향과 불순한 경향을 극복함에는 영화이론의 본질과 영화비평의 근본적 의의를 원칙적으로 구명하지 않고는 불가능하다.

그러므로 영화이론과 비평 등이 영화운동 상 여하한 역할을 하는가를 간단히 구명하겠다.

1) 영화이론

한 개의 영화이론은 직접 제작 사업에 도움이 있지 않고는 이론적 의의와 가치가 전혀 없는 것이다. 영화이론의 영향은 작품제작의 정당한 코스를 결정하는 것이니 내용과 형식 다시 말하면 프롤레타리아 리얼리즘에 입각한 백 퍼센트의 정당한 스토리와 최가능의 기술을 ×× 적으로 표현하는 데 있지 않으면 안 된다.

우리의 영화이론은 제작사업 이외에 새로운 기술자 조직과 ××획득 등인 ---사업의 공작이며 그 실천적 기초공사가 될 수 있다. 또한 문예 작품에 있어서도 침투의 방법으로 ×××을 문제는 것과 같이 영화에 있어서도 반드시 상영이 문제됨으로 조선과 같이 객관적 조건이 불리한 곳에서 영사망을 어떻게 획득할 것인가를 생각하게 된다. 그러므로 여기에 관한 이론전개가 필요하다.

이와 같이 직접 실천적 이론이 아니고는 영화운동에 있어서 제이의 (第二義)이요 부차적인 역할도 도저히 감행할 수 없다.

2) 영화비평

신흥영화가 제작상영하지 못하는 한에서는 영화비평가는 하는 수 없이 기성 영화내용의 폭로, 비판, 묵살 등을 감행하게 된다. 영화에 있어서 영화비평가의 대상은 유감이나 기성영화였던 것은 숨길 수 없는 사실이다. 신흥영화 비평가의 제일보를 시작하였던 것은 초기에 있어서 필연적 과정이다.

그러나 우리들의 과제는 신흥영화제작과 그 발전을 위하여 전 노력을 집중하는 데 있다. 그러므로 우리들은 부르주아 비판으로부터 우리들의 전진을 위한 자기비판의 방향으로 전화되어야한다. 여기서 비로소 우리 영화비평가의 본무대가 전개되는 것이니 신흥영화비판의 근

본적 역할은 생산되는 작품, 직접 제작사업에 원조되는 동시에 기성영
화에 대한 예리한 비판의 ××가 되어야 한다. 영화비평을 그 이상 평
가하다는 것은 소시민적 심리에서 나오는 무모한 자기도취의 환상적
과중평가이다.

■● 4 ●■

원칙적 ××이 무엇인지 통제가 무엇인지 운동의 본질이 무엇인지
전혀 알지 못하는 무지한-입으로는 (××)을 운운하고 문필로는 최좌익
적 언사를 ○분하는 소위 계급적 영화이론가? 서광제군류(類)(서군의 ×
×× 행동은 다른 지면을 빌어 철저히 비판하겠다)의 행동은 이론이나 비
평 같은 것은 영화운동 전체인 것 같이 생각하고 우리들 ○○○○○○
○○○고까지 노력하였다. 신문이나 잡지에 기개(幾個)의 영화이론과
영화비평이 게재되었다고 신흥영화운동이 상당히 성장하고 또한 비약
적 발전을 한 것이라고 생각하는 것은 절대로 인식부족이 아니면 소부
르주아적 환상이다. 그리고 영화이론이나 영화비평을 과대평가함으로
써 소시민적 심리의 발로인 공명심과 명예욕을 만족시키려함이다.

영화운동에 있어서 부차적이요 제이의적인 영화이론이나 영화비평
은 기성영화에 대한 부단(不斷)의 엄혹한 비판의 무기인 동시에 앞으로
는 일층 우리들의 영화제작 사업의 원조를 위하여 노력하는 역할 이외
에 아무 것도 아니다.

『조선지광』, 1931년 1월

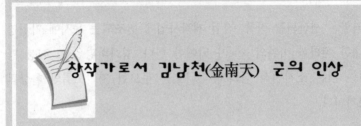

창작가로서 김남천(金南天) 군의 인상

내가 남천(南天) 김효식(金孝植) 군을 처음 만나 보기는 1929년 동경에 있는 '무산자사(無産者社)' 중심으로 조직된 명일극장(明日劇場)이 조선공연을 계획하고 나와서 경성 청진동의 어느 여관에 묵고 있을 때이다.

그때 김군은 십구 세의 미소년이었고 모던보이풍의 젊은 대학생이었다. 몸맵시 있게 호리호리한 키라든가 콧날이 오똑한 좀 갸름한 얼굴, 영채가 도는 두 눈, 다소 애교가 도는 듯한 입모습, 어디로 보든지 모던보이의 스타일을 갖춘 젊은 사나이같이 생각 들었다. 나뿐이 아니라 누구나 첫 번 대할 때 연극의 '니마이메'역을 맡았으면 적역이라고 보는 것이 첫 인상이며 정평일 것이다.

그때에 김군은 일에 있어서 누구보다도 열성 있는 편이었다. 그러나 그의 열성은 각본 검열 불허가로 결국 수포에 돌아가고 말았다. 열심히 연습하고 준비하고 고대하던 연극공연이 불가능하게 된 것을 안 순간의 김군의 흥분된 모양, 긴장된 표정, 그리고 주먹을 힘있게 쥐며 할데 없이 분해하는 것을 본 나는 나 역시 분함과 섭섭함을 느끼면서 또한 옆으로는 힘을 얻은 듯 하였고 기뻐하기를 마지않았다. 왜 힘을 얻는 듯 하였고 기뻐하였을까?

그때까지도 그저 단정한 사람(더구나 평안도 사투리를 약간 끄는 것이 더 호감을 주는 사람)이거니 그저 모든 것에 일종 유행을 따르다가 우리들과 같이 오래 나가지 못할 사람으로 밖에 안보이던 대상이 누구보다도 더욱 일에 있어서 진실한 태도, 과연 진지한 행동, 그 점에는 나로서 믿음직한 젊은 동무, 앞으로 같이 일함직한 새로운 동무라고 마음먹는 순간에 어찌 기쁘지 않으며 우리들이 나아가는 길에 어찌 힘을 얻는 듯 하지 않았으랴.

나의 추측과 기대는 그 뒤에 어그러지지 않았다.

그러나 나는 김군이 수삼년 동안 한 일을 지극히 적은 부분밖에 모른다. 동경 있을 때에 법정대학(法政大學)의 교내의 학생운동의 중요한 멤버였다는 것만 알았지 어떻게 활동을 한 것을 모르며, 동경 '무산자사'의 멤버 중 한사람인 것을 알았지 어떠한 전술로 일을 하였냐는 것을 알 수 없으며, 평양 고무쟁의 때 큰 역할을 하였다는 것만을 알았지 무슨 일을 어떻게 하였다는 것은 김군이 영어(囹圄)의 몸이 풀리기 전까지는 알 길이 없다. 다만 경성에 와 있는 동안에 카프의 일을 서로 하는 동안에 그의 일면을 엿볼 수 있었다.

김군은 일을 대할 때에 열이 앞을 서고 또는 책임감이 누구보다도 강한 사람이다. 어느 회합에든지 단 한번도 빠져본 일이 없다.

1930년 상반기에 있어서 김군의 업적은 크다고 아니할 수가 없다. 작품으로 평론으로 또는 작품제작에 있어서 조직적 생산을 하는 데 큰 도움이 있었다. 작품은 그다지 많지 못하지만 모조리 태작은 없었다. 그 중에서도 「공장신문」 같은 것은 우수한 작품이며 우리들의 작중으로 최근에 대표됨직한 역작이었고, 평론에 있어서는 『시대공론』에 게재되었던 '반카프사건'의 계급적 본질을 구명한 논문이 군으로는 처음 발표한 것인데 이론적 체계라든가 문자의 부드럽고 힘이 있는 것을 보면 그는 확실히 재주가 있는 젊은 사람이다.

김군은 정(精)의 인(人)이요, 재(才)의 인이요, 음모의 인이었다. 그래서 어떠한 일에 있어서나 그의 존재는 컸었고 우리들의 기대는 날이 갈수록 많았었다. 그러나 불행히 우리들은 남천 한 사람만을 남겨놓고 섭섭한 마음을 안고서 자유의 몸이 되고 군은 아직까지 영어(囹圄)의 몸이 되어 있다.

다만 하루바삐 자유의 몸이 되어 숨은 재(才)를 더욱 발휘하기만 바란다.

『문학건설』 제1호, 1932년 12월

소화(昭和) 십일년도
조선문학의 동향 (양케이트)

1. 소화(昭和) 십일 년이 지내가는 동안에 조선문학은 어떠한 길을 걸었습니까?
2. 소화(昭和) 십일년도의 대표적 작품은?
3. 평론에 있어서 금년의 중요한 것을 회고하면?
4. 창작방법 문제는?
5. 문학단체의 활동을 본다면?
6. 작품에 있어서 십이 년도에 기대되는 신인?
7. 『조선문학』지에 대한 비판과 요망?

1. 저기압 속에서 우울과 저회(低徊)에 허덕이며 제각기 닦아놓은 (미완성)코스를 스타트하여 혼자 뛰면서 일등 못할까 겁나고 두려워한 격이다.
2. 주요섭의 「추물」, 이효석씨의 「들」, 박영준씨의 「교유(敎諭)부인」
3. 김태준씨의 「조선문학에 나타난 승려의 성생활」과 권상로씨의 그

것에 대한 반박 또, 이상 두 논문에 대한 임화씨의 「학예자유의 옹호」란 평론은 작년도에 있어서 가장 눈에 띠고 귀 기울인 바의 논평이었다.

그리고 회월, 백철, 갑기씨 등 세분 평론에 대하여 남천, 한효, 임화씨 등의 근본적 박의(駁議) 심지어 적대 행위적 논조의 상반 배치되는 평문들은 확실히 누구나 관심하지 아니치 못할 문제의 평론들임에 틀림없었다.

또는 임화씨의 언어에 관하여 진지한 태도로 쓴 퍽 높게 평가할 만한 수삼 논문은, 창작을 쓰는 사람으로서는 더 한층 중요하게 생각하지 않을 수 없으며 재독삼고(再讀三考)할 논평이었다. 허나 창작평에 있어서는 다시금 큰소리로 'SOS!'를 외치지 아니치 못할 만큼 평단의 비상시요 평가(評家)의 빈궁을 느끼지 않을 수 없다.

4. 미해결된 채 그대로.

5. 그래도 구인회를 문학단체로 본다면 『시와 소설』 하나 낸 것을 그나마 활동이라고나 할까?

6. 박영준, 이봉구, 장덕조, 이선희, 김동리, 박노갑, 현경준, 박향민, 윤기정 등등……

7. 참으로 얌전한 문학잡지였습니다. 앞으로도! 그중에도 창작을 많이 실리시는 데 비위가 당기고 하찮지 않은 저의 작품을 간혹 게재해 주신 데는 더욱 마음에 듭니다. 신년부터는 창작 월평과 내외문단의 뉴스와 고상하고도 재미있는 가십 등을 실려 주셨으면 합니다.

현대 작가 창작 고심 합담회

불행인가 다행인가 아무튼 조선 작가로 활약하시는 현 문단의 여러분의 창작 고심담을 들었습니다. 이후 문사지망의 제군은 물론이어니와 독자 여러분도 작가 주방고를 명심히 읽으소서.

출석자(물론 무순)
윤기정씨, 이효석씨, 엄흥섭씨, 이주홍씨, 노춘성씨, 한인택씨, 채만식씨
본사측-천안거사

□ 첫째로 문장에 대한 고심(형용사와 구두점 등)을 말씀하여 주십시오.

윤기정 : 문장은 배우는 중에 있습니다. 그러므로 고심은 컸으나 이러니저러니 하고 말하려고 해도 할 수가 없습니다. 고심의 결과가 정당, 정확, 또 효과적이었는지? 제 자신으로도 모르기 때문에…

노춘성 : 문장에 대하여 비상히 고심합니다. 문자로서 표현되는 예

술이니 만큼 문장에 결점이 있다고 하면 그 예술은 치명상
을 가졌다고 하겠습니다. 알기 쉽게 또는 구두점이 분명하
게 그리고 할 수 있을 때 까지 좋은 형용사를 쓰려고 애를
씁니다. 형용사나 표현이 잘되지 않은 곳은 여러 번 고칩
니다.

이효석 : 꼼꼼히 문장을 완전히 꾸며서 종이 위에 옮기는 것 보다는
우선 어설프게 쓴 후 여러 번 추고함이 좋은 듯 합니다. 묘
사에 있어서는 긴 문장보다는 짧은 단적 표현이 좋은 듯
하며 형용사 등은 필요 외에 될 수 있으면 피합니다.

한인택 : 우리말의 불통일과 형용사의 부족으로서 곤란을 당할 때가
많습니다. 언어미와 문장에 대하여 우리가 누구보다도 관
심을 보이게 되는 것이니까 심각한 연구가 있어야 할 것인
까닭으로 글 쓸 때에는 여간 고심을 하게 됩니다. 구두점은
찍지 않는 것이 버릇이 되었습니다.

엄흥섭 : 문장에 대해서 왜 고심이 없겠습니까? 내 자신이 만족할
만큼 형용사라거나 구두점에 대한 세밀한 주의를 했는가
하고 작품 한 개를 발표할 때마다 느껴보지 않는 때는 없
습니다.

이주홍 : 소재를 예술적으로 살리는 것은 뭐니 뭐니 해도 문장의 힘
입니다. 한 개의 작품이 문학적으로 완성하였다는 데는 반
드시 그가 소요하는 문장의 완성을 생각하게 하는 것입니
다. 그러므로 한 개의 사물을 형용할 때에 어떤 말을 택하
여야 즉 어떠한 문장으로 하여야 원만 또는 완전에 가까울
까 이곳에 작자의 고심이 이러날 것이외다. 활자의 형, 점,
선 등의 기호도 오늘 날에 있어서는 훌륭한 문자적 기증을

가지고 있습니다.

채만식 : 모자라는데다가 정리도 아니 된 조선말인지라 퍽 고생합니
다. 더욱이 형용사는 몰라서 며칠씩 생각하느라고 원고 쓰
는 걸 중판 미루기도 합니다. 구두점은 적지 아니하나 구간
은 떼어 쓰는데 그것은 인쇄소에서 그대로 떼어서 채자를
아니 해 주더군요.

□ **독서와 문장작법에 대하여서는 어떠하십니까**

이효석 : 물론 독서에서 문장법의 영향을 받을 때도 있지요. 넓게 읽
고 쓰는 동안에 스스로 독특한 스타일이 생길 것입니다.

엄흥섭 : 독서를 해가지고. 남의 우수한 문장법을 배워보겠다는 관
심은 비교적 해박하다니 보다도 없다고 하고 싶습니다. 남
의 문장을 따러가기 싫은 -(좋은 경향인지 좋지 못한 경향인
지 모르나)-자존심이 있다고 해도 할 말 없습니다. 어쨌든
예술가는 자기문장을 세워야 할 것입니다.

노춘성 : 독서는 그리 많이 하는 편은 못되나 새로 난 책이나 좋은
책이면 가급적 읽어봅니다. <솔로호프>의 『고요한 돈강』
을 도서관에 4일간 다니며 읽은 때가 있습니다. 그리고 책
사기를 좋아하여 진본도 상당히 있었으나 생활난으로 가
끔 팔곤 하였습니다. 문장작법에 대하여는 평이하게 아름
답게 또는 진실하게 써보려고 애를 씁니다. 특별한 비법은
없고 남들이 잘 쓴 문구를 음독한 일이 많습니다.

윤기정 : 조선 작가의 작품(중편과 단편을 주로 장편은 간혹)은 될 수
있는 대로 모조리 읽어 내려왔으며 앞으로도 매월 그것만

은 게을리하지 않을 작정입니다. 그리하여 그들에게서 많이 배워가지고 자기 자신의 독특한 새로운 문장법의 신경지를 개척하기에 노력하겠습니다. 지금까지도 나의 고심사의 일과제였지만-----.

한인택 : 다독하는 데서 문장에 대하여 배움이 많습니다.

이주홍 : 그것이 희망하는 것이든 아니든 간에 독자는 일정의 주제와 비판의 정신으로서 독서에 대하는 것입니다. 그래서 읽어가는 가운데서 그 문장에 대하여 마음에 드는 것 안드는 것을 지각하면서 읽게 됩니다. 가령 고전문학을 치더라도 어느 작품을 읽고나서 그 작품에 영향을 받아 모방해본 일은 나는 아직도 없습니다. 그러나 감심되든 문장이 내 머리 가운데 들어서 모르겠습니다만.

채만식 : 요새는 많이는 못하나 재미있는 책을 붙잡으면 날을 샙니다. 문장작법? 무슨 뜻인지 모르겠습니다.

□ 애독자에 대하여

이주홍 : 잡지 부스러기나 읽어보았을까 나는 아직도 고전문학을 남만큼 읽지 못하고 있는 것을 부끄러워합니다. 몇 편 읽어본 것 이래야 초역이나 경개○ 혹은 영화로 보아서 그 스토리만을 짐작하고 있을 정도입니다. 그리고 특히 누구의 것을 즐겨서 읽어 본 일도 없습니다. 한 세상에 났다가 얼마 있지 못하고 죽어 없어질 한 세대의 인간이 선인의 유품을 만져보지 못한다는 것을 매우 섭섭한 일이라 내 일생을 두고 유유히 읽어 볼 심산입니다. 셰익스피어, 괴테, 도스토

예프스키, 발자크 등 자전같이 이야기 할 줄 아는 여러 박
독가를 부러워합니다. 민촌의 『고향』을 그렇게들 격찬하기
에 "대체 나는 당신들의 문학적 정력에 감복하오. 신문소설
인데도 어찌 그렇게 모두들 알뜰하게 읽었습니까?" 하였다.

채만식 : 역시 해외 작가의 소설을 많이 있습니다. 최근에는 고르키
의 문학론을 탐독하였습니다.

한인택 : 최근에는 시에 대한 서적을 많이 봅니다. 시인이 되겠다는
것이 아니라 시인의 사상적 체계를 실체로 학습하겠다는
데서.

노춘성 : 내가 지금까지 애독한 책이 있다면 그것은 本間久雄 의 『문
학개론』, 메레코프스키의 『시학』, 屋崎씨의 『생극장』, 『하
이네 시집』, 톨스토이의 『안나까레리나』, 알티바세푸의 『샤
닝』 등입니다.

엄흥섭 : 최근 애독하는 서적은 민촌의 『고향』(상)과 노산의 『무상』
입니다. 그 밖에 지리, 풍속물에 관한 서적이면 무조건하고
언제나 애독합니다. 대개 수독(受讀)하는 서적이라도 그 서
적에게 자기의 개성을 정복 당해서는 안된다는 관심을 가
지고 있습니다.

이효석 : 열심히 할 때에는 며칠 씩 침식조차 잊으나 한번 게으르게
되기 시작하면 몇 달씩 놀아버립니다. 철을 따라 종류도 달
라지지요.

윤기정 : 수독할 만한 서책이 손에 들어오면 꼭 재독, 삼독하는 버릇
이 있습니다.

□ 소재에 대해서는 어떻게 하십니까?

채만식 : <있는 사실> 혹은 <있을 수 있는 것>에서.

이효석 : 위대한 생활과 특수한 체험의 다양성이 없는 이상 소재를 구함이 작가에게는 늘 큰 곤란일 것입니다. 담화에서나 독서에서 얻는 이외에는 억지로 머리로 발명해낼 뿐이니 무슨 야심적, 열정적의 것이 되겠습니까?

엄흥섭 : 소재는 머리 속에 심어두고 잘 가꾸어야 합니다. 선뜻 무슨 소재 하나를 얻었다 하더라도 단박에 집필하기가 싫습니다. 그 소재가 머리 속에서 싹이 트고 잎이 퍼지고 차차 여물고 알이 차고 나중에는 익어 터져서 저절로 밖으로 튀어나올 때까지 기다려야 될 줄 압니다.

이주홍 : 예술은 생활의 반영이라 하여도 새 생활 그 전체가 예술이 되는 것은 아닐 것이외다. 생활 가운데서도 평범하면서도 가장 특징적인 것, 또한 전형적인 것, 역사적인 것, 결국 위대한 예술이란 것은 일상 한 시대의 산 그림이어야 될 것입니다. 통속소설이 그 수명이 책을 던지자 없어지는 것은 즉 소재—문장도 그렇지만—의 적극성이 없는 까닭입니다. 작가는 언제나 높은 교양과 넓은 지식을 요구합니다. 공장작가, 농촌작가 이러한 전문적 레텔을 갖는 것은 명예가 아닐 것이외다. 되도록은 범위를 넓혀 농촌이나 도시를 물론하고 소재를 구하는 눈은 날카로워야 될 것입니다.

노춘성 : 소재는 반드시 자기의 경험한 것이 아니면 취급하기가 어렵더군요. 순전한 공상만은 어쩐지 위험한 것 같고 또는 그것으로 좋은 작품이 나올 것 같지 않습니다.

한인택 : 소재에 대하여 곤란을 당할 때가 많습니다. 그러나 최근에
　　　　는 사생활에서 얻는 충동이 다소 많음으로 앞으로는 얼마
　　　　동안 사생활에서 취재를 하여볼까 합니다.

윤기정 : 소재의 고심은 고심 중에 가장 큰 고심이었습니다. 반년 동
　　　　안 창작을 한답시고 붓을 드는 사이에 마치 키 잃은 범선
　　　　처럼 된 제 자신으론 체홉의 모래알처럼 많은 창작의 소재
　　　　란 말과는 너무나 인연이 멀었습니다. 다시 말하면 사상적
　　　　동요로 말미암아 겉묻어 일어나는 인생관, 윤리관, 도덕관
　　　　내지 사회관에 새로운 회의와 동요는 아직 자리가 잡히지
　　　　않아 작품 제작 상 소재의 빈곤을 면할 수 없습니다. 그래
　　　　서 되는대로 생각나는 대로 소재를 붙잡았습니다.

□ 표제에 대해선 어떻게 하시는지요

한인택 : 표제는 구상과 함께 결정합니다.

윤기정 : 전에는 거진반 표제를 먼저 적어놓고 써내려가던 것이 요
　　　　즘에는 작품 하나를 다 써놓고 나서도 마땅한 제목이 생각
　　　　나지 않아 여간 고심을 하는 게 아닙니다. 지금 단편 하나
　　　　를 써놓은 지가 보름이 넘었어도 여태 적당한 제목이 생각
　　　　나지 않아 끙끙거리고 있습니다.

노춘성 : 표제는 반드시 먼저 부칩니다. 표제가 확정되지 못하면 단
　　　　한 줄이라도 쓰지 못합니다. 표제가 없으면 어쩐지 궤도
　　　　없는 길을 걷는 것도 같아서 도저히 붓을 들지 못합니다.

채만식 : 표제는 작품의 내용의 초점이 되게.

이효석 : 작품을 다 쓴 후에 마지막으로 표제를 부칩니다. 처음 생각

하였던 표제가 작품을 쓰는 동안에 변해지는 수가 있으니까.

이주홍 : 기구의 이름과 마찬가지로 표제란 그 작품의 전성격을 표
상하는 것입니다. 그럼으로 누구나 다 그렇겠지만 나는 이
표제라는 데에 무척 고식합니다. 제일 즐거운 것은 표제를
결정하여 쓰는 것입니다. 상섭은 흔히 소설부터 다 쓰고
나서 맨 나중에 표제를 붙입니다만 나는 아무래도 이 표제
를 뚜렷하게 써놓지 않고는 아무래도 마음이 근적근적하
여 못쓰겠습니다. 표제가 너무 평범, 무미해서는 독자를 많
이 잃습니다. 아무래도 참신하고 도발적인 것 혹은 자극적
인 것, 이채적인 것이 좋으리라 생각합니다.

엄흥섭 : 표제가 같은 것은 실상은 사람의 이름과 같은 것이니까 아
무렇게라도 명명해도 좋은 것입니다. 그러나 사람의 이름
이 어느 정도까지 그 사람의 성격을 나타내는 것처럼 작품
의 표제가 그 작품의 성격을 나타낼 수 있다고 하겠지요.

□ 구상에 대하여 말씀하여 주십시오

이효석 : 구상은 오래 두고 합니다. 상만 익으면 쓰기는 쉬우니까요.
선상을 가지고 억지로 짜내는 것처럼 어려운 것은 없습니
다.

이주홍 : 구상은 혼자 길을 거닐 때가 제일 좋은 것 같습니다. 그리
고 잠들기 전이 좋습니다. 이 구상은 머리 가운데서 완전
히 문자 없는 작품이 이루어진 뒤에야 원고지 위에 쏟아놓
을 것입니다. 어떤 때는 이놈과 저놈이 서로 충돌되어 두
개의 작품이 마치 활동사진 같이 이중노출이 되는 수가 많

아서 귀찮을 때가 있습니다. 구상이야 말로 설계도요, 기초
공사보다 더 중요한 것입니다.

채만식 : 소재에서 우선 표제를 얻어가지고 다시 소재를 부연.

엄흥섭 : 구상은 될 수 있는 대로 간략하게 단순하게, 사건전개는 복
잡하게 좋을 것도 같으나 실상은 독자에게 그다지 큰 효능
을 주지 못합니다. 최근 내가 쓰는 「구원초」는 작중의 주요
인물을 3,4인 이상 더 끄집어내어 놓지 않을 작정입니다.

노춘성 : 아직 그리 장편을 써본 일이 없어서 구상에 대한 고심을
한 일은 없으나 단편이라도 구상을 해놓고야 씁니다. 구상
이 없이 붓을 든다면 그것은 범을 그리려다가 개도 안되겠
지요.

윤기정 : 대개는 혼자 길을 걸으면서 구상합니다. 그런데 거진 다 된
일이 구상을 다시 더 고치지 않을 수 없는 경우에 봉착할
라치면 그것이 여간 질색입니다.

한인택 : 한 개의 작품을 구상할 때 두 가지의 대립된 구상을 합니
다. 두 가지의 대립된 구상이 완료되면 그 두 가지를 기초
로 한 개의 작품이 될 완전한 구상을 합니다. 시간은 좀 걸
리지만 이 방법으로 구상하면 새로운 것을 발견할 때가 많
습니다.

□ 붓을 처음 델 때의 고심은 어떠합니까?

윤기정 : 처음 붓을 들 때에는 여간 괴로움을 느끼는 게 아닙니다.
사실 중간에 내려가다가 또는 다 쓰고 난 후 붓을 논 후에
오는 기쁨, 즉 예술적 감흥과 좋은 글을 호평이든 악평이

든 한개의 작품을 마쳤다는 완성의 기쁨이 없다면 애당초
에 창작을 해보겠다고 붓을 들 용기가 아예 나지 않을 듯
합니다.

노춘성 : 붓을 처음 들 때가 제일 고통입니다. 적어도 원고지 3, 4장
은 찢어버리고야 본격적으로 씁니다. 그래도 시원치 않을
때에는 숫재 집필을 중지하고 방에 드러누워 생각을 합니
다.

엄흥섭 : 픽 어렵습니다. 첫 장만 써놓으면 작품의 반은 몰라도 3분
의 1쯤 써놓은 듯합니다. 속담에 시작이 반이란 말을 연상
시키는 것이 창작 첫 장을 써내려갈 때에 기분입니다. 그
래서 10장만 넘기면 안심이 되고 20장만 넘기면 마음이 아
주 누그러져 기분이 아주 명랑해집니다.

한인택 : 구상이 끝나 붓을 들게 되면 좀처럼 쓰지 못합니다. 원고지
4, 5장을 버리고야 맙니다.

이주홍 : 기정씨는 이런 말을 하였어요. 나는 어쩐지 붓을 처음 들
때면 우울도 아니요, 초조도 아니요 각급한 듯이 뿌듯한
듯 어쨌든 가슴이 묵직한, 말하자면 기분이 유쾌하지 않고
무거운 무엇에 눌려진다는 뜻의 이야기를 하였던 것 같습
니다. 사실 나 역시 구상한 것을 처음 원고지에 옮기려는
순간에는 기분이 좋으나 정작 붓을 들면 무언지 모르게 머
리가 무겁고 정신이 이상하여집니다. 그러다가도 3, 4장 써
내려 가면 그때는 허리가 펴지고 붓이 술술 내려갑니다.

□ 쓸 수 없는 경우엔 어쩌하시는지요?

이효석 : 억지로 쓰면 어떤 경우에든지 되기는 되나 무척 고생스럽
고 성과도 훌륭하지 못해요.

채만식 : 배가 고파도 잠이 와도 너무 추워도 너무 더워도 또 주위
가 요란해도 또 말이 막혀도 다 못씁니다. 물론 뚜렷이 작
품의 윤곽이 머리 속에 들어서지 아니하면 애초부터 쓰기
시작하지 아니하고요.

이주홍 : 여러 가지 컨디션에 따라서 당초에 안 쓰일 때가 있습니다.
대개는 이럴 때 들 앞을 거닐거나 산보를 하거나 여러 가
지 색다른 자극으로 위안을 받아가면서 다시 책상을 대하
지만 나는 이럴 때 아무래도 책상을 떠날 수가 없습니다.
한 시간이 되던 두 시간이 되던 기어코 한줄 두줄 써놓아
야 마음이 놓여 산보도 산보 같고 외출도 외출같이 됩니다.
안 쓰이면 안 쓰일수록 기어코 책상에서 꼭 붙어 앉아 이
안 쓰일 때 한 놈과 씨름을 하고 맙니다. 제일 졸작이면서
도 졸작 「하이네 씨의 아내」는 어쩐 일인지 이렇게 하여
여러 날을 썼습니다.

한인택 : 쓸 수 없는 경우라면 두 가지가 있을 것입니다. 생각이 나
지 않아서 쓰지 못할 때, 다른 일로 붓을 놓아야 할 경우,
저는 생각이 나지 않을 때면 곧 붓을 놓고 누어서 생각합
니다. 그러고 딴 일로 해서 붓을 놓을 때는 별로 없습니다.

엄흥섭 : 쓸 수 없는 경우엔 며칠이고 안씁니다. 달고 치면 맞는 격
으로 빚에 쪼달리면 억지로 쓰지만 그것처럼 불쾌한 일은
없습니다.

노춘성 : 쓸 수 없는 경우에는 능금이나 먹으며 애들과 장난을 하든
　　　　지 그렇지 않으면 낮잠을 잡니다.

윤기정 : 써내려가다가 막히기만 하면 그만 붓을 내동댕이치고 밖으
　　　　로 뛰어나가 버립니다.

□ **하루에 쓰는 장수, 도수를 말씀해 주십시오.**

채만식 : 손에 기름만 나면 5, 60장(이백 자). 도수는 붓배기로 혹은
　　　　땀땀이.

이주홍 : 기분이 좋을 땐 60장 내외까지 단번에 쓰지요. 어떤 것은
　　　　시간관계 기타로 2도쯤에 끝내고. 보통 하루에 쓰기는 5.
　　　　60장 정도입니다.

한인택 : 하루 밤을 새우면 50장은 넉넉히 씁니다. 그러나 생각이 나
　　　　지 않을 때는 난 열장도 못씁니다.

이효석 : 많이 쓰면 420장은 쓸 수 있으나 안나갈 때에는 5장 심지
　　　　어 1, 2장 정도. 도수는 종일 줄 곳도 쓸 수 있고 놀면서 몇
　　　　번에 가를 수도 있지요.

엄흥섭 : 직업이 없을 때는 한 작품을 하루에 내려 갈겨 썼습니다.
　　　　그러나 요즘은 잘해야 하룻밤 두어 시간쯤 집필하는데 많
　　　　이 써야 30장 가량 밖에 안됩니다.

노춘성 : 하루에 사백자 원고 20장은 씁니다. 도수는 오전, 오후 이
　　　　렇게 2회에 쓰고 밤에는 절대로 쓰지 않습니다.

윤기정 : 40장 내지 50장.

□ **결말짓는 법(한 개의 비결)**

윤기정 : 긴장하고 흥분되어 내려가다가도 될 수 있는 대로 냉정해
　　　　진 다음에.

노춘성 : 결말짓는 비법은 별로 없습니다. 있다면 전편을 통하여 감
　　　　명을 주고 청산이 될만한 곳에서 끊깁니다. 공연한 사족을
　　　　부치지 않으려 합니다.

채만식 : 법도 비결도 없고 처음에 정한대로.

엄흥섭 : 결말짓는 비결은 없습니다. 대중소설 같은 것은 독자의 흥
　　　　미를 끌기 위하여 아기 자기 한 데에서 딱 끊고 부자연한
　　　　우연적 사건을 많이 넣어 평범을 피해가지고 어떤 클라이
　　　　맥스에 이르러서 종결을 지키나 하는 것이 통례인데, 헌데,
　　　　예술소설에 대해서는 그렇다고 단언할 수 없습니다.

이효석 : 별로 비결이랄 것도 없고 작품에 따라 알맞은 곳에서 결말
　　　　을 짓지요. 여간 가뿐하게 하지 않다가는 결말이 필요 이상
　　　　으로 장황해지거나 감상에 흐를 때가 있습니다. 적당한 곳
　　　　에서 칼날같이 사정없이 뭉턱 끊어야 합니다.

한인택 : 결말은 작품의 내용 귀결 그대로 결정하는 까닭으로 별로
　　　　비결이라는 것이 없습니다.

이주홍 : 결말짓는 법이래야 별 비결이랄 것도 없고 각개 작품의 성
　　　　질에 따라서 다르지요. 그러나 클라이막스를 지나 끊어도
　　　　좋을 곳에 문장에 취하여 신파적으로 결말하는 등의 수법
　　　　은 찬성하지 않습니다.

□ 집필 시간, 장소는 어떠하십니까?

이효석 : 일정한 것이 아닙니다. 밤이 깊은 때가 비교적 좋지요. 대개 제 방 서장 위에서 씁니다.

한인택 : 오전10 이후 집에서 하지요.

엄흥섭 : 하루에 두 시간 가량 장소는 내 집, 밤.

노춘성 : 집필 시간은 오전이 제일 좋고 장소는 해 밝고 따듯한 온 방이 제일 좋습니다.

윤기정 : 도서관이면 낮에, 집에선 정밤중에.

채만식 : 하숙집 방에서, 대개 밤이 깊은 때 씁니다.

이주홍 : 혹 낮일 때도 있으나 거개는 밤 열시 넘어서 이지요. 새벽 1시, 2시쯤이 제일 좋고. 도대체 시끄러운 덤벙한 데는 안 쓰여집니다. 장소래야 특정한 곳이 없고 어디를 물론하고 내가 잠자는 그 방이지요. 언제나 하나 있었으면 좋겠지만 단칸방에 아내, 아이들 뒤법석이 된 가운데서 민촌은 글을 쓴답니다. 소반 한 개를 책상으로 나무 밑이나 노지에서 송영씨는 잘 쓰고. 그러나 나는 이 흉내만은 못냅니다.

□ 원고지에 대하여 말씀하여주십시오?

윤기정 : 지질은 닥치는 대로 자수는 4백자 원고지입니다. 원고지는 특별한 괴벽이 있어서.

노춘성 : 신문사 원고지나 잡지사 원고지는 쓰지 않고 삼월특제의 4 백자 원고지를 씁니다.

이주홍 : 아무거나 좋습니다. 그러나 잡지사나 신문사의 원고지는

지질이 나빠서 쓰기 싫고 뭐니하여도 지질이 좋고 선의
색채가 담소한 것, 칸이 널찍널찍한 것이 좋습니다. 원고
지 여하가 기분을 많이 다르게 하니까. 원고지가 마음에
들면 훨씬 잘 쓰인다. 2백자 원고지가 좋기는 하나 상점에
서 많이 팔지 않는 모양이다.

엄흥섭 : 원고지는 대개 잡지사에서 가져오는 것으로 쓰나 대부분이
너무 지질이 조품이 만아서 철필을 굴릴 때 기분이 불쾌합
니다.

한인택 : 원고지 양부에 기분이 달라질 때가 혹시 있습니다. 펜이 끊
기고 잉크가 번지는 것은 쓰지 못합니다.

채만식 : 전에는 신문, 잡지사 것을 썼는데 요새는 사서 씁니다. 없
기도 하려니와 그 놈이 능솔이 나서요(4백자 원고지)

이효석 : 아무 상점에서나 구할 수 있는 4백자 원고지를 씁니다. 근일
화신백화점에서 파는 비교적 여백이 넓은 것을 애용합니다.

□ **처녀작 시절(눈물겨운 회고)의 로맨스는 없으십니까?**

윤기정 : 16년 전 『조선일보』상에 단편 「성탄야의 추억」을 발표한
것이 처녀작이라고 할 수 있는데 그때를 회상하고 그 작품
을 퇴고할라치면 눈물겹다느니 보다 그것도 소설이라고
뻔뻔스럽게 세상에 내놓았나 하고 가슴이 쓰릴 만큼 부끄
러움을 견디지 못하겠으며 또는 한심한 노릇이었습니다.

이효석 : 처녀작이라는 것을 지적할 수 없습니다. 시라면 고보 2년
급 때부터 활자화되었고 소설은 대학 상과 때에 처음으로
발표되었습니다.

채만식 : 춘원 주행 때의 조선문단 창간 제2호든지 3호든지에 「세길
로」라는 단편을 낸 것이 소위 처녀작이겠는데 머 눈물겨운
추억같은 것은 없습니다.

한인택 : 처녀작 시절이라고 한계를 그을 무엇이 없습니다마는 지나
간 날을 회상하면 도로 그때가 그리워집니다. 그때는 모든
것이 동경과 희망이었고 지금껏 당면적 고민기에 있으니
(물론 문학적으로)지나간 날을 쓰려면 그 속에는 넌센스도
있고 유머, 흥분, 공상의 가지가지가 있어 우스운 적은 세
계를 그릴 수 있을 것입니다마는.

엄흥섭 : 눈물겨운 회억는 없습니다.

이주홍 : 처녀작도 없는 내게는 처녀작의 시절이 있을 리 없습니다.
나는 17, 8세 때 문학을 할까 미술을 할까 음악을 할까 망
설였습니다. 우연한 기회로 십년 전 조선일보 신춘문예에
걸어서 최독견과 박영희씨 등 고선자로 붙어, 좋다고 말을
들은 기억이 납니다. 문학으로 나아갈까 다시 침묵을 지켰
지요. 5, 6년 전에 잡지편집이란 뜻하지 않은 일에 손을 댄
동안 여러 가지 잡지에 시, 소설을 써본 일이 있습니다. 이
리하여 나는 중도 속도 못되고 있습니다. 문학도 미술도
음악도 모두 잃어버리고 남은 것은 그때의 몸둥이를 이어
나온 것 뿐입니다.

노춘성 : 처녀작이고 무엇이고 아직 좋은 작극을 한 개도 쓰지 못하
였으니 큰소리 할 것은 없지마는 스무살 시절 문학청년당
시에는 문학에 상당한 열의를 가졌고, 문학을 위하여 생명
을 받치려고 하였습니다. 그 당시 『기독신보』에 자주 투고
를 하였고, 「무화과 같은 생명」이라는 장시를 발표한 것이

나의 글이 활자화한 처녀작입니다.

□ 출세작에 대하여

이주홍 : 역시 여기에 대해서는 말을 자격이 없습니다. 순수문단이
　　　　 말하는 것과 저널리즘이 말하는 것과는 다소 거리가 있습
　　　　 니다하더라도 나는 아직 출세작을 가지고 있지 않다. 앞으
　　　　 로도 영영 없을런지 있을런지 아직은 모를 일이다.

엄흥섭 : 출세작을 이제부터 써볼까 합니다.

노춘성 : 출세작은 불행히도 없습니다.

한인택 : 그때 그 장편을 일개월 내에 탈고를 했다는 것을 지금 생
　　　　 각하면 내가 한 일 같지 않을 만큼 정열이 줄어들었습니다
　　　　 마는 지금 『선풍시대』를 쓴다면 시일은 이삼십배 이상 걸
　　　　 리어도 더 낫게 쓰리라고 생각하고 있습니다.

채만식 : 출세작이라는 말이 퍽 구미에 당기나 아직 출세작을 내놓
　　　　 지 못했습니다.

이효석 : 「도시와 유령」이 출세작이라고 할까요. 편집하는 이의 불
　　　　 찰로 실상 쓴 때보다는 발표가 한 해가 늦어졌습니다.

윤기정 : 아직 없습니다. 뭇 사람이 인증할 만할 출세작 하나를 속히
　　　　 내놔보려고 앞으로 노력하겠습니다. 금년 안으로 안되면
　　　　 내년에야 설마------

기　자 : 오랫동안 지루하신데 대단히 감사합니다. 이만큼 들으려고
　　　　 합니다.

『사해공론』 1937년 1월

위대한 세계적 문호

"최대의 고통 이제 그 고통을 잊고 현실을 떠나심에 어느 누가 감히 隕石이 땅에 파묻히겠다고만 하겠는가. 혜성처럼 빛나든 그 휘황한 광채! 길이길이 빛이리니 당장 숨을 쉬고 있는 인류의 한사람이요 문학에 뜻 둔 한사람으로서 그 위대한 업적 문학자로서의 거룩한 일생을 우러러보매 어찌 머리가 제절로 수그려지지 않겠습니까.

이미 발한 빛도 감사하지만, 이제 다시 더 빛내지 못하고 사라지심에 뼈에 사무치는 고통을 고통으로 여기시지 않고 오직 한길로만 돌진하여 쌓고 쌓아놓은 거룩한 문학적 업적만을 돌이켜보면서 그윽하고 정성된 마음으로 삼가 조의를 표합니다"

내가 이러한 조문을 참으로 경건한 마음에서 우러나와 쓴 지 어언간 일년이 지냈다.

그리하여 이제 다시금 편집자로부터 그분의 '일주기에 제하야'란 제목의 글을 부탁받고 보니 새삼스럽게 애도의 정을 금할 수 없다.

사람이 나면서부터 죽게 마련된 일이지만 일생을 통하여 가장 뜻있게 살고 가장 값있게 산 사람일수록 그의 삶의 짧음을 한하며 또한 죽음을 지극히 애달파하는 것은 뒤에 남아있는 뭇사람들의 상정이 아닐 수 없다.

'막심·고리키'

그분의 별명과 같이 그분은 사실 최대의 고통을 몸소 겪고 맛 본 분이다.

인간생활 최하층에서 최하층으로 헤매고 역경에서 허덕이면서도 인류의 앞날의 광명과 문학을 잊어본 적은 없었다.

그리하여 마침내 무수한 사람이 우러러보는 위대한 세계적 대문호가 되지 않았던가.

그의 명성이 높으면 높을수록 그의 노력은 정비례였고 배가의 감이 없지 않았다.

우리는 잘 알지 않는가.

그 분 말년에 혹은 노구를 이끌고 혹은 병마와 싸우면서도 가야만할 데는 꼭 가고 또는 집필을 게을리하지 않았다.

그러나 '사십년'을 이내 마치지 못하고 현실을 떠나게 될 순간! 그분은 반드시, 그 작품을 완성하지 못하고 운명하는 것을 큰 유한으로 생각하였을 것이다.

나는 이제 그 분 일주기를 당하야 새삼스럽게 애도하기를 마지않는 것은 그분의 거룩한 새 작품을 또 다시 얻어 보지 못하는 것도 못하는 거려니와 '사십년'의 속편을 영영 읽을 수 없다는 사실이 더한층 슬픔을 자아낸다.

그 분의 불멸의 업적으로 보아 고리키의 육체는 죽었어도 고리키의 정신은 길이길이 살았다고 하지만 이제 일주기를 맞이하고 보니 평소에 사숙하고 숭배하든 대문호의 그리운 생각과 애도의 정이 용솟음친다.

『조광』, 1937년 6월

예술운동의 신전개

1945년 8월 15일!

이날은 조선민족 전체가 영원히 기념할 날이다.

제2차 세계대전은 파쇼국가의 전면적 패퇴와 진보적 민주주의국가의 완전한 승리로 귀결됨에 따라 일본 제국주의의 야만적 압정하에 신음하는 조선민족도 자유와 해방의 제일보를 내딛어 자주독립의 길로 매진하게 되었다.

36년간 전 세계 어느 곳에서도 가혹 간악하기 그 유례가 없었던 제국주의 일본의 강제적 지배와 노예적 폭정의 질곡과 족쇄 하에 착취와 억압을 당하던 삼천만 대중은 역사적 창조의 날인 8월 15일을 계기로 빼앗겼던 자유를 다시 찾고 잃어버렸던 주권을 다시 얻는 해방의 기쁨을 절규하면서 정치적, 경제적, 문화적 각 부면의 건설운동은 가속도적으로 발랄히 전개되기 시작하였다.

이리하여 난마상태와 같은 지극히 혼란된 정치 분야의 동향과 함께 문화부 면에 있어서도 통일협조를 목표로 무원칙적·무비판적인, 다만 소박한 정치 이론의 기계적 결부인 우론(愚論)에 치중한 대동단결을 도모하였으나 오히려 분열이상의 결과를 초래하고 말았다.

이처럼 무원칙적 아무 비판조차 없이 비조직적 행동을 감행하려고
함은 어느 부면에 있어서도 그러하지만, 확고한 세계관과 부동의 이데
올로기를 파악 견지하고 있는 문화영역에 있어서는 더 한층 한 개 조
직형태로서의 단체행동이 절대 불가능하다는 사실을 대중 앞에 여실
히 폭로하지 않을 수 없는 것이니, 이는 곧 <조선문화건설중앙협의회
>라는 아무 기초가 없이 그저 모이기 위하여 모인 공중누각적 신기루
와 같은 존재였다.

"오랜 굴욕의 날, 압박의 날, 착취의 긴 날은 끝나고 자유와 해방의
날은 왔다……"

이것이 8월 15일 직후 전 문화영역에 군림하려던 <문협>의 선언
모두이니, 과연 굴욕, 압박, 착취의 날은 끝났는가?

이것은 논의보다도 8월 15일 이후 조선의 현실 — 경방투쟁, 화신쟁
의 이외 수많은 쟁의 — 이 웅변으로 확증하는 바이니, <문협>의 견해
와 행동은 의식적으로 민족의식만 고양하려고 노력했기 때문에 이데
올로기의 계급성까지도 말살하려는 과오를 범하였다.

우리들은 누구보다도 조선을 사랑하고 조선민족의 진정한 행복을
기원하기 때문에 이를 실현함에는 조선민족의 절대다수인 노동자, 농
민, 일반 근로대중의 정치적, 경제적, 문화적 해방의 비타협적 조류와
투쟁적 목표를 향하여 문화인으로서의 일본 제국주의의 야만적·살인
적 탄압 밑에서도 부단히 과감한 투쟁을 계속해오지 않았던가. 이 엄
엄한 사실이 과거 조선에 있어서 계급예술가들에게 부여된 유일의 임
무요 투쟁역사라면, 일시적이나마 분산되었던, 이데올로기가 동일한
계급예술가들이 한 개의 확고한 기본조직을 의식적으로 형성한다는
것은 당연 이상의 당연이 아닐 수 없다.

더구나 예술가 집단으로서의 일본 제국주의에 대하여 항쟁하는 힘

이 확대강화됨을 두려워하던 끝에 각 부문의 백 명에 가까운 예술가를 대량 검거 후 혹형, 감금 일 년만에 전위예술가 30명을 투옥시킨 후 단체까지 유린·해체시켜 영어의 몸으로서 단체상(團體喪)을 당하였던 우리들이, 8월 15일 이후 우리들의 유일한 조직을 재건하기에 노력하고 활동하였다는 사실을 누가 거부코자 하며 누가 과오라고 지적하겠는가. 우리들의 핵심적 기본조직체를 재건하게 되었다는 엄연한 사실은 이 또한 우연한 일이 아니요, 역사적 필연성에 관련된 계급적 임무의 일환으로서의 계급예술가들에게 부여된 유일한 행동이었다.

세계적 '파쇼'가 종지부를 찍고 일본 제국주의의 전면적 붕괴를 고한 오늘날 이와 같은 역사적 필연성에 의한 세기적 사실을 역사의 역전이라든가 일시적 그릇된 현상이라고 왜곡하고 부인할 자 누구이며, 앞날의 새로운 역사, 새로운 문화를 창조하려는 계급예술가들의 장엄한 행진을 방해하려는 자 누구이냐. 우리들은 세계관이 같고 이데올로기가 같은 양심적 계급예술가들의 주체적 기본조직만이 반동 예술가를 제외한 일체 진보적 예술가를 포섭하여 현단계에 있어서 가장 정당한 길로 이끌고 나아갈 수 있다는 신념 하에 <조선프롤레타리아 예술동맹>을 재건하고 새로운 출발을 하게 된 것이다.

여기에 <문협>과의 근본적 차이점이 있는 것이니, 문화영역에 있어서는 각자 이데올로기의 독자성이 있는 기본조직이 없이는 잠정적이나마 협의기관의 기능을 발휘할 수 없을 뿐만 아니라 일시적 존재의 가치조차 의심할 만치 조직체의 내재적 큰 모순을 내포하게 되는 것이니, <문협>휘하의 각 부문별 건설본부가 <문학건설본부>만 남기고 전부 자발적 해체를 단행한 사실만 보더라도 무원칙적 가공적 조직이 얼마나 위험하다는 증거뿐만이 아니라 일면으로는 혼란상태에 빠지게 하는 가장 유해하다는 점을 현실이 증명하고야 만 것이다.

그러면 8월 15일 이후 우리들 계급예술가들의 동향은 어떠하였으며 조직 활동은 여하하였던가. 1935년 일본 제국주의의 야만적 탄압으로 유린·해체 되었던 <조선프로예술동맹>의 재건설 요망은 구<카프> 원 뿐만이 아니라 새로운 혁명예술가, 진보적 경향예술가, 전반의 대중적 열의임에 틀림없었다.

이리하여 9월 15일에는 <조선프로음악동맹>과 <조선프로미술동맹>이 많은 동지들의 열렬한 성원 하에 결성되었고, 9월 17일에는 백명 가까운 문예가의 발의로 <조선프로문학동맹>의 첫출발을 보게 되었다.

이처럼 문예영역에 있어서 핵심적 기본조직체를 갖게 되었으니 이것이 곧 우리들 문학자로서의 역사적 사명인 동시에 계급적 임무가 아닐 수 없다.

다음 9월 27일에는 전 연극인 지원 하에 <조선프로연극동맹>이 조직되었고, 9월 30일에는 예술부문별의 각 동맹이 선출한 의원으로 구성된 협의 기관인 <조선프로 예술동맹>의 결성을 끝마쳤다.

이 조직은 과연 우리들의 원칙적 기본조직이기 때문에 조직방법에 있어서 합법성과 정당성을 잃지 않으려고 세심의 용의를 거듭하였던 것이다.

그리하여 공개된 대회석상에서 다음의 선언을 만장일치로 가결하고 당면한 예술활동을 적극적으로 진전시킬 것을 각자 맹세하였다.

"친애하는 노동자 농민 제군!

진보적 인텔리겐챠 제군!

환희와 홍분의 8월 15일! 일본정부의 연합군에 대한 무조건 항복으로 조선에 있어서 일본 제국주의는 전면적 패퇴를 보게 되고 오랫동안 질곡과 압박 그리고 야만적인 착취에서 신음하던 조선민족은 해방의 기쁜 날을 맞이하게 되었다.

그러나 이중적 질곡과 철쇄 밑에서 압작 착취를 당하고 있던 노동대중의 계급적 해방은 되지 못하였다. 의연히 토착 부르주아와 소작인에 군림하는 지주의 착취대상으로 되어 있다. 그들은 벌써 노동계급과 정면 대립한 진영을 규합 형성하여 전면적 공세를 취하고 있다. 애국주의를 부르짖으면서 '파시즘'의 길로, 반동의 길로 매진하는 사실을 우리는 똑바로 보고 있다.

이처럼 극히 혼돈된 정세 하에도 이데올로기의 구획선만은 확연하게 그어져 있다. 이데올로기의 중간적 존재는 벌써 허용되지 못할 만치 발전되었다. 그것은 예술전선에 있어서도 예외로 남아있지 못하다.

그러므로 우리들 앞에는 의연히 노동자 · 농민의 해방을 위한 치열한 투쟁이 남아 있다는 것을 알아야 할 것이며, 또 예술전선을 담당한 우리는 진정한 프롤레타리아예술의 확립과 일체 반동적 예술의 철저한 배격을 위하여 용감히 투쟁해야 할 의무를 가졌다.

이에 우리는 1935년 일본 제국주의의 야만적 탄압으로 유린 해체된 <조선프롤레타리아 예술연맹>을 재건 · 결성한 것이다.

예술행동도 결국 계급적 진리의 인식과 실천뿐이다. 이데올로기엔 가식과 절충이 있을 수 없다.

우리들의 길은 오직 하나뿐이므로 이 길의 달성을 위해 투쟁하면서 광휘의 앞날을 바라보며 매진할 뿐이다."

여기에 우리들 예술가의 당면한 새로운 과제로 현 단계에 있어서 정치와 예술의 관련성을 재인식하게 되었다.

우리들은 과거에 있어서도 그러하였지만 어느 시기에든지 정치를 무시한 예술운동을 주장하지 않는다. 도리어 예술활동의 정치성을 어느 예술가들보다도 강렬히 주장해 온 것이 우리들이 아니었던가. 그러므로 현단계의 정치노선을 가장 정확히 파악하고 가장 정당한 활동을 전개할 집단이 우리들 조직 이외에 또 다시 없다는 것을 여기에서 서슴지 않고 단언한다.

정치노선을 무시하고는 예술운동을 할 수 없을 뿐만 아니라 예술활동의 자멸이요, 조직활동의 무기력, 약체화 이외 아무것도 아니다.

그리고 정치이론의 기계적 결부는 또한 가장 위험한 결과를 초래하게 되는 것이니, 계급적 입장까지 폐기하면서 민족예술을 제창하고 예술운동을 전개하라는 원칙적 방법론은 있을 수 없을 것이다. 현 단계의 정치면의 대동단결이 그대로 문화면에 있어서 무원칙적 · 무비판적, 더구나 계급적 이데올로기까지 억압하면서 기계적 결합을 주장한다면 예술의 특수성을 모르는 사람이며 예술적 조직의 ABC도 모르는 무지한 자의 우론 이외에 아무 것도 아니다.

우리들은 현 단계의 가장 정당한 당의 정치노선을 누구보다도 인식하고 예술분야에 있어서 가장 새로운 예술활동을 감행하기 위하여 당면한 활동방침과 행동강령을 제정하게 되었다.

어느 단계에 즉응하는 활동방침과 행동강령을 그 시기시기에 따라 제정하고 또한 실천으로 옮긴다 해도 우리들의 기본조직에는 아무런 영향과 변동이 없을 뿐만 아니라 도리어 조직체가 확대 강화되고 활동분야가 넓어지고 행동이 활발해질 뿐이다.

그리고 원칙적 기본강령도 그 정세에 따라 내세우지 않을 뿐이지 폐기한다든가 수정한다는 것은 전혀 상상도 할 수 없는 일이다.

동지 제군!

현 단계가 요구하는 당면적 활동방침과 행동강령에 의하여 우리들은

종전보다 몇 배 이상의 예술활동을 대중 앞에 강력적 효과적으로 대담
히 전개하기를 서로 약속하자! 광휘 있는 명일을 바라보면서……

11월 5일
『예술운동』. 1945년 12월

민촌 형에게

날새 안녕하시며 어린애들도 학교에 잘 다니며 원고 많이 쓰셨습니까.

저는 어제야 겨우 볼 일을 대강 마치고서 오늘 아침 9시발 승합 자동차를 타고 서울을 떠나 이곳으로 다시 왔습니다.

종로에서 ×군을 만났지요. 그리하여 얼마 전부터 우리들 사이에 숙제로 내려 오던 웅어잡이 뱃놀이를 즉시 실행해 보자고, 엄군과 송군과 형과 제가 그날 노상에서 헤어질 때 상의한 후 제게 부탁한 말을 전하였지요.

그랬더니 ×군의 말이 여기서도 강까지 가려면 20리나 실히 되니 이리로 모이느니보다 바로 경성역에서 기차를 타고 수색 가서 내리면 한오리 가량 되니 일자와 시간만 작정해 가지고 수색서 만나자고 하더군요. 제 생각에도 그렇게 하는 편이 차비도 덜 들 뿐 아니라 걸음도 덜 걷겠기에 날자는 오는 일요일 말고 그 다음 일요일로 정하였고 시간은 경의선 첫차를 타기로 하였습니다.

엄흥섭, 세영, 송영, 박아지 그리고 형이 따로 생각한 분이 있으면 수고롭지만 날짜와 시간을 전해 주십시오.

민촌 형!

저는 그 날 하루의 즐거움을 눈 앞에 그려가며 혼자서 기뻐합니다.

어느 해 제가 강화도 서쪽 끝 서해 바다 완련한 해변에 낚시를 꽂고 홀로 앉아서 온종일 포획이란 도합 두 마리로도 낚시에 뀉 고기를 대할 순간! 희열에 못 이겨 어쩔 줄 모르고 어린애처럼 껑충껑충 뛰던 그때를 생각하면 형과 여러 동무와 함께 즐길 그 날은 더한층 느긋한 행복을 맛볼 것 같고 맘껏 좋아할 상 싶어 이미 정한 날자가 너무나 먼 것 같습니다.

또 한 가지 생각나는 것은 어렸을 적 한여름 장마 때 개울에 들어서서 송사리 떼를 쫓아다니며 또는 미꾸라지를 움키던 그 시절이올시다.

물에 들어 선지 몇 십 분 만에 간신이 미꾸라지 한 마리나 송사리 한 마리를 잡기만 하면 어찌도 그렇게 좋았던지!

비할 데 없는 기쁨에 넘치던 그 때를 추억하니 담담 일요일 날 우리들 앞에 벌어질 웅어잡이 뱃놀이가 얼마나 즐겁고도 좋을 지 생각하면 생각할수록 다시 돌아올수 없는 전친스럽던 유년 시절이 부럽게도 마음 한 귀퉁이에 소리 없이 스며듭니다. 아무튼지 그 날 하루를 즐겁게 놀아 보지요. 웅어 고추장에 생치쌈을 먹어 가며 문학 이야기도 합시다.

민촌 형!

오늘은 매우 덥습니다. 자동차에 내려서는 한 30분 걷는 동안에는 이마에서 땀이 약간 흐르더니 절 동구 들어서부터는 땀이 걷히고 제법 서늘합니다. 나뭇잎새는 앞서보다도 더욱 뻗어 녹음은 맘껏 우거질 대로 우거졌습니다.

벌써 아카시아꽃도 낙화가 지기 시작하여 훈향을 물썩물썩 풍기며 잎사귀와 함께 나부끼고 있으며 이미 떨어진 꽃은 동구 들어가는 길바닥 위에서 미풍이 일적마다 이리저리 뒹굴고 있습니다.

아카시아 그늘진 속으로 흩어진 꽃을 밟고 향기를 맘껏 들이마시며 귀를 스치고 지나가는 소리나 오장육부가지 스며드는 듯 뻐꾹새 우는 소리를 들으며 천천히 걸어가는 정취! 시인이 아닌 저로서도 시적 정서에 잠기고 있었습니다.

이 길은 제가 이 곳으로 온 뒤 아침 일찍 일어나서나 세 끼 밥 먹은 뒤에나 반드시 거니는 곳입니다. 천천히 거닐다가 우뚝 섰기도 하고 그러다가 또 다시 걷기도 하면서 끝없는 공상에 잠겨 자기 자신조차 잊어 버리는 곳도 이 길이며 명상! 반성! 그리고 사색을 하며 소설의 구상을 하며 또는 이미 구상한 바를 더욱 난숙시키기도 하며 그 구상을 난숙시키려고 의식적으로 노력하는 곳도 이 길이올시다. 이 길이야말로 내 문학적 생활에 있어서 한 때의 동반자며 또는 예술적 소질이 겨우 싹트고 간신히 움돋으려던 것을 다시 우연한 감우로 소생시키는데 한 도움이 되는 듯하게 생각되는 곳도 이 길인 듯 상 싶습니다.

민촌 형!

저는 봄을 잊어버린 지 이미 오래였습니다. 해마다 봄이 와도 봄의 아름다움과 흥취를 과시 몰랐었습니다. 또는 시를 잊어 버렸습니다. 예술과 등을 졌었습니다. 시상을 느껴 남에게 호소할 듯하였고 예술적 감흥에 잠겨 그 감정을 표현할 듯하다가 그만 까마득하게 흐리마리 예술적 정서를 잊어버리고 말았습니다.

문학으로 출발해가지고 일생을 마치려던 것이 중도에 이르러 문학 학도인 듯 하면서 기실은 문학 학도가 아니었었습니다. 형은 거짓 없는 지금 이 고백을 수긍하실 테죠. 사실 단체의 일원으로 운동자이었지 엄정한 의미에 있어서 문학하는 편은 못되었습니다. 한동안 저의 일거일동을 잘 아시는 형으로서는 저의 지금 하는 말을 잘 이해하실 줄 믿습니다.

민촌 형!

앞으로는 제 일생을 새로운 문학적 생활에 오로지 바치려고 굳게 마음 먹었습니다. 과거에 그적거린 몇 개 안되는 부끄러운 작품을 전혀 파묻어 버리고 아니 아주 잊어버리고 새로운 문학적 생활을 위하여 진실되게 꾸준히 노력할 작정이므로, 그렇게 결심하였으므로 지금부터 예술적 생활로 보아 제 자신이 거듭 났다는 것을 형께 솔직히 고백합니다.

앞서서도 형께 잠깐 이야기하였지만 이 앞으로는 소설을 전력해 쓰겠으니 많은 도움이 있기를 바랍니다. 좋은 작품을 써 보겠다는 마음만은 일시도 떠나지 않지마는 아무리 해도 도저히 자신이 생기지 않습니다. 암만해도 예술적 천분을 타고난 것 같지 않아요. 공연히 헛된 노력만을 하나 봐요. 허나 헛된 노력이라 할지라도 허사에 돌아간다손 치더라도 문학 사업에 몸을 바치려 한 바라 예술적 생활로 일생을 마치려 한 바라 어찌 노력을 쉬겠습니까.

민촌 형!

엄, 송 양군에게 안부 전해주십시오. 그 안에 못 들어가 형을 뵙지 못하면 수색 역전에서 만나 뵙지요. 그때까지 원고 많이 쓰시고 안녕히 계십시오.

6월 6일 진관사에서 제(弟) 기정

『현대조선문학선집』(수필집), 조선 작가 동맹 출판사, 1960

윤기정 전집

작품목록 및 연보

작품목록

소설	성탄야의 추억	조선일보	1921
	새살림	문예시대(文藝時代)	1927.1
	빙고(氷庫) [삭제(削除)]	현대평론(現代評論)	1927.5
	미치는 사람	조선지광(朝鮮之光)	1927.6~7
	딴길을 걷는 사람들	조선지광(朝鮮之光)	1927.9
	압날을 위하야	예술운동(藝術運動)	1927.11
	봉변(逢變)	생의성(生의聲)	1928.3
	의외(意外)	조선지광(朝鮮之光)	1928.4
	양회굴둑	조선지광(朝鮮之光)	1930.6
	자화상(自畵像)	조선문학속간(朝鮮文學續刊)	1936.8
	사생아(私生兒)	사해공론(四海公論)	1936.9
	적멸(寂滅)	조선문학속간(朝鮮文學續刊)	1936.10
	차부(車夫)	조광(朝光)	1936.11
	이십원(二十圓)	풍림(風林)	1936.12
	춘몽곡(春夢曲)	사해공론(四海公論)	1937.1~5
	거울을 꺼리는 사나이	조선문학 속간(朝鮮文學 續刊)	1937.1~4
	어머니와 아들	풍림(風林)	1937.2
	공사장(工事場)	사해공론(四海公論)	1937.3
	아씨와 안잠이	조광(朝光)	1937.7
	천재(天災)	조선지광(朝鮮之光)[再續刊]	1937.8
	리창섭 브리가다	윤기정 현경준 단편소설집	1953.7
소설집	윤기정 현경준 단편소설집	조선작가동맹출판사	1957
	석공조합대표(송영, 윤기정, 김영팔 공동 소설집)	문예출판사	1991
평론 및 수필	계급예술론(階級藝術論)의 신전개(新展開)를 읽고 - 김화산씨(金華山氏)에게	조선일보(朝鮮日報)	1927.3.25~30
	상호비판(相互批判)과 이론확립(理論確立)	조선일보(朝鮮日報)	1927.6.15~20
	생활(生活)·의식(意識)·동지(同志)	조선일보(朝鮮日報)	1927.9.28
	최근문예잡감(最近文藝雜感)	조선지광(朝鮮之光)	1927.10~12
	무산문예가(無産文藝家의) 창작적 태도(創作的 態度)-현단계(現段階)에 처하여	조선일보(朝鮮日報)	1927.10.9~20
	1927년 문단(文壇)에의 총결산(總決算)	조선지광(朝鮮之光)	1928.1
	현단계 조선사람은 어떠한 문학을 요구하는가-문학(文學) 아닌 문학(文學)	조선지광(朝鮮之光)	1928.1
	실천적(實踐的) 행위(行爲)	조선일보(朝鮮日報)	1928.1.1
	이론투쟁(理論鬪爭)과 실천과정(實踐過程) - 문예영역 내(文藝領域內)의 신전개(新展開)	중외일보(中外日報)	1928.1.10~12
	이기영(李箕永)씨의 창작집(創作集)『민촌(民村)』을 읽고	조선일보(朝鮮日報)	1928.3.20~23
	문예시평(文藝時評)	조선지광(朝鮮之光)	1928.11~12 (합병론)

	당면문제(當面問題)의 수삼(數三)	조선지광(朝鮮之光)	1929.1
	영화시평(映畵時評)	조선지광(朝鮮之光)	1929.2
	영화시평(映畵時評)	조선지광(朝鮮之光)	1929.4
	문예시평(文藝時評)	조선문예(朝鮮文藝)	1929.5
	민족(民族)은 보수적(保守的) 푸로는 세계주의적(世界主義的)	삼천리(三千里)	1929.6
	문학적(文學的) 활동(活動)과 형식문제(形式問題)	조선문예(朝鮮文藝)	1929.6
	문단시언(文壇時言)	조선지광(朝鮮之光)	1929.8
	나의 희망(希望)과 건의(建議)	조선강단(朝鮮講壇)	1930.1
	예술활동(藝術活動)과 제문제(諸問題)- 실천적(實踐的) 계단전가(階段展開)	조선강단(朝鮮講壇)	1930.1
	특집: 조선 문예이론은 어디로 귀결될까 (앙케이트 - 13인 참가)	대조(大潮)	1930.5
평	조선영화의 제작경향	중외일보	1930.5.6~12
론	문예시평(文藝時評)- 5월창작개평(五月 創作槪評)	대조(大潮)	1930.6
및	조선영화는 진전하는가-「노래하는 시절」을 보고서	중외일보	1930.9.20~25
수	대동영화사 제1회 작품 「도적놈」을 보고서	조선일보	1930.11.5~8
필	영화이론과 비평의 근본적 의의	조선지광(朝鮮之光)	1931.1
	반(反) 카푸 음모사건(陰謀事件)의 진상(眞相)	이러타	1931.6
	문화운동(文化運動)의 통일적(統一的) 조직(組織)	비판(批判)	1932.1
	이광수(李光洙)씨의 조선문학(朝鮮文學)에 대하야	신조선(新朝鮮)	1932.9
	창작가(創作家)로서의 김남천(金南天)군의 인상(印象)	문학건설(文學建設)	1932.12
	소화11년 조선문학의 동향(앙케이트)	조선문학(朝鮮文學)	1937.1
	현대작가고심합담회(좌담)	사해공론	1937.1
	위대한 세계적 문호	조광	1937.6
	문단직언 수삼(文壇直言 數三)	동아일보(東亞日報)	1937.6.6
	예술운동의(藝術運動)의 신전가(新展開)	예술운동(藝術運動)	1945.12
	민촌 형에게	현대조선문학선집(수필집)	1960
평론집 수필집	현대조선문학선집(평론집)	조선작가동맹출판사	1959
	현대조선문학선집(수필집)	조선작가동맹출판사	1960

윤기정 생애 연보

1903년 서울 출생

1920년 사립 보인학교의 재학, 장두희. 민영득 등과 구광단을 조직하
여 운동을 함께 하던 중 청년들에게 유익한 지식을 널리 보급
하기 위해 강의록 등을 발행할 목적으로 등사판을 구입하다
일제 경찰에 발각, 엄중 취조를 받음.

1921년 『조선일보』에 처녀작 「성탄야의 추억」을 발표함.

1924년 서울 청년회에 소속되어 최승일, 송영, 박영희와 더불어 염군
사와 파스큘라가 단일 조직으로 결성되는 데 기여했다. 1924
년 12월 30일 프로문사 간담회에 김용대, 김주원, 이호, 최승
일 등과 모임을 가짐.

1925년 초대 카프 서기장을 역임.

1927년 1월 카프 맹원총회를 개최하여 문예운동의 방향전환 결행. 이
에 적극적으로 가담하함. 윤기정은 총회에서 중앙집행위원으
로 선출되는데 박영희, 김복진, 다음으로 이름이 기록되어 있
다. 1회 중앙집행위원회에서 그는 서무부 대표로 참석. 동경
에서 카프 기관지 『예술운동』이 발간되자 윤기정은 이를 국
내 서점에 배포하는 작업을 함. 조직 내 아나키스트 문인이었
던 김화산과의 논쟁에서 두각을 나타냄. 이 때 쓴 글이 「계급

예술론의 신전개를 읽고」,「상호비판과 이론확립」. 단편소설
「새살림」을『문예시대』에 발표함.

1928년 프로문학의 대중화를 위해 전국 각지에 문학강연을 다님.
개성문예강연(「문예활동의 방안」), 수원문예강연(「당국의 예술활
동」)

1929년 프로예맹 동경지부 프로극단이 내선하여 7월 20일경부터 전국
순회 공연 및 강연을 계획함. 이때 연사에 포함됨.

1930년 1930년 3월,『대중공론』지상에서 카프의 재조직 논의를 주도.
이 해 4월 조선지광사에서 카프 중앙위원회를 개최하여 <조
선프롤레타리아 예술동맹>에 기술부를 신설하고 그 내에 음
악부, 미술부, 연극부, 영화부, 문학부 등을 두어, 윤기정은 영
화부 책임자, 중앙위원회 위원을 겸임, 특히 카프의 조직부
책임자를 맡게 된다.

1931년 한편 1931년 3월 카프 서기국은 일본의 전일본 무산자 예술단
체 협의회(1931년 10월 일본 프롤레타리아 문화연맹(KOPE)로 재
조직)처럼 기술부의 각부를 동맹으로 하여 각 동맹에서 2명씩
의 대표가 나와 조선프롤레타리아 예술단체 협의회를 조직하
려 했으나 금지 되었다, 이 조직안의 계획을 보면 윤기정이
서기장 겸 영화동맹 책임자로 되어있다.

같은 해 5월 15일 윤기정은 종로 중앙기독교청년회관에서 개
최된 신간회 전체대회에 참가한다. 이 대회는 창립대회 이후
첫 전체대회이자 마지막 대회가 되었지만 이 대회에서 신간회
해소를 주장하는 해소파의 일원으로 참가한다, 임시집행부 선
거를 통해 해소파 쪽에서 윤기정을 서기장으로 선출함.

이 해에『무산자』국내 배포가 발단이 되어 카프문인 제1차

검거가 있었고 윤기정도 검거되었다가 불기소로 석방됨.

1934년 카프 2차 사건으로 80여 명이 검거됨. 이 때 윤기정도 검거되
       었으나 집행유예로 석방됨. 이후 「자화상」, 「사생아」 등 주로
       소설 작품을 쓰며 지냄.

1945년 해방 후 카프의 재건의 당위성을 역설하는 「예술운동의 신전
       개」를 카프 기관지 「예술운동」에 게재함.

1946년 월북, 조소문화협회장 등을 역임함

1955년 지병으로 별세함.

편 ■ 자 ■ 소 ■ 개

서 경 석

서울대 국문과 졸업, 문학박사.
현재 한양대학교 국문과 교수.
저서로 『한국근대 리얼리즘문학사 연구』, 『한국 근대
　문학사론』, 『한국문학 100년』(공저) 등 다수 있음

윤기정 전집

인 쇄 2004년 02월 19일
발 행 2004년 02월 25일
편 자 서 경 석
펴낸이 이 대 현
편 집 박 윤 정
펴낸곳 도서출판 역락 / 서울 성동구 성수2가 3동 301-80
　　　(주)지시코별관 3층(우 133-835)
TEL 대표·영업 3409-2058 편집부 3409-2060 FAX 3409-2059
E-MAIL youkrack@hanmail.net / yk3888@kornet.net
등 록 1999년 4월 19일 제2-2803호
ISBN 89-5556-274-8-94080

정가 30,000원